中国品牌传播发展报告

2024—2025

杜国清　陈　怡　曹若星　杨新雨　等/著

中国国际广播出版社

陈致爽　新瑞鹏宠物医疗集团有限公司

翟文祥　天津同程旅游管理有限公司

段娟娟　如鱼得水（杭州）软装定制有限公司

龚相宇　唐山景融房地产开发有限公司

郭艺芳　浙江康巴赫科技股份有限公司

郭昱妍

何志强　深圳市几素科技有限公司

胡英

黄焕源　中英人寿保险有限公司

姜名松　江苏今世缘酒业股份有限公司

柯永祥　卡尔美体育用品有限公司

黎桂艳

李俊峰

李凯歌

李若男　雀巢（中国）有限公司

李思奕　途遊遊戲（香港）有限公司

李文平　四季沐歌科技集团有限公司

李　喆　梦金园黄金珠宝集团股份有限公司

连真敏　友臣集团有限公司

梁　石　东方风向标文化科技（北京）有限公司

林　骞　雅鹿集团股份有限公司

林小雄　匹克（中国）有限公司

刘登军　上海金世尊食品有限公司

刘　辉　北京网聘信息技术有限公司

刘汝东　深圳市一元科技股份有限公司

刘　燕　益海嘉里金龙鱼食品集团股份有限公司

卢　翀　科大讯飞股份有限公司

卢宗义　金琥新能源汽车（成都）有限公司

鹿　颖　益海嘉里金龙鱼食品集团股份有限公司

吕思穷　北京现代汽车有限公司

马艳娜　联想（北京）有限公司

孟怡菲

苗小龙　融创房地产集团有限公司

莫　炫　爱玛科技集团股份有限公司

沈　河

施　惠

石　泽

宋燕飞　贵州安酒股份有限公司

孙　婧　上海菌小宝健康科技有限公司

唐文悦　滔搏企业发展（上海）有限公司

唐孝双　山东新东方烹饪职业培训学院有限公司

田　啸

王美娟

王　萍　青岛沃隆电子商务有限公司

王玉静

韦三水　北京环球兴学科技发展有限公司

文　军　华耐家居投资集团有限公司

吴昆明　高梵（浙江）信息技术有限公司

武晓毓　乐成集团有限公司

徐　帆　宁波天禧家居有限公司

徐立军　中央广播电视总台

许　冬　河南羚锐制药股份有限公司

许力铸

许玲华　苏州百鲤生物科技有限公司

杨婷婷　舍得酒业股份有限公司

姚芳芳　北京幸福果科技有限公司

余世裕　浙江神首生物科技有限公司

郁　杰　鲁南制药集团股份有限公司

张　铎　上海满婷生物科技有限公司

张洪汉　合众新能源汽车股份有限公司

张　鉴　成都云图控股股份有限公司

张　敏　懿奈（上海）生物科技有限公司

张士闯　树芽生物科技（广州）有限公司

张　涛　渤海银行股份有限公司

张维真

张晓飞　瑞幸咖啡（中国）有限公司

张　勇　四川百利天恒药业股份有限公司

张媛媛　海昌海洋公园控股有限公司

郑　芳　海昌海洋公园控股有限公司

郑菊秀　飞利浦（中国）投资有限公司

周　锦　大悦城控股集团股份有限公司

朱庆庆　广州冰泉化妆品科技有限公司

业界支持单位
（按拼音排序）

爱玛科技集团股份有限公司

爱慕股份有限公司

安徽高梵电子商务有限公司

安徽古井贡酒股份有限公司

澳优乳业（中国）有限公司

巴洛克木业（中山）有限公司

百度在线网络技术（北京）有限公司

保利粤中发展有限公司

北京爱维米格家具有限公司

北京博雅智慧科技有限公司

北京车之家信息技术有限公司

北京红星股份有限公司

北京环球兴学科技发展有限公司

北京康必得药业有限公司

北京汽车股份有限公司

北京三快在线科技有限公司

北京首创股份有限公司

北京网聘信息技术有限公司

北京现代汽车有限公司

北京幸福果科技有限公司

北京银行股份有限公司

北京银行股份有限公司信用卡中心

北京智联招聘咨询有限公司

北京自如住房租赁有限公司

比亚迪股份有限公司

碧桂园控股有限公司

碧辟（中国）投资有限公司

渤海银行股份有限公司

常熟市梁燕酒业销售有限公司

成都云图控股股份有限公司

大悦城控股集团股份有限公司

东方风向标文化科技（北京）有限公司

东方甄选（北京）科技有限公司

杜拉维特卫浴科技（上海）有限公司

吨吨健康科技集团有限公司

飞利浦（中国）投资有限公司

佛山欧神诺陶瓷有限公司

佛山市海天调味食品股份有限公司

福建恒安集团有限公司

高梵（浙江）信息技术有限公司

葛兰素史克（中国）投资有限公司

广东喜之郎集团有限公司

广誉远中药股份有限公司

广州冰泉化妆品科技有限公司

广州稀咖科技有限公司

贵州安酒股份有限公司

贵州国台数智酒业集团股份有限公司

贵州茅臺酒廠集團股份有限公司

哈药集团股份有限公司

海昌海洋公园控股有限公司

海尔集团公司

海普诺凯营养品有限公司

海信集团控股股份有限公司

杭州顺丰同城实业股份有限公司

好记食品酿造股份有限公司

合众新能源汽车股份有限公司

河北同福健康产业有限公司

河南羚锐制药股份有限公司

湖北良品控多卡食品有限公司

华耐家居投资集团有限公司

华为技术有限公司

华熙生物科技股份有限公司

汇源集团有限公司

江苏今世缘酒业股份有限公司

江苏龙蟠科技股份有限公司

江西汇仁药业股份有限公司

金琥新能源汽车（成都）有限公司

金沙河集团有限公司

九牧厨卫股份有限公司

卡尔美体育用品有限公司

康师傅百饮投资有限公司

科大讯飞股份有限公司

昆山瀚泓科技园投资发展有限公司

乐成集团有限公司

联想（北京）有限公司

联想诺谛（北京）智能科技有限公司

MAGNET TECH LIMITED

良品铺子股份有限公司

辽宁德善药业股份有限公司

泸州大成浓香酒类销售有限公司

鲁南制药集团股份有限公司

蒙娜丽莎集团股份有限公司

梦金园黄金珠宝集团股份有限公司

内蒙古鸿茅国药医药有限责任公司

内蒙古蒙牛乳业（集团）股份有限公司

宁波天禧家居有限公司

欧莱雅（中国）有限公司

匹克（中国）有限公司

青岛沃隆食品股份有限公司

雀巢（中国）有限公司

融创房地产集团有限公司

融创文化旅游发展集团有限公司

如鱼得水（杭州）软装定制有限公司

瑞幸咖啡（中国）有限公司

森海塞尔电子（北京）有限公司

山东好当家海洋食品销售有限公司

山东新东方烹饪职业培训学院有限公司

山东中烟工业有限责任公司

山西杏花村汾酒集团有限责任公司

上海金世尊食品有限公司

上海久游网络科技有限公司

上海菌小宝健康科技有限公司

上海满婷生物科技有限公司

上海蒙牛乳业有限公司

上海米哈游网络科技股份有限公司

上海万科企业有限公司

上海雅培制药有限公司

上海远星寰宇房地产集团有限公司

上海自然堂集团有限公司

上汽通用汽车销售有限公司

上汽通用汽车有限公司

舍得酒业股份有限公司

深圳市大头人实业有限公司

深圳市几素科技有限公司

深圳市巨星时代科技有限公司

深圳市一元科技股份有限公司

深圳太太药业有限公司

石家庄藏诺药业股份有限公司

树芽生物科技（北京）有限公司

四川百利天恒药业股份有限公司

四川新希望乳业有限公司

四川长虹多媒体产业公司

四季沐歌科技集团有限公司

苏州百鲤生物科技有限公司

汤臣倍健股份有限公司

唐山景融房地产开发有限公司

滔搏企业发展（上海）有限公司

天津顶益食品有限公司

天津同程旅游管理有限公司

天士力生物医药产业集团有限公司

天王电子（深圳）有限公司

同程网络科技股份有限公司

途遊遊戲（香港）有限公司

微软（中国）有限公司

西藏奇正藏药股份有限公司

现代汽车（中国）投资有限公司

新瑞鹏宠物医疗集团有限公司

雅鹿集团股份有限公司

阳光电源股份有限公司

益海嘉里金龙鱼食品集团股份有限公司

懿奈（上海）生物科技有限公司

英特尔（中国）有限公司

用友网络科技股份有限公司

友臣集团有限公司

在线途游（北京）科技有限公司

长春金赛药业有限责任公司

浙江康巴赫科技股份有限公司

浙江神首生物科技有限公司

珍视明（江西）药业股份有限公司

郑州汇泉置业有限公司

智慧足迹数据科技有限公司

中国保利集团有限公司

中国建设银行股份有限公司北京市分行

中国平安人寿保险股份有限公司

中国人寿保险股份有限公司

中国银联股份有限公司

中航油空港（北京）石油有限公司

中央广播电视总台

中英人寿保险有限公司

本书的案例来源除特别注明外，均出自中国传媒大学广告学院"中国广告主营销趋势调研"课题组/广告主研究所的调研。

　　本书中的部分数据，由于存在四舍五入的情况，与实际值存在一定误差，误差在 ±1% 之间。

序

变革中前行 共建新秩序 实践新方法

在当今全球化与数字化交织的时代浪潮中，品牌传播领域正历经深刻变革，机遇与挑战如影随形。《中国品牌传播发展报告（2024—2025）》应运而生，旨在深入剖析这一动态领域的现状、趋势与策略，力求为品牌传播的理论研究与实践应用提供全面且具前瞻性的洞察。

中国传媒大学广告主研究所"中国广告主营销趋势调研"已经持续了24年，从广告主的营销规模、行业分布、企业属性到品牌周期，从媒体策略、营销变化到广告效果考量，从广告主决策影响因素的变化到对未来预判的呈现等，该研究全方位揭示了品牌传播的宏观格局与微观动态。

2024年广告主研究所课题组通过实证调研，对十几个行业、数百位典型广告主进行了深入剖析，呈现出丰富多元的数据与洞见。本书正是以该研究为核心，进一步拓展、聚焦，布局了8篇共29个系列研究报告。广告主研究所自2000年以来连续进行广告主调研，实证性和原创性是研究过程中长期秉承的两大原则，也是29个系列报告呈现出来的最鲜明的两大特征。全书系列报告分别从年度调研报告、数字营销生态、媒体与平台、技术与创新、全球视野、新消费专题、高质量发展专题、行业发展专题等逐一展开，纳入了热点与焦点研究、典型案例研究、趋势与对策研究等。

一、研究背景

数字化浪潮汹涌而至，深刻重塑了营销的格局。互联网技术的普及使得消费者获取信息的渠道越发多元和便捷，社交媒体平台蓬勃发展，成为品牌与消费者互动的核心阵地。消费者拥有更强的话语权和参与意识，他们通过线上渠道积极分享消费体验、评价产品与服务，这对品牌的口碑管理和形象塑造提出了更高要求。同时，大数据、人工智能等新兴技术在营销中的应用日益广泛，为精准营销提供了强大支撑。

在全球化纵深发展的今天，全球化进程在波折中前行，贸易摩擦、地缘政治冲突等问题时有发生。一方面，贸易壁垒的增加使得跨国企业的全球供应链面临挑战，产品成本上升，市场准入难度加大，这对品牌的国际化战略产生了重大冲击。另一方面，国际局势的紧张也在一定程度上影响了消费者的情绪和行为。再加之经济下行，消费低迷的行业大势，广告主在重重困境中向内扎根，聚焦内部蓄力，韧性发展；同时，求新求变，主动作为，提振产业链相关方信心，并且传递信心，产业共进，创新之路荆棘丛生却也彰显了时代精神。

本书系列报告力求把握数字时代中国品牌传播趋势的最新动向，从品牌传播的实践前沿去发掘品牌传播的趋势、规律、难点、痛点和创新点，进而为学界和业界以及所有关注中国品牌发展的朋友们赋能，一起为更好地理解中国品牌所面对的传播环境和关心的传播议题而持续努力。

二、创作目标

在此基础上，本书力求达到三大目标。

第一，系统、原创。本书系列报告从多个关键角度对中国品牌的传播实践进行了全面且深入的剖析，包括不同行业、各类营销模式以及新兴技术的应用等。各部分内容紧密相连、层层递进，构建了一个完整的品牌传播研究框架。同时，本书大量内容来源于"中国广告主营销趋势调研"的第一手数据，观点也来源于研究人员对于实践长期观察和深入理解之后的判断和思考，具备鲜明的系统性和原创性。

第二，来源于实践，并指导实践。本书系列报告深入品牌传播实践一线，全面调研分析了众多品牌在不同场景下进行品牌传播的实际情况。通过对这些实践数据和案例的细致研究，精准把握品牌传播面临的市场动态、消费者需求变化以及竞争态势等问题，进而为品牌在电商运营策略调整、奥运营销规划、出海传播拓展等多个方面提供具有针对性和可操作性的策略建议。这些建议紧密结合实际，能够切实帮助品牌在复杂多变的市场环境中优化传播效果，提升品牌影响力和竞争力，实现可持续发展。

第三，温故而知新。针对广告主的营销趋势调研，广告主研究所已经坚持了24年之久，本书系列报告以年度热点为主要内容，同时也不忘回看来时路，采取纵向的、历时性的视角，关注数据间的年度对比和差异。在数字媒体时代，也须关注大众传媒的生存状况与进化态势，希望在带领大家"温故"的同时，发掘新的未来增长点。

三、创新特征

在这样的背景和目标引领下，依托广告主研究所扎实的实证调研基础，结合课题组持续积累的理论功底，以年度实践为支撑，对中国品牌传播现状和趋势进行深入剖析和精准定位，正是本书的创新之处。具体来看，本书的创新性具体呈现为三个特征。

特征之一，适应性。本书的适应性体现在两个方面。首先，本书系列报告基于对中国品牌调研的第一手数据写就，完全基于中国语境关切中国品牌传播问题，具备历史文化语境上的适应性。其次，本书系列报告并非大而化之地将品牌一概而论，而是采用多种分类方式关注不同种类品牌的传播实践，加之以独立报告的形式对相关突出个案进行了深度分析，因而对于不同行业都有一定的策略针对性。

特征之二，前沿性。本书紧扣中国品牌传播的时代特色，深入广告主品牌传播的前线阵地，考察他们最为关切的实践问题。正如报告对AIGC

（人工智能生成内容）和微短剧这两个新兴的传播手段进行了调研与分析，深刻揭示了这一系列新手段在广告主品牌传播中的应用情况，以及未来将可能提供何种的传播可供性。

特征之三，前瞻性。本书系列报告来源于实证却又不限于实证。得益于长期对广告主传播趋势的深耕，系列报告既对未来微观的品牌传播战术做出了可供推敲的判断，也在宏观的战略层面，预测了ESG（环境、社会和治理）、生物多样性保护传播等长期主义策略持续性实施的可能。

所有创新皆来源于团队协作，感谢本书研究创作团队中每一位勤勉、谦逊、充满活力的成员！感谢广告主研究所一路走来每一位共同成长过的伙伴！

特别感谢广告主研究所专家委员会成员们多年来为本研究和该书系列报告所给予的支持和帮助，是你们给予广告主研究所及其团队伙伴们更宽广的视野和持续研究的决心。我们坚信在各位专家委员的关心、帮助、祝福中，本书一定能够发挥出其独到的作用，给有志于观察和研究、实践和探索中国品牌发展的人们带来诸多启示。期待更多学界业界的师友可以使用该书，并提出宝贵的建议，疏漏和不足之处也敬请海涵指正。

我们砥砺前行，携手共进，一起见证中国品牌的未来。新质生产力以及打造更多有国际影响力的"中国制造"品牌皆被列入政府工作任务之中，特别是加快发展新质生产力被列为2024年中国政府工作十大任务的首位，不断强调标准引领和质量支撑。随着中国从品牌大国走向品牌强国，我们共同期待中国的品牌强国之路会越走越好，期待越来越多的中国企业和中国品牌真正成为可信、可爱、可敬中国形象的重要支撑。

杜国清

2025年1月1日于广告主研究所

目　录

第一篇

广告主品牌传播年度（2024—2025）调查报告

2024 年，广告主品牌传播在复杂多变的市场环境中迎来了全新的挑战与机遇。面对市场竞争环境的进一步复杂化，广告主不得不重新审视内部驱动力与外部市场的结合，以更精准的方式应对消费者需求的变化。因此，品牌传播已不再局限于单一维度，而是逐步向多层次、综合性策略转变，追求效率与效果的双重提升。面对不确定的经济环境，广告主通过深耕现有市场、强化品牌内核，并合理布局下沉市场和国际市场，力图在激烈的市场竞争中保持优势。

综观年度品牌营销趋势调研的数据，我们发现，在媒体选择方面，互联网媒体的主导地位越发稳固，渗透率接近 90%。短视频、社交媒体等新兴平台的崛起为广告主提供了丰富的传播机会。反观其他媒体，尽管面临巨大挑战，但它们在品牌建设与形象塑造中的作用依然不可替代。同时，广电新媒体也逐渐在品牌传播中占据一席之地，成为广告主不可忽视的重要传播工具。

在市场信心和广告预算方面，预算的理性化反映了广告主在面对市场不确定性时对品牌传播的谨慎态度。2024 年，广告主在营销推广上的支出趋于保守，更理性化，但整体仍保持稳定。所谓趋于保守，集中体现为广告主品牌传播预算的缩减；而所谓理性化，主要体现在广告主对营销的投入产出比更加关注，并积极通过优化媒介组合与精细化传播渠道来提升品牌传播的效能，力求在有限的预算中实现最大的传播效果。

广告效果的侧重点延续了近些年的趋势，在品牌广告与效果广告的权衡中，广告主更注重效果驱动，但对品牌长期价值的投入仍未减少。随着人工智能生成内容（AIGC）的广泛应用，广告主通过AIGC提升了内容生产效率，优化了用户体验，推动品牌传播迈向智能化阶段。

总体而言，2024 年广告主品牌传播呈现出内外兼修的发展态势。在复杂的经济环境与不断变化的市场需求下，广告主通过调整策略、优化预算、重视品效协同以及应用技术创新，力求在不确定性中实现突破，推动品牌传播的持续增长与创新。

第一章　广告主品牌传播认知趋势报告

　　广告主研究所自2000年开始持续关注广告主营销观念以及行为的变化，至今已有24年。而《中国广告主营销趋势调查报告》（广告主蓝皮书）自2005年出版第一部以来，距今正好第20个年头。本书系列报告站在百年未有之大变局的时代潮头，一面回顾20年的"桑田沧海"，一面展望未来、信心传递、披荆斩棘。

　　2024年广告主营销趋势调查由央视市场研究（CTR）联合广告主研究所共同执行，调研时间为2024年1月持续到2024年5月，涉及来自12个行业的303位广告主，从调研对象的数量上来说，已经连续8年保持稳定。从具体操作层面，本次调查采用先问卷调查后深度访谈的方法，采用定量＋定性的研究策略深度解析广告主营销趋势；样本选择在2024年预期有营销和广告投放行为的企业，被访者为企业中负责营销或广告投放的中高层管理人员。

一、广告主的行业分布和企业属性

（一）广告主行业分布

　　本次被调研对象涉及12个行业，覆盖范围较广。其中以食品饮料、互联网及IT、日用品和药品的比例居高，四个行业累计百分比达到54.8%，占总体比例过半。此外，交通、日化、家用电器、商业及服务业、金融保险、房地产等六个行业广告主占比均达5%以上（表1-1）。

表 1-1　2024 年广告主营销趋势调查行业分布

序号	行业	样本量	百分比	说明
1	食品饮料	77	25.4%	食品，各种食品如零食、乳品、速冻、熟食、食用油、调味品、保健品等； 饮料，含固体饮品、包装饮料、茶等； 酒，白酒和啤酒
2	药品	28	9.2%	
3	交通	25	8.3%	汽车、二手车、租车、自行车、航空、物流
4	互联网及IT	32	10.6%	门户、资讯、垂直网站 视频、直播、移动支付 电脑、软件开发
5	商业及服务业	19	6.3%	电商、文化教育、医疗、卖场、酒店等
6	日化	24	7.9%	清洁用品、洗护、化妆品
7	日用品	29	9.6%	衣着，服装、鞋、珠宝手表、运动衣系列 家居用品，家纺、家具、卫浴、个人用品
8	家用电器	20	6.6%	黑电、白电、小家电、空气净化、热水器等
9	金融保险	16	5.3%	银行、保险、证券、基金、投行、互联网金融
10	房地产	15	5.0%	房地产、建筑工程、二手交易、房地产网
11	邮电通信	9	3.0%	运营商、手机
12	其他行业	9	3.0%	餐饮、化工、农业

（二）广告主的企业属性

按照企业所有制类型进行划分，本次调研涉及四类属性的广告主，其中国有企业/国有控股企业（简称"国有企业"）66个，占比21.8%；私营企业159个，占比52.5%；外资/中外合资企业（简称"外资企业"）69个，占比22.8%；其他属性的企业9个，占比3%（图1-1）。

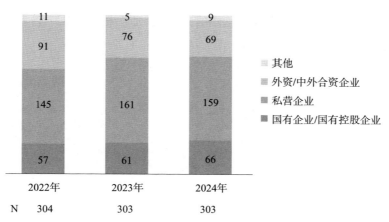

图 1-1 广告主营销趋势调查企业属性分布

二、广告主的预算规模和品牌周期

（一）被访广告主的预算规模

根据广告主年度品牌传播预算额度高低，本次调研将广告主区分为超大企业、大型企业、中小企业和小微企业四类，所调研样本的数量分布也大致符合"两头小、中间大"的橄榄形结构，这也符合中国市场的企业分布结构，在一定程度上说明了选择样本的代表性（图1-2）。

图 1-2 广告主营销趋势调查样本个数

（二）被访广告主所处的品牌周期

根据当前企业经营的市场周期和自身经营状况，本报告将"新锐品牌"定义为：近10年新创立的品牌，以及个别创建了新子品牌或品类的成熟品牌，其增长位于行业领先水平，占据了一定消费者心智。2024年调研中，涉及新锐品牌有76个，占样本总体的25.1%；非新锐品牌227个，占样本总体的74.9%（图1-3）。

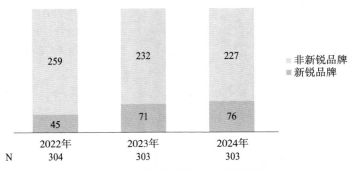

图1-3 广告主营销趋势调查品牌样本分布

三、经济增速放缓，广告主市场信心波动起伏

2024年1—5月社会消费品总额累计同比增长4.1%，较去年同期累计增速明显下降；从每月同比增速看，2024年2月社会消费品总额同比增速为5.5%，但从3月开始，同比增速降至3.0%左右，这主要受2023年增速加快、同比基数较大导致。总体而言，社会消费品累计同比增速还未达到疫情前同时期8%左右的水平，目前市场销售稳定增长，服务消费增长较快，社会消费总体规模仍有较大增长空间。[①]

相较于2023年，2024年广告主国内整体经济形势的信心指数下降幅度较大，下降0.7个百分点，降至6.1，这是自2020年以来的"冰点值"（图1-4）。而从2020年到2024年，广告主的市场信心指数整体呈现波动起伏的下降态势，且波动起伏较大。一方面，受到新冠疫情这一"黑天鹅"事件的影响，社会层面投资和消费趋于保守、政府的基础设施建设投入减少，加之国际形势动荡不安等诸多因素的影响，国民经济发展速度放缓，社会消

---

① 参考上海财经大学2024年7月发布的《2024中国宏观经济形势分析与预测年中报告》。

费环境趋于保守。另一方面，从更为直接的影响看，2023年国内市场经济的发展呈现出"年初高预期、过程弱复苏"的"高开低走"的态势，进而严重限制了广告主的想象力和行动力。因此，广告主对于市场信心并无乐观预期，一改之前"谨慎乐观"的态度，从而"缺乏信心"。

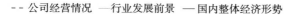

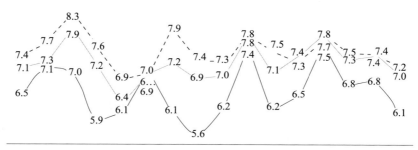

图 1-4　2009—2024 年广告主对国内整体经济形势的打分（10 分制）

四、媒体资源丰富，品牌媒体投放结构趋于稳定

2024年，媒体投放渗透率①结构相对稳定。如图1-5所示，其中互联网媒体投放渗透率最高，接近九成；其次是传统户外和数字户外，二者投放渗透率均接近六成，相对而言传统户外被更多广告主选择。电视、纸媒（报纸和杂志）、广播（电台）、OTT/IPTV等大众媒体渗透率呈下降态势，且渗透率较其他媒体而言较低。

---

① 本报告渗透率的计算方式是本年度广告主是否应用或预期使用该类媒体进行广告投放，并不显示不同媒体中广告主的投放额度。

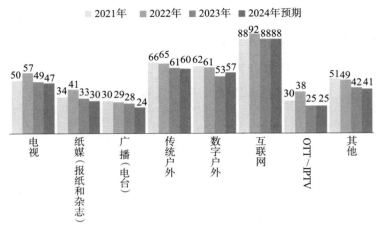

图 1-5　2021—2024 年媒体投放渗透率对比（％）

从媒体投放费用分配来看，预计2024年媒体投放费用分配较前几年的变化较小。其中，互联网占比逐年稳步上升，从2021年的四成出头预计在2024年将逼近五成，达48％。电视媒体投放费用分配持续降低，预计2024年仅占总费用的10％。其余媒体投放费用分配趋于稳定，存在小幅的上下浮动（图1-6）。

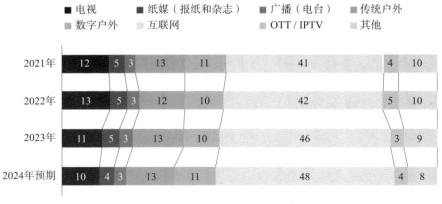

图 1-6　2021—2024 年媒体投放费用分配对比（％）

五、广告主预算费用逐渐收紧

自2020年以来，中国广告主的品牌传播预算整体呈现出明显收紧态势。广告主的营销推广费用占比整体变化趋向集中与稳定，上升、持平、下降呈现三线合一的态势，这也是理性的、趋向成熟市场的表现。

2024年，广告主的营销推广费用总额与占总支出的比重同步下降，营销预算持续下降。营销推广费用占公司销售额的比例上升的广告主有所下降，营销推广费用占公司销售额比例下降的广告主上升，净增幅度（上升比例－下降比例）与2023年的收窄相比，呈现大幅逆差，为–9，基本接近2020年疫情伊始时期，体现了广告主谨慎的营销态势。2024年也是自疫情常态化直至疫情结束后的四年间（2021—2024）唯一呈现出大幅逆差的年份。营销推广费用维持不变的广告主占比趋于稳定，且以41%位居首位。这在侧面反映出大多数广告主以维稳作为当前品牌传播的基调，防止预算忽高忽低导致品牌传播的过度与脱节（图1-7）。

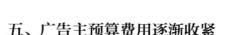

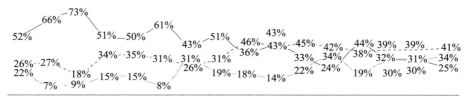

图 1-7　2009—2024 年营销推广费用占比广告主比例变化

六、效果考量：营销活动有效性概念的流变

继2022年效果广告费用占比首次超过品牌广告后，广告主的品牌广告费用占比继续小幅下跌，2024年预计将继续不足50%。而从广告效果来看，倾向"品大于效"的广告主2023年已不足三成且预计2024年继续降低至

25.7%，倾向"品效相当"和"效大于品"的广告主比例相当。这与当前经济下行的压力息息相关，广告主选择追求效果来应对当前的经营难题（图1-8）。

图1-8　2021—2024年品牌广告和效果广告费用分配情况（%）

尽管广告的效果逐渐被重视，但是仍有五成广告主认可"不应该拿销量作为衡量市场营销效果的关键指标"的说法，但也有三成广告主不认可该说法，近两成的广告主无法说清该观点正确与否（图1-9）。这展现出当前广告主对广告传播、营销活动效果评价的复杂性，一方面销量的结果导向已经开始"祛魅"，另一方面如何衡量广告效果依然存在着"智者见智，仁者见仁"的不确定性。

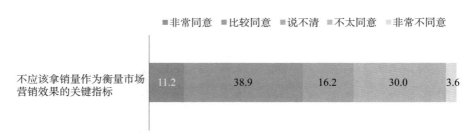

图1-9　对"不应该拿销量作为衡量市场营销效果的关键指标"的态度（%）

当前广告主对于品牌传播的重视程度依然不减。尽管在经济下行的压力下，各类广告主的预算呈现收缩趋势，但是广告主依然紧握市场动向和目标消费者特征，优化媒介和效果渠道的组合式运用。另外，广告主对于广告效果的认知也在不断提高。一方面，广告主越发重视转化和销售带来的实际利润，进一步关注品牌传播的效率和投入产出比。另一方面，广告主普遍树立起了品牌概念和思维，从更高的维度追求品牌宏观的、综合的和整体性的传播效果。

结　语

整体上来看，中国广告主在经济下行、市场信心不足的背景下，呈现出了预算收紧、精打细算的趋势。目前，中国广告主对于媒体的运用越发成熟，形成了稳定的品牌传播矩阵策略，这在一定程度上保证了传播效果。同时，随着精准传播技术的不断升级，广告主对于效果的认知也发生了改变，在追求转化率的同时，也持续关注品牌的建设和长期效益的实现。

第二章　广告主品牌传播趋势报告

广告主作为品牌传播活动的核心主体，对其发展趋势的解读具有重要意义——不但对洞察市场动态、指导营销决策有指导作用，对媒体和平台以及支持机构等生态链条每个环节的发展都有着重要的现实价值。与此同时，在科学技术快速更新迭代、新业态层出不穷的今天，对于典型品牌营销趋势的洞悉能够帮助更多企业精准把握消费者需求变化，优化广告投放策略，促进资源有效配置，从而进一步提高品牌竞争力。研究发现，品牌传播呈现了"内驱力"和"精准化"两大进化方向，"下沉"和"出海"是品牌传播的两大空间转向。

一、内驱力进化：品牌传播内求于己

（一）向内扎根，以自信力迎战外部挑战

虽然对于宏观经济环境信心不足，但是几乎所有广告主对企业的发展前景都具有较强的信心。根据2024年广告主营销趋势调查显示，广告主对公司经营情况和行业发展前景的信心仍处在相对较高的水平。值得注意的是，广告主对于公司经营情况的信心指数与对国内整体经济形势的信心指数之差在2024年达到近5年的峰值，差值为1.1。可见面对经济下行的压力，尽管对外部环境并无乐观的估计，但广告主依然对自身充满信心。

调查显示，广告主普遍认同"既然无力把控外部环境，那就做好自己"的观点。例如某家电品牌在访谈中提到，"大家基本已经接受了这种行业下行带来的经济压力，房地产现在不景气，因为家电更多的是属于房地产的下游产业，所以我们现在已经接受这种状态了。对我们来说，增长点一个是降本，一个是增效"。由此可见，尽管外部环境严峻，广告主仍然对自身的发展充满信心，通过调整自己的生产经营模式，以适应市场环境，寻找到新的发展空间。

（二）策略内化，更加关注自身经营质量

面对2024年经济下行且充满不确定性的大环境，广告主认为"目标用户"仍然是做营销传播决策的关键依据，位居第一；同时"公司内部因素"的重要程度在2024年进一步凸显，较去年上升了0.1个百分点，位居第二；与此同时，广告主对行业发展、宏观政策与媒体环境三个要素的关注度进一步减弱，导致与前两个因素差距进一步加大（图2-1）。自2022年以来，在强调营销效果、促成转化的背景下，目标用户成为企业品牌传播活动乃至生产活动的出发点和落脚点，一直稳坐广告主制定品牌营销传播策略影响因素的首位。广告主也逐步深挖用户的购买力、使用场景、年龄代际、购买渠道等关键指标，形成了多维立体的用户画像。

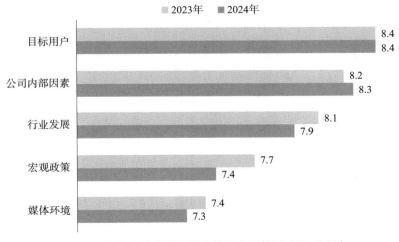

图 2-1　广告主做营销传播决策的主要依据（10 分制）

值得关注的是，近两年来，在制定营销传播策略时，"公司内部因素"的重要性逐渐上升，课题组通过深度访谈获知：高层决策行为、品牌发展需要、经营管理措施、利益关系维护等具体指标成为内部要素的重要组成，共同影响着广告主对于传播策略的制定与实施。这也在侧面反映出整合品牌传播趋势的加深和普及：传播策略的制定从来都不是企业内品牌部或营销部的"一家之言"，更是多方因素综合考量后的结果，是公司内全体人员的共同事业。正所谓牵一发而动全身，品牌传播成为整合企业内部因素后的一项综合举措。

当我们从历时性的角度入手，广告主内驱力的演化趋势更为明显。回顾2022年的广告主营销趋势调查可知，当时影响广告主经营策略决策的主要因素除了目标用户，包括"竞争对手布局""国家宏观政策""行业监管政策""上下游产业"在内的几个前列影响要素全都属于外部因素。而近两年，此类外部因素的重要性程度不断下降，这更加清晰地显示出，企业品牌传播策略的制定日趋倾向向内思考（图2-2）。

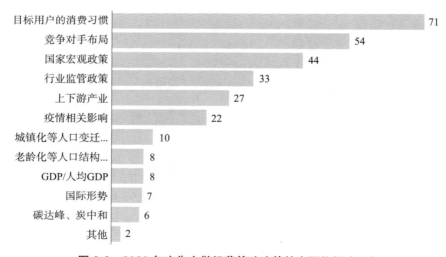

图 2-2　2022 年广告主做经营策略决策的主要依据（％）

从经营层面看，过度依赖第三方的技术支持虽然在短期内能够高效地帮助广告主形成稳定的运营，但是长远来看会面临成本增长和不确定性提升等潜在隐患，进而影响广告主经营的稳定性。近些年，最具代表性的现象就是广告主纷纷建立自身电商直播部门，逐渐摆脱第三方机构代管；从战略角度看，打造内驱力并非"埋头苦干"，而是更多地将品牌发展的目光转移到自身，积极捕捉用户需求，实现产品出新、内容创新、价值更新，切实提升品牌硬实力，以内驱力打造核心竞争力。

二、精准化演进：广告主品牌传播的范式变革

所谓精准化演进，在宏观层面体现为精细化的策略特征，在微观层面体现为具体传播活动中准确率、到达率的提升。这一趋势何以可能又何以可为？一方面，源于经济下行压力下品牌传播预算费用收紧，广告主不得不提升资源利用效率，保证用更少的成本完成更多的目标，提质增效成为一种必备观念；另一方面，随着数字技术和数字媒体的运用，传统媒体中较为大块的广告投放时间被互联网新媒体切分成碎片化，这使得广告投放也呈现出精确且细致的趋势。因此，经济和技术的因素推动了这场品牌传播范式的演进。

（一）精打细算：广告主致力于"预算提纯"，提升预算利用率

百货商店之父约翰·沃纳梅克（John Wanamaker）曾言："我知道我的广告费有一半被浪费了，但遗憾的是，我不知道是哪一半被浪费了。"伴随着技术的演进，在计算广告范式的介入下，"浪费"的情况已经得到解决。但是，正如某家用电器广告主表示，"今年会减少营销费用投入，会更加精打细算，尽可能提升效率"，更有广告主表示，"生意目标没有降低，反而上涨"，即使在预算收紧的条件下，依然"要办更多的事，得到更好的结果"。所谓"预算提纯"是指广告主为提升预算结构合理性、优化"预算—效果"性价比、杜绝广告预算浪费所提出的要求，也是未来努力的方向。这

一问题将持续存在，是广告主未来需要持续应对的挑战。

当前广告主在营销预算上的"精准化"表现为弹性灵活的特征，具体表现为预算规则的变化，形成了一种动态匹配的预算模式。正如某食品饮料品牌广告主表示，"预算会根据市场波动灵活调整，并不是制定了预算就一定要花出去，而是制定了预算框架之后，在实际的执行中会调整，比如市场变好了可能会加大投入，预算的制定其实是软约束预算"。这一方案能以最快的速度防止广告费用流向效果不佳的渠道和内容上，实现"及时止损"及"预算提纯"，促进广告效果实时转化。

从技术的维度看，不少广告主开启了自建广告归因平台的进程。相比于第三方归因，广告主自建归因平台的最大优势在于数据隐私安全，从物理层级角度实现隔离，进而保护企业安全；此外，归因模型的使用和规则上更灵活，能够更合理、有效地判断投放预算分布，防止因不同平台采用不同的采买机制而导致的预算浪费。

目前，货拉拉在广告投放的实践中建立了自身的广告归因平台，通过最终点击、首次点击、平均归因、实时归因等多种模式，把握用户触点，提升广告预算的利用效率。

自建归因平台仍然存在着许多难题，一方面，技术的后台支撑成为部分广告主难以克服的难关，相关开发费用也会增加广告主成本；另一方面，当前互联网数据孤岛的模式使得归因平台的介入存在较多的阻碍，各互联网平台从自身垄断的角度出发限制数据的共享与利用，这就限制了自建归因平台作用的发挥。因此，从短期效率的角度出发，第三方归因不失为一个好的选择；从长远来看，自建归因平台才是真正的"磨刀不误砍柴工"。

（二）精准化传播：建立多维度立体化营销体系

1.用户细分化：精准锚定市场需求

针对广告主的营销趋势调查显示，广告主将目标用户作为品牌传播策略制定时考虑的第一要素。因此，广告主要想实现精准化营销传播，前提就是厘清目标用户的特征与边界，更加精准地进行用户细分，进而做到有的放矢，防止营销过于分散与失焦。一方面，广告主用户细分的需求使得目标用户被"指标化"，这是大众传媒时代的惯用方法，以目标用户性别、年龄、职业、地区、宗教信仰等人口统计学指标为基础，将目标受众进行细分。进入互联网时代，算法、大数据等技术使得用户细分的指标进一步丰富，除了在客观数据层面增加了位置信息、登录设备等内容，兴趣、媒介使用频率和时段、浏览记录等行为层面的动态化数据也得以被收集。这使得目标用户不再是标签化的个体和数据化的身体，从画像的建立转向了"塑像"的形成，用户细分更为立体和具体。

另一方面，对象精准化不再停留于"数据匹配用户"的单向连接，而是不断探索"用户定位用户"的新手段。淘宝推出的一键分享购物车功能背后的运作逻辑即找到与目标用户 A 购物喜好相似的用户 B，将用户 B 分享的购物车内容推送至目标用户 A 的功能界面，帮助用户 A 找到消费目标，进而刺激其消费。因此，广告主的对象精准化策略已经超越了"品牌—用户"的单一纵向的模式，开启了用户间连接的横向裂变模式。这隐喻着核心观念的变化：从想方设法连接更多的目标用户到积极促成用户间的连接，进而形成圈层。

2. 渠道多元化：精准实现传播目标

渠道多元化，意味着通过不同渠道找到不同的消费者进而实现不同的传播目标，确保传播有的放矢。从关注转化率的渠道出发，计算范式深入变革了品牌传播的图景，渠道和媒介呈现出融合的态势，获取商品或服务不再仅仅依靠线下的终端推广，电商物流体系的成熟使得线上连接成为更为高效的转化渠道。线上终端和线下终端的联动，一方面双渠道发力覆盖了更广泛的人群，另一方面还形成了虚拟场景和现实场景的互动，形成了传播的闭环，提升了转化效率。从关系维护的渠道出发，社会化营销和私域运营在传递产品、品牌信息的同时还形成了多维的互动链条，既包括品牌和用户间的互动，也包含用户间的联系。除此之外，传统的媒体广告形式依然存在，其更多地作为一种注意力占有的方式，对消费者起到品牌信息提示的作用。三大渠道相辅相成，各自精准化定位传播需求又形成整合化优势。

品牌传播不仅仅是面向消费者，从利益相关方的角度出发，面向非消费者的传播依然重要。当前，广告主倾向于媒体公关宣传和中间商/代理商维系的两大渠道，其目的是更好地稳定供应链，确保品牌自身的安全；同时保证与政府等官方机构的政策一致成为广告主持续关注的焦点，任何经营都不是在真空中进行，社会责任的履行和政策方向的把握依然是品牌建设中必不可少的课题。

3. 内容社交化：精准达成传播效果

丁俊杰教授认为："广告与内容正逐步融合，彼此之间的边界正在消失，这就是广告的内容化。"① 在这一趋势下，内容生产成为品牌传播关键一环，"做广告"思维逐渐向"做内容"思维转变。因此，内容是否精准匹配用户需求成为关系到传播是否有效的关键所在。

首先，当前营销内容的精准化不再局限于定位目标人群后的个性化创作，而在于捕捉关系网络后的再生产狂欢，以内容社交化激发UGC（用户生成内容）的生产能力。在如今的碎片化时代，用户的触点越发多元化，但社交媒体却占据了人们日常交流的大部分时间，社交关系网络成为内容传播的主要渠道。在这种情况下，越来越多的品牌开始将营销内容社交化，让营销自带社交传播属性，引发人们主动传播。

依托社交网络，内容可以经由关系到达目标受众，成为一种新的精准化传播模式。例如，小米汽车发布会中，"蔚小理"三大造车新势力CEO在

---

① 丁俊杰. 广告的内容化［J］. 中国广告，2018（7）：68-69.

台下的表情包，满足的是人们的好奇心理，并通过加工注入了"欢乐"和趣味，成为吸引消费者注意力的利器；中央广播电视总台春晚中，尼格买提在变魔术时五粮液Logo没对上，给人们带来欢乐的同时，品牌也收获利益；《歌手》节目利用热搜话题营造"五旬老太守国门"的热梗，引发用户的创作与跟风等，无一不是内容在社会化媒体上的引爆。

其次，内容情绪化成为内容社交化得以实现的基础，强情绪内容才会带来用户注意力资源高卷入度，进而实现关系网络的延伸。CTR短视频商业决策系统唯尖分析数据表明，70%以上的热门内容带有较强的情绪感知属性，能够有效提升用户注意力资源卷入度，因此更易产出爆款。例如，Keep推出的运动奖牌就妥妥地锁定了用户的情绪价值，尽可能地调动用户的情绪，将荣誉感、成就感、参与感等情绪换成了实实在在的奖牌，让消费者愿意为品牌的互动买单。Lululemon则与知名心理学者合作，借助心理学家的专业知识推进"身心疗愈"，是很好的展开情绪议题的尝试。

三、下沉市场成为品牌传播的新蓝海

（一）下沉成为新增量，不同类型广告主间差异明显

广告主一、二线城市的营销预算长期以来基本保持稳定，这也是大多数广告主品牌传播必须把握的基本盘和关键存量。一方面，一、二线城市有着得天独厚的资源优势：该区域人口众多、人口流动性大，一次传播所能触达的消费人群更加广阔；居民消费能力较强，品牌传播的转化率较高；基础设施完善，媒体资源丰富，各种传播物料更加容易获取，品牌传播的供应链完善。另一方面，一、二线城市往往是区域经济的核心，自身的辐射力和示范力能够帮助品牌逐渐向外渗透，提升品牌自身知名度，逐步由一个区域性品牌发展为全国知名品牌。

然而，伴随着国内一、二线城市市场的饱和，品牌想要寻求发展新增量则不得不寻找新的路径，获取新的增长点。相较于2023年，2024年越来

越多的广告主选择针对地级市、县级市/县城、乡镇村等农村地区市场进行营销费用的增投，在下沉市场的增投率上升2—4个百分点。

值得关注的是，下沉趋势对于不同类型广告主来说并不均衡。从不同预算规模来说，超大企业增投一线城市、二线城市以及国际市场的广告主比例高于总体水平；大型企业增投二线城市的广告主比例高于总体水平；中小企业在地级市、县级市/县城、乡镇村等农村地区的增投比例高于总体水平。

从不同企业属性来说，外资/中外合资企业在各级市场增加营销费用的广告主占比均低于总体水平。国有企业或国有控股企业依然选择在一线城市增加品牌传播费用，而在其余市场并未有太大动作。私营企业在各级市场增加营销费用的广告主占比均高于总体水平，其中在地级市、县级市的增投更为显著。私营的中小型企业对下沉市场的关注更为密切，下沉速度较快，在县域、乡镇市场已经开始着手布局。此外，超大型企业和大型企业也呈现出一定的下沉趋势，但也仅仅是增加二线城市的投入比重，并未有更进一步的下沉趋势（图2-3）。

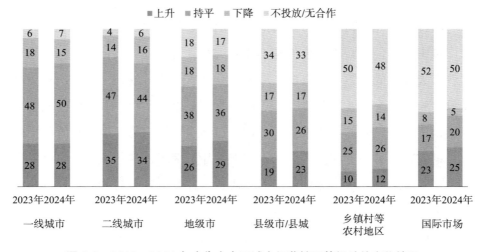

图 2-3 2023—2024 年广告主在区域市场营销预算投放的变化情况

从行业来看，我国品牌目前下沉趋势最为明显的行业为日用品和家用电器两大行业，增加三级下沉市场营销传播费用的广告主比例远超其他行业。一方面，这与行业响应"家电下乡"政策密不可分，家用电器早在2007年就已经开启了自身的下沉之路；另一方面，电商物流体系的搭建使得网络购物深入中国社会的肌理，日用品的市场下沉也顺理成章地"借风飞翔"。

（二）下沉渠道丰富多样，但仍有精细化空间

在开拓下沉市场时，广告主基于不同要素展开多维发力。第一，从产品侧来说，产品/服务更加具有针对性以满足下沉市场需求。部分广告主会根据下沉市场打造区域特色礼盒，例如，某食品饮料品牌广告主表示："针对下沉，我们这几年的一个突出特点就是我们奶茶的礼盒，也在推果冻和海苔的礼盒，尤其是2024年春节销售还是比较好的。"

第二，从价格端看，低价不再是下沉市场的底色，性价比同样受到重视。根据调查的数据显示，仅有11.7%的广告主选择"采用低价策略打开市场"，大多数广告主选择了"提升产品/服务的性价比"。正如某日用品品牌广告主所言："因为我们的产品还是主打性价比，性价比正好也比较迎合现在我们的整个经济形势。"

第三，从渠道侧出发，线下终端的推广重要性上升，广告主尤为重视下沉市场经销商体系的开发、本地KOL（关键意见领袖）培育和城市群渗透。某交通品牌广告主说："下沉最重要的是渠道下沉。"具体而言，在开拓线下渠道过程中，例如，某食品饮料品牌广告主表示："应该来讲，我们的下沉市场是靠我们的产品和经销商的，去抢占市场，做大规模。"某交通品牌广告主认为："越往下沉市场，人情推荐的影响越大。越到下沉市场，本地的KOL影响力会越大。每个经销商的背后都是他的关系圈层，这时候服务和渠道跟上，消费者也会买得更安心。"同时，也有食品饮料品牌广告主提出："我们也在做城市群的建设和渗透，比如选中一个地区作为'根据地'，来渗透周边的几个地级市，连成片，逐步渗透下去。"

第四，从传播端来看，"直播＋短视频"成为开拓下沉市场的传播利器，有43.9%的广告主选择"利用直播平台在下沉市场优势开展'短视频＋直播'种草"。这是因为，一方面，相比于传统的媒体广告，短视频和直播的组合更具吸引力，形成了"雅俗共赏"的传播氛围；另一方面，目前直播和短视频与电商高度融合，极大缩短了转化的成本（图2-4）。

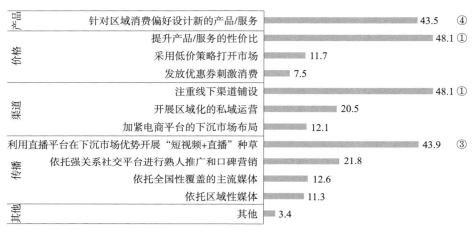

图2-4　2024年广告主开拓下沉市场的营销策略（％）

尽管下沉市场得到广告主的重视，也积累了一些宝贵经验，但目前的下沉模式仍较为粗放。有不少广告主在访谈中表示，并未对下沉市场采取针对性的营销策略。例如，某家用电器品牌说："下沉市场我们布局得非常早、非常广，但是我们的下沉市场没有进行体系化的运营，更多的是野蛮式的生长。"亦有某食品饮料品牌广告主言明："很难说我们对下沉市场做了一个什么样的策略，还是通过我们的产品和经销体系自然而然就跑到下沉市场里去了。"鉴于下沉市场的"野蛮生长"模式，可以说，当下仍存在广袤市场空间亟待精细化开发。

四、品牌出海成为发展新机遇

伴随着国内市场竞争压力的提升和新冠疫情全球影响力的下降，国际贸易再度成为中国经济发展的增长点之一。这一趋势反映在品牌传播领域，表现为增加品牌国际传播费用的广告主数量不断增加。2022—2024年，在调查样本稳定的前提下，选择增加国际传播费用支出的广告主数量从13个递增至23个再至25个，足以说明国际市场的受重视程度，品牌出海势在必行。

（一）出海阶段：广告主差异明显，由低维向高维过渡

我们在调研中发现，中国品牌当前的出海战略大致可以分为三类——分销渠道国际化、本土化运营和建立全球品牌。从战略阶段[①]的角度看，中国企业已经完成了企业国际贸易的最初阶段，开始进入更高维度的出海阶段。由于企业间的差异较为明显，分销渠道国际化、品牌本地化、品牌全球化三阶段并存的现象成为当前中国企业出海的独特风景线。

一部分企业已率先建立全球统一品牌，实现全球供应链协同。例如，某家用交通品牌广告主表示："海外是我们的战略级方向。一方面国内卷得太狠，竞争激烈；另一方面经过这几年的积累，国内品牌在产品、技术上都有比较好的成果，因此对于出海是有利的。"同时，海外设厂也成为这类企业出海的基本操作。某家用电器品牌广告主指出："近两年来我们在海外各种地方都设厂，利用当地的本土化经营和研发能力去实现我们产品的当地化布局。目前海外营收占比基本上都两位数以上增长。"

另一部分企业则处于"国内生产+海外销售"的产品出海初级阶段。正如某食品饮料品牌广告主在访谈中表示："目前海外市场还在商谈阶段，并未正式销售。其实存在许多出海机会，但考虑到品质和运输问题，还在探索阶段。"

从企业品牌传播规模出发，超大企业凭借其资源优势和长期实践探索，超半数已进入品牌全球化阶段；大型企业、中小企业和小微企业大体上均

---

① 助力中国品牌出海，科特勒受邀走进华为［EB/OL］.（2024-06-12）［2024-12-12］. https://mp.weixin.qq.com/s/e6ZdRd9dZWIIy523tD50RQ.

位于分销渠道国际化和品牌全球化的阶段。从品牌的生长周期看，新锐品牌明显更加青睐采用分销渠道国际化的方式实现出海营销第一步，该方式能够更加高效地帮助品牌打入国际市场，拓宽自己的业务范围。相较而言，非新锐品牌中处于品牌全球化和品牌本地化的广告主占比略高于平均水平。

企业出海的阶段也与自身行业的性质密不可分。从不同的行业出发，金融保险、邮电通信行业的广告主更多地选择布局品牌全球化的策略，且这一比重远远超过平均水平。在经济全球化的趋势下，金融资本和信息符号成为流动最为广泛的要素，因此相对而言这两个行业的品牌更需要提升自身的全球化水平。

此外，日化、日用品、药品、家用电器等行业处于分销渠道国际化阶段的广告主占比高于总体水平，在产品导向的行业内，如何实现真正的国际分销才是现阶段考验企业竞争力的王道。交通、互联网及IT、商业及服务业等行业的广告主大多处于品牌本地化阶段，这三个行业更多涉及服务性质的业务，线下的体验与消费成为其品牌转化的主要路径，因此如何实现在地化、更好地融入他国文化圈成为其能否在国际市场站稳脚跟的关键（图2-5）。

%	总体	食品饮料	药品	交通	互联网及IT	商业及服务业	日化	日用品	家用电器	金融保险	房地产	邮电通信
样本量	137	25	10	14	17	7	10	15	13	8	4	6
品牌全球化	42	-1.6	-1.6	-13.0	-6.3	15.5	-21.6	-1.6	4.5	45.9	-41.6	58.4
分销渠道国际化	39	1.3	11.3	-3.0	-3.4	-24.4	21.3	21.3	7.5	-26.2	11.3	-38.7
品牌本地化	20	0.3	-9.7	16.0	9.7	8.9	0.3	-19.7	-12.0	-19.7	30.3	-19.7

图 2-5　2024 年不同行业广告主出海营销阶段（%）

综上，企业营销传播预算规模越大，越来越多的广告主选择品牌全球化的战略，而越是新兴品牌、规模较小的企业，越倾向于选择分销渠道国际化。不同行业根据自身性质的不同分别选择不同的国际传播策略。整体来看，中国品牌的出海呈现出多阶段并存的特点，不同行业、企业间的品牌出海基础差距较大，"百花齐放"成为当前中国广告主品牌出海的特征。未来，广告主将持续瞄准国际市场，分阶段持续推进品牌出海进程，以建立国际化品牌为最终目标，提升中国品牌的全球竞争力。同时，品牌作为传播中国故事的媒介[①]，对于建设与维护国家形象发挥重要的作用。

（二）出海策略："借船"是主流，"造船"仍有发展空间

所谓"借船出海"，即中国品牌使用第三方媒体、渠道、互联网平台进行的国际性的品牌传播活动；而"造船出海"，指的是通过自建网站、品牌店、快闪活动等形式建立与消费者的触点，与消费者形成直接的交流与互动。"借船"和"造船"的差别可以理解为是否有第三方的介入，即这种品牌与消费者的关系是否被中介化。

鉴于媒介生态的差异以及中外文化的壁垒，中国品牌出海更多的还是依赖搭载成熟完善的第三方媒体、渠道或平台，"借船出海"模式仍是广告主海外营销的首选，占比94.9%。同时，也有过半数的广告主选择采用自建品牌独立站、独立品牌店或品牌快闪店/活动的方式"造船出海"，开拓海外市场（图2-6）。

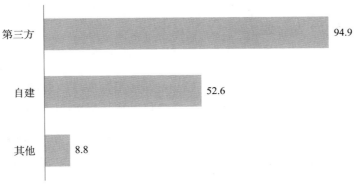

图 2-6　2024 年广告主海外营销类型（%）

当然，二者并非非此即彼的零和博弈，而是在不同阶段、面对不同传播问题时所做出的适配性反应。"借船出海"短期来看效率更高，更具性

---

① 赵新利，宫效喆.作为国际传播媒介的品牌：日常生活的国际传播［J］.青年记者，2023（5）：57-60.

价比，因而被更多广告主选择。从企业属性出发，相比于国有企业和外资企业，私营企业青睐更具性价比和转化率更高的传播方式，跨境电商平台、海外电商平台、MCN/KOL/KOC（多频道网络、关键意见领袖、关键意见消费者）等海外营销方式的占比高于总体水平，偏重效果导向传播渠道；外资/中外合资企业更加关注主流话语对其评价和品牌社会舆论导向，因此多选择海外主流媒体、国内主流媒体的海外传播网络，更关注品牌导向的传播渠道。

对于各个行业来说，交通、商业及服务业、日用品、家用电器、金融保险、邮电通信行业更是全数选择搭载第三方平台的海外营销方式，特别是日用品、家用电器、日化等消费品行业，更钟爱于与电商平台合作。

从品牌发展周期的角度出发，新锐品牌和非新锐品牌都以搭载第三方平台为最主流的海外营销方式，非新锐品牌选择自建类海外营销方式的广告主占比高于总体水平。在众多海外营销方式中，新锐品牌对跨境电商平台、海外电商平台的使用比例远高于总体水平。而非新锐品牌更偏向选择行业展会/活动、品牌独立站。

从"造船"的角度看，这是一项长周期的品牌活动，部分广告主开始有意识地在品牌出海过程中"去中介化"，线下的品牌传播活动成为首选。广告主倾向于通过建立独立品牌店、品牌独立站、品牌快闪店/活动等方式，打造与海外消费者的线下实际接触点。这反映出当前"造船出海"所面临的问题：重视与消费者线下的接触的确可以形成面对面的实际互动，但是传播范围有限（图2-7）。

因此，未来"造船"的新方向应该以搭建海外互联网平台为主。中国互联网的原生性特征满足了中国人的使用习惯，保证了我国网络空间的安全，但是这也在境内与境外形成了一道无形的隔阂。伴随着社会媒介化程度的加深，互联网平台在品牌传播中的作用逐渐凸显，不仅能够更大范围地直接接触消费者，更重要的是实现品牌自有渠道的线上与线下的闭环。未来，

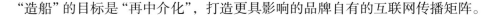

"造船"的目标是"再中介化",打造更具影响的品牌自有的互联网传播矩阵。

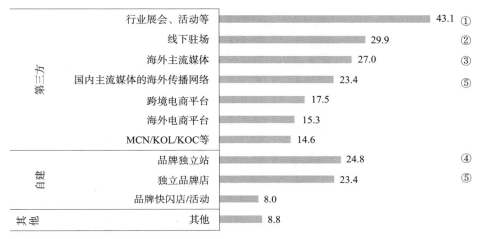

图 2-7　2024 年广告主海外营销方式(%)

综上,尽管当前"借船出海"成为品牌国际传播的首要策略之选,但是大部分广告主对于传播手段的选择趋于保守,更多选择线下展会、站台等传统线下传播手段,而对于媒体的选择也更多着眼于国内主流媒体的海外传播网络,对于原生于海外互联网环境的平台媒体并未过多关注,KOL、电商平台等传播手段并未被纳入常规的传播手段中。因此,当前"借船出海"依然停留在部分发力阶段,全方位、立体式的品牌国际传播路径尚待完善。

五、新技术成为广告主创新助推器

AIGC是利用人工智能技术生成内容的新型内容生产方式,自2022年OpenAI发布ChatGPT后迅速引发热议,并逐步在社会各层面展开应用。当前AIGC成为营销领域中的新兴生产力工具,被广泛应用于创意内容生成、创新营销玩法等方面。2024年AIGC的渗透率已近八成,是广告主"求新求效"的助推器(见图2-8)。

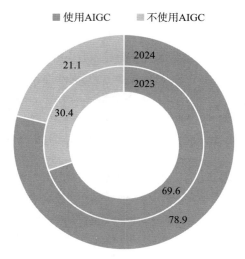

■使用AIGC　■不使用AIGC

图 2-8　2023—2024 年AIGC 在营销活动中的渗透率（%）

　　AIGC 在创新营销玩法上被寄予期待。对比 2023 年，2024 年预期在营销活动中应用 AIGC 的各类情况的广告主占比均有所增长。在营销活动中，使用 AIGC 进行创意内容生成的广告主占比预期在 2024 年超过半数，这也是 AIGC 被应用最多的场景。此外，使用 AIGC 进行创新营销玩法和数据收集、分析、市场洞察的广告主占比较高，预计将达到42.2%和38.9%。其余使用场景预计都会有所增加，但是占比较低（图2-9）。

　　目前广告主成功运用AIGC技术主要解决了内容生产与用户体验提升等营销问题。在内容生产方面，广告主运用AIGC技术生成文案、图片、视频等内容，降低成本，规避版权风险，提升效率。例如，某互联网及IT品牌提到用AIGC进行基础文案创作，提高工作效率。某医药品牌提到把AIGC应用于营销事件和广告图文的创意头脑风暴和优化。某保险品牌则表示AIGC主要是用于生成图片，减少版权图片购买和版权纠纷。某房地产品牌用AIGC生成式AI，获取免费图片，且拥有自主版权，节省图库费用。某互联网及IT品牌则表示，在AIGC使用上，引入一个直观的文本到视频的生成器，可以在几分钟内创建一个具有专业外观的宣传视频，其中包含听起来非常自然的人类说话头像。可以在宣传视频中添加音乐和自定义背景，从而获得更具吸引力的体验。这样，游戏宣传视频就不需要安排演员或搭建背景来制作高质量的视频了。

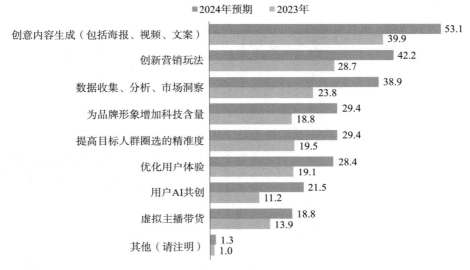

图 2-9　广告主在营销活动中使用AIGC 的情况变化（％）

在提升用户体验方面，广告主主要运用AIGC技术增强品牌科技感。例如某医药品牌使用AIGC技术辅助用户体验，比如检测试纸结果的智能判读、智能客服。某金融品牌广告主表示营业厅有尝试使用智能客服机具和机器人，增加科技感和客户好感。某医药品牌广告主则表示在智能客服和AI生成文案方面有应用到AIGC技术。

然而，大多数广告主对AIGC的应用仍较为基础，主要集中在小规模的测试和基础图文替代方面。正如某家用电器品牌广告主表示："现在只是在一些基础功能类进行应用，比如说文生图、文生视频这种，现在我们已经做到了文生图、文生文，文生视频应该在4月会上线，而且会全国推广，我会把这个功能让全国的直销员、店铺、产业都用起来。"某食品饮料品牌广告主列举了AIGC在小红书运营中的应用："现在运营小红书，我们自己发布的一些笔记很多是AI生成的。你给它一个标题，然后给它几张图片，它就会帮你写，这是小红书后台内置的工具，虽然写得一般，但是对于布量的角度来讲还是可以基本满足的。"

整体来说，广告主对AIGC的态度仍较为谨慎。一方面，广告主对AIGC所产出的内容质量仍信心不足。例如，某日用品品牌广告主提到："现在还是文字产出比较稳定，像视频类的我们还没有开始使用，图片类也没有使用，不是很可靠。"另一方面，部分广告主担心AIGC存在公司机密或用户信息泄露的风险。例如，某食品饮料品牌广告主表示："目前对于AI我们会在包装设计、产品概念的前期测试中有一定的应用和融入。但目前仅是小范围使用，会担心AIGC存在一定的风险性。如果说要把更多的资源投入在这个上面，甚至落到我们的终端推广或是用户上，从而对整体销售产生影响的话，还是会有点小心谨慎的。"

2024年2月16日，Open AI发布了人工智能文生视频大模型Sora，标志着视频这一动态的内容形式也具备了智能化一键生成的可能，展示出了生成式人工智能的强大生产力。未来，伴随着AI大模型的成熟和完善，AIGC的效率和准确率会逐步提升，广告主对于AI的使用会进入常态化，AIGC将更为深度地赋能品牌传播。

结　语

当前，广告主的品牌传播已经超越了增量竞争的时代，进入盘活存量、精细化、精准化的运营阶段。当时代的经济浪潮力度渐弱，广告主的营销选择不再是"顺势而为"而是需要"逆流而上"，内驱力成为不可或缺的动力因素。广告主营销传播目标市场的空间转向成为大势所趋，尽管有些行业尚在探索阶段，但是面对未来一、二线城市市场的深度饱和，这一空间转移活动将持续进行。值得关注的是，在数字化成为基础设施而非趋势的前提下，AI大模型的运用激发了人工智能的创造力，成为广告主品牌传播的新型工具，并将向着更广泛的应用场景扩展。

第三章　广告主品牌传播策略趋势报告

广告主品牌传播策略是当前企业经营策略和发展导向的一种表征，是企业发展战略在具体操作流程上的缩影。站在数智时代的浪潮之巅，广告主的品牌传播策略呈现出新的变化、新的特征和新的路径。在广告主内驱力进化和精准化演进的趋势背景下，当前广告主营销传播更加注重自身的潜能因素，从推新品、做内容、稳关系三个维度出发，在不断求新求效的道路上提升品牌竞争力。

一、新品开发与推广成为品牌内驱力的关键要素

伴随着市场同质化竞争的加剧，广告主选择使用新品战略以保持竞争力，实现差异化。2024年，超九成广告主对"新产品/服务研究"有需求，并且广告主运用于新品推广的费用将持续上升。广告主2024年预期新品推广费用占总营销推广费用的比例达到了34%。相较于2023年广告主用于新品推广的营销费用占比将上升3个百分点（图3-1）。从广告主所属行业的维度分析，快消品（包括食品饮料、日化及日用品）、药品、商业及服务业领域，因产品迭代速度快与消费者需求变化频繁，新品推广费用占比亦居高不下并呈现出进一步增加的趋势。从品牌的生命周期看，新锐品牌相较于非新锐品牌显示出更强的新品推广倾向性，这不仅是新锐品牌生命力与创新活力的直接体现，也是在复杂市场环境中寻求突破与增长的关键策略。

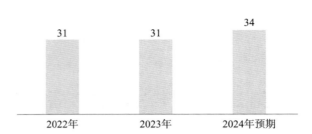

图 3-1　广告主用于新品推广的营销费用占比（%）

（一）区域差异、市场细分、产品迭代成为广告主新品开发的策略依据

新品开发时广告主普遍采取聚焦差异化策略，这一策略的制定依托于三个关键维度：特色地域定位、目标市场的细分以及经典产品的迭代优化。具体而言，针对特色地域定位，有食品饮料行业的广告主在常温乳制品的新品研发过程中，采取了融入地方特色的策略，旨在通过地域文化的独特性，在竞争激烈且接近饱和的常温乳制品市场中开辟新的生存与发展空间。

关于目标市场的细分，同样来自食品饮料行业的某广告主强调，其产品创新的重心在于深入理解并精准服务于特定消费群体。例如，针对华东区域的中高端消费市场，企业通过精心设计以"品质"为核心卖点的新产品，实现了产品特性的精准定位，从而成功渗透到高利润潜力的细分市场领域。

经典产品的迭代优化成为多数成熟品牌选择的新品创新思路，相比于"凭空创造"新品更具性价比，又能实现更新目标消费群体、活化品牌形象的作用。某日用品品牌在新品开发策略上，选择围绕其经典产品进行深化与扩展，利用经典单品积累"视觉锤"来强化品牌形象，积累品牌资产。

（二）新品推广呈现出阶段化、整合化、精细化三大特征

新品推广的阶段化是广告主在进行新品推广时的顶层设计。通过阶段性的市场反应及时调整推广策略，从而最大化新品的市场效应与经济效益。在新品推广初期，大多数广告主采取"先求稳再求新"的新品渠道铺货策略，在新品铺货时更倾向于各渠道平推，旨在分散风险并最大化市场触达，体

现了策略上的谨慎与周全。后期则会根据实际传播中的转化效果，加大对于某一平台的投入力度。比如某食品饮料品牌的广告主表示："我们更看重新品推广的不同阶段采取不同策略。有固定电商打法，先用一个产品的某个规格，以低规格去起量，将利润全部给达人，或者给推广的渠道，达到起量的效果，达到一定数量后改为正式销售价格。"

新品推广的整合化是品牌新品推广的策略依据。相较于为单个新品设定独立的营销预算，部分广告主倾向于采取一种更为全局化和整合的预算规划进而实现降本增效的目标。某家电品牌在访谈中表示："整合产业的预算到一起，而不是单独去用，原来比如一个新品上市预算是1000万元，那么现在可能一个套系是2000万元费用，这个费用分摊到各个产业里去，对产业来说可能分摊得更少了，但是起到的效果更好或者请的明星量级更重了。"通过资源的集中调配，不仅能够实现成本的优化分配，还能够提升营销活动的整体影响力和深度，进一步提升品牌形象，提高市场竞争力。

广告主在高流量平台上迅速营造新品热度的同时，通过有效整合线上线下资源，特别是借助户外媒体的联动效应，进一步强化了品牌信息的穿透力，实现了信息传播的跨媒介联动。最后，通过兴趣电商与货架电商的双轨并行，实现了从品牌曝光到销售转化的闭环。

新品推广的精细化是品牌新品推广的具体操作，无论是目标人群的精确锁定、传播策略的定制化设计，还是推广预算的科学分配，都力求精准高效。一位日用品领域的广告主阐述了他们严谨的运作流程："做产品的时候我们先要针对某一个绝对精准的人群，基于这个我们要做好的内容……整合后我们就开始投放，投放后我们就可以看反馈和测试，第一波效果好的话，我们就会大力去营销，是这样的一个关系。"整个过程体现了一种"测试—反馈—优化—放大"的科学方法论，确保了每一步的投入都能精准触达目标，实现营销效益的最大化。

二、内容整合趋势显现，情绪价值上升

（一）产品是内容的起点

当前，广告主营销的玩法呈现出多元化的趋势，可谓"乱花渐欲迷人眼"。但是不论营销手段如何创新、怎样变化，唯一不变的起点就是产品本身。任何一次营销传播活动如果失去了产品这一起点和抓手，就会演化为一场"互动的狂欢"，表面上火热，实则并未产生实际传播效果，从而本末倒置。

"做产品"是广告主向内寻求驱动力的关键抓手：一方面，产品本身成为营销的主角，贯穿各类营销活动的始终，避免营销无目的性的同时增加了营销的创意点；另一方面，具体产品的实际转化率又会成为衡量具体营销效果的标准，为营销活动提供了量化的想象。

多数广告主认为，产品力是品牌传播内容的出发点。如某日用品品牌广告主提到，"产品和内容又是相辅相成的，产品本身就是内容，所以前面的1（指产品）是最为关键的。在我们看来，产品是皮，营销是毛，1（指产品）好了后面才会好，要不然会比较麻烦"。某交通品牌广告主同样强调，"所有的营销归根结底要回到产品和服务上，产品和服务都要保持良好。对于消费者来说，终端销售员的服务好坏影响的不是销售员本身的口碑，而是影响品牌的形象，所以保持良好的终端服务水平非常重要"。

（二）广告主越发重视内容统一管控，进行一体化传播

在信息碎片化时代背景下，广告主的内容生产需要迎合时代的传播特点，但是这也会造成内容飞沫化的消极影响，使得营销信息被淹没在内容的海洋中。因此，广告主越发重视内容统一管控，通过内容统一管控及一体化传播引领企业内容转型。在组织结构设置层面，一些广告主前瞻性地建立了内容中台部门来统领整个集团的内容转型。如某家用电器品牌广告主表示，"建立内容中台部门，内容统一归口，围绕内容中台部门制定的

内容方向与标准，进行各方面各渠道内容的生产。现在内容的重要程度越来越高，但是产出内容的口特别多，很难去归口。所以需要成立一个强有力的部门去带领整个集团进行内容转型，需要有前瞻性、正确性、渠道相符性"。

在内容策略层面，广告主倾向于聚焦关键词进行内容的一体化传播。如某日用品品牌广告主提到，"聚焦健康与时尚两大关键词，通过内容持续投入来为消费者心智去"种草"，做让品牌值钱的事，赚未来的钱。资本市场、人才市场、顾客市场、政策市场、公民/社会市场五个市场齐发声，进行健康与时尚两大层面的内容传播"。某家用电器品牌广告主也强调，"与渠道平台对齐内容方向，在新渠道方面我们会每个月进行内容拉通，了解平台下一步的内容规划方向，比如说抖音要搞抖音奇妙夜，那我就要和其保持方向一致，可能在抖音奇妙夜里我要搞一个环节，来实现1+1>2的效果"。

同样是碎片化的传播环境，如果一味迎合平台和受众的特点则会随波逐流，难以在消费者心中留下记忆。因此，如何形成稳定的内容风格特征成为广告主营销的关键。这就要求广告主建立稳定的内容IP，提升品牌内容的识别性。江小白基于自身"年轻人喝的白酒的定位"推出了独特的内容IP，用高质量的"扎心"文案锚定了品牌的风格基调；喜茶以品牌Logo为基础，开发出系列人物，形成了独特的品牌IP……未来，打造品牌IP、形成稳定的品牌风格成为内容创造提质增效的可行之路。

（三）情绪价值的加码，注重与用户的情感沟通

数字媒体时代，用户需求的变化与主动性的提升推动内容营销进入以价值为中心的阶段，基于用户需求、经营需求等进行内容营销，从而实现企业价值与用户价值的双提升。具体来说，广告主开始以"价值认同—价值共鸣—价值共创"为路径深入构建用户与品牌价值的关系。

首先，在寻求用户价值认同阶段，广告主倾向于通过多角度、多切入

点阐述产品与服务价值来获取用户认同。如某食品饮料品牌广告主表示："国货量贩零食三巨头都希望我们的市场做得更大，但是很难说我代表中国国货，所以我就卖得过其他人。国货不是消费者决策的一个因素，而是我会带着这个噱头去阐述我的性价比、原料、好的服务，国货只是一个引入点。"

其次，在激发用户价值共鸣阶段，广告主以情绪为抓手来展开人格化运营，以期实现与用户的同频共振。目前在消费端与市场端的双重驱动之下，品牌越发需要构建"情绪价值"，参考知萌咨询机构发布的《2024中国消费趋势报告》中总结的消费端需求的变化，"消费需求开始从追求物质富足到关注精神富足，消费者不断为'情绪消费'和'精神自留地'买单，如多巴胺、露营、彩票、寺庙咖啡、松弛感等，年轻人的诸多小情绪中蕴藏着产品升级的机会"。

某食品饮料品牌广告主也认为"情感营销是一个难点，品牌也在摸索阶段，现在发现一条比较好走的路就是品牌要放下自己的身价与用户打成一片，将用户看作熟悉的朋友或是家人一样去相处"，更有某家用电器品牌广告主直接表示"情绪价值凸显，用户买的是氛围与情绪价值而不是具体的产品"。

情绪营销诚然在此背景下一时之间成为众多品牌的"心头好"，但情绪价值与真实需求间始终存在隔阂，持续性的情绪价值提供难实现，这也给一些跟风陷入"情绪营销"的广告主敲响了警钟。如《2024中国消费趋势报告》中表示"产品不是简单地回答需求，而是要回答意义，品牌不是简单地强调我很优秀，而是要回答我对消费者生活带来什么新意义"；《经济日报》也指出："情绪价值并非'万能钥匙'，忽略产品底层功能属性，空谈情绪价值，无异于空中楼阁。换句话说，功能价值是前半程，情绪价值是后半程，只有前半程稳扎稳打，后半程才能厚积薄发。"[1]

---

[1] 万政.品牌营销中的情绪价值［N］.经济日报，2024-05-05（5）.

在价值共鸣形成后，品牌不再满足于与用户建立互动关系，而是推进与用户的价值共创。如某食品饮料品牌广告主表示，"牛奶粉丝节，我们已经做了10年，是用户运营的雏形。早期是campaign（活动）形式，每年年底进行欢乐购，现在已经成为用户运营的一个部分，整合了party（派对）、欢乐购等多种形式。以前更重视销售和热度，现在更重视用户，能够提供给新老客户互动的场域"。某金融保险品牌广告主也表示，"公司每年都会做马拉松的项目，今年会更侧重××项目，将马拉松往××项目上靠，寻找老人、外国人、留学生等参加马拉松的跑者，邀请他们去拍摄素材，从他们的角度来讲述故事"。

三、私域盘活存量，新客获取增量

广告主全链路精细化升级用户运营模式，促进用户运营层面的提质。从用户与品牌的关系来看，可以将其区分为新用户和老用户，在策略上体现为对老用户的维系和对新用户的获取。

老用户的维系主要集中在心智的占领，这成为品牌日常传播活动的基本盘。老用户作为品牌产品的习惯性使用者和追随者，其在长期产品使用和服务体验中已经形成了黏性，作为品牌既有的存量市场，针对老用户的传播策略所能够取得的转化率更高、转化周期更短，带来的实际收益更高。更为关键的是，老用户成为品牌口碑传播的关键节点，成为品牌口口相传的人际关系网络。

近些年，老用户的运营策略开始从公域转向私域，力图将更多的老用户纳入品牌私域。调研数据显示，2024年布局私域的广告主达到了86%，私域运营成为一项不可或缺的营销手段。相较于2023年，2024年预期加大私域运营推广费用的广告主占比有小幅下降，从49%到47%，但仍有将近半数的广告主会加大私域运营方面的推广费用。

私域超越了人群的划定与区分，而是更注重关系的维系，"先做朋友再做生意"成为广告主开展私域运营的一大方针。一方面，广告主需要通过提供有吸引力的权益／增值服务来提升私域用户好感，培养用户的使用习惯和品牌忠诚度，增加消费者的黏性，讲求口碑效应。另一方面，品牌不能仅把用户视作"待挖的富矿"，而是应当对其提供物质精神双重激励，刺激用户创作热情。从这一角度出发，私域更深层的含义是培养对品牌友好的KOC，在收获一批稳定、忠诚的消费者的同时，还收获了坚定、团结的品牌合作者，这不仅是对私域购买力的激发，更是对其生产力的赋能。

相比之下，对于新用户的捕捉则更为困难。在当前环境下，用户信息处理能力增强，对营销信息更加敏感；用户心态与行为发生变化，用户变得更加理智。上述两大变化使得品牌传播越发难以触动其内心，拉新成本渐升。正如某家用电器品牌广告主表示，"现在拉新成本非常高，拉新一个用户与触达一个老用户的比例为4∶1"。

2024年广告主营销趋势调查显示，广告主在用户运营中，最为倚重跨圈层／领域／品类获取新用户，其次是提升用户口碑与传播，占比均超3成。面对越来越难捕捉的新客，跨圈层／领域／品类获取新用户是广告主用户运营的重中之重。这一策略本质上即在现有用户群体基础上触达更多潜在用户，具体通过品牌联名、代言人营销、KOL营销等途径和手段，实现消费者群体的破圈与融合。如某食品饮料品牌广告主提到"主要通过和瑜伽房、健身房等做联名活动吸引用户"；而某日化品牌广告主则强调"寻找新代言人、KOL达人去触达新圈层、新用户；除此之外就是拓展更多渠道；当然也会跨品类获取新用户，利用关联消费去触达目标人群"。

四、媒体功能演进，不断提升自适应能力

当前，广告主品牌传播的渠道呈现出多元化的趋势，相较于大众传媒时代传播渠道的集中化，"媒介盈余"成为当前传播环境的特点。然而，从

一方面来说，媒介资源扩增可能会带来传播失焦、碎片化趋势严重的问题，进而影响品牌传播的效果。但是从另一方面来说，这又为广告主建立立体化的广告投放体系提供了资源上的可能。因此，在长期的营销实践中，广告主就不同媒体的特征和优势实现精准化内容传播。

从当前广告主的媒介选择来看，当前传统大众媒体的广告份额不断下降。然而，正如保罗·莱文森的"媒介进化论"所描述的那样——新媒介并不是消灭旧媒介，而是将其逼入更适合的领域。以报纸和杂志为代表的纸媒尽管流失了大量用户，但是其自身的权威性和其独特的地域性优势，依然使其具备营销传播价值，广告主也依托纸媒刊发关于品牌的深度报道，更加深入地诠释品牌价值。除此之外，电视、广电、户外这类大众媒体也在新的传播环境下寻找到了自身的"舒适区"，发挥着自身优势。

（一）电视媒体品牌效应显著

在广告主"价值升维"的基调下，广告主在电视广告投放上整体稳定，投放主要集中于中央广播电视总台央视频道（简称"央视频道"）和省级频道，呈现出明显的头部效应。其强背书、大曝光效果受到广告主普遍认可，央视频道渗透率与预期营销推广费用双上升，处于领先地位。

广告主对于电视媒体的投放策略在不同规模、不同行业、不同属性以及不同品牌属性广告主的具体策略中均有所体现，例如，在不同预算规模的广告主中，超大企业、大型企业对央视频道的重视程度已远超其他规模企业，中小企业、小微企业对央视频道的营销推广费用占比有所提升，越来越重视头部媒体的投放；在不同行业的广告主中，近两年来，日用品、邮电通信、家用电器行业对央视频道的投放侧重非常明显，其中日用品增投央视频道的比例最高；在不同品牌属性的广告主中，新锐品牌的头部策略越发明显，对央视频道的投放分配显著高于总体水平，呈现出马太效应。

当前，电视媒体的首要价值并非体现在效果广告和实际转化率上，而是借助官方传统媒体持续曝光进而塑造品牌形象。并且在这一过程中，电视媒体的公信力实现共享与转移，依托大众对于媒体的认可进而提升对于品牌的认可程度。因此，电视媒体尽管面临用户流失的窘境，传播价值大打折扣，但是其在当下成为一种符号象征，特别是央视频道，象征着官方的认可和大众的信任。这便是电视媒体的"舒适区"。

（二）广电新媒体成为品牌公关新选择

广电媒体作为大众传媒的代表，跟随互联网的浪潮也不断走上了数字化道路，形成了新媒体矩阵。近三年来，广电新媒体的渗透率持续上升，2024年广电新媒体的渗透率预期将增长至57.6%，较2023年和2022年有较大的上升幅度。除渗透率稳定增长外，预期增投广电新媒体的广告主比例也出现大幅上涨。2024年预期增投广电新媒体的广告主从2023年的19%增至26%，增长了7个百分点（图3-2）。

图 3-2　2022—2024 年广电新媒体投放渗透率及 2023—2024 年广电
新媒体投放费用（%）

广电新媒体的传播优势在于其融合性。一方面，广电新媒体仍然有权威背书，具有较强的公信力；另一方面，其依托互联网生态，能够满足广告主和用户之间实时互动的需求。正如某食品饮料品牌广告主在访谈中提到，"广电媒体以公关性为主，费用较少，20万至100万之间，具有官方背书力，我们与广电新媒体也有小规模合作，但更多的是品牌舆情方面，涉及产品的较少"。

在当下舆论环境越发复杂化的背景之下，为防止一些细微的风吹草动演变为危害企业、品牌发展的负面舆论，随着企业的发展和成熟度，广告主对舆论管理的重视程度不断提升。某交通品牌广告主表示,"之前规模较小的时候注重线索获取,随着规模的扩大以及舆论环境的变化,公司会注重舆论的管控"。

而广告主进行舆论管控,发出企业正面声音的目的就是提振产业生态中多元利益相关方的信心。如某交通品牌广告主提到,"通过微信公众号的文章在利益相关方(投资方、合作伙伴、员工等)传播,也会发布一些新品的消息和品牌利好的消息,增强各方的信心";某食品饮料品牌广告主同样提到,"因为大家投放广告最终是希望消费者看到,能影响消费者,另外就是影响我们的渠道。从渠道体系来讲的话,也给大家了一点信心,因为大家都能看到有反馈"。

(三)户外媒体数字化演进,品牌线下曝光成为新优势

户外媒体的场域化特征使得其能够深入日常生活的具体情景中,实现线上与线下的关联互动。2024年,楼宇类(电梯海报、商务楼宇液晶电视、社区楼宇液晶电视)户外媒体依旧备受广告主青睐,渗透率达57%,远超其他户外媒体,虽然近些年呈现波动的下降趋势,但是依旧维持在近60%的水准。高铁/火车类、机场类户外广告渗透率维持相对稳定状态,维持在30%—40%之间,升降幅度不超5个百分点;社区类(除梯媒外的其他社区内户外媒体)、城市街道类户外广告渗透率近两年降幅较大,公交车类、高速公路类户外广告渗透率持续下跌(图3-3)。

户外广告具备曝光力、销售力与品牌力三大核心价值点。户外广告的曝光力是销售力与品牌力实现的基础,而销售力与品牌力之间则存在相互作用,共同助力品牌的声量、销量与价值打造。

曝光力指社区商圈类户外广告能够围绕用户生活工作圈布局,营销价值凸显。如某食品饮料品牌广告主表示,"围绕用户在家和上班的场景,投放电梯、地铁广告,投入产出较好";某日用品品牌广告主则提出,"以代言人和新品为主要视觉内容,在核心商圈和梯媒进行投放"。

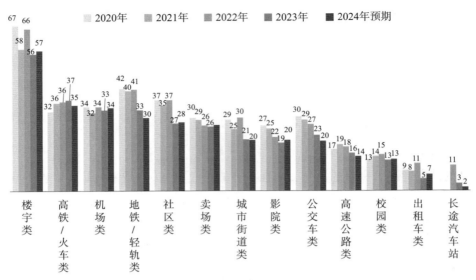

图 3-3　户外广告渗透率变化情况（%）

销售力指户外媒体 O2O（线上到线下）趋势显现，线下布局引爆线上声量。如某日用品品牌广告主提到，"通过代言人 3D 裸眼的方式给粉丝一定的福利以及产品层面的一些曝光和破圈，然后再反向到线上和用户进行互动，线上话题指数也都不错"。

而品牌力则指户外广告具备独特价值，利于品牌力、品牌调性与氛围感的打造以及高净值人群的触达。如某日化品牌广告主表示，"品牌发展到一定程度（非常强调品牌力的阶段），必须重视线下广告的投放，举办一些线下活动、展览，或者投放机场广告，触达高净值人群"；某日用品品牌广告主直接点明"奢侈品品牌和汽车品牌户外广告投得多，是因为它要调性和出圈，而不是为了 ROI（投资回报率）转化，那个没法转化的"。

当前，户外媒体广告投放存在两方面的缺陷。其一，高成本，预算成本负担重。如某食品饮料品牌广告主表示，"子品牌暂时没有投放，但还是有一些合作形式的，例如店面海报、大厦外屏等，但是没有系统地大规模投放"；更有某汽车品牌广告主强调"减少户外等纯曝光类的广告投放"。其二，难转化，ROI转化效率低。如某金融品牌广告主表示，"今年侧重××项目所以会减少户外投放，领导层认为大户外以往做得较多了，转化效果并不明显，今年会下调"；某日用品品牌广告主也直接表明，"户外广告本身不是负责ROI转化和产出的媒体，它的渗透率本身就有限，所以一万亿的广告市场，户外广告占比连4%、3%可能都不到，它本身就没有ROI的转化"。广告主要破解上述两大难题，实现精细化投放是关键抓手，而程序化数字户外广告的应用，则是极具针对性的具体手段。

目前程序化数字户外广告渗透率仅接近两成，仍有较大的发展空间，且受限于企业预算规模、品牌发展阶段等因素的影响，广告主在选择程序化户外广告的投放上差异较为明显。值得注意的是，新锐品牌会更加积极地拥抱程序化数字户外广告，这可以归因于新锐品牌更为灵活，对新型广告投放形式的接受度较高，乐于尝试新兴媒体（图3-4）。

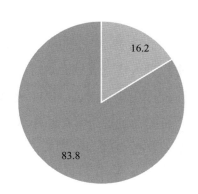

■使用过　■未使用过

图3-4　程序化数字户外广告渗透率（%）

尽管当下程序化数字户外广告在国内市场还处于导入期，市场成熟度与使用普及度较低，然而超三成广告主认为，数字户外媒体程序实时交易的核心价值在于"效果实时反馈，有效提升效率""可与受众形成互动，提升品牌价值"，以及"根据曝光量进行CPM（Cost Per Mille，每千人成本）收费，预算灵活"三大方面（图3-5）。

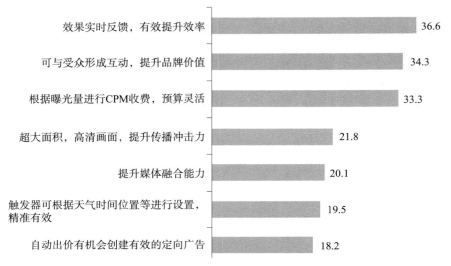

图 3-5　数字户外媒体程序化实时交易的原因/ 价值（%）

结合广告主访谈也可以发现，"差异化精准投放实现效率优化"是程序化数字户外广告的核心吸引力所在。如某家用电器品牌广告主提到分众与个灯（数据营销平台）的合作案例，"之前和分众做过一个识别手机mark码的项目，就是当您的手机进入特定区域后就可以抓取到手机上的浏览记录，但这实际上还不属于程序化数字投放。现在所谓的数字化投放，其实是根据后台数据。例如，根据您的房价区间、小区成熟度等——对新装修的小区跟使用五年以上的小区投放的内容是不一样的。它是通过这些不同的纬度去投放不同的物料"；"我之前参与开发过个灯，该平台具备地理围栏（LBS）功能。举例来说，如果我在上海家博会期间，以世博中心为圆心，设定一个5公里半径的范围，那么在这个区域内，只要用户打开我预设的某些应用，比如墨迹天气或网易云音乐，他们的开屏广告或是信息流中就会展示我的广告内容"。

五、互联网广告投放呈现常态化，各类平台功能边界明晰

2024年8月29日，中国互联网络信息中心（CNNIC）发布了第54次《中国互联网络发展状况统计报告》，其中显示，截至2024年6月，我国网民规模近11亿人（10.9967亿人），互联网普及率达78.0%。所谓人群流动的方向就是广告传播的方向。本次调研数据显示，近两年互联网广告渗透率已接近90%，广告主积极拥抱互联网广告等新的广告形式成为一种"新常态"。体现在投放费用分配上，互联网广告的份额持续上升，2024年预计将达到48%左右。

（一）互联网广告类型多样，转化率成为金标准

对近两年数据进行比较，2024年KOL/红人投放、信息流广告、搜索广告的渗透率预期超八成，但各类互联网广告的投放渗透率相比2023年均有不同程度下降。2024年，KOL/红人投放成为渗透率最高的互联网广告（87.1%）；固定位置的展示广告、互动广告、开屏广告、视频贴片和插播广告渗透率下降明显，渗透率均不足7成（图3-6）。2024年，近六成广告主预期增加"种草"类KOL/红人的投放费用，按增投幅度看，其次是带货类KOL/红人、信息流广告。而纯展示类的固定位置的展示广告、视频贴片和插播广告、活动赞助类广告的广告主预期减投占比最高。这在一定程度上反映出当前广告主在选择互联网广告投放时的选择意愿——注重广告、营销的实际效果，转化率成为新的衡量标准（图3-7）。

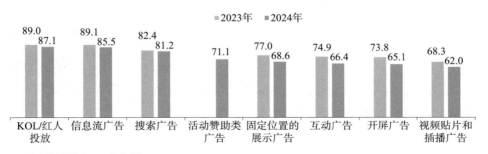

● 活动赞助类为2024年新增

图 3-6　2023—2024 年各类互联网广告渗透率（%）

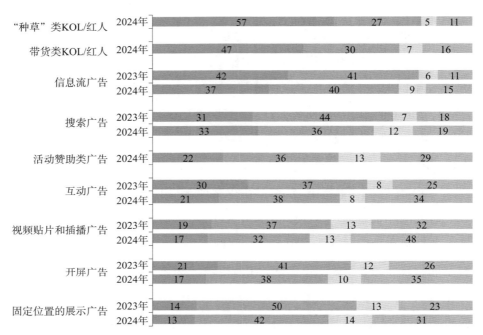

图 3-7　2023—2024 年广告主投放互联网广告类型费用的预期变化（%）

（二）互联网平台多样，平台功能趋于稳定

在移动互联网的生态中，平台成为互联网广告的主要载体。在诸多类型的平台中，短视频、社区、社交仍是 2024 年广告主预期增投比例最大的三类互联网平台，但较 2023 年的增投幅度有所收窄，预期分别有 64%、57% 和 40% 的广告主会增投短视频平台、社区平台和社交平台。除了专业垂类、搜索、音频平台，广告主在其他平台上的增投比例相比 2023 年均有收窄；预期减投比例最高的是新闻资讯、搜索、长视频平台，但较 2023 年的减投幅度也有所收窄；超过半数的广告主不投放不区分平台的流量包、游戏、音频和应用工具平台（图 3-8）。

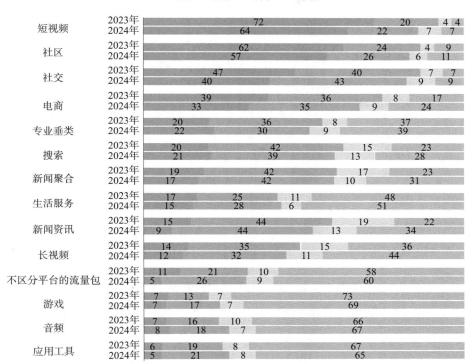

图 3-8 2023—2024 年广告主投放互联网平台费用的预期变化（%）

广告主精准洞悉头部互联网平台价值基点，基于平台属性与定位不同，投放目的呈现差异化。目前，广告主对主流互联网平台的价值定位有所不同，可以大致区分为两类，一类为"均衡选手"，此类互联网平台的曝光、"种草"与转化效果较为平衡，集合了电商、团购等功能，成为新一代的互联网入口；另一类为"精专选手"，此类平台在曝光、"种草"、转化中的某一类效果较为突出，能够满足广告主营销传播需求的其中一种，需要和其他平台搭配使用，共同打造品牌传播的互联网矩阵（图3-9）。

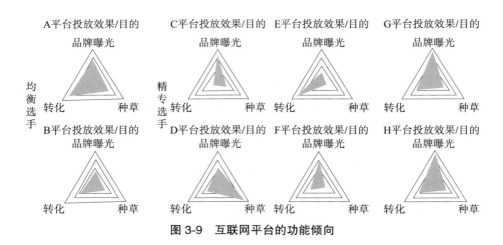

图 3-9　互联网平台的功能倾向

结　语

　　产品、内容和关系，成为当前广告主品牌传播活动最为关注的三大核心要点：产品是底气，是消费者与品牌最为具体的接触点；内容是桥梁，是品牌传递自身价值和观念的实际载体；关系是渠道，是品牌传播的关系网络，也是品牌价值的体现，与消费者建立的关系越紧密，品牌的发展就会越稳定。三者相辅相成，共同构成了当前品牌传播的三维体系。在智能技术的驱动下，媒介呈现出泛化的趋势，并逐步与渠道相融合。媒体策略也不再只关注电视、报纸、广播等媒体机构，而是更加关注互联网平台传播作用的发挥。在媒介策略上也不再是单一媒体的单打独斗，而是多元媒介的整合性传播。

第二篇

2020—2024 中国数字营销传播生态
发展报告

生态观是广告主研究所对中国营销市场分析进行调查研究所秉持的专业价值观，经历了数年的实证研究和对营销市场多方主体调查的数据积累。随着数字营销市场的发展，持续关注并呈现年度数字营销生态的发展趋势也是课题组的核心任务之一。因此，数字营销传播、广告生态、广告主、广告公司与媒体等支持机构是关注和研究该领域的基本核心概念。

　　广告主、媒体和广告公司构成广告市场生态系统内部的主要物种类别，三大主体之间的需求、人才、资金的循环体系与广告市场生态环境的相互影响构成整个生态系统。随着数字营销传播的演进和发展，互联网平台对用户注意力的影响使得平台和媒体一起成为广告主和品牌传播过程中不容忽视的重要力量；而广告公司的构成也日益分化，更加多元，并且和媒体与平台一起在广告市场中共同构成不可替代的营销传播支持机构，赋能广告主，支持其品牌传播行动。

　　作为广告市场的主导力量，广告主需求成为广告市场生态循环的动力源。不同规模、行业、属性的广告主群，吸引匹配度较高的媒体群和广告公司群形成循环体系，构成广告市场整体生态中的子生态。

　　本篇系列报告聚焦 2019 年以来数字营销生态的演变和发展，洞悉在广告主和用户的精细分化趋势下，营销传播支持机构的策略调整以及各种力量的博弈和演进。无论是哪种角色、哪方力量，在当今世界，协作和竞争如影随形，唯有知来时路、知何处去，了解彼此的变革和趋势，相互赋能，提质增效，积极探索和实践新方法，方能在当下共建新秩序，共赢共进，迎来发展新时期。

第四章　2024 中国数字营销传播生态发展报告

正如广告主研究所年度研究呈现出来的，人工智能从要素、体系和价值三方面推动数字营销传播进入新阶段，数字营销传播生态持续演进更迭。随着加快发展新质生产力被列为2024年中国政府工作十大任务的首位，开展"人工智能+"行动等诸多纲领对中国数字营销传播产业的高质量发展释放了鲜明的信号，意味着数字营销传播生态必须培育发展新优势，为此，其背后离不开新技术、新价值、新动能的集聚和促进。

一、数字营销传播生态的要素重构及趋势特征

从"消费者"到"用户"的转变，是广告主营销传播数字化转型中认知和战略的重要转型。研究表明，目标用户是广告主做营销传播决策最主要的依据，越来越多的广告主在营销传播实践中从以产品为核心全面转化为以用户为核心。调研数据显示，广告主对用户的界定，从品牌直接的消费者拓展到代言人与合作达人的粉丝。随着数智化营销的不断推进，"回归用户"的内涵外延不断深化拓展、迭代升级。

在早期的数字营销中，用户和消费者是营销传播流程的对象和终点，"回归用户"大多体现在营销传播活动前的策划调研以及营销传播中的用户互动。而数据驱动下的"回归用户"则是品牌围绕用户旅程开展数字营销传播。总体来看，围绕用户旅程展开的数字营销传播呈现三大特征。

（一）传播共创性

传播共创性，即品牌与用户的共创、品牌与平台和支持机构（服务商）的共创体现在数字营销传播的每个节点，从传播议题的选择、传播内容的设计、传播策略的推进到传播效果的转化，每一个阶段都能够实现品牌与用户的共创，用户不仅是参与其中，而且成为营销传播的主导推进者。

（二）数据驱动成为回归用户的底层逻辑

从企业到产业的数字化转型成果显现，推动营销决策和传播实践的数据驱动成为可能。调研数据显示，广告主倚重的用户运营方式最主要的是跨圈层/领域/品类/获取新用户，数据算法逻辑在数字营销传播决策中的投射清晰可见（图4-1）。

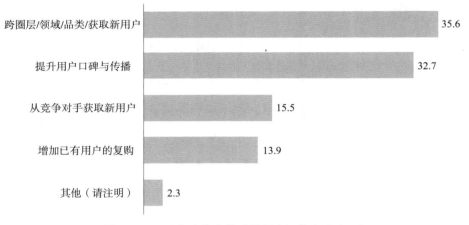

图 4-1　2024 年广告主倚重的用户运营方式（%）

（三）情感驱动成为提升用户运营价值增量的利器

调研显示，用户在与品牌互动过程中，除了看重"产品向"的需求，更期望获得情绪价值、知识、社交等需求。为此，广告主在数字营销私域内容矩阵中，提供"有用+有趣+有感染力"的内容，来满足用户"功能+情感+社会"的多元需求。此外，调研发现，真实和可信对于用户来说更有吸引力，随着流量和商业利益驱动下KOL运营带来的用户信任感的下降，广告主加紧了策略调整，加大了用户型KOC的培育。

二、数字营销传播生态的体系重构及格局变化

（一）内容战略驱动数字营销传播生态体系演变

1. 内容战略成为广告主数字营销传播的共识

调查数据显示，2024年84%的广告主同意"内容营销是实现品牌差异化、加深消费者关系的最佳方式"。广告主在内容上的营销推广投入占比已经达到30%以上，而且持续增长的趋势明显。2024年内容营销在被调查广告中的渗透率已接近100%，品牌侧内容营销渗透率略低，但也已超八成，超大企业和新锐品牌对于内容营销更为倚重。

2. 以内容中台体系协同生态各方，激活流量价值

人工智能技术推动广告主在已有数字中台的支撑下设立并运营内容中台。内容中台部门将内容统一归口，制定内容方向与标准，引领广告主的内容转型。一方面，内容中台制定优质内容的标准、建立素材库与AIGC复用工具，利用AI文生图、文生视频的功能实现传播的一键触发。另一方面，内容中台相当于营销传播终端人员的集中管理工具，内容运用的规范程度、反应效率、传播效果都能做到可视化呈现。

内容中台对接并协同广告主外部各渠道的内容生产。各类电商和社交平台作为当前数字营销最主流的渠道，也是内容生产和传播的主阵地。广告主在传播实践中，一方面与渠道平台对齐内容方向，建立月度沟通机制，了解并借力平台的内容规划方向，让内容激活流量价值，实现1+1>2的营销传播效果；另一方面协同广告公司、策划公司等服务商，从创意角度提升内容质量。

3. 围绕内容聚合的数字营销主体形成新的生态群落

2024年，自有产权与外部产权类内容营销在广告主中的渗透率极高，

均超九成。在具体内容营销形式投入上，产品/服务推广、自媒体合作投入
上升占比均超半数；微短剧发展迅猛已超四成；品牌联名或共创渗透率近
七成。自媒体运营机构、微短剧制作机构等数字传播生态的"新生"力量
入局（图4-2）。

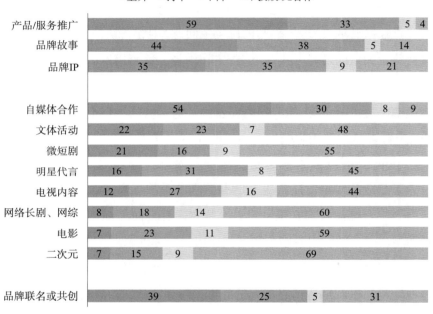

图 4-2　2024 年和 2023 年广告主内容营销投入的变化情况（%）

（二）数智化赋能海外营销提速发展，广告主引领传播生态新格局

研究发现，2024 年增投国际市场的广告主比例有不同程度上涨。从企
业属性和规模来看，超大型企业、私营企业、新锐品牌增投国际市场的广
告主占比显著高于总体水平；从行业分布来看，家用电器、交通、日用品、
邮电通信在国际市场的增投比例显著高于总体水平。

调研数据显示，在广告主众多海外营销方式中，"行业展会、活动等"
这一营销方式最受广告主青睐，占比超四成；线下驻场、国内主流媒体的
海外传播网络、跨境电商平台、MCN/KOL/KOC 等也成为广告主海外营销

中常用的方式（图 4-3）。其中，和互联网生态密切相关的红人营销已经成为本土品牌国际传播的重要手段。2024 年海外网红营销行业的规模预计将增至 240 亿美元。总体来看，数智化赋能下，广告主海外数字化传播比重继续加大的趋势还将持续。

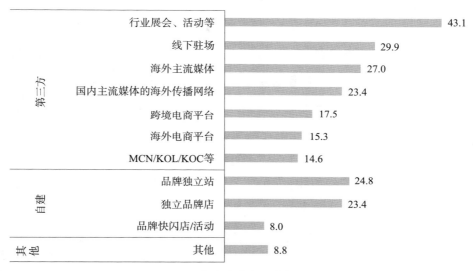

行业展会、活动等　43.1
线下驻场　29.9
海外主流媒体　27.0
国内主流媒体的海外传播网络　23.4
跨境电商平台　17.5
海外电商平台　15.3
MCN/KOL/KOC等　14.6

品牌独立站　24.8
独立品牌店　23.4
品牌快闪店/活动　8.0

其他　8.8

图 4-3　2024 年广告主海外营销方式（%）

广告主出海不仅拓展了自身发展的新赛道，也带动了平台方和服务商的新业务增长。2024 年 5 月 16 日中国国际公共关系协会发布了《中国公共关系业 2023 年度调查报告》，其中 75% 的被调查公司开展了汽车业务，这和汽车广告主出海的提速，特别是新能源汽车的海外发展势头密切相关。在年度 TOP30 和 10 家最具成长性公司所服务的行业类型里，汽车行业的占比进一步扩大，达到了 44.1%。随着中国汽车的产量和出口量跃升到世界第一，汽车行业的出海提速使得其行业营销传播的支出进一步加大，且数字化传播需求最大。蓝色光标公司的年报显示，其出海业务广告投放收入逐年增加，公司已经帮助近 7 万家中国企业走向全球市场，不少客户亦从当时的小公司成长为今天的独角兽级别的企业。

三、数字营销传播生态的价值重构与高质量发展

（一）数字营销平台差异化定位实现价值回归

调查数据显示，2024年广告主数字营销三大主阵地为短视频、社区、社交，新闻媒体主要服务于公关需求；"转化"是评估互联网平台投放效果的重要指标；效果类广告备受倚重，纯展示类广告持续遇冷。互联网广告中，广告主增投"种草"类KOL/红人、带货类KOL/红人、信息流广告，减投活动赞助类、视频贴片和插播广告、固定位置的展示广告。

在推进数字营销传播实践中，主流互联网平台逐渐明确自身价值定位，有平衡曝光、"种草"与转化的"均衡选手"，也有因单一效果具有领先优势而形成差异化定位的"独角兽"平台，还有依托社交生态资源的"后发潜力股"。不同的平台有不同的定位，广告主在数字营销的不同阶段侧重不同的平台，释放其各自的价值潜力，并达成不同的效果。

（二）数智化赋能组织决策和协同，提升营销传播生态势能

2024年，数据驱动的决策方式在营销传播活动中占据重要地位。通过大数据和AI技术，企业能够实现实时分析和决策，实现决策精准化、即时化，提高组织的响应速度和决策质量。广告主通过组织变革，实现跨部门的数据共享和协同工作，提升整体运营效率。通过数据驱动的决策，广告主和平台方能够快速调整营销策略，优化资源配置。

2024年，数字营销传播生态各方更加重视人工智能在业务拓展中的价值，从组织层面链接更多资源以提升数智传播能力。迪思传媒宣布联合百度智能云、科大讯飞发布基于AI的全链路智能营销平台"FlinkAI"。依托AIGC技术，FlinkAI可结合真实内容为企业打造一站式智能营销解决方案，覆盖多模态内容创作、智能编辑、媒介管理、内容分发、聚合展示及数据分析反馈等多个环节，能帮助中小微企业、KOL、MCN等机构降低营销及获客成本。

生态各方继续注重员工的数据素养和技能提升，进而提高工作效率和效果。利欧股份成立专门的"AI Lab"，致力于算力提升、生产力优化、私有化模型搭建、投放效率升级、数字资产确权等方面的研发。该实验室对公司的全体员工开放，有效提高了生产效率。蓝色光标2024年年报显示，自2023年发布AI²战略以来，生成式AI已经逐渐融入蓝色光标的日常，涵盖业务模式、流程改进、组织结构，以及人才发展等方面。2023年蓝色光标AI驱动的收入为1.08亿，且AI将公司的总体生产效率提升50%左右。

（三）以向善增长的品牌创新诠释高质量发展

1. 流量导向的短期效应与品牌导向的长期效应的兼顾

调研数据显示，2024年近九成的被访广告主认可"品牌的心智份额是核心竞争力，注重效果是暂时的，注重品牌是长远的"这个观点。在花费方面，品牌广告的费用占比仍然呈现下降态势，"品效相当"或"效大于品"的分配倾向占明显主导地位。中小企业、小微企业对品牌广告费用投入显著高于总体水平，而超大企业和大型企业对效果广告投入显著高于总体水平。新锐品牌以及交通、日化、家用电器行业对品牌广告投入的上升幅度较大。

2. 从效率优先向长期增长的转变

随着创新、绿色等理念的深入贯彻以及"双碳"战略的推进落实，众多品牌和广告主开始发布ESG（环境、社会和治理）报告，政府的相关政策也频繁出台，以推动可持续发展和高质量发展。然而，一方面，调研数据显示，2024年将近七成广告主对于"ESG对企业战略更具价值，但对本公司而言实现该目标还较为长远"的观点持同意的态度，大多数广告主认同ESG是企业社会责任的体现。另一方面，深入了解并内化ESG的价值成为越来越多广告主的基本功课，虽然实施过程中差异很大，但由于公众需求的推动，广告主首先将产品的ESG属性作为差异化竞争的重要手段，通过加强对产品生产以及品牌形象等方面的控制和优化，推出高品质、环保型、社会责任感强的产品，以满足国内外消费者日益增长的ESG意识和需求。

研究发现，各行业处于领先且ESG战略表现优异的广告主，不但降低了经营风险，创造了长期价值，而且提升了竞争力。这也进一步带动了其支持机构的战略发展与业务调整。2024年5月19日，电通集团正式推出面向客户的全新全球品牌主张"创新引领、向善增长"（Innovating to Impact），这一行动彰显了电通等支持机构以创新驱动增长的价值观，以及在创意、媒介、数据和技术等方面的综合追求与变革的理念；他们在追求商业增长的同时，展现了长期主义的期望，而且对人、社会乃至全球产生了积极深远的影响。

结　语

当前，智能技术的应用与数字化浪潮叠加形成了数智化的营销浪潮，在促进传统营销范式变革的同时，也积极回应了高质量发展；在极大促成转化率提升短期效应的同时，也关注到了品牌导向的长期效应，朝着品效协同的方向持续发展。未来，随着市场竞争的加剧和智能技术的演进，数字营销生态将向着智能范式进化，进一步提升传播效率，使营销效果向着"沉浸"的目标靠拢。

第五章　2023 中国数字营销传播生态发展报告[*]

2023年国民经济延续恢复态势，数字经济成为中国稳增长、促发展的新动能。数字营销各要素在协同中进化，数字营销传播生态整体呈现稳定且有序的动态平衡，数字营销生态新格局在场景、角色、平台三个方面呈现集聚特征。生成式人工智能一方面推动内容生产成为数字营销的新动力，另一方面重塑了数字营销传播生态要素和关系。

一、广告主数字营销稳中求进，呈现三大特征

2023年国内经济持续恢复，消费者购买意愿回升，广告主对市场的整体态度谨慎乐观。与2022年相比，2023年广告主对经济形势的信心起伏不大，整体仍高于疫情之初。广告主营销基调为降本增效、稳中求进，营销费用投入方面依旧谨慎保守，2023年营销推广费用占公司销售额比例会上升的广告主比例出现微降，下降与持平的比例与2022年持平。

在降本增效的基调下，广告主数字营销稳中求进，有以下三个特征值得关注。

（一）重视新品推广，拓展细分市场，促进品牌传播与塑造

2023年，广告主新品推广费用占总营销推广费用的比例超过三成，体现了广告主对新品营销的重视。其中，新锐品牌和大型企业更重视新品的推广，新品推广的营销费用占总营销费用的四成左右，显著高于总体水平。新品开发成为广告主与目标用户深度互动的一种手段，一方面实现细分市

---

　　*　本章内容首次发表于《中国传媒产业发展报告（2023）》，收录于本书时略有改动。

场的新增长，另一方面以新品突围品牌传播和塑造。新锐品牌在新品营销推广中，对目标用户的审美需求、情感需求、文化圈层更关注；商业及服务业、日化和日用品更关注目标用户的流行趋势和审美需求，互联网及IT、交通、邮电通信更关注目标用户的文化圈层。家用电器、日用品更关注场景需求，行业广告主以整合理念推动新品营销。

（二）加大国际市场营销，适应新发展格局

党的二十大报告明确指出，要加快构建以国内大循环为主体、国内国际双循环相互促进的新发展格局。目前，中国已是全球最大的跨境电商零售出口的经济体。数字营销平台通过发展跨境电商和海外物流供应链服务，为品牌出海提供路径和保障。2023年，在国际市场增加营销预算的广告主占比上升，在其他区域市场增加营销预算的广告主占比均有所下降。广告主积极开拓海外市场，日用品、家用电器、互联网及IT、交通等行业企业将持续加大国际市场营销预算，超大企业和中小企业在增加国际市场营销预算的意愿最高；部分看重国际市场的企业成立部门服务海外市场的营销活动（图5-1）。

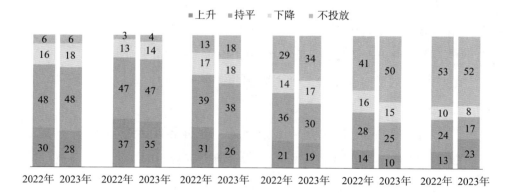

图 5-1　2022 年和 2023 年广告主区域市场营销预算投放变化情况（％）

（三）组织变革力成为企业数字营销跃升的决定因素

企业的数字转型是一个由外向内的变革过程。从对外部且面向用户的数字营销和服务开启，经过供应链和外部资源的数字化阶段。外部的变化联动企业内部的变革，组织的变化成为智慧决策系统打造的基础，即通过打通企业内外部数据，为企业决策者、运营者和生态伙伴们的决策赋能。

经过三年的适应性调整，数字营销实践推动广告主不断尝试和调整组织结构：面对直播的普及，更多广告主开始自建直播团队，甚至为直播电商业务成立单独部门；面对疫情之后新兴起的一些营销场景，兼顾预算的角度，一些快消品广告主设立整合营销部门，统筹各产品线的整体营销规划；在数字化体系建设方面，部分广告主自建内容中台，跨部门协同，把控核心内容生产和运营。值得关注的有两点：一是外资企业在提高营销数字化体系建设和部分调整方面的活跃度略高于总体水平；二是，由外向内的组织变革，知易行难，对于打通贯穿运营内外的用户底层数据和运营，仍成为众多企业管理和营销运营中的难点。

二、数字营销生态呈现集聚新格局

在十九届中共中央政治局第二次集体学习时，习近平总书记强调："要加快建设数字中国，构建以数据为关键要素的数字经济，推动实体经济和数字经济融合发展。"近年来，数字技术赋能实体经济成效日益凸显。2022年，我国数字经济规模达50.2万亿元，占GDP比重提升至41.5%。作为数字经济的先行者和实践者，过去三年数字营销各要素经历迭代发展和协同进化，数字营销生态各要素主体呈现出相互适应的动态平衡和相对稳定有序的状态。数字营销生态新格局在场景、角色、平台等三个方面呈现集聚特征。

（一）直播全面普及，成为当前数字营销主场景

三年来直播渗透率实现连续增长，2023年直播渗透率已超过九成。直播全面普及，全域多渠道直播成为常态，更多媒体平台、经销商和地域分

公司加入直播生态，线上直播流量转移到线下，进一步带动销售效果转化。60%的广告主持续增加在直播和电商上的营销推广费用。广告主预期2023年直播电商销售额占商品总销售额的比例会有所上涨，达到11%—20%区间的广告主数量增多（图5-2）。

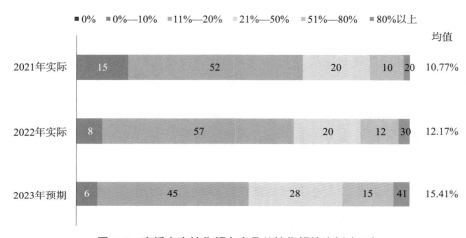

图 5-2　直播电商销售额占商品总销售额的比例（%）

（二）品牌自播逐渐成为主流，广告主数字营销自主性和主导性增强

广告主在直播运营方面选择代运营减少，品牌自播逐渐成为主流，广告主根据品牌向、效果向、"种草"向需求，匹配最适用的直播策略。日化、食品饮料、家用电器等快消品企业大部分与服务商合作搭建直播团队，提升直播话语权，直接触达目标用户。

（三）广告主整体营销预算缩减，平台选择集中化明显

一方面，数字媒体平台成为广告主投放的主流平台，2023年数字化媒体推广费用维持稳定或有上升，包括有数字化链路的户外广告都成为广告主的首选。另一方面，头部效应明显，央视频道营销推广费用持续上升，广告主看重央视频道强大的背书功能；以抖音为代表的兴趣电商平台和以淘宝（天猫）为代表的货架电商平台成为直播电商的头部首选（图5-3）。

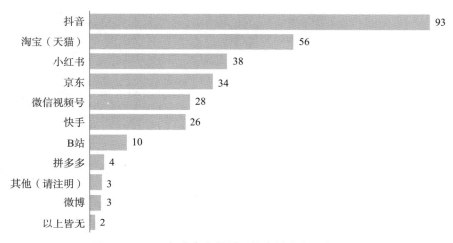

图 5-3　2023 年广告主最看重的直播电商平台（%）

三、"内容战略"持续升阶，核心驱动，全面赋能

广告主越发重视内容营销，内容营销广告渗透率自 2019 年以来持续上涨，2023 年已达到 100%。半数以上的广告主将持续增加在内容生产上的营销推广费用。广告主对于内容营销的理解，从围绕产品、品牌讲故事到以消费者为中心的双向沟通，再到社交媒体上的消费者对内容的再加工与再传播。数字营销传播初期实现了"营销即传播"，数字营销的当下体现出"内容即渠道"的特征。内容作为撬动增长的杠杆，赋能数字营销生态各领域。

（一）好内容驱动流量流转和生态循环

流量是数字营销时代的货币，流量的流转带动数字营销生态的循环。从公域推广到私域运营，流量的流转带来数字资产的沉淀，数字营销要素实现更新迭代，同时促进数字营销生态的动态平衡。好内容成为驱动流量流转的关键，也成为数字营销生态发展的动力。好内容提升公域流量推广中品牌曝光和破圈传播的效果；内容"种草"场景让品牌向销售转化的过程得以数字化呈现并实现可追踪和可介入；好内容成为增强用户黏性的关键，进而促进私域用户运营中的转化率和复购率；好内容带来可测量的销售转化，无论是前链路的点赞评论，还是后链路的销售转化。这也是对品效合一的一种注解。

（二）内容共创激活媒体价值

调研数据显示，短视频和社区成为互联网聚集的高地，以内容共创的形式激发用户心智共鸣成为社区营销的不二法门。媒体平台也纷纷发力内容共创来激活媒体价值。在央视频《金杯的旅程》中，与足球垂类大V实现内容共创，增加内容话题性和丰富性；央视频与"建行生活"共创陪伴式直播节目《欧雷欧雷陪看团》，通过内容驱动的方式做品牌营销，基于价值共振和情感共鸣，建立更深度、更立体、更具沟通感的营销方式[①]；小芒电商以《大侦探》《乘风破浪的姐姐》《披荆斩棘的哥哥》等热门IP与电商融合，2022年实现GMV（商品交易总额）增长6倍的好效果。

四、AIGC 催生数智营销新生态，多方探索，初显峥嵘

数字营销行业是较早大规模应用AI的领域，程序化广告的算法引擎已经历了20多年的持续迭代，数字营销服务机构和平台对于数字资产的积累也有十余年。在数字营销实践中，AI正在发挥越来越显著的作用。AIGC作为生成式人工智能在内容生产方面的突出优势，将成为未来数字营销进化和数字营销传播生态迭代的一个重要契机。

其一，广告主数字营销中AIGC的应用将普遍发生在未来1—3年，营销模式将因此发生创新创变。

调研数据显示，截止到2023年4月，约64%的被访广告主仍未开始使用AIGC技术。广告主对于AIGC技术的态度持乐观开放的态度，62%的广告主认为，在未来1—3年，AIGC对企业的营销活动影响较大，是有力辅助；34%的广告主认为，AIGC对企业的营销活动影响很大，会改变营销模式。

---

① 这届营销大战爆款频出，《欧雷欧雷陪看团》为何成功出圈？［EB/OL］.（2022-12-23）［2023-11-11］. http://news.sohu.com/a/620380220_627765.

对于 AIGC 技术可能率先应用到的场景，广告主有两方面的考虑。第一是 AIGC 技术的优势所在，比如创意内容生产与管理，因此帮助提升创意、内容生产方面的效率也是广告主最期待 AIGC 技术可以实现的。第二是数字营销实践中的痛点，有关用户数据的打通和运营，包括用户体验、客户关系管理、私域营销和消费者研究（图5-4）。

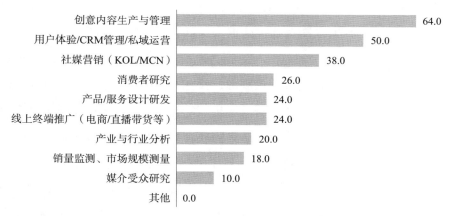

图 5-4　2023 年广告主认为 AIGC 技术可能率先得到应用的场景（%）

其二，AIGC 助推数字媒体、平台和营销服务机构之间的第二次融合浪潮，数智营销生态新格局加速生成。

在广告主对 AIGC 数字营销领域的应用乐观积极的同时，媒体平台和营销服务公司更是全力以赴布局占道。2020 年以来，媒体加快了 AI 技术的应用，超仿真主持人、元宇宙特约评论员相继实现，各大内容生产平台依托 5G、AI、云计算推出智能商业制作系统，辅助影视内容生产的质量把控和效率管理。芒果超媒年报显示，2023 年芒果超媒将以 AIGC 和虚实结合互动为产品技术创新的主攻方向。一方面，重点打造 AIGC 新型内容生产基础设施，覆盖剧本创作、音视频内容生产、新搜索推荐等业务；另一方面，结合重点 IP 打造虚拟互动空间，实现用户在线探案、综艺共创等新型内容互动体验。

对于数字营销服务公司，虽然AI早已应用于数字营销领域，但创意设计、文案撰写等创意型岗位，主要还是由人来主导。随着创意公司和数字营销公司对私有模型训练的推进，加之AIGC应用的涌现，AI将为行业的进步和升级提供很好的底层技术，这既是数字营销服务公司高质量发展的契机，也是数字营销服务机构在AI发展新赛道上的重新出发，公司的专有模型将成为核心竞争力，在新一轮生态位布局中取得先机。

拥抱巨头，探索全新商业模式成为头部营销支持机构和平台的核心举措。蓝色光标发布AI²新战略"All in AI！"。蓝色光标将借力微软的New Bing浏览器为品牌提供出海营销服务；接入百度文心一言，与百度共同开发智能营销解决方案，不断创新内容生产结构与营销场景，为客户提供可持续的创新价值。京东科技与珍岛集团联合打造全域全链路数智营销解决方案，共同服务企业数智化转型。双方通过升级数字化产品的技术创新、强化应用场景、共同构建企业数智化产品矩阵，提升客户全生命周期资产增值，扩大公域流量获客，提效私域流量运营等。①总之，AIGC将带来数字媒体、平台和营销服务机构之间的第二次融合浪潮，推动数智营销生态新格局的形成。

其三，数据安全隐忧不减，规范和共治进入新阶段。

调研数据显示，超过半数的广告主担心应用AIGC技术会暴露企业隐私和商业机密，四成以上的广告主担心AIGC技术的成本较高，但无法带来可观效果或可能误导企业决策。2023年4月，国家互联网信息办公室起草《生成式人工智能服务管理办法（征求意见稿）》，已正式向社会公开征求意见。②AIGC领域当前仍处于摸索和发展的初级阶段，尚未完善到足以在实

① 珍岛集团&京东科技战略合作，携手推进企业数智化转型［EB/OL］.（2023-03-23）［2023-11-11］. https://baijiahao.baidu.com/s?id=1761138085976350024&wfr=spider&for=pc.
② 国家互联网信息办公室.国家互联网信息办公室关于《生成式人工智能服务管理办法（征求意见稿）》公开征求意见的通知［EB/OL］.（2023-04-11）［2023-11-11］. http://www.moj.gov.cn/pub/sfbgw/lfyjzj/lflfyjzj/202304/t20230411_476092.html.

际生产中应用的程度。AIGC技术应用的发展，受制于法律合规和道德伦理方面的规范程度。

2023年5月1日，国家市场监管总局修订发布的《互联网广告管理办法》正式施行。新规对互联网行业营销方式、营销场景的创新应用进行了针对性的立法举措。在经济复苏转好的关键一年，新规保驾行业健康发展的同时，如何不影响互联网内容产业的活力成为学界业界普遍关注的焦点问题。在新规后续的落地建设方面，目前的普遍共识是监管、行业和消费者保护部门等多方力量沟通磨合，形成合力，共治共生。

总之，AIGC带来的创新增量价值引人瞩目，伴随人工智能生成系列产品的迭代升级以及AIGC生态圈不断扩容，AIGC应用将帮助更多品牌客户在数据资产、会员价值、客户体验等营销各个环节实现突破性增长。

第六章　2022 中国数字营销传播生态发展报告

在数字经济重塑经济格局的当下，产业数字化步步为营，数字营销生态呈现新的竞合格局，广告主数字营销的认知深度和运营力提升，内容生态位上的媒体、平台、营销传播支持机构在博弈中迎来智能升级。数据生态位的规范和治理，促使数字营销生态向融合共治发展。

一、品牌价值回归，数字营销核心要素重塑

2022年年初国际政治经济形势复杂多变，加之新冠疫情再度升级，广告主对国内经济和市场的预期呈现理性审慎的态度。企业营销转为防御战，推广费用投入更加谨慎，也更看重线上终端对于稳定销量的重要性。调研数据显示，2022年广告主对营销推广费用占比的预期出现回落，推广费用的增长率回落至2019年水平（图6-1）。

图6-1　2018—2022年广告主营销推广费用占比情况（%）

2022年，61%的广告主将增加线上终端推广费用的占比，线上终端推广成为广告主增投费用的首选项。广告主倚重的线上终端推广主要包括电商和直播带货。

在这一趋势下，有两大特征值得关注。

其一，回归品牌价值。囿于发展环境不确定性增强，加之互联网进入流量的存量博弈阶段，效果广告的边际效益增长乏力，回归品牌价值成为广告主直面不确定性的不二法门。成熟期的行业广告主相对更看重长期的品牌建设。调研数据显示，食品饮料、家用电器、日用品品牌广告投放费用占比超过效果广告，2022年预期品牌广告投放费用占比也略高于2021年。此外，笔者在广告主访谈中发现，广告主在"效果广告对于沉淀品牌价值的作用并不明显"的情况下，2022年将更加注重内容和公关，夯实品牌传播基础。此外，备受瞩目的新锐品牌，在策略上也从倚重效果广告转向品牌与效果共同发力，广告费用分配也随之调整。从流量追逐到回归价值，广告主在探索中不断调适其营销决策，可以确定的是，品牌价值的构建在经历了流量风暴之后，将归位至品牌运营和品牌传播的核心。

其二，消费者关系构建是数字营销核心体系重塑的引擎所在。调研数据显示，2022年目标用户的消费习惯已经成为广告主经营战略决策最主要的依据。数字营销早期，广告主借助数字媒体平台实现用户触达和互动，随着数字化转型和数据能力的提升，广告主与用户的直接连接成为数字营销的新特征。广告主的数据营销能力越来越强，数据驱动的柔性生产已经让"个性化""规模化"兼备的营销成为现实。私域营销建设从传播端深入底层数据和流程设置。线下销售渠道、电商平台、自有媒体账号成为企业私域的三大入口，私域对于广告主维系用户、增强用户黏性、提高用户复购率作用显现。

广告主与消费者直接连接的路径优化呈现出三个特点。

第一，整合传播资源、提高运营效率。调研数据显示，近七成广告主会选择在2—3个短视频/直播平台重点运营品牌官方账号。例如，Nike发起OneNike项目，提出精简的主张，即将该品牌运营的70多家数字资产整合在了Nike.com旗下，在品牌、社交媒体和商业方面有更清晰、更一致的目标。

第二，强化体验性和参与性。调研数据显示，2022年广告主增投幅度最大的互联网平台依次是短视频、社区、社交，重体验、强参与的社区和社交平台成为广告主最为倚重的营销路径构成，此外，广告主在新产品推广过程中也已将社区和社交平台作为首要营销测试场景（图6-2）。

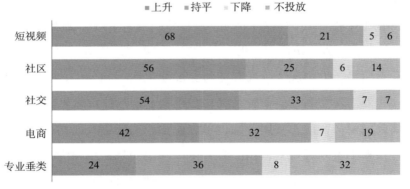

图6-2　2022年广告主投放互联网平台费用的预期变化（%）

第三，专业垂类媒体和平台成为广告主构建用户"强关系"的新路径。广告主积极尝试与头部垂类KOL红人合作，有助于提高传播的精准度和深度。新锐品牌广告主对专业垂类互联网平台的增投积极性显著高于广告主的总体水平，未来将重点布局社交电商、兴趣电商、关系电商。

二、数字营销生态开启竞合新格局

现阶段数字营销的核心是围绕用户需求，以价值增值、数字化的方式将可以关联的资源和数据连接在一起。继海尔率先提出并践行物联网生态品牌新范式，即通过与用户、合作伙伴联合共创，不断提升无界且持续迭代的整体价值体验，最终实现用户及生态各方共赢共生、为社会创造价值循环①之后，2022年越来越多的广告主以生态思维推进营销建设。从生物学的角度看，两组不同基因的混合可以使个体具备双亲的遗传特性，相当于对原有物种进行全面升级，从而拥有多种生理优势。

三星电子与芒果TV达成"一云多屏"战略合作，在视频生态完善、跨设备内容输出、前瞻技术研发等多维度、多领域展开合作。双方将结合各自技术优势，探索创新产品形态的合作，联动三星全线智能终端设备，为消费者构建智能化的移动智慧生活方式。酷派集团与腾讯云成立联合实验室，共同推进底层技术研发，探索下一代操作系统，持续加强技术架构演进、数据存储安全。字节跳动首次正式切入大屏产业链，与康佳合作开发大屏操作系统，已推出可自由拼屏的智慧大屏。京东布局生活服务业务，包括京东汽车、京东鲜花园艺、京东生活、京东旅行、京东拍卖、京东房产等六大板块，共同打造便捷高效的一刻钟便民生活圈。喜马拉雅与芒果TV、达盛传媒达成战略合作，三方将以喜马拉雅旗下奇迹文学优质网文IP为蓝本，共同开发短剧，并在音频、视频双平台联播。

随着数字化部署和运营的基本完成，广告主数字网络的互联互通已经成为一种底层操作系统，而数字技术推动下的媒体渠道红利期已经结束，抖音、快手、小红书等平台一方面通过快速推进自身营销闭环，实现从媒介渠道向营销渠道的转型；另一方面纷纷加强内容能力，布局长视频赛道。2022年春节期间，快手引进影视作品以及历届春晚等经典综艺内容，并通过开放生态让用户可以在平台观看乐视、风行的影视内容。抖音与搜狐则达成二创版权合作，与综艺制作团队联合突围网络综艺市场②。

无论是企业之间的技术赋能、产业之间的供应链整合和渠道赋能，还

---

①　小新. 海尔，物联网时代生态品牌的全球"灯塔"［EB/OL］.（2020-09-22）［2022-05-20］. https://mp.weixin.qq.com/s/ddNBcRAxUhjhNcZcjUooOQ.

②　Q1 会员数 1.24 亿，手握多部热作的腾讯视频为何带不动增长？［EB/OL］.（2022-05-19）［2022-11-11］. https://baijiahao.baidu.com/s?id=1733268748393705123&wfr=spider&for=pc.

是平台企业强化营销渠道功能，以上种种无不标志着数字营销生态的融合与竞争跨入了新的阶段，开启了新格局。

三、"内容为王"引领智能升级，数字转型加速媒体融合

调研数据显示，广告主内容营销广告的渗透率呈逐年上升趋势，2022年广告主在数字营销的预期投入中，半数以上的广告主在内容生产，包括数字传播内容的策划、设计、创意、制作上的费用呈持续增加的态势。广告主无论是选择媒体和平台，还是选择代运营公司，爆款内容的制作能力都是第一选择依据。数字营销传播就如同广告主与用户连接的界面，而界面的活性与黏性取决于内容的击穿力和共鸣力，毋庸置疑，内容成为数字营销时代的硬通货。

其一，各大内容生产平台积极探索智能升级。爱奇艺依托5G、AI、云计算推出PBIS（制作商业智能系统）、IIPS（智能集成制作系统）、IPTS（智能制作工具集），覆盖项目评估、项目制作流程管理、一线操作等影视制作各方面，辅助影视内容生产的质量把控和效率管理。[1]芒果TV在元宇宙布局中，将虚拟人作为整个内容的生产要素，将AI作为生产要素融入线上线下的内容场景里。以"人工+算法"的思维，通过AB测试、用户分层、智能推荐的方法重构IPTV的大屏推荐逻辑，有效提升平台点播率，使平台内容真正实现精准触达。

其二，广电新媒体[2]是主流媒体对当前数字营销生态需求的有力回应，也是现阶段媒体融合数字转型的成功探索。一方面，广电媒体发挥自身在媒体公信力、节目资源和制作能力上的优势，依托互联网运营各类新型传

---

[1] 爱奇艺发布2021年Q3财报：智能制作工具"提质增效"逐渐显著［EB/OL］.（2021-11-19）［2022-11-11］. https://baijiahao.baidu.com/s?id=1716851473002348182&wfr=spider&for=pc.

[2] 本书中的广电新媒体是指广电机构依托原有的媒体公信力、节目资源和制作能力，在互联网上运营的各类新传播渠道，包括但不仅限于广电自有APP、官网、在内容平台上的媒体账号（抖音、快手、微信公众号、小红书等）。

播渠道。另一方面，广电媒体天然具有视频基因，将重心转移至短视频，与短视频商业平台融合联动，使得融媒体商业模式得以重塑。央视新媒体矩阵接连发力，得到广告主认可的同时，迎来了快速发展期。地方广电媒体结合本地生活服务，开通直播带货，提升产业运营能力。此外，值得关注的是，广电新媒体与MCN在内容生态位上形成了一定程度的重叠，商业化运营的开放度和灵活度必将成为其发展进程中面临的重要挑战。

其三，面向数字营销生态的未来发展，体制融合依然是媒体融合实践基因数字化的根本挑战。2022年年初，湖南广电正式启动实施湖南卫视与芒果TV"融为一体、共同生长"媒体深度融合重大战略，通过体制创新撬动双平台发展势能，全面提升湖南广电的品牌影响力、传播力，从而实现1+1>2的效果。

四、数字营销生态呈现新特征，数据治理促进多方共治

第一，中国数字化领域的高速发展为广告主孕育出更加多样的生态合作伙伴。在数字营销生态中，广告主与支持机构之间需求传导的敏锐性增强，以适应不断提高的需求，同时力求实现更好的适配度。广告主对广告公司的专业性和内容定制化的贴身服务有更加明确的需求，在与MCN机构合作中，希望KOL能与品牌一起成长。

第二，广告主在数字化转型过程中不仅会把业务给到生态合作伙伴，而且广告主需要更加多元的合作伙伴在更多领域的赋能，包括减轻在组织和人员方面的负担。

第三，数据安全建设和数据治理成为数字营销发展的必要构成和重要保障。数据是数字营销的基石，广告主需要适应《中华人民共和国个人信息保护法》生效实施后带来的种种变化。调研发现，广告主原来可以获取的部分数据现在无法获取，用户追踪难度增大，精准投放效率下降等，以上种种都促使广告主加速自建数据平台（图6-3）。

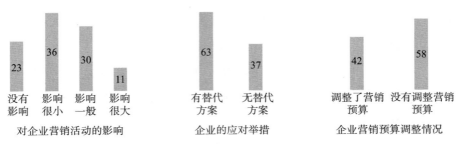

图 6-3　数据安全相关法规出台对广告主的影响（%）

第四，规范与共治是数字营销可持续发展的必然趋势，同时也面临诸多挑战。一是数据在广告主或平台内部如何打破技术壁垒，从认知到流程上实现高效协同、共享运营；二是外部数据的联动增值，这也正是数据持有方和运营方进行数据共治的内在要求。

第五，元宇宙赋能数字营销新生态。调研发现，虽然有部分广告主对元宇宙及元宇宙营销持观望审慎的态度，但是更有部分广告主积极回应元宇宙热度，例如一些快消品公司、互联网游戏公司不但开展了相关营销话题，甚至还将其应用于新品研发策略，以期展示远见和实力。爱慕的代理达人公司天下秀构建了"虹宇宙"，米哈游建设了元宇宙平台 HoYoVerse。另外，百度希壤、腾讯幻核、网易元宇宙平台等通过深度研发和多样策略吸引了多个行业广告主以及相关合作方的多方交流。

总之，重重挑战之下，新特征依然涌现，面向数字营销生态的未来，各大科技巨头纷纷布局元宇宙产业，数字化转型成熟的广告主开始在 NFT（非同质化代币）营销和 VR 等领域积极探索和实践。无论是 NFT 营销还是基于 VR、AR 等技术的智能传播，目的都是助力品牌实现对消费者的直接连接，在虚拟场景中实现品牌与用户的直接交互，优化交互的体验感和参与度，同时有效确保安全性。

第七章　2021 中国数字营销传播生态发展报告

新冠疫情加速推动广告主数字化转型，媒体和平台在传输网络数字化转型之后，进入以数据和算法升级内容的阶段。媒体和平台在内容生态位上的重叠引发了联合创新的双赢尝试。营销传播支持机构的数字化转型稳中有进，乘数据算法之风，强专业价值之势，数字营销的新调整也为营销传播支持机构带来了新的机会和发展空间。

一、数字营销传播生机盎然，协同共进迎来新阶段

2020 年我国在新冠疫情防控上取得的成绩，为经济的平稳回升提供了坚实基础，也提振了企业和广告主的营销信心。2021 年，广告主对营销推广费用占比预期明显回升，呈现 25% 的正增长[①]。不同规模的被访广告主营销费用占比预期整体向好，其中，中小企业和小微企业的净增值最高；除了邮电通信和房地产行业，其他行业营销推广费用占比增加的广告主比例都有大幅提升。

连续的广告主营销调查研究表明，广告主数字媒体花费呈持续增长态势，数字媒体花费占全媒体花费的比重 2021 年预期增至 63%，五年间增加 20 个百分点。移动互联网占据数字媒体花费的半壁江山，与互联网和数字户外构成数字媒体组合中的金三角（图 7-1）。

[①] 如无特殊说明，本书数据均出自《中国广告主营销趋势调查报告》（中国传媒大学广告学院、央视市场研究及国家广告研究院）及《广告主生态调查报告》（中国传媒大学广告学院）。

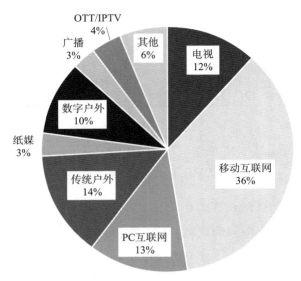

图 7-1 2021 年广告主全媒体预算分配预期

数字营销传播的生机盎然还体现在广告主在私域营销领域的发力，基于 2021 年广告主营销趋势调查研究，笔者认为广告主的私域营销探索呈现以下三大特征。

其一，回归营销根本，以客户关系管理数字化升级为抓手。2020 年以来，口碑营销、社群营销、场景营销、私域流量营销和粉丝营销成为企业最常使用的营销概念，除了场景营销以外，其他四种都是从消费者或用户角度出发开展的营销。

其二，打造自有传播矩阵，继"两微一抖"账号的建设，2021 年企业将持续推进孵化和打造自有 KOL。调研数据显示，在短视频和直播营销传播中，自己孵化培养红人和自己打造虚拟偶像的选择率达到了 20%，相比 2020 年有明显提高。

其三，对于数据和平台的使用，越发重视对于企业数据中台、自有 DSP/PMP（需求方平台/私有交易市场）平台的建设和使用（图 7-2）。

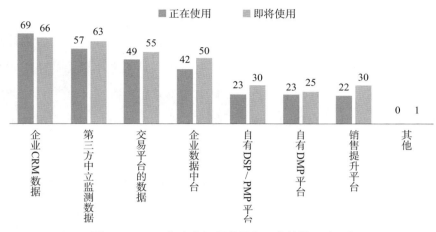

图 7-2　2020 年企业运用数据和平台的情况（%）

值得关注的是，广告主的私域营销尚处于蓄能储备阶段，在营销和销售层面发挥充分的作用还有待时日。MMA 全球（全称是"Mobile Marketing Association Global"，即全球移动营销协会）和安永的最新研究表明，只有不到13%的公司拥有成熟的消费者数据处理技术和能力。大多数组织缺乏有效收集、分析和执行消费者数据的流程和技能。尽管大多数公司在合规性方面取得了重大进展，但在打破内部孤岛、激活数据和建立合适的技能以提高数据投资 ROI 方面，仍然存在问题①。

可以预见的是，品牌在私域和公域的共生、转化、协同等营销传播进展中，其博弈的特征也将越发凸显，由此带来的诸多相关机构的协同共进也将进入一个新的阶段。

广告主对数字化转型的态度再次印证，数据资源和能力成为数字营销传播各主体发展的基础和动力。数字媒体和平台作为数据资源较早的生产者和承载者，获得了在数据生态位的先发优势，随着广告生态各主体数字化转型的持续深入，各主体的共生性越发明显，依存度也显著提高，在数

---

① Marteker 日报：2021.4.8［EB/OL］.（2021-04-08）［2021-11-11］. https://www.163.com/dy/article/G72STMFA05310573.html。

据生态位上实现共同进化。

2021年，广告生态各主体的进化不再是唯数据论，换言之，各主体持续积累数据资源并提升运营能力，在此基础上，从对数据资源的焦虑中突围，回归生态关系中的价值交换，发挥自身专业价值。媒体和平台在数据和算法基础上实现内容创新，营销传播支持机构在数据加持下实现效果和创意的双突围。

二、生态思维赋能营销创新，数字战略升维实践生态共荣

研究发现，越来越多的企业将运用生态思维回应用户需求个性化、动态化的挑战，同时构建用户需求驱动下的生态创新网络。用户个性化需求不是一个个孤立的信息，其背后是用户动态的"需求图谱"，所有参与者通过共享价值，使得品牌得以实现对这个动态"需求图谱"的回应，形成自演化的生态。

海尔集团是全球第一个提出构建物联网时代的生态品牌战略的企业，自2019年年底以来，海尔集团步入生态品牌战略阶段，所有的数字技术都将服务于用户个性化体验。生态品牌的所有参与者在共享价值的基础上，不断参与到后续的生态共创中，追求生态品牌共创共赢，实现生态圈的共同增值和生态品牌的永续发展。

另一个值得关注的趋势是综合性大企业联合平台方，全面推进生态赋能，而且这已经不仅仅是互联网对产业和营销的单向赋能，而是企业在数字战略升级后对生存模式的探索，通过输出企业管理、营销资源，赋能生态圈，实现生态共荣。例如，联合利华U创孵化器与天猫新品孵化平台，在2020年达成战略合作协议，共同探索在中国孵化新品牌的新模式。此次战略合作旨在为优秀的初创企业搭建线上线下全方位的支持矩阵，打造全新的孵化生态链，并助力可持续的商业发展模式[①]。U创孵化器也充分借助了天

---

① 联合利华U创孵化器携手天猫，打造全新孵化生态链［EB/OL］.（2020-09-22）［2021-11-11］. https://baijiahao.baidu.com/s?id=1678500847482067179&wfr=spider&for=pc.

猫新品创新中心（TMIC）的数据能力，洞悉市场发展趋势与机会点，定位产品的核心功能与宣称，让新产品的开发过程实现以消费者为中心，以数据驱动决策，制造出符合市场需求的产品，帮助入孵企业控制产品创新过程中的风险。

三、内容运营依然是核心所在，驱动媒体增长和平台创新

其一，算法加持内容生产，媒体数字化创新推动收入增长。

内容生产一直是媒体的立命之本，数字技术推动了传播形态和传播模式的变革，视频化成为媒介发展的主流形态。2020年广电媒体在短视频、直播等数字新形态上积极探索，并尝试运营主持人资源。无论是总台主持人康辉的"大国外交"vlog系列，还是"小朱配琦"的直播主持组合，都取得了较好的传播和销售效果。调查数据显示，约20%的广告主倾向于选择媒体知名主持人作为短视频和直播的KOL。

报刊媒体利用大数据的热点推荐助力选题和内容生产，我们的广告生态调研结果显示，2020年广告经营收入增长的报刊媒体中，运用大数据和智能算法开展内容生产的比例达到80%。无论是广电媒体还是报刊媒体，广告经营收入来自数字产品的比例逐年提升，均已超过非数字产品。

其二，内容赋能用户黏性，平台内容运营驶入新里程。

具有数据和算法先发优势的平台，近年来都呈全能态势，在发掘内容价值、丰富平台品牌内涵方面积极拓展，提升用户黏性的同时，对平台自身品牌进行塑造。交易平台的内容赋能体现在借势和自造两方面。平台借势主要选择IP和明星，例如京东、天猫的各种大促活动都积极引入IP和明星资源，不断吸引流量。IP赋能交易平台再造流量高位，为平台创造可持续的流量入口，保持流量增长的同时也为平台品牌内涵增加新注解。另外，数字平台依托强大的数据和算法，制造话题、自造内容。例如，闲鱼推出"闲鱼十大转卖理由"和"首届闲鱼文学奖"，以仪式感的品牌活动来表达

对年轻人的认同，年轻人丰富的想象力和鲜活的生命力也由此赋能到平台。

其三，媒体和平台以内容联动实现经营创新。

截至2020年12月，中央广播电视总台、湖南卫视、东方卫视、江苏卫视、浙江卫视、北京卫视共播出31台综艺晚会（包含商业赞助），其中26台电视晚会是由包括百度、快手、抖音、拼多多、天猫等在内的互联网企业赞助，而其中有10台晚会是电视台为电商平台定制的节目。定制化晚会对电视台和网络平台而言是一次双赢选择，既满足了广告主需求，又实现了经营路径的创新。电视台需要制作优质的内容吸引观众，互联网平台需要专业电视团队策划、制作内容，强化品牌形象。

在需求维度上，数字营销传播无论是品牌塑造还是流量导入，都加大了对内容的倚重和投入，并且依照数字营销场景各环节的需求来确定媒体属性和适配的内容类型。在生态维度上，内容运营成为媒体和平台创新发展的关键所在。

总体而言，内容生态在各方合力运营下走向新阶段，从自媒体、MCN机构入场到自媒体的"种草"、IP的形象提升、KOL的"种草"和带货，数字基础和底层逻辑实现了对长尾价值的全面释放，内容生态呈现了前所未有的丰富性和多样性。而这中间生发出来的活力也正是广告传播空间得以大大拓展的重要表现，广告生态要素间边界消融、依存共生，媒介和平台都进一步演进出更多样化的角色，焕发出新的活力。

四、以数据强基，营销传播集团加速智能转型

数字营销传播度过流量红利期，营销传播集团经过三年的艰难探索和实践磨砺，逐渐摸索出技术革新和专业价值的平衡点和契合点。无论是群邑发挥客户服务的专业优势成为阿里妈妈首个超级营销伙伴，联手探讨新客营销赛道更多可能性，还是2021年快手磁力引擎将帮助创作者实现100亿广告收入，让创作者成为连接品牌和用户的关键桥梁，数字营销重构了

营销传播支持机构的专业价值和专业自信。营销传播机构对广告主效果广告需求的回应，实际上也正是对客户体验、客户洞察等专业价值的新一轮回归。

其一，依托计算科学，营销传播集团突围效果广告。

电通发布全新的安布思沛（iProspect），在全球范围内提供以绩效营销为导向的代理商服务，扎实的数字营销专业能力使其可以实时实现精准优化，可以分别在短期和长期的不同需求下加速品牌增长。2021 年电通与 VidMob 合作推出一种跟踪跨数字渠道创意效果的解决方案。媒介策划和购买代理商 UM（友姆）联盟利用数据和个性化内容，通过运用更具结果导向的方法实现可量化目标的能力。BCW 亚太地区（全称是 "Burson Cohn&Wolfe Asia-Pacific Region"，即博雅公关亚太地区）未来三年，加大投资新锐科技、学术调研和创意内容等领域，实现整合营销的再升级。

其二，借力数据，提升客户体验管理能力。

回应广告主强化私域运营的需求和趋势，营销传播支持机构借力数据提升客户体验管理能力，回归洞察消费者的专业根本，探索数据时代的客户体验升级管理。2020 年电通任命客户体验管理业务线首席客户服务官。2021 年年初汉威士加强消费者对客户体验态度的新研究，发布客户体验 CX 指数。

其三，数字化和智能化转型过程中，创意能力依然是最重要的专业价值。

在数字生态位上，部分创意设计类支持机构实现成功迁移，在数据驱动和智能算法下，营销传播机构正在发生 "智能化" 转向，包含智能技术支撑、创意内容生产、数据分析决策，具体在智能洞察、智慧内容生产、智能媒介购买与投放等多元领域取得实践进展。我们连续多年的广告生态调查显示，从业务来看，十年以来，创意设计、整合营销传播、大型活动策划都是广告公司利润贡献率前三名，也是广告主最看重的广告公司专业价值。未来的智能广告发展将依然充满技术理性与人类智慧。

其四，数据的科学运营需求为营销传播支持机构带来新机会。

2021年广告主调查数据显示，随着数字媒体的发展，超过九成的广告主更需要第三方数据对市场做出中立公正的判断，数字媒体围墙的出现，对市场全貌的理解也需要第三方公司的专业支持（图7-3）。数据已经成为数字营销传播生态的流通货币和生产资料，随着媒体围墙的出现，数据壁垒也成为数字营销传播发展的桎梏。营销传播支持机构在数据公正和科学性发展方面大有可为。

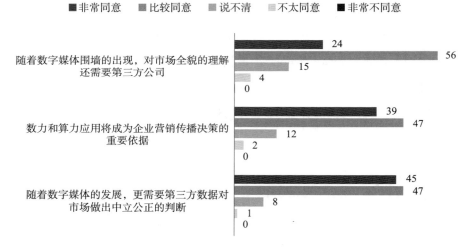

图 7-3　广告主对数据运营的态度

总之，伴随着广告主数字化转型的加速，一方面，广告主数字营销主导权增强，注重对私域的运营；另一方面，数字化转型升维至数字战略，企业用互联网思维运营企业资源、释放企业管理与营销的势能、实现创新战略突破。数字媒体、广告主、营销传播支持机构都在积极地有策略地优化数据资源生产和运营能力，这是面向可持续发展的结果，也是生态包容性和自演化的体现。

第八章　2019—2020中国数字营销传播 生态发展报告

以互联网为载体的数字革命，促成了广告市场生态环境和生态系统的数字进化。2019年经济不确定性的增强，更是加速了广告市场三大主体从冲突走向协调，广告市场生态结构和特征呈现出新的变化和走向。该报告立足于中国广告生态调查以及中国广告主营销趋势调查，对数字进化中的中国广告市场进行了深度剖析和解读，力图呈现数字进化中广告市场的生态结构、特征和趋势。

一、广告市场头部生态回归品牌，尾部生态效果主导

广告主作为广告市场的主导力量，其需求成为广告市场生态循环的动力源。不同规模、行业、属性的广告主群，吸引匹配度较高的媒体群和广告公司群形成循环体系，构成广告市场整体生态中的子生态。该报告根据动力源的规模不同将整个广告市场生态划分为头部和尾部两个子生态①。

（一）头部生态：回归品牌

2019年，在经济不确定性的新常态下，整个生态都面临销售压力和预算收紧的挑战，每个主体物种都处于自我调节的适应之中。头部广告主因

---

① 该报告中的头部广告主是指在各行业中营销广告活动活跃且丰富和全面、年度营销传播预算在5000万元以上的广告主。尾部广告主的营销广告活动也比较活跃，但因为年度营销传播预算在5000万元以下，营销广告活动不够全面或有所侧重。尾部广告主分为中小企业（年度营销预算在1000万—5000万元）和小微企业（年度营销预算在1000万元以下）。

地制宜，选择回归品牌，将投资品牌作为抵御风险的压舱石。正如阿迪达斯全球媒介总监西蒙·皮尔（Simon Peel）公开表示，过去这些年，阿迪过度投资了数字和效果（digital & performance）渠道，77%的预算在效果，23%在品牌，从结果上看，这种策略牺牲了品牌建设。

2019年头部广告主引发的回归品牌的改变体现在两个方面。其一是头部传播策略，广告主不仅重视头部媒体和传播资源，对媒体形象和影响力、媒体营销创新能力也更关注（图8-1）。

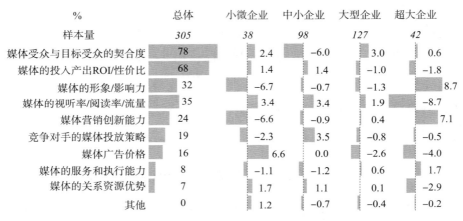

%	总体	小微企业	中小企业	大型企业	超大企业
样本量	305	38	98	127	42
媒体受众与目标受众的契合度	78	2.4	-6.0	3.0	0.6
媒体的投入产出ROI/性价比	68	1.4	1.4	-1.0	-1.8
媒体的形象/影响力	32	-6.7	-0.7	-1.3	8.7
媒体的视听率/阅读率/流量	35	3.4	3.4	1.9	-8.7
媒体营销创新能力	24	-6.6	-0.9	0.4	7.1
竞争对手的媒体投放策略	19	-2.3	3.5	-0.8	-0.5
媒体广告价格	16	6.6	0.0	-2.6	-4.0
媒体的服务和执行能力	8	-1.1	-1.2	0.6	1.7
媒体的关系资源优势	7	1.7	1.1	0.1	-2.9
其他	0	1.2	-0.7	-0.4	-0.2

图8-1　2019年不同预算规模广告主选择媒体的主要依据（%）

头部广告主在传统媒体上的投放主要体现在电视媒体上，超大企业和大企业依然侧重电视媒体，对移动互联网的倚重变得同样重要。企业投放规模越大越重视央视频道，2019年超大企业央视频道投放占比为36%；大型企业央视频道投放占比为37%。规模较大的企业由于具备充足的预算金额，所以在央视频道和省级卫视、地方台等头部资源的占有上一直保持领先地位。电视媒体和体育营销是广告主提升品牌形象的公认利器。头部广告主在电视媒体和体育营销上的热情和偏重，也是源于对品牌塑造效果的看重。移动互联网的基因决定了其在效果传播上的优势，即使是在短视频和直播的运用中，头部广告主对品牌广告的偏好依然凸显。

其二是头部联盟策略。大量头部广告主倾向或者说延续了与头部大型广告传播集团的战略合作，即从广告传播层面深入营销合作层面，以年度为单位的长期合作来助力企业数字进化中的品牌管理，构建真正的命运共同体而不是单纯的购买项目服务。部分本土头部广告主探索in-house（内部开发）模式，也是迫切寻求领先的视野、卓越的专业能力与服务的殊途同归之举。数字进化中的广告市场，新物种的出现成为必然，无论是公关公司、咨询管理公司还是数据分析公司和娱乐经纪公司，都成为生态中的新物种。广告主不仅希望采用新的方式与代理公司进行合作，同时也要拓宽合作伙伴类型。无论宝洁还是联合利华都表示，合作伙伴不仅局限于广告公司，更要包含影视制作公司、动画制作公司及娱乐经纪公司等。

（二）尾部生态：多元需求下的效果主导

尾部广告主大多以爆品突围利基市场，这样的营销战略产生了两大需求：其一是快速占据一线和二线市场的利基市场，以拉升品牌价值；其二是通过互联网实现精准"种草"和快速"收割"。无论以上哪种需求，销售转化都是最直接和主要的考量。

与其他预算规模的广告主不同，2019年虽然有不确定的外部环境，但中小企业采取了激进的市场策略，预期增加营销费用占比以及净增值，保持了增长态势。回应第一个需求，2019年尾部广告主不同程度地增加了在一线城市的营销费用。出于对品牌提升的需求和对一线市场开拓的需求，小微企业也加入对头部资源的偏好中。小微企业如果投放电视广告，则央视频道费用占比为26%，省级卫视费用占比为32%，合计占比超五成。囿于尾部广告主规模和营销费用的有限性，在媒体选择时更看重媒体广告价格、性价比和服务与执行能力，在效果测量方面则更关注销售转化。特别是在数字媒体的运用上，尾部广告主侧重运用数字媒体，2019年尾部广告主在网络媒体上的投入占比达到50%以上，77%的小微企业优先增加面向消费者的直接转化营销费用（电商促销和直播带货等）。

中小企业和小微企业则更重视地方媒体。这与企业的发展阶段和产品与服务的推广情况密切相关。当企业规模较小时，其消费者多集中在区域市场，加之营销费用的有限性，则更多选择重点地区进行广告投放，合作的服务公司也主要以地方广告媒体代理公司的项目合作方式为主。

二、中国广告市场生态的五大年度特征

（一）广告花费下滑，营销亮点有三

面对2019年的不确定性，广告主收紧营销广告费用。2019年增加营销推广费用的广告主占比仅为33%，跌至十年来最低点（图8-2）。在经济形势不确定的形势下，企业增长乏力，营销预算的增长与企业经营收入的增长息息相关，成长率减缓，企业投入减缓，经济不稳定，新产品推出减缓也会减少营销投入。除了刚需行业，大部分行业面临市场需求疲软、竞争加剧的局面，因此大部分企业营销预算呈现低增长。

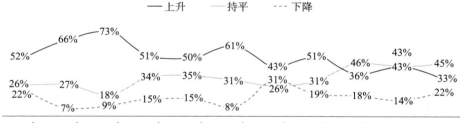

图8-2　广告主对当年营销推广费用占比的预期

1. 亮点一：广告主倚重直播带货，回应对销量的渴望

在整体营销预算谨慎的背景下，广告主在评判广告有效性方面更加重视实效转化。销量/销售额/市场占有率提升、曝光量/访问量/转化率、广告ROI投资效率、市场渗透率提升、消费者忠诚度提升这些实效指标或者

排在前位，或者得到提升（图8-3）。广告主在进行媒体选择时，最为看重的首先是受众的契合度，其次是广告的ROI/性价比，收视率/流量等量化指标重要性回归至第三位，媒体的形象/影响力排在第四位。广告主更看重媒体带给品牌的实际效应，即媒体自身的高收视率和高流量带给品牌的高曝光量。

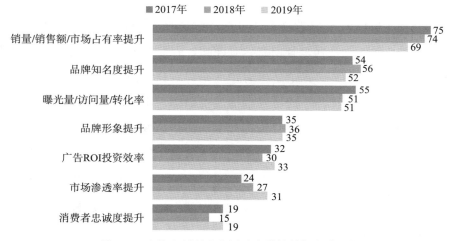

图 8-3 广告主判断广告活动有效性的标准（%）

对于短视频和直播营销的热衷，成为2019年广告主实效营销的有力证明。广告主营销趋势调查数据显示，2019年约80%的广告主运用过短视频/直播这种营销传播手段。短视频和直播平台经过近些年的快速发展，平台定位、流量和用户活跃度等方面已经较为成熟。2019年短视频广告产品形式更迭不断发力。通过应用层产品的开发与建设，提供给企业和创作者更多的变现渠道，推出电商、小程序、话题营销、企业号运营、KOL营销等产品及解决方案。广告主通过选择与自身品牌消费者契合的短视频和直播平台开展营销传播，能够大大提高营销的曝光量和精准性。与此同时，选择与自带大流量的KOL或明星合作，将电商与短视频和直播平台打通，品牌能够快速实现规模化曝光，迅速提升产品热度，激发用户购买意愿，打通"种草"与"拔草"，从吸引、体验、沉淀到销售，完成一站式的营销闭环。这种方式不仅在品牌拉新和"种草"方面效果明显，对销售的直接转化更是可见度极高。2019年双十一购物节期间，仅在淘宝一个平台，直播就带动了约200亿元的成交额。

2. 亮点二：内容营销常态化，创意制胜效果显著

从2019年春节档期的《啥是佩奇》，到"60岁"大白兔携手气味图书馆、快乐柠檬、Godiva、太平鸟等多个品牌的联合跨界，再到奥利奥推出的"故宫食品联名御点"系列，有创意、有趣味、有情感的内容营销已经成为社交媒体中的热点话题。无论是借力IP的跨界营销、植入营销，还是社交平台上的"种草"短视频，内容营销价值得到广告主广泛认可。2019年，有超过六成的广告主认为内容营销创意灵活，超过五成的广告主认为内容营销具有较强的二次传播力。

内容战略作为品牌营销传播的三大支柱之一，特别是在媒体传播碎片化的今天，显得尤为重要。好的传播内容就像磁石，能够将碎片化状态呈现的媒体吸引到一起，围绕用户产生整合的传播效果。特别是在大数据、算法等技术工具加持下，广告主能够有效实现用户洞察和沟通，也能找到更加个性化、更富吸引力和感染力的内容。内容营销可以用火爆的话题引来高关注，可以借用IP为品牌拉新和赋能，更可以通过社交平台在用户心中"种草"，潜移默化地提升消费者对品牌的好感和对产品的购买意愿。打通电商平台的内容营销，在新零售打造的商业体系之中，内容将人、货、场进行链接，形成一个完整且优质的营销闭环。

3. 亮点三：智能营销试水，数据决策赋能全链路营销

2019年，企业更加注重数据决策，注重用户体验全链路设计和全产业链的赋能。广告主营销趋势调查数据显示，2019年，52%的被访广告主已有和正在建设营销数据中台，对于大型企业来说这一比例已经超过60%（图8-4）。

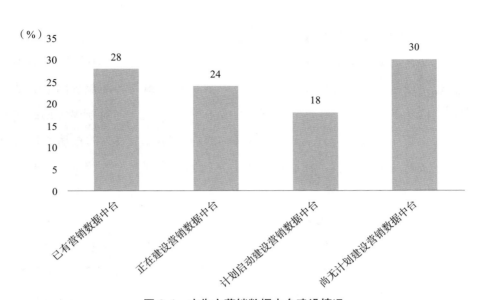

图 8-4 广告主营销数据中台建设情况

随着深度学习、类脑计算、认知计算、区块链、虚拟现实等前沿技术的创新发展，大数据在采集、传输、存储、管理、处理、分析、应用、可视化和安全等方面取得突破；数据平台之间的合作也加速了大规模异构数据的融合，这都为广告主深度使用数据资源、构建商业信息和流程以及人、产品和服务三要素之间更加平等的关系提供了技术基础。在技术推动下，一方面，信息的对称性与透明度提升，商业流程参与主体有了更多自我表达和实现的空间；另一方面，商业决策的速度和科学性以及流转效率的提升有了更大可能。

2019年，"BrandZ 全球最具价值品牌100强"发布，海尔成为该榜单历史上第一个也是唯一一个"物联网生态品牌"。14年互联网战略的实践探索，作为产业互联网发展下的先锋领袖型企业，海尔创始人张瑞敏公开表示："以前，制造企业把货卖给用户就结束了；现在，把货卖到用户手中，一切才刚刚开始。所有的制造业必须改变。抓住物联网，就能在创新场景中找到新价值。"

（二）媒体内容收入提升，数据技术助推广告产品创新

近年来，媒体在广告市场中的角色呈现多样化态势，不仅是传播渠道，也是效果平台，随着新技术的介入，其传播渠道的功能显现出新的活力。2019年的数字进化中，各类媒体的适应性主要表现在对新媒体形态的尝试和运用上。2019年广告市场生态研究数据显示，93.8%的被访媒体进行了广告产品创新调整，按照选择率由高到低，分别为增加线下活动产品（63.3%）、增加两微一端（56.7%）、增加植入/软性广告（51.7%）、增加短视频产品（48.3%），运用新技术手段（16.7%）（图8-5）。人民网、中央广播电视总台等主流媒体纷纷推出短视频平台。芒果TV以"真人秀+广播"的模式推出"可视化广播"《朋友请听好》，用户可以通过芒果TV和喜马拉雅平台收听广播内容，也可以看到广播录制的后台情况。百度、阿里巴巴、字节跳动等互联网大平台，依托新技术手段升级信息流广告产品，在精准营销和全链路营销上实现新突破。百度依托AI百度大脑，深度学习用户搜索和浏览痕迹，精准感知用户意图，匹配多重标签，从而推送千人千面的广告展示页面，其间为广告主提供数据追踪服务，帮助客户更高效地提升转化率。阿里巴巴打通UC浏览器、优酷、淘宝、天猫等信息流广告媒体，依托庞大的用户数据基础和专业精准的算法技术，助力广告主进行更为智能化、精准化的营销投放，通过将UC浏览器与淘系电商能力打通，缩短用户成交链路，实现一键直达的效果，帮助消费者增强品牌记忆，刺激购买转化，助力广告主实现营销增长。

媒体数字进化的第二大特点就是做强内容经营，实现流量广告双丰收。随着粉丝经济的发展以及观众内容付费意识的增加，内容收费将成为媒体的主要经营来源。对于OTT业务（泛指互联网电视业务）和长视频网站而言，除广告收入外，付费会员的收入占据大头。随着用户内容付费意识的增强，越来越多用户选择充值来观看喜欢看的电影、电视剧、综艺，甚至愿意为了提前看电视剧大结局单独支付更高昂的价格。做强内容不仅带来

大流量，还能增强媒体的议价能力，进一步提升广告价值。根据广告市场生态调研数据，虽然在2019年媒体广告收入构成中，硬广告的占比仍为第一，但2020年媒体预期减少硬广告比重，同时大幅提升植入/软性广告与大型活动的收入（图8-6、图8-7）。

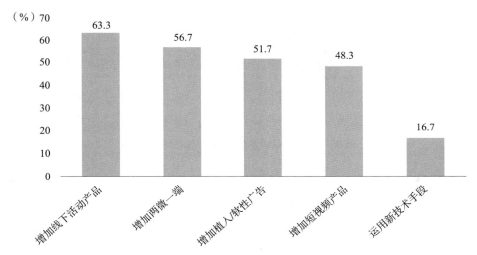

图 8-5　2019 年媒体广告产品创新调整情况

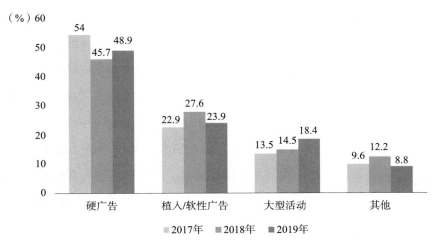

图 8-6　2017—2019 媒体广告收入构成情况

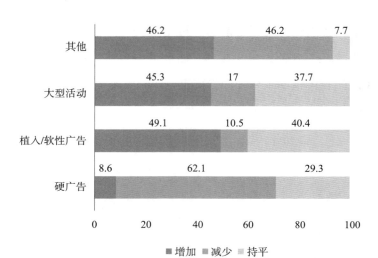

图 8-7 2020 年媒体广告收入构成情况（％）

数字技术不仅推动媒体实现具体产品的创新和升级，更是对媒体内容经营乃至媒体定位产生重大影响。B 站 2020 跨年夜晚会的成功运作和 B 站内部数据的洞察与运用密切相关。他们在架构设计之初就据此做出受众画像，因而也更能了解观众需求，针对观众更倾向于什么样的节目内容和表演形式，做出了打破次元壁的决定。

（三）广告公司数字化转型遭受降维打击

1. 广告公司数字业务开展过半，但仍未能成为盈利主角

2019 年广告公司的数字化转型向前迈进了一大步。一部分广告公司对原有业务进行数字化重塑。在洞察方面，广告公司将多方数据接入，对消费者进行精准洞察。在传播方面，积极利用数字渠道进行营销传播，纷纷成立数字营销部门。还有部分广告公司在原来的价值链条中增加新业务，为客户提供电商服务、客户关系管理等服务。广告市场生态调研数据显示，2019 年提供数字媒体策划和技术支持、广告监测及效果评估业务的广告公司比例陡增，其次是企业公关传播服务。广告监测及效果评估业务也大都集中在数据媒体和数字营销领域（图 8-8）。

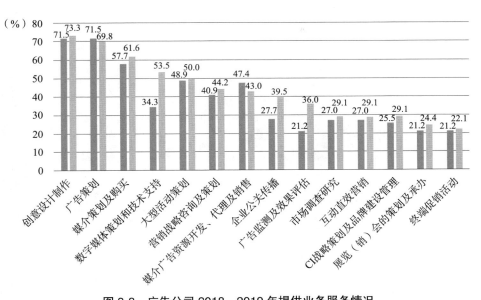

图 8-8　广告公司 2018、2019 年提供业务服务情况

2019年，大型数字营销传播公司在技术、安全、效率等多方面实现升级。秒针系统拓展线下传统媒介测量能力，深化全域营销智能的战略布局，努力打通全域营销链路。电通安吉斯集团程序化开始落地Platform Marketing（平台营销）战略，技术团队结合自身技术特点和营销主张开发出电通安吉斯全线 Mar Tech（营销技术）产品，提高其数据安全、投放效果和运营效率。

2019年，对于传统业务转型的广告公司而言，更多的是追随广告主需求，深耕数字业务。广告主在数字媒体投放方面向营销效果倾斜。基于这种变化，广告公司在原有基础之上建立新模式，深度考量具体效果。在效果监测方面，与第三方公司进行合作，增强效果监测的可信度，探求传播效果的变化。

广告公司通过数字化转型重新确立自己的价值，以希望得到广告主的认可，但业务上的变革还远未结束，与大数据、人工智能等新技术的深度融合仍是形成核心竞争价值的必经之路。广告市场生态调查的数据也印证了这一点，仅有6.3%的被访广告公司的数字媒体策划和技术支持业务已经成为公司利润贡献最多的业务（图8-9）。

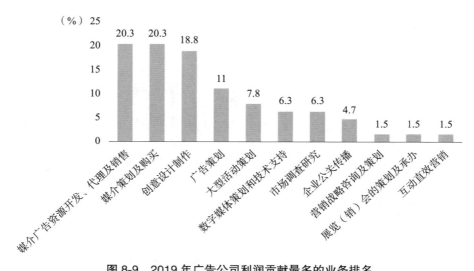

图8-9　2019年广告公司利润贡献最多的业务排名

2. 广告公司经营遭遇降维打击

2019年的广告公司一方面奋力实现数字化转型，另一方面遭遇了来自多方的打击，经营和生存空间受到空前的挤压。第一，同为广告主的支持机构，媒体与广告公司的界限不断交融，在对内容的强需求下，媒体凭借自身的优质内容和对受众接触习惯特点的把握直接对接广告主，提供相关服务。第二，媒体回收广告经营权，众多媒体代理类广告公司业务骤减。第三，2019年直播营销成广告主新宠，拉新、"种草"、卖货样样精通，广告公司的策划、设计和终端促销等服务纷纷下岗。总而言之，广告公司利润贡献最多的业务领域都受到来自不同主体的挤压和挑战，广告公司2019年的经营雪上加霜。

（四）共生模式实现协同进化

其一，资本青睐户外公司，助推新零售闭环升级。

2019年广告市场生态调研数据显示，在广告公司发展资金主要来源中，广告主投资的选择率为15.8%，相比2018年，从第三位上升到第二位，选择率也提升了3个百分点。继2018年阿里巴巴以及其关联方以150亿元战略入股分众传媒后，2019年百度以21亿元投资新潮传媒，京东随后追加对新潮传媒的投资。京东自身并购户外广告行业的技术平台"快发云"，并改名为京东钼媒。京东钼媒将自身定位为一个基于物联网的智能营销服务体系，简单来说就是数字户外广告整合交易平台。电商平台作为新零售的线上平台，已经具有了较高的数据营销水平，此次整合数字户外资源，旨在建立线上线下打通的全链路营销闭环。

其二，第三方服务生态的打造。

阿里妈妈首次实现了千人千面的程序化创意。基于阿里8亿人次、10年的累积数据和数据技术能力，2019年春节期间百事可乐为每一个消费者定制了一条属于自己的"独家印记"短片，首次真正实现千人千面的程序化创意。利用阿里巴巴人群划分，从60段视频短片中甄选出9段实时拼接，定制出符合人物特征的独特视频创意，共计16万个视频可能将被实时渲染。这是阿里妈妈在序列化创意领域的一次创新探索，为未来该领域的发展提供了标杆性借鉴作用。

（五）广告生态环境治理面临新技术与新形势的挑战

2019年，新《中华人民共和国广告法》的深入执行，对于大批违法广告进行整治，有效规范广告市场的同时也导致一部分媒体的广告收入下滑。严格执法给自媒体的野蛮生长画上句号。

在技术方面，随着AI与5G技术的发展，程序化、精准度、表达形式的提升，对广告而言是重要的有利因素。但与此同时，越来越多的消费者和媒体用户认为，媒体特别是互联网过多地收集和使用个人信息，导致部分用户对于精准性分发的广告产生一定的抵触情绪。如何做到数据安全成为数字进化中的关键问题。2019年，华扬联众发布国内首个基于区块链技术的用户价值实现平台麦哲伦CVP，该平台将区块链公开、透明、不可篡改的特性和数字营销行业相结合。广告生态环境的治理需要政府与业界合力推进，在政府支持下构建专业性、规范化的治理体系。

三、趋势：生态环境新变化催生新格局

（一）疫情催生宅经济，广告市场危中有机

广告作为社会的一个子系统，与其他社会系统息息相关。宏观大环境的变化时刻关系着广告市场的发展。2020年，广告主对整体经济形势和行业发展前景的预期稳中有升，对自身经营情况信心略减。很多广告主表示："疫情下的形势虽不好，但消费者对产品置换和升级的需求仍存在。"虽然广告主对自身经营保有一定信心，但在营销推广费用的调整方面并不乐观。2020年，选择增加营销推广费用占比的广告主比例较2019年将继续下滑。

新冠疫情之下，2020年第一季度"宅经济"站上风口，家庭消费场景及线上消费成为主要消费场景，电商/新零售、在线视频、网络游戏、在线教育、生物医药等逆势上扬，迎来一波爆发式增长。2020年的广告行业又将迎来涅槃，发挥自身在策划、创意等领域的专业优势，跨界合作，抱团取暖，围绕新兴消费和营销需求发掘机会，深入推进数字进化，才能危中寻机、成功渡劫。

（二）技术契机催生生态新格局

以视频与直播为例，5G发展将带来颠覆性影响。视频与直播将进一步向4K、8K高清化方向演变，5G+VR/AR技术将通过虚拟物品、虚拟人物、增强情境信息等，让用户进入沉浸式新体验，互动视频迎来最好的时代。广告主营销趋势数据显示，79%的广告主看好5G发展对大屏电视发展带来的前景。蓝色光标（数字）传媒集团正在做5G新营销布局，在视频直播升级、内容升级、云游戏和户外广告方面研发升级方案。随着数据中台战略的启动，不仅能够输出广告相关的推广和变现工具，进一步围绕开发者产品生命周期，提供企业需要的统计、AB测试、数据管理的工具生态群组也将出现，广告市场生态的数字进化未来可期。

基于云计算、物联网、大数据、人工智能、区块链等新技术的持续发展，以网络媒体为核心的融合程度将不断加深，媒介传播资源、用户市场和产业资源都会重组和融合。随着AI与5G技术的发展，程序化、精准度、表达形式的提升，对广告而言是重要的有利因素。5G并不只是简单的网速更快，还有行业革新甚至社会革新。

第三篇

媒体与平台篇

2024 年，广告主在媒体与平台选择上进行了系统化的深度布局，以应对不断变化的品牌传播环境和日益复杂的目标受众需求。随着互联网技术和产业创新的驱动，人机融合、渠道融合、媒体融合、内容融合成为品牌传播的关键趋势。广告主通过线上线下渠道的融合、数智化的精准投放以及沉浸式互动体验的综合策略，实现了品牌传播的新突破。

在媒体矩阵中，主打熟人关系的微信和主攻"种草"功能的小红书成为品牌维持自身在线传播谱系的两大重要抓手。微信朋友圈广告依托其庞大的用户基础和强关系间社交属性，以低侵入性的方式融入用户的日常生活，通过社交裂变实现品牌信息的广泛传播，显著增强了广告的触达深度与广度。广告主通过这种低干扰、高效益的传播方式，有效地融入用户的社交行为，增强了品牌在用户心智中的自然渗透。小红书凭借其独特的内容生态和个性化推荐算法，使广告主能够通过"种草"策略与用户建立信任关系，从而激发有效的消费行为，通过收割公域流量实现产品和品牌的增量发展。小红书平台也通过用户生成内容、社区互动和个性化推荐的结合，将品牌传播与用户兴趣紧密结合，成为驱动消费者决策的关键工具之一。

在线下的传播渠道中，户外广告尤其是地铁广告的传播价值愈加凸显。地铁广告凭借其高频率的曝光、封闭式环境以及数字智能技术赋能下的精准触达与互动体验，延伸了品牌传播的功能价值，巩固了其在户外广告中的重要地位。地铁广告的持续发展源于其高效触达目标受众的能力，以及增强现实技术的应用，进一步提升了品牌传播的互动性和沉浸感，使其成为广告主在户外场景下的重要选择。

尽管面临激烈的竞争，电视广告在品牌形象塑造和广泛覆盖方面依然具有不可替代的作用，尤其在权威性背书和实现高曝光度的功能向度上，电视媒体形成了在当今注意力竞争时代的"稀缺性资源"，凭借其公信力、内容力、资源力和仪式性的传播优势，形成了差异化竞争、融合发展和跨屏联动的未来发展趋势。

展望 2025 年，广告主以最大化品牌影响力为目标，持续探索更有效地整合大众媒体与新兴媒体的新手段和新方法，确保在复杂多变的传播环境中实现品牌的长期发展和市场影响力的稳步提升。

第九章　微信朋友圈品牌传播策略研究报告

2015年年初，第一条朋友圈商业广告正式上线，开辟了广告投放的新阵地。经历了以基础曝光为目标的初级阶段，在微信生态不断成长和朋友圈价值提升的基础上，2017年，微信卡片式广告的出现标志着微信朋友圈广告踏入了互动2.0时代。发展至今，朋友圈广告内容与形式越发多样化，凭借微信庞大的用户基数和强大的社交属性，微信朋友圈成为广告主进行品牌传播的重要阵地，朋友圈广告的模式也进入了稳定发展期。目前，广告主在"求稳"的同时，摸索"求新"的发展路径，紧随用户需求变化，结合微信朋友圈广告的价值优势，不断探索朋友圈品牌传播方法论，从互动、内容、投放与转化等四方面优化品牌营销传播策略，实现曝光转化与提升用户体验感的双重目标。

一、朋友圈：品牌社交媒体传播的重要选项

微信作为国民级社交应用，朋友圈是内嵌于微信的重要内容社交的功能板块。腾讯2024年上半年财报显示，微信日活用户达10亿，其用户量呈现持续增长的趋势。朋友圈作为微信平台中重要的社交场景，其日活用户达8亿[①]，使用微信朋友圈功能的用户大致与微信用户数相当。由于朋友圈内嵌于微信平台内，用户对于微信的使用黏性转移到了朋友圈的功能应用上，触达更加频繁，并且庞大的用户基数以及使用习惯为微信广告的发展提供

---

① 参考腾讯控股 2024 年 8 月发布的 2024 年上半年度财务报告。

了稳定的用户基础与社交流量。朋友圈广告以类似朋友的原创内容的信息流形式在用户朋友圈中进行展示，减少了广告介入的违和感和信息浏览中的干扰，形成更加流畅的阅读体验。在具体的应用中，朋友圈形成的四大独特优势特征，成为广告主选择广告投放的底层逻辑。

二、微信朋友圈广告的四大优势特征

（一）原生性明显，打造心流体验

朋友圈广告属于原生广告，在内容和形式上融入用户的日常化场景当中，拉近广告主与消费者的距离，从而高效实现用户的转化，让品牌成为用户身边的朋友。在内容上，基于微信朋友圈作为日常分享生活的场景的属性，朋友圈广告采用生活化、趣味化、日常化的语言保证了内容的原生性，进而与用户对朋友圈的使用期待相契合，融入朋友圈的信息流当中，并力求与用户进行对话。在形式上，朋友圈广告以多模态的文本形式呈现，集合了图片、文字、视频的文本模式，同时还将用户的点赞、评论也纳入了传播之中，将封闭的文本和开放的文本同时纳入文本形式之中，保证了形式上的原生性，在用户浏览朋友圈的过程中潜移默化地将广告信息传递给受众。总的来说，微信朋友圈广告在内容与形式上均具备了较强的原生性，从而减少了广告的侵入感，有助于用户产生心流体验，从而引导用户进行主动探索，增强了广告的触达效果。

（二）熟人社交，关联多元利益相关方

微信作为即时通信软件以维系强关系为主要逻辑，形成了"熟人"关系的在线化维系。因而，朋友圈广告也形成了依靠熟人圈层、具备强社交属性的特征，能够实现多元利益相关方的联动，如领导、合作伙伴、客户等。在朋友圈熟人社交的场景下，品牌可以通过朋友圈广告形成封闭式的关系互动，基于"互为好友评论可见"的内部机制，形成部落式的交流氛围，实现基于关系网络的积极互动，成为触达相关人群的有效载体。2024年广

告主营销趋势调查发现[①]，朋友圈广告的用户点赞、转发、分享与评论等行为，使得广告内容能够主动地与利益相关方产生联系，从而增加品牌的曝光机会。例如，当一个用户对某个品牌的广告点赞后，其朋友圈中的领导、同事、合作伙伴等都可能看到这一行为，从而在无形中将产品和品牌的相关话题纳入关系网络之中，具备了形成广泛讨论的潜力。

（三）双向互动，形式丰富多元

朋友圈广告的互动性可以区分为原生性的互动和技术性的互动。首先，朋友圈广告的互动性以其原生广告的形式，借助朋友圈的互动功能，可以实现品牌与用户间的互动。用户不再是旁观者的角色，而是通过互动形式参与其中。在这类互动模式中，品牌以微信用户的形式出现在朋友圈评论中，亲自下场引导话题，主动开启活动。

其次为技术性的互动式广告，在广告中设置多种互动元素。品牌通过一些设计巧思来提升互动感，例如引导用户根据广告画面提示摇一摇手机、轻触屏幕、滑动查看等，拉近与用户的距离，通过互动设计来增加广告的趣味性和记忆度，在用户心中进行品牌"种草"。此外，越来越多的广告主关注朋友圈广告的展现形式，为了给用户留下深刻印象，沉浸式朋友圈广告越来越多地被广告主采纳，主要包括全幅卡片广告和全景广告，广告占据整个屏幕，适合突出重要的营销活动或产品特点，营造特定的氛围感，为用户提供更加沉浸式的体验。

（四）精准触达，裂变式传播

基于腾讯产品矩阵后台庞大的用户数据分析系统，微信朋友圈广告可以实现高效精准的传播。首先，微信后台可以记录用户的浏览习惯、互动数据等，以及用户在腾讯旗下其他应用的使用痕迹，通过大数据计算进行用户画像，根据用户信息（年龄、性别、学历等）、地域、用户行为（APP

---

① 广告主课题组.趋势速递 |《2024 中国广告主营销趋势调查报告》正式发布，文末附报告获取方式［EB/OL］.（2024-06-12）［2024-11-11］. https://mp.weixin.qq.com/s/z8wtzCDD4t_1A2IrsF1KFw.

行为、上网设备等）、天气（温度、穿衣指数等）、商业兴趣、关键词等属性进行定向，根据用户标签进行筛选，将广告推送给对其感兴趣的用户，提高投放的精准度，进而降低投放成本[①]。其次，基于微信强社交属性下"熟人传播"的优势，微信用户浏览、点赞或评论某一条广告，其好友看到该条广告的概率也会提升，相当于以自身信用为背书，提高了广告的可信度，促使朋友圈中的广告信息随着用户的社交关系网进行裂变式扩散[②]，使广告信息进一步曝光。

三、微信朋友圈广告的品牌传播策略

（一）互动策略：从用户出发，打造互动契机，助力社交扩散

朋友圈广告根植于微信的熟人社交网络，因此互动成为朋友圈广告优化品牌传播的利器。首先，朋友圈本身设置点赞、评论等基础互动形式，朋友圈广告在好友点赞、互动后会在广告下方显示，进而形成了一种共同参与的氛围，吸引更多的用户参与到互动之中。另外，这种基于强关系下的信任背书，使得用户对广告的点击率大大提升。品牌可以通过朋友圈广告，借助用户的关系渠道触达更广阔的社交网络，通过点赞、评论、@好友等方式实现社交扩散。例如，新年期间是好友间互动的高峰期，特仑苏朋友圈烟花社交广告设置"点赞放烟花"的按钮引导用户参与，点赞后即可全屏升起烟花，用户可以在评论区@好友来共赏烟花，通过送祝福来进行社交互动。这种借助微信朋友圈内的强关系连接进行广告信息的传播与扩散的方式，有效降低了广告成本，实现了扩散式传播。

其次，视频轻互动的形式成为广告主的主流选择。用户可以通过简单的互动，如一笔画或选择等，参与到广告当中，提升了参与度与趣味性。

---

① 康瑾，李若玥，唐雪彤.基于真实市场投放的微信朋友圈原生广告效果研究［J］.新闻与传播评论，2023，76（6）：77-90.
② 吴展翼.微信朋友圈广告传播研究［D］.乌鲁木齐：新疆大学，2019.

大众ID.系列汽车在新品推出之际与明星吴磊联动在朋友圈推出宣传视频，在广告中设置用户通过滑动屏幕"与吴磊握手"的互动效果，增加趣味性与创意感，吸引用户参与互动。

最后，用户通过动作参与互动，增强广告的临场感。全景式广告引导用户通过摇动手机来查看360度全景图片，滑动式广告支持用户以滑动手势互动，以及摇动式卡片广告通过收集摇动触发品牌彩蛋页，呈现随机福利，吸引用户参与互动的同时，提升用户社交分享意愿。

（二）内容策略：原生、情感与体验

在海量信息时代下，受众的广告回避现象凸显，而微信朋友圈广告以其内容的精良、数量的精简等特征在一定程度上避免了受众的反感，并着力在情感和用户体验层面提升内容策略。

其一，朋友圈广告内容要从原生感出发融入用户的朋友圈生态当中。朋友圈是相对较私密的社交场景，用户对传统硬广的包容度较低，因此在内容上要契合朋友圈的原生风格，才能减少用户对广告的回避与反感。可以通过设置与用户头像风格类似的品牌头像、口语化的文案、生活化的图片或视频等融入朋友圈场景中，减少侵入感。

其二，朋友圈广告在内容上要注重拉近与消费者的情感距离，引发用户共鸣。一方面，在内容主题上，通过在广告内容中融入关爱、励志、亲情、温暖等话题元素，促使品牌与用户间形成情感共鸣，增进用户对品牌的好感。另一方面，"代言人风采+首评号召"的朋友圈广告内容呈现形式成为大多数品牌的选择，有效拉近了与用户的情感距离。2024年第二季度用户最喜爱的朋友圈广告榜单中[①]，上榜的广告均有代言人或知名形象的加持，朋友圈广告的形式使代言人近距离释放"面对面"的吸引力，并借助品牌首条评论号召作用增加亲切感，收获用户喜爱。例如，微信朋友圈广

[①]　微信广告团队. 2024 Q2 用户最喜爱的朋友圈广告［EB/OL］.（2024-07-10）［2024-11-11］. https://mp.weixin.qq.com/s/njfk2Z5p9AwuKY7S1G_4gg.

告第二季度用户最喜爱的朋友圈广告榜单中，净水器品牌安吉尔选择肖战作为代言人，并设置了首评号召，精准触达了肖战的粉丝群体，在这一圈层中广泛传播，使得用户对代言人的喜爱进一步转化为对品牌的好感。

其三，提升朋友圈广告的趣味性和体验感才能更好地吸引消费者的关注。创新内容表现形式，除了外层文案的精雕细琢，还可以通过设置品牌氛围画廊广告、翻转卡片、视频轻互动、明星送祝福等来增强趣味性与表现力。当前广告主注重将"可爱""萌系"等趣味性元素融入朋友圈广告当中，以可爱吸引关注，占领心智。戴森吸尘器的朋友圈广告采取趣味视频互动的形式，将小猫作为视频的主角，增添了用户对品牌的好感，减少广告回避。在提升体验上，朋友圈广告视觉效果与画面呈现走向内卷，例如珀莱雅在七夕期间精心推出了竖屏画廊广告展示产品细节，打造高级质感，同时用户滑动屏幕时，可以欣赏精美素材并触发满屏浪漫氛围动效，营造一种虚拟艺术画廊的浪漫氛围感。同时，在落地页广告主基于品牌定位与产品特征发挥创意，实现后链路的传播。

（三）投放策略：精准定向，多形式组合联动

由于朋友圈相对封闭和私密的属性，"广撒网"式的投放并不适用于朋友圈广告，难以实现有效的用户触达与转化。而精准定向、全周期优化的传播方式，才能取得更好的传播效果。第一，在场景时代下，朋友圈广告的投放要适配用户的时空场景，针对性推送广告。在时间纬度上，节日成为一个关键的节点。例如在中秋节期间，野兽派月饼型香薰广告出现在朋友圈当中，契合节日氛围，增强了广告效果；在空间上，利用LBS定位技术，实时定位用户的位置，根据不同的场景来推送广告，推动线上线下传播的一体化。[1]例如向处在气温较高地区的用户推送冰品、空调等朋友圈广告，可以契合用户的需求，提升转化率。

---

① 吴展翼.微信朋友圈广告传播研究［D］.乌鲁木齐：新疆大学，2019.

除了精准定向，多形式组合联动的投放策略也成为提升广告效果的关键。这种联动首先表现为平台内联动。朋友圈广告与直播间联动，不仅助力推广视频号直播间，而且实现双向引流。一方面，通过在朋友圈广告实现前置"种草"来提升直播转化，用户点击广告外层可以进入官方落地页，在落地页上可以充分展示产品优势、使用场景、达人证言等信息，便于用户了解产品信息。在用户"种草"后再点击"观看直播"即可进入直播间完成转化，这样的二跳链路设置能够加强用户的信任感和信任度，转化效果较好。另一方面，广告主可以选择朋友圈竞价广告来实时展示直播画面，提升品牌的可见度，让用户更加沉浸直观地了解品牌信息，激发用户的购买欲望。并且，可以在朋友圈广告外层添加直播组件，包含卖点图、描述文案等，使更多商品信息外显，引导用户进入直播间，连接朋友圈与直播场域。除了直播间联动，与视频号、微信公众号、小程序、搜一搜等搭建连接关系均可为品牌传播赋能。

第二，跨平台联动有利于扩大品牌传播范围，实现破圈。微信朋友圈广告可以与微博、抖音、小红书等流量高地平台联动，进行跨平台投放。例如，品牌在微博发布与朋友圈广告相关联的互动话题，引导用户在朋友圈分享相关内容，从而实现更大范围的传播，实现平台间的双向引流。

第三，多形式联动还表现为线上线下相结合。朋友圈广告作为线上传播的有效工具，能在短时间内扩大品牌的传播范围和效率。除了线上的拉力，还要与线下推力结合，实现联动。例如通过在朋友圈广告宣传品牌线下活动、门店信息，吸引用户前往线下体验，同时在线下可以引导用户扫描二维码等关注品牌公众号或参与朋友圈互动，形成线上线下的闭环。

（四）转化策略：完善后链路转化闭环

根据2024年广告主营销趋势调查可知①，"转化"成为广告主评估投放效

① 广告主课题组.趋势速递｜《2024中国广告主营销趋势调查报告》正式发布，文末附报告获取方式［EB/OL］.（2024-06-12）［2024-11-11］. https://mp.weixin.qq.com/s/z8wtzCDD4t_1A2IrsF1KFw.

果的首要指标，因此，建立朋友圈广告完善的后链路转化闭环，是实现最终销售目标与留资的关键。而搭建朋友圈广告的后链路转化闭环可以通过多种方式实现。

首先，通过在朋友圈广告中引入品牌商城、直播间、小程序、官网等落地页引导用户进行购买，直接产生转化。例如，朋友圈广告可跳转至商城，用户可以直接下单购买，实现从"了解—吸引—'种草'—行动"的完整闭环。

其次，广告主还可以通过朋友圈广告收集用户信息，如通过表单预约、公众号关注等方式，为后期的销售跟进提供线索，沉淀用户数据资产，帮助品牌理解目标客户，优化产品和服务，提高营销的个性化和精准度。同时，广告主可以根据腾讯广告投放管理平台，实时监控广告效果，了解曝光量、点击率、转化率等数据，根据数据反馈实时优化并调整投放人群与范围、预算、出价等，使广告投放更加精准高效。

四、微信朋友圈品牌传播的三大建议

（一）丰富内容与形式，提升传播效果

海量信息时代，用户的需求是多元化、高水平的，并期待趣味、多样的内容与形式。目前，许多广告主投放朋友圈广告依然基于原生广告的逻辑，尽管在内容的嵌入上十分丝滑，但是碍于表现形式单一，导致内容同质化严重，缺少趣味性与互动感。因此，优化用户体验要在创造充满创意、个性、多元的广告产品上发力。

首先，要把好内容质量关。当前朋友圈广告的内容质量参差不齐，一些低水平、小制作的朋友圈广告创意粗糙，过于凸显商业元素，与朋友圈环境格格不入，容易引发用户反感，产生抵触情绪。所以，内容质量是朋友圈广告发挥效果的基石，在优质内容的基础上再做精雕。

其次，在具体内容上，要找准用户感兴趣的内容或最容易引发讨论和

关注的话题，品牌要了解当下的时事和热点话题，例如网络热梗、热门剧作、热点话题与事件等，寻求可以与用户产生深度互动的创意基点，结合品牌诉求点将用户关注的内容融入微信朋友圈广告当中，并且"有感染力的内容经常能够激发人们的即时情绪"①。因此，在内容上要注重与用户进行情感沟通，挖掘用户的情感需求，建立品牌与用户间的情绪共鸣。

最后，在表现形式上，运用创新技术打造沉浸式传播场域，可以利用VR（虚拟现实）、AR（增强现实）等技术实现多样化的创意表达，让用户直观立体地沉浸其中，进而实现品牌与用户的深度沟通。朋友圈广告的展现形式多样，广告主可以采用多形式组合的方式来丰富用户体验，例如轮播展台与卡片抽奖的组合在新年期间颇受广告主青睐，吸引了用户的关注。

（二）平衡商业性与用户体验，打造安全舒适的传播环境

微信朋友圈是强私密性、强社交关联的场域，是用户与好友分享个人生活的私人空间，不恰当的广告会引起用户的不满，特别是当广告内容与用户兴趣不匹配、与朋友圈阅读逻辑不适应时，会产生适得其反的传播效果。因此，朋友圈广告，一方面要优化用户的体验感，在内容与形式上还原朋友圈的信息流模式，增强广告的原生感。并且要关注用户的评价与反馈，及时做出调整，还可以设置奖励机制，如点赞用户可以参与抽奖、转发赢红包等形式，激励用户主动参与互动。另一方面，在推送次数上要合理适度，不要忘记朋友圈的分享生活的功能本质，不能过度对用户进行信息轰炸，要根据后台的数据反馈来优化推送次数，在减少无效广告投放的同时，优化用户的体验感。

此外，微信广告的精准定向与用户隐私安全之间存在着一定的矛盾，基于腾讯后台对用户浏览记录、使用习惯、用户标签等信息的大数据分析，在提升朋友圈广告推送精准度的同时，用户的一举一动均会受到跟踪和分

---

① 伯杰.疯传：让你的产品、思想、行为像病毒一样入侵［M］.刘生敏，廖建桥，译.北京：电子工业出版社，2014：26.

析，导致许多用户担心个人信息泄露，产生隐私忧虑，进而选择拒绝推送或关闭朋友圈，从而使微信平台的用户黏性降低。因此，平衡数据的深度洞察与用户隐私保护之间的矛盾是平台与广告主应当共同思考与探索的问题。对于广告主而言，要加强自身对用户个人信息的保护意识，在获取信息前要征得用户的许可，合理合法地使用用户信息，提升用户的使用安全感。

（三）缩短转化路径，增扩营销漏斗

销售转化是广告主品牌传播的核心目标，在2024年广告主营销趋势调查中，部分广告主表示，"朋友圈广告的可见性较好，发展潜力大，但是商业化不够完善，粉丝量较少，没有形成完善的价格体系与转化链路"[①]。微信朋友圈广告具有传播、"种草"、"拔草"转化等系列功能，在一定程度上实现了营销闭环。但是，目前朋友圈广告尚未建立起成熟的效果评估体系和效果转化体系，转化能力不足成为制约微信朋友圈广告价值的重要因素。

首先，缩短转化的路径是减少过程化用户流失、提升转化率的有效手段。因此，在外层广告中设置直达转化的路径，可以有效缩短信息到购买之间的距离。例如，兰蔻小黑瓶朋友圈广告在展台下设置了"立即购买"的组件直达官方商城，为用户提供便捷化的购买通道。其次，联动朋友圈广告、视频号直播间、官方小程序、品牌商城等，使用多种形式来促进转化，例如朋友圈广告直达视频号直播间，大大提升了转化效率。最后，在效果评估上，要加强对用户接受广告后的心理状态、二次传播扩散等数据的测量，多维度洞察广告效果，根据后台数据实时监控并优化广告策略，从而提升传播效果，推进品效合一。需要注意的是，长期的使用习惯使得朋友圈成为分享日常生活的社交场景，商业逻辑的嵌入必须掌握好节奏和边界，避免在私人领域植入过多的商业信息，从而破坏了原有氛围，这样反而不

---

① 广告主课题组.趋势速递｜《2024中国广告主营销趋势调查报告》正式发布，文末附报告获取方式［EB/OL］.（2024-06-12）［2024-11-11］. https://mp.weixin.qq.com/s/z8wtzCDD4t_1A2IrsF1KFw.

利于品牌传播活动的开展。

结　语

中国传媒大学2024年中国广告主趋势调研发现①，微信广告生态的转化、"种草"与曝光效果较为均衡，广告主看好朋友圈广告的发展潜能。当下朋友圈广告已进入红海阶段，在发挥以社交为基础的品牌传播优势之下，亟须探索新的增量。微信朋友圈广告的原生性、精准性、互动性与裂变传播等优势，赋能广告主实现高效能的品牌传播。与此同时，微信朋友圈广告也存在内容与形式同质化严重、商业性与用户体验的矛盾、用户隐私安全问题、转化效能不足等局限，给广告主带来困扰。未来，依然需要谨慎使用朋友圈广告，避免商业逻辑对个人私人领域侵蚀所造成的社会性不满。

---

① 广告主课题组.趋势速递｜《2024中国广告主营销趋势调查报告》正式发布，文末附报告获取方式［EB/OL］.（2024-06-12）［2024-11-11］. https://mp.weixin.qq.com/s/z8wtzCDD4t_1A2IrsF1KFw.

第十章　地铁广告传播策略研究报告

进入消费者存量时代，在线上广告增量见顶的情况下，广告主在注重线上推广的同时越发注重线下场域的能量激活。在各类线下场景的流量高地中，地铁场景不容忽视。全年上百亿次的客流量，让地铁站上了流量金字塔的顶端，因此曝光力强、流动性大、成本较低、到达率高、覆盖人群精准的地铁广告，自然成为品牌与消费者之间沟通的重要渠道。在智能技术赋能下的高质量融合发展阶段，地铁广告也呈现出数字化展示、程序化购买的趋势，进而为品牌传播注入了"活水"，为品牌与消费者之间的沟通提供了更多可能性。

一、地铁作为城市交通基础设施的地位以及广告价值点

（一）地铁在交通基础设施中的地位进一步提升

2023 年线下场景和户外媒体持续回暖，2024 年户外广告仍在稳步增长。CTR 媒介智讯的数据显示，2024 年第一季度户外广告市场整体同比增长 11%，在品牌数量上达到近五年来的最高值，广告主投放积极性显著[1]（图 10-1）。2024 年中国广告主营销趋势调查结果显示[2]，地铁类广告的渗透率为 30%，在各类户外广告类型中排在第四位，曝光力、销售力、品牌力是户外广告的三大核心价值点，为品牌传播赋能。

---

[1] CTR 动量君.【户外广告观察】2024 年一季度户外广告同比增长 11.0%［EB/OL］.（2024-05-08）［2024-11-11］. https://mp.weixin.qq.com/s/oWS_zAV5yjg8moUgGFffjw.

[2] 广告主课题组. 趋势速递｜《2024 中国广告主营销趋势调查报告》正式发布，文末附报告获取方式［EB/OL］.（2024-06-12）［2024-11-11］. https://mp.weixin.qq.com/s/z8wtzCDD4t_1A2IrsF1KFw.

图 10-1　户外广告渗透率变化情况（%）

此外，伴随城市基础建设日趋完善，轨道交通网络四通八达，地铁在交通基础设施中的地位进一步提升。地铁不仅是一种交通工具，也是一种传播载体。地铁广告作为户外广告的一种表现形式，其半封闭的属性突出，强曝光的优势持续存在。同时，技术赋能为传统户外广告带来新机遇，数字技术、人工智能等新媒介技术被越来越多地应用到地铁广告当中，一方面提升了地铁广告的表现效果，另一方面使其互动性和体验性得到极大提升。因此，在线上流量见顶的背景下，叠加地铁场景本身逐渐凸显的营销优势，地铁广告成为广告主品牌传播的重要场景之一。

（二）地铁广告的五大价值点

伴随着技术的迭代，地铁广告经历了从张贴海报到架设广告牌，再到安装电子屏幕的历史性阶段演进，并逐步形成了五大独特的价值点，成为其无法被替代的主要支撑。

第一，频次密与高覆盖，构成地铁广告的受众接触优势。地铁作为现代都市的交通大动脉，其庞大的人流量为品牌提供了一个天然、高效的曝光平台。基于地铁乘客的日常出行习惯，不仅有固定的上下班路线和出行时间，而且在地铁上停留的时间和接触广告的频率都相对较高，这种频繁的接触为品牌提供了更多的传播机会。另外，地铁广告的人群覆盖面极为广泛，它不仅吸引了城市中的上班族、学生、游客等多样化的群体，而且对城市中各年龄段的人群都进行了覆盖。此外，地铁广告的曝光时间充足，广告信息如影随形地伴随着乘客。这种长时间的曝光不仅增加了广告的记忆度，也为品牌创造了更多与消费者建立情感联系的机会。

第二，环境封闭且迫视性强，打造了地铁广告独特的环境优势。地铁空间相对封闭，不仅为乘客提供了一个安全、有序的乘车环境，也为广告传播创造了一个沉浸式体验场。这种封闭性为品牌传播创造了一个强制性的观看环境，由于空间的限制，乘客的视线往往会不自觉地落在周围的广告上。这种迫视性使得广告具有更高的可见度和接触率。同时，智能车窗、站台、车厢、拉环广告等，几乎占据了乘客所有的视线范围，从而确保了广告信息的覆盖率和传播效果。

第三，传播指向明确，使得地铁广告具备精准触达目标人群的优势。2024年广告主营销趋势调查发现，围绕用户工作生活圈布局的社区商圈类户外广告营销价值凸显。地铁广告的传播指向优势在于其能够集中地覆盖目标区域，精准地识别和触达目标受众，覆盖用户日常交通场景，投入产出较好。在目标人群上，地铁乘客构成了一个多样化的社会群体，基本覆盖全年龄段人群，整体呈现年轻化的特点，其中消费中坚人群占比约六成（图10-2）。品牌通过地铁广告的曝光可以加强对消费主流人群的心智渗透[①]，根据品牌定位高效触达目标人群，更好地把握市场脉搏，实现品牌价值的最大化。

---

① 参考瓴羊和德高中国 2024 年联合发布的《2024 中国地铁场景营销价值报告》。

整体年龄段比例

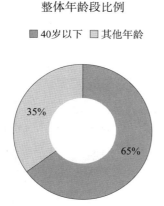

■40岁以下　■其他年龄

成年群体比例

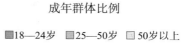

■18—24岁　■25—50岁　□50岁以上

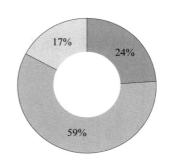

图 10-2　地铁乘客整体年龄段比例与成年群体比例

（图片来源：《2024 中国地铁场景营销价值报告》）

第四，成本优势显著，广告效果较好。根据《2024 中国广告主营销趋势调查报告》[①]，广告主表示地铁广告覆盖用户日常交通场景，投入产出较好。此外，户外广告是广告主在新品推广中的重要选项，在促销季或新品发布期间，广告主可以增加广告的投放频率和覆盖范围，以迅速提升品牌知名度和产品销量。在特定的城市或地区，地铁广告能够针对当地的市场特点和消费习惯，进行更为精准和有效的传播，在有限的地域范围内实现广告效果的最大化。

第五，广告呈现形式多种多样，连接线上线下渠道。地铁广告的传播形式正随着技术进步和创意发展而日益多样化。一方面，整个地铁轨道交通系统的展示场景极为丰富，为品牌提供了全方位的广告展示平台。从 LED 灯箱的动态展示到包柱广告的视觉覆盖，再到品牌列车的全方位主题包装，地铁广告几乎渗透到乘客的每一个移动空间节点。另一方面，新技术的广泛应用极大地增强了地铁广告的吸引力和表现力。互动屏幕、AR/

---

① 广告主课题组.趋势速递｜《2024 中国广告主营销趋势调查报告》正式发布，文末附报告获取方式［EB/OL］.（2024-06-12）［2024-11-11］.https://mp.weixin.qq.com/s/z8wtzCDD4t_1A2IrsF1KFw.

VR、移动感应等技术的应用，使得地铁广告更加生动、直观和有趣。这些互动体验不仅提升了乘客的参与度，也促进了线下地铁广告在线上的二次传播，将线上与线下有效连接起来。

二、投放策略：数智化赋能精准传播

数字智能技术的赋能为地铁广告注入活水。程序化数字户外（VIOOH）赋能地铁广告的新发展，人工智能与大数据的应用，使地铁广告实现智能化转型。在程序化投放前端，通过分析乘客行为、站点信息等数据使广告更加精准地推送给目标受众。在程序化投放中端，广告主利用实时数据监测工具直观看到广告投放效果并进行动态优化。在传播方面，数字技术深度赋能互动体验，利用全息投影、VR/AR等技术推动品牌与用户的双向互动，提供更具个性化和参与感强的广告体验。在程序化投放后端，智能化系统的应用使得地铁广告的效果测量变得更加精确和全面，不仅可以帮助广告主验证广告策略的有效性，也为未来的广告投放提供了宝贵的经验和指导。

（一）前端：精准触达目标群体，精确匹配广告类型

在智媒时代，数字技术深入赋能到广告投放给谁、在哪儿投放、如何投放等环节，大数据、人工智能助力广告投放的全链路，实现投放的精准高效。首先，基于智能技术能够精准识别用户，绘制用户画像，建立用户的标签库，全面周到地向广告主提供地铁乘客的人群特征分析数据，对乘客的人口、消费、心理等特征进行深入洞察，广告主以此为参考可以明确定位自身品牌与地铁乘客的契合度，找准受众指向。其次，在了解目标群体后，利用大数据分析地铁站点的空间特征、人流量等相关信息，进而匹配契合的投放位置。随后可以在人工智能生成的辅助下定制程序化创意，以场景定位和目标用户为基础，生成与受众和场景相匹配的广告类型。最后，用户在接受广告后，品牌与消费者的互动数据、投放效果等都会实时

反映在数据分析平台当中，广告主可以根据数据反馈实时调整或优化广告投放策略。

例如，麦当劳就基于大数据的分析精准且充分地利用地铁中的空间布局。地铁乘客中上班族数量居多，麦当劳基于对地铁空间和目标人群的大数据洞察，在通勤流量较大的朝阳门地铁站安置手举咖啡和麦满分的装置，装置中两只手从电脑中举起，精准契合地铁乘客的人群特征，以年轻的上班一族为主。这种班味儿十足的广告精准触达品牌的目标人群，在提升广告效果的同时，引发受众的共鸣，加深了对品牌的记忆。

（二）后端：实时优化投放策略，助力广告效果提升

数字技术不仅促使品牌精准匹配受众与广告类型，还助力投放后端环节的实时动态优化。数字技术可以将地铁广告的相关投放数据转化为可衡量的效果指标，通过收集地铁广告的单次和多次曝光次数、品牌与消费者的互动数据，再根据消费者的行为轨迹、广告反馈来预估未来的效果走向。广告主可以根据数据反馈实时调整或优化广告投放策略，实现在最合适的时间、地点用最合适的方式来展示广告，确保地铁广告投放的效率和效果最大化。广告主通过大模型对用户的实时行为进行监控，了解用户对广告的注视时间，以及基于广告的提示后续的线上搜索、分享等情况，分析哪些广告素材表现最佳，哪些地铁位置最适合投放某类广告等，大模型会根据这些数据提供实时调整优化投放策略的建议。这种动态优化不仅提升了广告的ROI，还帮助广告主合理分配广告预算，确保效益的最大化。

三、场景策略：多元互动，沉浸体验

（一）场景交互：创新互动形式，技术加持传播

地铁广告中的场景交互可以分为线上线下的场景联动与物质空间中的场景再造。首先，在地铁的封闭环境中，占据用户注意力资源的除了目之所及的"附近"就是用户手中的移动端。所以，增强互动的关键一环就是

要将地铁中所展示的广告与用户的移动端产生连接，通过线下广告来链接线上，比如品牌利用二维码等将用户引流到线上，为品牌营造了流量转化的机会，跨屏互动，实现从线下引流到线上，实现线上与线下的互补。

其次，聚焦于物质空间的场景再造，福利放送成为提升用户互动积极性的重要手段。品牌通过在线竞赛、抽奖、福袋等形式吸引乘客来参与品牌活动，在增强互动性的同时为品牌引流。例如，夸克扫描王在地铁站打造了充满科技与敦煌文化氛围的艺术通道，在墙上设置了明信片撕取装置，乘客可以使用夸克扫描王APP扫描明信片，二创自己的作品上传到活动页，还可以赢取周边礼包。这种方式不仅能够快速触及大量夸克APP的潜在受众，增强用户的参与感，还可以巧妙将线下流量引流到线上，实现用户的留存。

最后，随着新技术为地铁广告注入新的活力，场景再造也可以借助新技术来实现。运用AR/VR、AI、全息投影、元宇宙等技术手段赋能地铁广告表现形式，实现品牌的破圈。例如，利用增强现实（AR）技术，地铁广告可以创造出虚拟与现实相结合的互动体验，让乘客通过手机或专门的AR设备进行互动，加深乘客对品牌和产品的认知。昆明文旅充分利用了AR技术，乘客扫描地铁拉环上的二维码进入互动页面后，扫描车厢内任意山茶花手绘图片即可激活山茶花的动态海报，实现人与海报的动态交互。

（二）场景搭建：打造沉浸式体验空间

场景作为继内容、形式、社交之后媒体的另一种核心要素[①]，在现代广告传播中扮演着越来越重要的角色。地铁空间作为受众出行的物质性空间实体，天然具备场景搭建的基础，自然也成为地铁广告场景营销的重要据点。一方面，场景化营销离不开"空间+情感体验"的组合，因此，可以将地铁空间打造成现实场景，通过现实场景唤起受众的情感共鸣。例如，自

---

① 彭兰.场景：移动时代媒体的新要素［J］.新闻记者，2015（3）：20-27.

如把样板间搬进了城市地铁站，通过真实家居场景展示，让受众在匆忙的出行中感受到家的温暖和舒适，从而激发受众对于家的想象与情感①，不仅增强了受众对品牌的认知，也提升了广告的感染力与说服力。

另一方面，除了现实场景的搭建，地铁广告还可以应用新技术等打造虚拟场景，为受众带来更加沉浸和震撼的体验。腾讯视频宣发新剧《沙海》期间在上海地铁站搭载了一个"沉浸式冒险体验空间"，借助数字技术使得漫天黄沙覆盖了地下通道，给用户带来新奇的视觉体验，加强了体验感。

（三）场景选择：精心挑选位置，场景赋能品宣

身处信息爆炸的时代，受众的注意力呈现为更加分散而短暂的碎片化态势。在地铁这一特殊的场景中，乘客往往步履匆匆，时间紧迫。因此，场景位置选择和视觉冲击力尤为重要。

一方面，在位置选择上，品牌应精心挑选人流量较大、乘客的必经之地或是无法忽视的位置进行广告投放。例如，地铁车身、智能车窗、拉环、站台屏蔽门等，这些位置都是乘客在乘坐地铁过程中不可避免会注意到的地方。通过在黄金位置投放广告，可以实现高频率的曝光，增加广告与乘客接触的机会。另一方面，品牌应结合自身的传播目标，选择合适的方式投放广告，并非一定要追求大面积、强覆盖的气势磅礴的效果，恰到好处才是关键。

此外，值得关注的是，过去地铁投放的选址逻辑主要以客流量、覆盖区域、目标人群和投放预算为考量因素，现如今品牌摸索出一条新的选址思路——以品牌表达为优先级。从地铁站点的特征切入，选择契合品牌传播主旨的站点来丰富地铁的主题意涵，打造主题化场景，强化内容表达的记忆点与感染力，在受众心智中留下品牌印记。例如，双十一购物节期间，网易严选为传播无套路直降的平台优势，选择了全国最深的地铁

---

① 潘春艳.移动互联网背景下成都地铁广告传播现状及优化策略研究［D］.成都：西南交通大学，2020.

站——重庆红岩村地铁站，打造了好运直降锦鲤站的场景，在直下40层的扶梯中设置广告，凸显一降到底的卖点，巧妙运用地铁场景表达品牌理念。

四、内容策略：传递有情、有趣、有话题的内容

（一）情感化沟通：在情感共鸣中释放品牌关怀

随着功能性消费需求的满足，消费者更加重视产品能给内心带来的体验和对于"自我"的价值。因此，广告主更多地使用软性广告来触达用户，将品牌理念和价值观以感性的方式表达出来，达到"润物细无声"的广告效果。地铁场景具备独特的流量优势，是品牌与用户实现情感化沟通的优选载体。品牌应充分洞察并挖掘用户内在的情感需求，彰显品牌关怀。

2024年跨年期间，北京同仁堂在国贸等人流密集的地铁通道、扶梯以及车厢等位置上线了一系列的温情广告，通过创造易产生共鸣的故事化内容、精心设计的走心文案，以情感营销为抓手，为传统药企提供了新的营销思路。基于消费者的情感诉求，北京同仁堂的地铁广告兼备了情绪价值与产品价值。在情绪价值方面，通过全方位陪伴和温暖走心的文案为与受众进行情感沟通提供了有效的承接点。例如，地铁通道中的文案"如果你生病了，请告诉我，就像小时候那样"，文案一方面表达了一种情感关怀，击中受众的心理需求；另一方面突出体现了同仁堂悠久的历史，从而更好地激发受众对品牌的好感。相比一味放大产品的地铁广告，该广告更注重情绪的传递，用温情的品牌语言唤起大众情感共鸣的同时，充分彰显品牌的关怀。在产品价值方面，广告文案没有过分强调产品卖点，而是结合自身品牌属性和产品的治愈特性，传递关爱、贴心的品牌理念。

（二）趣味性内容：洞察用户审美，广告内容趣味生动

富含趣味性和创意的广告内容不仅可以在短时间内抓住消费者的眼

球，而且会提升品牌的亲和力，进而形成品牌黏性。特别是在地铁的特定环境当中，受众群体整体上呈现年轻化的特点，品牌应当洞察用户审美与兴趣点，选择符合主流人群口味的广告内容，从而有效与年轻消费者建立联系。品牌可以通过在广告中融入与年轻人生活密切相关的元素，如"吐槽发疯""网络热梗""网络迷因"等，来提升广告的趣味性和贴近性。例如，在欧洲杯期间，美团外卖的地铁广告联合了21家品牌，通过谐音梗把趣味性拉满，打破和球迷的沟通壁垒。在具体的表现上，在海报设计方面，充分利用大胆明亮的配色、趣味化的模特造型，彰显了品牌的活力，营造轻松愉悦的氛围；在广告文案方面，结合足球热梗，对产品的利益点做了戏剧化表达，例如文案"看球咱们Real（RIO）点""看球总有乐事（乐事薯片）"等，文案虽然用字极简，但是有梗、有趣、有记忆点，增加趣味性的同时也增加了画面的故事感和情绪张力。

值得注意的是，品牌通过富有创意和趣味性的广告内容来吸引和留住消费者，一个重要前提是应更深入地理解年轻受众的特点和需求；此外，在融入趣味性的同时要遵循适度原则，避免过度夸张或低俗化，在引发受众兴趣的同时，又能传递积极正向的品牌价值观。

（三）话题性内容：制造传播话题，打造现象级案例

2024年春节假期结束，饿了么以打工人节后疲惫情绪为洞察点，推出了"一杯回魂，这杯我请"的主题活动，奶茶输液、美式充电、咖啡吸氧等，通过各种互动创意装置在地铁空间中传播，使得饿了么的营销活动火爆出圈。贴合打工人情绪痛点的创意广告进一步激发了用户的内容生产与传播，许多用户自发到现场打卡拍照，将此次事件推向高潮，实现了裂变式的传播破圈。在社会化营销的当下，越来越多的品牌通过地铁广告制造热点与话题，从而引爆网络，使地铁广告产生"涟漪效应"①。

---

① 潘春艳.移动互联网背景下成都地铁广告传播现状及优化策略研究［D］.成都：西南交通大学，2020.

以优质广告吸引线下用户关注分享，带动 UGC 内容在社交媒体平台上发酵，反哺品牌的线上传播，已经成为品牌基于地铁空间的内容营销的重要方法论。一方面，品牌瞄向打工人，集中引爆流量和声量。相比于其他户外场景，地铁中打工人的情绪浓度天然较高，因此品牌应当着眼于打工人来打造传播话题。另一方面，善借东风，抓住热点事件、IP、重要节点等向用户提供优质品牌话题契机，促进二次传播。顾家家居以"支点"为理念，在"816 全民顾家日"十周年之际，在地铁通道打造了一个可摸可靠的"软广告"。许多用户在小红书、微博等平台发布自己与顾家家居地铁广告的合照，打造社交话题的同时，使得广告信息进一步传播扩散。

五、广告主地铁广告品牌传播三大趋势

（一）以优质的内容创意为基础，直击用户痛点

随着广告内容化的趋势演进，内容逐渐成为广告的内核与生命力，因此打造精品内容尤为重要。首先，相较于硬广告，故事化和情感化的软性内容表达更加丰满且有新意。在消费者越发反感繁杂的营销套路的当下，真诚而直白的品牌沟通更容易获得消费者的青睐。其次，科技进步塑造了品牌传播的新模态，将内容创意与科技融合成为提升未来广告传播效果的手段之一。智能车厢、人工智能、全息投影等技术与内容的结合，可以为乘客提供更加具备沉浸感和互动性的体验。面对这一趋势，广告主在积极拥抱新技术的同时，必须厘清内容和技术的侧重点，明白内容为本，切忌本末倒置。

（二）整合传播，打通线上与线下场景

在 2024 年广告主营销趋势调查中发现[①]，户外媒体 O2O 趋势显现，通过线下布局引爆线上声量成为品牌提升传播力的重要方式。从场景联动的目

---

① 广告主课题组.趋势速递｜《2024 中国广告主营销趋势调查报告》正式发布，文末附报告获取方式［EB/OL］.（2024-06-12）［2024-11-11］. https://mp.weixin.qq.com/s/z8wtzCDD4t_1A2IrsF1KFw.

标出发，地铁广告需要通过整合线上与线下的双重渠道，利用二维码、NFC等工具与移动端紧密结合，使乘客能够即时接入线上内容或参与互动活动，创造更多品牌与消费者的沟通触点。地铁广告的双向传播模式还需要与社交媒体和电商平台进行整合，提升广告的转化效果，缩短产品与消费者之间的距离。

（三）数智化、程序化让广告效果看得见

目前，市场上对地铁广告效果的评估多从覆盖面、用户触达等基础指标上进行衡量，虽然能为广告主提供量化数据，但依然存在一定局限，无法全面描述消费者的实际状况。针对效果评估方面的不足，程序化的广告投放能够为广告效果评估赋能。2024年广告主营销趋势调查显示，程序化数字户外广告渗透率仅接近两成。从数据上看，程序化数字户外广告仍然处于早期发展阶段，但是从实际应用的角度出发，其具备了较为广阔的发展前景。一方面，程序化数字户外媒体交易平台让广告投放更加精准和智能，通过实时交易，实现了广告投放的灵活可控。广告主无须排期预约，可以通过DSP或广告代理商实现近乎实时的采买，一改大众媒体上静态的、封闭式的媒体资源采买的传统模式。另一方面，从效果层面上，程序化户外广告能够实现广告投放的全周期智能优化，通过效果实时反馈提升广告传播的效率，并且能够灵活控制营销活动的节奏，随时启动或调整广告的投放。此外，依靠数字化平台让营销效果有迹可循，可以直观了解到广告投放后目标人群的曝光触达以及后期的实际转化等数据，实现效果可视化。

结　语

经历了起步阶段的试水摸索、成长阶段的惊艳表现以及互联网热潮下的繁荣发展后，地铁广告传播迎来了智能技术赋能下的高质量融合发展阶段，为品牌传播带来了新的发展契机。未来，随着户外媒体的数字化发展，地铁广告会朝着更加精准化、细分化、多元化的方向发展。面对复杂多变的宏观经济发展环境，以及不断突破的经营模式与户外广告技术，广告主如何在挑战中把握发展机会，挖掘地铁空间的独特潜力，全方位助力品效销的提升是一项关键课题。

第十一章 小红书"种草"策略与品牌传播优化研究报告

在短视频持续发力的传播生态中，小红书作为以图文内容为主的传播平台异军突起，成为广告主进行品牌传播的主要阵地。当前，广告主对于小红书平台的使用逐步走向精细化，以"种草"策略为核心诉求，利用小红书内部的电商功能，致力于打通信息传播与商品销售的营销全链路，提升品牌传播的效果与效能。

一、"种草"作为新型品牌策略的核心价值

（一）"种草"策略在品牌传播中的重要性

从2024年广告主营销趋势调查来看，小红书平台近年来凭借其独特的社区氛围、高质量的用户群体和强大的内容推荐机制，成为品牌营销的重要阵地，为品牌提供了从"种草"、"拔草"到再"种草"的一站式营销解决方案，其"种草"价值受到了广告主的广泛认可。

相比于传统广告生硬地传播品牌或产品的信息，"种草"策略的优势在于"润物细无声"，在不知不觉中培养并引导了消费者的消费习惯和品牌认知。一方面，"种草"有利于建立消费者信任。消费者在经历了频繁的广告袭扰后，对于"硬广"产生了抵触情绪，因此品牌如果采取传统的广告策略反而不利于产品营销和品牌传播。相比之下，"种草"往往来自真实用户的体验和评价，这种口碑传播更具可信度和渗透力。消费者也往往更倾向于相信其他消费者的使用感受，而非单纯的品牌宣传。俗话说"金杯银杯

不如老百姓的口碑"。当消费者看到大量积极的"种草"内容时，会对品牌产生信任感，从而更有可能选择该品牌的产品或服务。另一个关键点在于，在社交网络背景下，口碑的传播重新回到了人际关系中，这使得"种草"本身具备了一定的圈层属性，商品或者品牌就成为连接圈层的纽带，进而为品牌或者产品培养起了黏性更高、关系更为紧密的专属"消费共同体"。消费者参与其中不仅满足了自身消费的需求，也满足了自身社交认同、融入特定社交圈子的需要。

另一方面，"种草"能够激发消费者的购买欲望，进而更高效地转化为消费行为。"种草"策略基于内容的传递，用户分享的精美图片、详细的使用心得以及产品的独特优势，能够让消费者直观地感受到产品的价值。例如，在美妆产品的"种草"帖子中，用户展示的前后对比效果、详细的使用步骤和产品的质感描述，会让其他消费者对该产品产生浓厚的兴趣。

（二）用户推荐与品牌信任的构建

2024年广告主营销趋势调查表明，小红书平台的"种草"价值尤为突出，超过七成的广告主看重小红书平台的"种草"效果，比例显著高于其他选项（图11-1）。

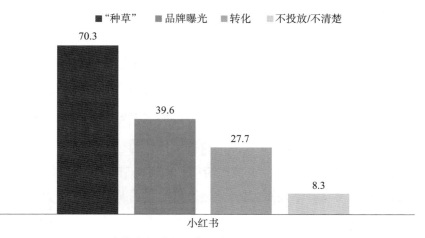

图 11-1　广告主投放小红书平台看重的目的/ 效果（%）

除此之外，在不同规模企业广告主中，小微企业较为看重小红书平台的品牌曝光与转化效果，显著高于总体水平，大型企业对小红书"种草"效果较为看重的广告主比例明显高于总体水平；在不同行业广告主中，日化、家用电器、日用品、交通、食品饮料更为看重小红书平台的"种草"效果，交通、房地产、家用电器、邮电通信、食品饮料看重小红书平台的品牌曝光效果；在不同企业属性广告主中，外资企业尤为重视小红书的"种草"效果；从不同的品牌发展阶段出发，相较于非新锐品牌，新锐品牌广告主对小红书的"种草"效果尤为青睐。

（三）真实体验对消费者决策的驱动

在数字智能化的社交媒体平台上，"内容即广告"成为一种普遍的策略。所谓"内容即广告"指的是企业或品牌不再单纯依靠传统的广告形式来推广产品或服务，而是将广告信息巧妙地融入高质量、有吸引力的内容当中。其核心在于通过创造对目标受众有价值、有趣味、有实用性的内容，让受众在消费内容的过程中自然而然地接触到品牌信息，从而实现品牌传播和营销的目的。

广告主利用小红书平台形成的UGC创作氛围，通过与KOL/KOC进行合作，借助他们的产品使用体验来实现内容的生产和品牌传播。这种基于真实体验感的传播紧贴平台内容展示模式，形成了基于不同模态的体验传播。小红书的内容生态经历了从图文到视频、直播的转变，逐步提高了平台内生态的丰富性。图文内容作为小红书原生的内容模式，更加贴合用户的使用习惯，为用户带来深度阅读和知识积累的内容导向。而相较于图文内容，视频笔记能更直观地展示产品使用效果、生活技巧等，吸引了大量用户的关注和参与。

二、品牌"种草"策略的关键要素

（一）内容创作：与KOL/KOC的联合共创

"种草"的逻辑并非品牌对于内容的单向塑造，而是基于与KOL/KOC

的价值共创。首先，KOL/KOC作为人际关系渠道传播的核心节点，擅长以各种形式创作吸引人的内容，如精美的图片、有趣的视频、生动的文字等。他们能够将品牌的信息巧妙地融入内容中，使广告不再是生硬的推销，而是具有观赏性和趣味性的体验。由于KOL/KOC在身份上和消费者更为接近，因而在传播语态上更为平等、亲和，很好地杜绝了"耳提面命"式的灌输，进而能够取得更好的传播效果。

2023年，保利、碧桂园、龙湖等品牌房地产企业携手红薯互娱联动达人营销，多盘联动，以内容"种草"为抓手，在河南累计整合达人数百名，总曝光量逾2000万+，助力品牌房企撬动小红书流量密码。在这一营销活动中，房屋买卖不再是交易不动产的活动，而成为一种生活方式的获取与分享。平台承载和传递的也不再是广告和信息，而是一种经验、体验，一种向往的生活模式。在房地产市场疲软的背景下，投资的营销话语已经无法触及消费者痛点，而将购房营造为一种对生活方式、生活氛围、生活节奏的塑造，能够诉诸感性诉求，激发消费者追求理想中的生活。

其次，KOL/KOC能够个性化地进行品牌表达。每个KOL/KOC都有自己独特的风格和个性，品牌可以根据自己的定位和目标受众，选择与之风格相符的KOL/KOC，使品牌形象更加鲜明和立体。当前，品牌基于小红书平台的KOL/KOC合作战略往往是通过与MCN机构合作签约而实现。例如，DIOR基于新款戴妃包与有花果MCN旗下相关KOL/KOC展开合作，通过小红书平台进行内容"种草"。有花果MCN机构的整体风格也与时尚行业、美妆产品、高奢或轻奢等品牌风格相匹配，KOL/KOC的个性化表达帮助品牌与消费者建立起情感连接，让消费者更容易产生共鸣。消费者在关注KOL/KOC的过程中，会将对KOL/KOC的喜爱和认同延伸到与之合作的品牌上，从而提高品牌的美誉度和忠诚度。

总的来说，品牌与KOL/KOC的合作是一次很好的品牌破圈之旅，能够将KOL/KOC的粉丝转化为品牌的粉丝群体，能够帮助品牌触达更多的潜在消费者。另外，从内容与广告的文本特征出发，在电商的购物场景下，消费者缺乏对实体产品和真实服务的感知，品牌官方提供的产品说明也不够具体和详细，进而影响了消费者的判断。而KOL/KOC的实际消费体验能够很好地补充产品或服务以及品牌的相关信息，让消费者获取更加全面的信息。

（二）内容传播：独特的信息流与社交网络嵌入

品牌基于小红书的"种草"策略依赖于小红书独特的内容呈现机制。从内容展示层面，小红书的Feeds（信息流）策略表现为双列信息流模式。双列信息流相较于以抖音为代表的单列信息流而言，在同等的屏幕面积下能够展示更多的信息，进而提升了用户的选择广度和信息宽度。因此，广告主在选择小红书进行"种草"时要特别关注笔记封面图的选择。在小红书强调以图片为主的信息流设计中，尽可能突出图片的冲击力，这能够帮助广告主尽快地、最大限度地曝光并展示产品或品牌信息，从而吸引消费者。

更深层的角度来看，算法技术的嵌入使得小红书信息流的设计充分考虑到了信噪比的问题。信噪比是指页面中相关信息与不相关信息的比例。在卡片设计中，可以通过调整信息层级的方式，提高信噪比，提升信息流信息传播效率。基于大数据，小红书平台能够帮助品牌精准定位消费者的兴趣内容，进而将消费者关注的内容区分为主要关注点和次要关注点，并进一步辐射到相关的信息标签中，即如果你喜欢A内容，则会推荐与A内容有相似标签的B内容。小红书现有的推荐算法对用户喜爱的内容标签进行实时反馈推荐，即你现在点赞了一个早餐的笔记，接下来会立刻出现相关内容。这一信息流策略一方面能够在降低信噪比的前提下打造出独属于某一用户的个性化内容生态，另一方面相关性推荐的模式还在一定程度上杜绝了绝对的信息茧房对于用户视野的限制，增加了信息偶遇的概率，进而帮助品牌信息发现潜在消费者。

（三）关键词搜索：DEEP 搜索投放策略

搜索功能在小红书的"种草"生态中占据重要的位置，在搜索式营销中，关键词的选取直接影响搜索广告的投放效果。选择恰当的关键词，品牌不仅能实现声量的增长和破圈，还能够促进高效的"种草"与转化，甚至可以低成本抢占流量蓝海。为此，小红书官方推出了一套名为"DEEP搜索投放策略"的推广方案，该方案包括四个步骤：分词性（Divide）、锁核心（Essential）、拓流量（Expand）以及探蓝海（Potential）。这套策略从关键词分类、内容配置、关键词设置以及长尾词、兴趣词的挖掘等方面提供了详细的指导（图11-2）。

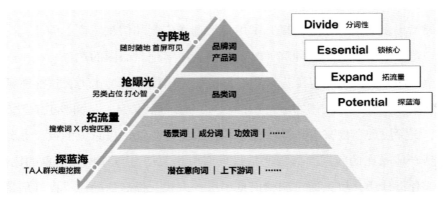

图 11-2　DEEP 搜索投放策略图

（图片来源：《2024 小红书美奢服行业搜索推广报告》）

1. 分词性：构建关键词矩阵

第一步"分词性"要求品牌对投放过程中可能涉及的所有关键词进行系统梳理，形成包括品牌词、产品词、品类词、场景词、功效词、潜在意向词、上下游词等在内的关键词矩阵。其中，品牌词和产品词对应的是品牌的"核心用户"，通常是直接搜索品牌及相关产品的"精搜用户"。而品类词、场景词、功效词等则对应"高潜用户"，这类用户有相关需求，可能已经搜索过品牌或品类但尚未下单，因此可通过结合场景和功效等关键词进行"种草"推广。潜在意向词和上下游词则对应"有兴趣的泛用户"，品牌可以通过聚光平台提供的荐词工具，拓展关联关键词，挖掘更多增量。

2. 锁核心：针对性内容配置

完成"分词性"后，品牌还需根据确定的关键词进行有针对性的内容配置，并进行搜索推广，这就是所谓的"锁核心"阶段。"核心"指的是品牌的高意向用户，他们已经对品牌有所了解并准备直接搜索品牌词和产品词，进而可能实现营销转化。若不对这部分用户进行内容布局，则可能出现两种不利情况：一是核心用户搜索后，首屏出现的是其他品牌的"种草"笔记，导致用户流失；二是首屏出现负面笔记，劝退核心用户。因此，在内容配置上，品牌需要围绕品牌词大量布局攻略型和正向型笔记，确保核心用户搜索时能看到正面内容。

3. 拓流量：捕捉潜在兴趣用户

当完成了对于核心消费者的锁定后，进一步扩大影响、拓展流量便成为品牌发展的关键任务。通过丰富的搜索词，能够提高产品在搜索引擎中的曝光率，让更多潜在兴趣用户有机会发现品牌。品牌首先要针对产品的特性、功效、使用场景等方面进行全面而深入的搜索词补充，并且还要补充季节性、时段性、竞品性等关键词以扩大"泛搜索"的触达率。这意味着不仅局限于产品的基本功能描述，还要挖掘出那些能够引起潜在用户共鸣的独特卖点和关键节点。FILA可颂鞋就是一则代表案例，通过精搜词和泛搜词配合投放策略，达到投放效果乘法效应，实现"种草"转化双丰收。品牌主投放品牌和产品词锁定FILA可颂鞋；风格词"美德拉"诠释产品，提升大众对其认知度；品类词等关键词场景化，全量卡位搜索场域，实现大范围的用户心智占领。

此外，重点布局答案类和启发类笔记至关重要。答案类笔记可以针对潜在用户在购买过程中可能遇到的问题进行详细解答，如产品的使用方法、注意事项、与其他品牌产品的对比等。这些笔记能够为用户提供实际的帮助，增加他们对品牌的信任度。而启发类笔记则可以通过分享创意的使用场景、搭配建议或者用户故事，激发潜在兴趣用户的需求。

4.探蓝海：挖掘蓝海词，发挥长尾效应

若想低成本获得高价值的增量，品牌则需探索蓝海关键词，即通过分析高转化人群，找到其潜在意向词和上下游词，从而广泛触及有兴趣的泛用户。

"蓝海关键词"是相对于竞争激烈的"红海关键词"而言。在市场中，红海关键词通常是那些被众多品牌广泛使用、特点和指向性已经较为模糊的词汇，而蓝海关键词则是尚未被充分开发、具有较大潜力的搜索词汇。这些关键词可能是一些新兴的话题、特定的用户需求表述或者不太常见但与目标用户高度相关的词汇。通过布局蓝海关键词，品牌可以避开激烈的竞争，找到新的市场机会和用户群体。

除此之外，潜在意向词和上下游词的布局也很关键。例如，对于健身器材品牌，"想要减肥""塑造身材"等就是潜在意向词。潜在意向词是能够反映用户潜在购买意向或需求的词。这些词可能不是直接的产品名称或功能描述，但却暗示了用户对某类产品或服务的兴趣。上下游词则是与产品相关的上游（如原材料、生产工艺等方面的词汇）和下游（如产品的使用场景、配套产品等方面的词汇）词。通过找到这些词，品牌可以更广泛地触及有兴趣的泛用户，扩大品牌的影响力和受众范围。

综上所述，上述四个步骤并非固定不变，品牌需根据自身发展状况灵活应用。已有品牌心智的企业应首先稳固品牌词和品类词的搜索基础，再逐步拓展类目，通过细分场景和人群需求实现破圈。而对于新锐品牌或白牌商家而言，应首先区分搜索词性，探索兴趣蓝海人群，利用细分场景打造知名度，再结合产品特色抢占赛道心智，积累品牌资产。

三、品牌发展阶段与策略调整

在商业竞争日益激烈的市场环境中，品牌的发展如同一场漫长而充

满挑战的旅程，每个阶段都有其各自的特点和需求，相应的策略调整至关重要。当前广告主基于自身的发展周期，依托小红书实施分阶段的营销策略。

（一）初创品牌：聚焦于内容与用户的初步互动

初创品牌犹如一棵破土而出的幼苗，面临着诸多不确定性。此时，品牌识别与用户初步吸引是关键。首先，要明确品牌的核心价值和独特卖点，通过精心设计的品牌名称、标志、口号等元素构建起清晰的品牌形象，让消费者在众多品牌中能够迅速识别并记住。例如，许多新兴的互联网科技初创企业，以简洁而富有创意的品牌标识吸引年轻消费者的目光。借助小红书的内容生态进行传播，用户在获取内容的同时潜移默化地完成品牌的认知过程，进而与品牌建立起初步联系。

在与用户初步互动方面，优质的内容是吸引用户的利器。依托品牌创作的内容，不免会被消费者认为是"王婆卖瓜"，因而传播效果值得商榷。而KOL/KOC创作内容往往独具个人风格和特色，更能够对消费者产生吸引力。小红书的内容生态以UGC为主，能够很好地帮助广告丰富传播内容，进而拓宽受众群体，发掘潜在消费者，扩大传播范围。小红书自身丰富的内容风格为不同品类的广告主均提供了选择的空间，加之小红书平台多模态信息的集成化优势，品牌内容从文案、图片、视频、直播等多方面协同发力，打造立体式的传播规模。

（二）成长品牌：扩展市场认知与夯实用户基础

当品牌成功迈出第一步，进入成长阶段时，就需要加快步伐，扩大影响力。这种影响力的扩大与知名度提升阶段的"广撒网"不同，更强调消费者心智的占据，并实现"润物细无声"的传播效果。因此，这一阶段品牌传播的模式要从生硬的"灌输"转向更为自然的"撒播"和渗透。

从市场渗透的策略出发，"种草"成为一项关键性战术。一方面，品牌UGC"种草"活动往往通过生动的描述、吸引人的图片或视频等形式呈现产品或服务的亮点和特色，以更加直观的呈现吸引消费者的目光，激发他们对产品的好奇和兴趣，挖掘目标人群的潜在需求，为进一步产生购买行为积累条件。另一方面，"种草"通常借助真实用户的体验分享或具有影响力的意见领袖（如网红、达人）的推荐。消费者往往更相信其他用户的真实反馈，当他们看到与自己有相似需求或兴趣的人对产品或服务给予好评时，会更容易产生信任。除此之外，从更为宏观的效果看，积极正面的"种草"内容有助于塑造良好的品牌形象。广告主可以通过精心策划的"种草"活动，向消费者传达品牌的价值观、理念和产品优势。

（三）成熟品牌：私域建立与品牌价值共创

成熟品牌在发展到一定阶段后，面临着市场竞争加剧、用户需求多样化等挑战，私域建立与品牌价值共创成为其持续发展的关键策略。

私域建立为成熟品牌提供了与用户深度连接的渠道。品牌可通过建立会员体系、品牌专属社区等方式，将用户聚集在自己可控的平台上。小红书的群聊功能很好地满足了广告主建立私域的需求。一方面，同属于一个平台内，私域的引流更为便捷、成本更低；另一方面，用户在小红书平台上的内容获取是以兴趣为导向的，基于小红书建立私域社群黏性更强。例如：唯卓仕3C数码有效活跃群数量11个，覆盖3000多人，30天内群聊带来GMV14万元。在私域环境中，品牌能够更精准地了解用户需求，通过数据分析实现个性化营销，如根据用户的购买历史推荐合适的产品，从而提升用户的购买转化率。

品牌价值共创则是成熟品牌与用户共同塑造品牌形象和价值的过程。小红书良好的"种草"内容生态能够帮助消费者和品牌协同实现价值共创。一方面，品牌率先设置议题，通过布局新品研发或试用等活动，提升消费者的参与意识。另一方面，鼓励用户在社交平台分享使用体验，形成口碑传播，配合品牌信息形成品牌官方话语和消费者民间话语的联动优势，实现品牌形象和品牌价值的协同塑造。

四、未来展望与策略建议

（一）强化关系运营，打造专属社群

在公域流量见底、消费者增长陷入瓶颈的阶段，对于私域的运营成为品牌发展新的增长点。小红书内嵌的群聊功能很好地满足了广告主建立私域的诉求。在社群中，品牌可以分享产品信息、行业动态、使用技巧等内容，激发消费者的讨论和互动。同时，品牌可以通过社群了解消费者的需求和意见，为产品研发和营销策略提供参考。并且，品牌在小红书创建的群聊会在该账号的首页进行展示，这能够发挥提示作用，吸引更多的忠实消费者加入。私域并非仅建立消费者的专属社群就万事大吉，更重要的是根据消费者的需求和偏好，为消费者提供个性化的产品推荐、定制服务等，满足消费者的个性化需求。通过个性化的服务，品牌可以增强消费者的满意度和忠诚度，提高品牌的口碑和美誉度。

当前，小红书私域的建立依旧存在几个问题。首先，私域边界的管理不力，很多品牌社群的加入甚至不需要关注账号就可以进入，这无疑会造成忠实消费者和一般消费者的混淆，进而无法发掘私域的潜能。其次，针对私域的运营较为粗糙，在专属社群内也仅仅是常规的促销或优惠信息的发布，并未更多着眼于关系的维系。

（二）维持内容创作氛围，强化品牌与用户的价值共创

在"内容即营销""内容即广告"的时代，良好的内容不论对产品的销售还是对品牌形象的塑造来说都至关重要。小红书的UGC生态模式很好地保证了用户优质内容的输出，这为品牌和用户实现品牌形象和文化的价值共创创造了条件。

一方面，广告主可以根据用户的反馈来改进产品和服务，使其更符合用户的需求。消费者基于小红书的反馈渠道更加丰富，不仅可以直接发帖并参与话题，形成与品牌的交流，还可以对品牌内容帖进行评论来形成互

动。另一方面，广告主可以邀请用户参与品牌的营销活动。用户可以通过分享自己的品牌体验、创作品牌相关的内容（如图片、视频、文章等）、参与品牌举办的比赛或活动等方式，为品牌的宣传和推广做出贡献。这种用户生成的内容不仅具有更高的可信度和吸引力，还能够扩大品牌的影响力，吸引更多的潜在用户。哈苏相机以小红书为主要阵地，保证优质内容输出。哈苏官方号以专业水准之上的摄影作品作为笔记主要内容，包括旅行日记式的风光摄影、城市街拍等，影像质量高、审美在线，容易吸引用户的关注和点赞。这些内容不仅展示了相机的拍摄效果，还能引发用户对摄影的兴趣和向往，间接实现产品"种草"。同时，哈苏会不定时呼应节点、热点发起话题，邀请用户在评论区分享自己的作品，这种互动方式符合小红书的图像社交趋势，能够激发摄影爱好者的参与热情，增强用户与品牌之间的联系。

对于用户来说，品牌价值共创提供了一种参与感和归属感。用户不再是被动地接受品牌的信息和产品，而是能够积极地参与到品牌的建设中，发挥自己的创造力和影响力。通过与广告主的互动和合作，用户可以更好地了解品牌的理念和价值观，与品牌建立更深的情感连接。

（三）闭环转化，发挥电商的作用价值

数据显示，2024年小红书电商618订单数量为去年同期的3倍，直播间的订单量为去年同期的5.4倍，店播GMV为去年同期的5倍。小红书于2014年开始布局电商业务，并逐步进行相关功能的更新与迭代，力图在"种草"策略的基础上提升内容的转化力，依托"种草"的策略优势打造全新的兴趣电商。

品牌和广告主"种草"策略的最终目标是要实现增长，发挥平台的电商属性是"种草"策略执行中的核心问题。首先，小红书用户基础与需求契合度高。小红书拥有大量以18—34岁为主的年轻用户，这一年龄段的用户具有较强的消费能力和消费欲望，且更注重个性化、品质化的消费体验，与兴趣电商所倡导的基于兴趣的精准推荐和个性化购物相契合。他们对新鲜事物充满兴趣，乐于尝试和探索新的消费领域，是兴趣电商的主要目标受众。并且小红书的用户多为追求美好生活的人群，对时尚、美妆、美食、旅行、家居等与生活方式相关的内容有浓厚兴趣。这些领域正是兴趣电商的热门品类，用户在浏览相关内容时，容易被激发潜在的购物兴趣，从而产生购买行为。

其次，小红书具有显著的内容生态优势。小红书上会聚了大量的优质内容创作者，包括博主、达人、明星等。他们具有较强的内容创作能力和影响力，能够通过生动、有趣、专业的内容展示商品的特点和优势，吸引用户的关注和兴趣。并且小红书支持图文、短视频、直播等多种内容形式，为用户提供了丰富的信息展示方式。不同的内容形式可以满足不同用户的需求和喜好，同时也为品牌提供了更多的营销手段。

更为重要的是，小红书搭建起了强有力的个性化推荐算法。小红书的推荐算法能够根据用户的浏览历史、搜索记录、点赞评论等行为数据，精准地为用户推荐符合他们兴趣爱好的商品和内容。这种个性化推荐能够提高用户的购物效率，减少用户在海量商品中寻找所需商品的时间和精力，同时也能够提高商品的曝光率和转化率。

结　语

"种草"策略强调用口碑传递产品价值，激发用户需求，影响消费决策，唤起用户的问询、收藏、评论、分享等主动行为。广告主"种草"策略的日渐普及和小红书的崛起密不可分，十年间，小红书在品牌传播与电商发展领域逐步展现出了实力与潜力，成为备受瞩目的社交平台，成为广告主数字营销的主要阵地。2023 年，小红书月活跃用户达到 3.12 亿，相比上一年增长 20%[①]，这一庞大的用户群体为其商业发展奠定了坚实基础。用户年

---

① 千然. 小红书没有顶流［EB/OL］.（2024-07-14）［2024-12-12］. https://mp.weixin.qq.com/s/KwXvZ9huuaQ7BC6tB2IZuw.

龄主要集中在年轻人，特别是"90后"用户占比较高，这使得小红书成为年轻一代获取信息、分享生活的重要平台。在性别方面，小红书的女性用户占比高达88.37%，这使得平台更多地吸引了美妆、时尚、母婴等领域的众多品牌，针对这一特定用户群体进行营销推广。

未来，品牌可以利用小红书着力解决私域运营问题，强化关系运营与个性化服务；维持内容创作优势，深化品牌与用户互动；充分发挥电商潜力，依托兴趣电商模式，进一步提升内容转化力。相信在不断优化与创新中，会有更多品牌"排兵布阵""种草"策略，为用户创造更多价值，实现互利共赢。

第十二章　电视媒体的优势与发展动向研究报告

从实践看，电视媒体以其独特的资源优势依旧是广告主品牌传播预算的重要组成部分。面对广告主针对电视媒体的广告预算逐年减少的态势，电视媒体告别了黄金时代。然而，面对智能媒体的持续冲击，广告主在电视媒体的广告投放呈现什么特征？不可替代的价值究竟何在？电视媒体传播活动的特征有何变化趋势？这都是需要进一步探究的问题。

一、头部效应：广告主电视广告投放的核心特征

（一）在电视媒体的营销推广花费占比中，央视频道和省级卫视稳居头部

广告主调查数据显示，从电视媒体的营销推广费用看，2023年被访广告主对央视频道和省级卫视的投入分别占到了总电视广告投放费用的42%和30%，二者一共占据了总费用的72%。相较于2022年，2023年广告主对省级地面频道的费用分配有所增长，但占比依旧不高。在电视媒体广告投放选择上，有34%的广告主选择省级卫视进行广告投放；32%的广告主选择了央视系列频道。相较于其他频道，以上二者在渗透率上已经呈现出断崖式领先，渗透率位于第三位的省级地面频道也仅占总体的24%。

（二）央视频道投放渗透率持续增长，位居首位

2024年，被访广告主预期在电视媒体投放上会发生细微的变化。从渗透率的数据看，央视频道将在近四年内首度超越省级卫视，预期央视频道

投放渗透率较前一年增长3个百分点，占据总样本的35%，超越省级卫视，位居首位；省级卫视的渗透率则与2023年持平，剩余频道的渗透率将进一步下降，与头部电视台之间的差距加剧。从广告投放费用的分配情况看，2024年央视频道和省级卫视合计占电视营销推广费用的七成以上，从广告主近四年的电视媒体营销推广费用分配看，央视频道投放占比持续上升，已超四成，预计将达到43%。

尽管省级卫视的渗透率略高于央视频道，但从广告投放的费用看，央视频道远高于省级地面台和省会城市台。一方面，央视频道的广告单价会高于省级卫视，另一方面也显示出广告主认可央视频道广告投放的价值，进而增加预算投入。总体上，电视媒体的头部效应十分明显，央视频道和省级卫视两类头部频道渗透率合计占据六成以上，而广告费用更是占据总体的七成以上（图12-1、图12-2）。

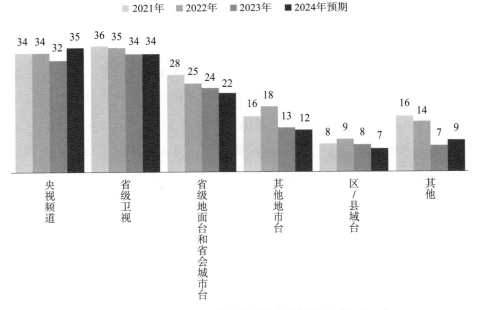

图 12-1 2021—2024 年电视媒体投放渗透率对比（%）

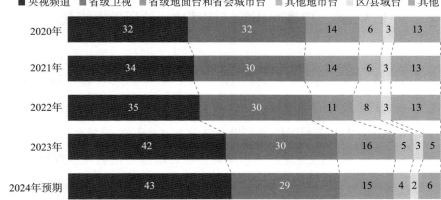

图 12-2　2020—2024 年电视媒体营销推广费用变化（%）

（三）未来电视媒体的头部效应更加显著

当前，这种头部效应还有进一步增长的趋势。相较于2023年，2024年广告主对央视频道、省级卫视的投放费用预计增加、持平的比例均在六成左右；两年均不投放其他城市台和区/县域台的广告主比例均超半数。因此，广告主对电视媒体的选择不仅体现为头部效应，更为关键的是在马太效应的加持下，未来电视媒体的头部效应则更加显著，央视频道和省级卫视的重要性更加凸显（图12-3）。

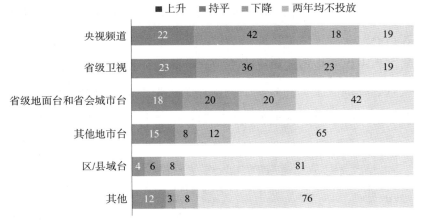

图 12-3　2023 年和 2024 年电视媒体投放占比净增长分析（%）

二、"做品牌"：电视媒体的结构性功能的历时性流变

目前，电视媒体尽管面临较大的经营压力，却依旧维持着自身稳定的广告投放份额。虽不见往日"标王"竞争的火热，但也早已在不断变革的媒介生态中找到了自身的功能定位，并应对着不断增长的生存压力。当前在广告媒体的竞争中，电视媒体呈现出了强背书和塑品牌的显著优势。然而，电视媒体这一优势功能的发掘并非面对传播环境巨变而引发的断裂式演进的结果，而是一个时间线性的延续与变革的历程。因此，如何更好地理解当前电视媒体的传播优势，需要我们将眼光投入历史发展的过程中。本书对比的数据均来自中国传媒大学广告主研究所内部，以2005年广告主营销趋势调研报告为起点[①]，以历时性的眼光厘清相关变化的脉络。

（一）大众传播时代的电视广告格局

2005年的调研数据显示，2004年被访企业在电视广告费用的分配比例上，地市县级电视台的广告费用比例最高，平均占到总电视广告投放费用的27.9%，而中央级电视台与省级卫视的比例大致接近，分别是24.4%、23.9%。[②]从被访广告主的广告投放费用的媒体分配情况看，2004年，电视媒体和报纸占比最高，分别达到了38.8%和23.1%，合计占总费用的61.9%；户外广告作为预算费用排名第三的媒体，仅占总费用的13.2%，较前两位差距较大。

从广告主媒介生态的角度出发，这一阶段，互联网广告初露锋芒，依然是大众媒体的天下。2003年，被调查的广告主中有54.7%使用过互联网作为营销推广的手段，同比增长了12.2%。[③]互联网广告的费用仅占总体预

---

① 2005年的报告是广告主营销趋势调查第一次以广告主蓝皮书的形式正式公开发行。

② 黄升民，杜国清，等.2005年：中国广告主营销推广趋势报告［M］.北京：社会科学文献出版社，2005：61.

③ 黄升民，杜国清，等.2005年：中国广告主营销推广趋势报告［M］.北京：社会科学文献出版社，2005：155.

算的4%，刚刚超越广播1个百分点，完全无法与三大大众媒体相提并论。[①]值得关注的是，从2006年开始，省级卫视在电视媒体广告投放预算中的占比上升并超越地方媒体占据首位。而到了2010年，央视频道以超越省级卫视1.24个百分点的微弱优势，占据电视媒体广告预算分配的首位。在这一过程中，省级卫视的广告预算占比维持较为稳定，央视频道预算占比的上升是因为吸收了地市县级电视台的投放份额。将时间拉回至20年后的今天，2024年的广告主营销趋势调查显示，2023年电视媒体投放费用仅占总费用的11%，而这一数值预计到2024年还会进一步下降至10%。互联网成为品牌营销传播的首选媒体，投入费用的比重还将持续上升。

（二）"央视频道打形象，地方频道做市场"

伴随着媒介生态的演进，电视媒体功能的变迁有一定的规律可循。在2005年，从广告投放的媒体预算分配来看，地方性媒介成为广告主第一选择——报纸、户外和电视媒体中地市县级电视台占据的预算比重均较为突出。这一阶段，广告主对于全国市场的想象是基于区域性分销市场的建立而逐步成形的，主要依赖于分销渠道的建立和地方性代理商的加入而维持市场的流通性。因此，广告主做广告的逻辑起点在于地方性市场，追求的是更高的销售额。而相比之下，地市县级电视台具备转化优势。家庭电视机的普及使得电视媒体能够面对更为广泛的受众群体，而地方性电视台扎根地方生活，能够最大限度地触及区域内的消费者，并囊括更多的在地化购买场景，尽可能缩减从信息知晓到购买行为之间的过程链条，因此，地方电视台因其频道本身的在地化优势备受广告主青睐。

值得注意的是，对于央视频道和地方卫视的差异在当时就已经被广泛探讨，"央视频道打形象，地方频道做市场"成为那个年代广告主的共识。例如，当年在深度访谈中就有某知名医药企业表示："在央视频道和地方台

---

①　黄升民，杜国清，等.2005年：中国广告主营销推广趋势报告［M］.北京：社会科学文献出版社，2005：160.

投放广告的目的是不同的。在央视频道投放广告的秒数较短，主要用于打形象，使产品获得较高的美誉度；在各地方台投放广告的秒数较长，产品信息更详尽。整体上以地方台为主，央视频道为补充。"上海某知名食品企业也表示："在央视频道做的主要是品牌形象广告，在地方台做的主要是产品广告。企业在推出任何一种新品牌的时候，都会在央视频道选择一定的时段进行产品品牌形象的广告，可以增强各地经销商的信心；而在上海当地的电视台，企业主要是针对产品本身。"在此情况下，地方频道最大的优势就在于拥有良好的转化率。

（三）在线广告兴起，"做市场"功能转移

单纯对比电视媒体广告投放预算的变化，会认为地方卫视预算占比下降是因为央视频道份额比重上升所造成。但当我们跳出电视广告预算费用的自我分配情况来看，广告主网络广告预算的增加或许才是地市县级电视台没落的"罪魁祸首"。其背后的逻辑不能简单理解为后者对前者份额的"剥夺"和"侵占"，而更深层的表现为一种"技术—需求"的演进逻辑。

广告主素来持有做销量和做形象两大需求，前者强调的是以广告的转化率为代表的短期效果，后者注重的是形成品牌的长期效能。而长期以来，电视媒体在转化率上的固有劣势使其与广告主在需求上产生了不匹配现象。而互联网使得广告主能够更加精准地捕捉目标受众和用户需求，社会网络的介入使得互联网的营销传播活动能够渗透到社会生活肌理，并直接对接消费者；同时伴随着电商物流体系的建立，媒介和渠道呈现融合趋势，理论上实现了信息传达和效果转化的统一。当新技术能够更好地满足广告主长期不匹配的需求时，那拥抱新技术便成为一种常态，因此，广告主积极投放互联网广告，以追求提升广告的转化率。电视媒体"做市场"功能被互联网取代后，那么之前精专于产品销售的地市县级电视台的广告份额就会逐步下降。电视媒体也逐渐朝着"打形象""做品牌"的方向进行延伸，呈现出单一性的功能特征。

综上，互联网的出现重组了既有的广告投放秩序，开辟出了"强转化率"的新路径，电视媒体"做市场"价值让渡后，"做品牌"的价值不断沉淀并加以凸显。这并非互联网出现后所出现的颠覆性改变，而是顺应需求基础上的延续性变革。最新的调查数据显示，从效果转化角度看，电视媒体不再具备竞争力。某家用电器品牌广告主表示，"与电视媒体的合作要考虑投产比，相对来说央视频道的转化功能没有那么强烈"。在用户覆盖方面，某汽车品牌广告主表示，"对于C端用户，尤其是年轻群体，央视频道的覆盖面与影响力有限"；某食品饮料品牌广告主表示，电视的开机率普遍较低，无法帮助品牌有效触达消费主力人群。从新媒体冲击角度看，某家用电器品牌广告主表示，"在新媒体强势发展的当下，电视媒体的（营销预算）体量会有所缩减"。因此，过去属于电视媒体"做市场"的份额被互联网取代，这也就解释了为什么省级地面台和地方性电视台的投放份额会进一步被压缩。

电视媒体头部效应显著反映出的是频道间价值的不对等，即央视频道和省级卫视固有"做品牌"的价值得以保留，依旧被广告主所认可。因此，电视媒体现阶段优势作用的形成并非单纯是一种变化的结果，更深层地包含着延续性的历史脉络。目前，广告主认同"电视媒体是社会正向价值观的引领者""在融合传播背景下，电视媒体的公信力依然是最高的"观点的广告主比例占比分别为74%、67%。许多广告主认为，电视媒体特别是具有高公信力和强价值引领力作用的央视频道，对于品牌传播具有突出的背书作用。因而广告主与电视媒体的合作以公关为主。正如某食品饮料品牌广告主所说，与电视媒体的合作，"以公关性为主，广电媒体具有官方背书力"。

三、公信力与内容力：央视频道在互联网生态下品牌传播的独特价值

电视媒体头部效应显著，而央视频道无疑就是"头部"里面的领军者，近一半的电视媒体营销费用被分配给央视频道，因此央视频道在电视媒

中具备典型性，分析央视频道的独特价值对于各级电视台顶住经营压力、寻找全新赛道提供了借鉴意义。

（一）公信力：央视频道的核心价值

首先，央视频道以官方背书作用、强公信力和强曝光率的特征颇受广告主认可。根据调查，广告主认为央视频道对品牌具有国民级别的背书作用，投放价值始终存在，如某汽车品牌广告主表示，"央视频道作为国家台，有背书的性质，如果企业有战略层面的大事件，会选择在央视频道实现曝光"；广告主借助央视频道实现强势曝光，提振合作方信心，如某汽车品牌广告主表示，"央视频道对于B端人群，比如投资方、合作伙伴等影响力较大，曝光与背书作用强"。茅台、五粮液、舍得等白酒品牌十分钟爱央视频道，通过官方背书的效应进一步彰显自身"国酒"的文化魅力，超越效果广告的局限，注重品牌形象的塑造，提升品牌的曝光率。

此外，作为一个国家级电视频道，选择央视频道进行广告投放意味着品牌能够迅速进入全国乃至全球观众的视野，提升品牌的知名度，帮助品牌从一个区域品牌迅速走出区域的局限，实现品牌知名度的飞跃式提升。尤其是对于新锐品牌或希望进一步拓展市场的成熟品牌而言，央视频道的广告曝光无疑是其品牌成长道路上重要的助推器。通过央视频道的背书，品牌能够迅速建立起高端、可信的品牌形象，为后续的市场拓展打下坚实基础。例如，作为山东本地品牌的鲁花花生油通过选择央视频道广告的投放开启了进军全国市场的进程，并成功入选总台品牌强国工程，为进一步扩大全国市场、提升品牌影响力奠定基础。

（二）内容力：央视频道的资源优势

广告主所看重央视频道的价值主要集中于优质内容力、高度契合力、IP力、资源力等四个方面。在优质内容力上，注重精细化管理，生产更为优质的内容，某金融保险品牌广告主表示，"与央视频道的合作更期待产出更多更有意思的内容，在预算有限甚至下滑的情况下，更加精细化管理"。在高度契合力角度，广告主注重电视节目定位与品牌定位的"双向默契"，如某家用电器品牌广告主表示，"在选择合作对象时，一个最重要的因素就是与品牌的契合度，将电视节目的定位与品牌定位相结合"。追求节目与品牌的高度契合，更好地赋能品牌传播。在IP力方面，广告主与电视媒体的内容合作IP化，如某日用品牌广告主表示，"央视频道价值在于内容感和IP感，比如说央视频道自身的一些栏目或者活动，特别是与大型IP的合作"。在资源力方面，电视媒体明星资源力强，价值有待挖掘。例如，舍得中秋奇妙游活动整体以"趣味科普""文化底色""情感共鸣"为核心，跟随着央视频道金牌主持人撒贝宁的视角，围绕"舍耕耘，得自然""舍工夫，得匠造""舍时光，得老酒"深入探索舍得酒厂，通过黄金谷寻植物、泰安作坊寻"六老"、陶坛贮酒库寻48年酒龄老酒的直播闯关，潜移默化地让舍得酒的品牌、产品价值以更加生动、鲜活的方式触达每一位消费者的心智，舍得酒携手撒贝宁以"智慧"火爆出圈，实现了品牌传播深度与广度的双重飞跃。

　　除此之外，央视频道也积极打造自身品牌传播旗舰平台的形象和能力，强化自身的品牌价值，积极配合国家战略的实施。2016年6月20日，国务院办公厅印发了《关于发挥品牌引领作用推动供需结构升级的意见》文件，要求发挥品牌在中国经济中的引领作用，推动供给结构和需求结构升级。2017年4月24日，国务院批复同意将每年5月10日设立为"中国品牌日"。这两个标志性事件表明，中国企业的品牌战略已上升到国家战略[①]。中央广播电视总台紧随其后，于2019年8月28日启动品牌强国工程，分为强国品牌、TOP品牌、领跑品牌、国资典范品牌等四个层级。该工程将依托中央广播电视总台各平台，通过全媒体传播品牌强国战略，助力培育能代表中国参与全球经济文化交流的新时代国家级品牌。

　　综上，央视频道以强公信力和丰富的内容资源优势为广告主所青睐，

---

① 何佳讯. 中国品牌日特稿 ‖ 何佳讯：中国品牌十年路——国家品牌战略的进程［EB/OL］.（2024-05-10）［2024-11-11］. https://mp.weixin.qq.com/s/Seuz_BUulOvl3ERAeHTYXg.

配合品牌强国工程，在政策的扶持下与广告主展开深化合作，切实培育和孵化世界一流的中国品牌。目前总台已经不再仅仅是一个频道、一个传播平台和一系列媒介资源，更为关键的是其自身已经成为一种符号，并在日常的品牌传播活动中切实转化为品牌公信力，进而使品牌更容易获得受众的信任，建立起良好的品牌和用户的关系。

四、电视媒体品牌传播的未来趋势

（一）坚持差异化竞争，继续把握公信力这一核心优势

新媒体赋权和传播渠道的扩增会进一步加剧内容的碎片化和飞沫化，导致众声喧哗的传播局面，影响了品牌传播效果的达成。在此背景下，电视媒体的公信力、价值引导力进一步凸显，为广告主品牌形象的塑造和品牌价值的传播提供了良好的基础氛围，因而，公信力成为品牌传播中不可或缺的核心优势资源和稀缺性资源。

电视媒体公信力来源于我国独特的社会主义传播制度。我国的新闻传播事业是中国共产党领导下的事业，必须坚持党性原则。电视台由各级政府创办，统一接受中国共产党的领导。另外，电视媒体的公信力来源于长期以来的媒介使用习惯，是长期以来受众为媒体赋予的一种集体信任。这是互联网无法模仿的独特性优势。

一方面，媒体的公信力体现为品牌信息传播中的信源可信度，保证高质量信源优势作用的发挥，破除在纷繁复杂的传播环境中众多虚假品牌信息造成的干扰。另一方面，媒体的公信力还体现为一种符号价值。总台央视作为国家的主流媒体，其新闻报道和节目内容均经过严格筛选和审核，确保了信息的真实性和权威性。因此，在央视频道投放广告，无疑是为品牌披上了一层公信力的外衣。这种公信力背书对于提升消费者对品牌的信任度和好感度至关重要。在消费者心中，能够在央视频道露面的品牌往往意味着品质可靠、实力雄厚，从而更愿意选择这些品牌的产品或服务。2022

年中国品牌日，央视频道发布了中国品牌五百强榜单，就是以国家和央视频道双重公信力为相关企业背书的典型。特别是对新锐品牌来说尤为重要，其初入市场知名度不高，官方媒体的背书可以帮助其在消费者群体中站稳脚跟，防止不信任感造成的负面影响。

（二）品牌主导，提振利益相关方信心

电视媒体如今在C端（消费者端）的影响力大不如前，但却依然是B端（企业端）客户、投资方等利益链条上主体关注的焦点。与C端客户不同，B端客户关注的并非单纯的产品特征与质量，更关注企业自身的品牌资产、经营状况和企业优势。因此，针对B端用户，更多地需要展示品牌价值力、企业核心竞争力而并非产品。电视媒体成为当前媒介环境下打造公共关系的一种有力手段。面对经济下行的压力，广告主保证自身企业安全除了要有强大的自信心，还需要站在与自身利益密切相关的全产业链视角，积极主动地进行全方位信心传递。

面向非消费者的营销推广，尤其是一些权威媒体的背书，可以帮助企业提振相关利益方的信心。例如，某食品饮料品牌广告主强调了楼宇媒体对提振经销商信心的重要作用，"梯媒做完之后，其实不管从经销商还是渠道体系上来讲，都给了大家一点信心，因为大家都能看到，还有反馈"。某酒类品牌广告主也提到户外媒体在这方面的作用，"我们在做户外广告时，目的还不完全是与消费者沟通，以当下的现状，还需要一些B端的建设，所以是给我们的经销商，让他们有信心"。某汽车品牌广告主重点提到了央视频道对B端人群的影响力，"央视频道方面，刚才我说的就是两个人群，一个是C端人群，一个是B端人群……在B端人群里面，比如说我们的投资方、一些合作伙伴，他们这些人可能在央视频道上能够看得到我们的东西。所以说，今年在企业一些大的战略层级的大事上面，还希望能够在央视频道上有一些曝光或者内容"。

然而，不能忽视的是，C端用户并非脱离了电视媒体的覆盖范围，在某些仪式性的节日节点上，电视媒体依然能够与大众建立起联系，进而赋予电视媒体特殊的广告价值。春晚就是一个典型的电视媒体仪式化的使用场景，成为广告主"争奇斗艳"的品牌传播场。相比于日常性的广告营销活动，春晚这一全国性、统一的收看活动能够更加整合受众，并进一步提高电视广告的阶层穿透力，为品牌带来规模化曝光优势，形成短期内用户心智的集中性占领。更为关键的是，相比于计算范式下的精准广告，电视广告借助媒介仪式的传播重塑了营销传播中的人文价值，这种仪式性的收看行为成为社会成员集体记忆书写的关键素材，品牌信息借此能够实现更加深远的长期性传播影响。

（三）流量闭环，广电新媒体矩阵加持

在媒介融合的趋势下，电视媒体逐步向广电新媒体的方向转变。广电新媒体一方面保留了电视媒体在内容制作上的优势，另一方面又积极拥抱互联网环境，打造自身的关系网络和传播渠道。着眼于未来趋势，电视媒体需要进一步强化"网感"的培养，以广电新媒体为载体和着力点，延伸自身在品牌传播上的影响力。

在深度访谈中，广告主也纷纷表示"内容共创"是与广电新媒体合作的首选。某金融保险品牌广告主强调了在精细化管理背景下"内容"的重要性："总体上还是往线上走，往新媒体端，往内容营销或内容合作方向去走，在预算有限甚至下滑的情况下，更加精细化管理，来产出更多更丰富的内容。"某日用品品牌广告主提及未来和广电新媒体合作的方向主要是内容："如果讲到总台央视的融媒体，如央视网，他们自己应该有做一些栏目或者是活动，但实际上如果是甲方跟他们合作的话，更可能是基于内容形式去做合作。"具体而言，丰富的文化类、科技类、文旅类综艺IP颇受广告主青睐。正如某家用电器品牌广告主提到的，"新媒体可以定制一些科技类、文化向、文旅向的综艺类，综艺感比较好"。

作为媒体融合的产物，品牌对于广电新媒体的投放预算来源呈现出多元化特征。调研数据显示（图12-4），2024年，广电新媒体是互联网渠道预算的重要组成部分，但互联网渠道相比前一年有10个百分点的下降。而来自传统广电渠道的广电新媒体费用有10个百分点的增长，这在一定程度上对电视媒体形成一定挤压，这预示着广电媒体将进入存量竞争阶段，内部张力被进一步压缩。此外，针对广电新媒体有单独预算的广告主比例略涨，超三成，这在一定程度上说明了广电新媒体在媒体生态中的特殊位置，独立针对广电新媒体的采买成为未来一种趋势。

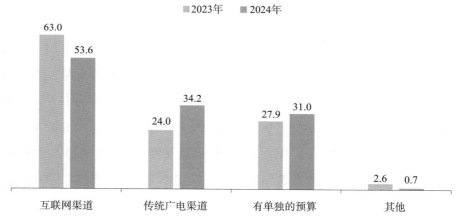

图 12-4　2023—2024 年广电新媒体预算来源变化（%）

（四）跨屏联动，实现品效协同

与小屏幕的手机相比，电视大屏更像是信息的展示板，所以难以实现人与货的直接连接。因此，媒介进化使得"电视机的主页逐渐变成一个推介屏，一个利润巨大的广告版面"①。这背后隐喻的并非电视媒体传播功能的退化，而是销售转化的目标全面交由互联网实现的新生态位下的演进。

当前，手机对社会生活的深度嵌入使得传统电视观看的场景更加复杂，电视不再是唯一的屏幕，主体与小屏的互动成为场景中的重要组成部分。

①　马特尔.智能：互联网时代的文化疆域［M］.君瑞图，左玉冰，译.北京：商务印书馆，2020：258.

电视大屏对于品牌的曝光无疑就是一个设置议程的过程，提醒消费者对产品和品牌形成关注，进而引导受众使用"第二屏幕"展开搜索，主动寻找产品、品牌。春晚广告的传播呈现出跨屏互动的趋势，从2015年由阿里巴巴开启的红包互动，到2024年小红书的笔记分享和京东的合作，"第二屏幕"广告价值在春晚收看的场景中被极大释放。这使得品牌的传播不再仅仅追求曝光，在小屏互动的过程中也具备了转化的可能。

结　语

正所谓"沧海横流方显英雄本色"，电视媒体跨越时代、历经风雨，走进数字时代的潮流中，依然坚守着自己的道路，并在变革中探寻出了一条品牌之路。诚然在市场转化的份额几乎全部被互联网"掠夺"后，电视媒体普遍面临着生存压力，但是将"做品牌"打造为自身的专有名片，也不失为从另一个渠道保持自身竞争力的良策。在公信力和优质内容更加稀缺的时代，电视媒体把握住自身的差异化优势以及核心价值，坚持创意创新，坚持融合技术，融合多样化数字媒体，融合用户的多元接触点，持续赋能广告主的品牌传播以及可持续发展。

第四篇

技术与创新篇

2024 年，中国广告主在品牌传播策略中深度整合新兴技术，反映了对创新发展和智能化转型的高度重视。微短剧、AIGC 与品牌传播深度融合，正从根本上重塑媒体内容创作、用户互动和广告效能的实现路径。而经过长期积累和沉淀，电商这一产品销售的基础设施和基本路径，也正在呈现出体系化的运作模式，并与新技术融合创新。

微短剧以其短小精悍的形式、快节奏的叙事，以及对多元主题和文化背景的适应性，使其成为强大而灵活的品牌传播工具。广告主通过微短剧在实现品牌高频曝光的同时，将真实的品牌故事传递给消费者，借助情感共鸣与快速消费的特性，成功吸引并持续占据着受众的注意力。这一内容形式从初期的实验性探索发展到如今对内容质量的严格把控，彰显了其在当代品牌传播生态中日益重要的地位。

AIGC 的应用也对品牌传播产生了深远的影响。通过自动化生成视觉、文本和音频内容，生成式人工智能大幅提升了内容生产的效率，并为个性化营销提供了新的可能性。广告主不仅利用 AI 进行高效的内容创作，还通过其预测性洞察能力和增强的用户互动体验，实现了更精细的消费者沟通和精准的市场定位；同时，AI 技术还使得品牌能够在更深层次上理解和满足消费者需求，增强品牌与用户之间的情感联系和忠诚度，实现全链路的智能化升级。

品牌对于电商手段的应用已经趋于成熟，并呈现出了兴趣电商、货架电商和直播电商"三驾马车"协同发力的态势。而从未来的发展趋势看，情绪和知识成为电商的新属性，并且在未来品牌出海的实践中，电商成为"造船出海"的新模式。但是，我们依然需要对电商的发展保持冷静，在极大提升"人—货—场"连接效率的背后，隐藏着隐私泄露的忧虑，以及头部 KOL 垄断和新增流量见底的挑战。

本篇系列报告强调了新兴技术在重塑品牌传播策略中的关键作用，突出适应性、受众洞察和技术创新在现代广告环境中的核心地位。面对复杂且高度数字化的传播生态，广告主必须持续创新性探索，以实现品牌传播的可持续发展。这种技术驱动的革新将推动品牌在市场中的竞争力提升，并为品牌价值的持续增长提供强大动力。

第十三章 中国广告主微短剧品牌传播发展报告

自2020年微短剧快速发展至今，已逐步成为广告主品牌传播的新风口，向短而生的微短剧在发展前进中不断实现自身市场规模与产业链结构的扩张与优化，通过提供独特的价值点吸引广告主不断试水。在此背景下，本报告尝试对广告主的微短剧品牌传播策略展开分析，在此基础上指出微短剧品牌传播存在的剧情同质化严重、品牌调性匹配困难、营销长期价值有待验证三大问题点，并试图提出相应解决方法，以期帮助广告主更好地利用微短剧展开品牌传播。

一、微短剧成为广告主品牌传播新风口

中国传媒大学2024中国广告主营销趋势调查[①]发现，2024年有超四成的广告主投入微短剧营销，同时相较于2023年，有超20%的广告主表示会在2024年加大对微短剧的投入。

（一）向短而生的微短剧

微短剧，又称"火锅剧"或"泡面番"，是一种独特的剧集形式，其特点在依托网络平台播出，与短视频和长篇电视剧内容相区别。国家广播电视总局将微短剧定义为"单集时长在20分钟以内，具有相对明确的主题和主线，拥有较为连续和完整的故事情节的剧集"。[②]除此之外，微短剧作

---

① 广告主课题组.趋势速递｜《2024中国广告主营销趋势调查报告》正式发布，文末附报告获取方式［EB/OL］.（2024-06-12）［2024-11-11］.https://mp.weixin.qq.com/s/z8wtzCDD4t_1A2IrsF1KFw.

② 参考国家广播电视总局办公厅2020年12月发布的《关于网络影视剧中微短剧内容审核有关问题的通知》。

为原生于移动互联网时代的内容形式，其适配了手机竖屏的内容呈现方式，从而更容易被手机用户所接受。

从微短剧的特征来看，不仅表现为时间上的短，剧情和叙事视角的差异也构成了其自身的独特性。其一，微短剧时长简短，相较于传统电视剧一集40—45分钟的时长，微短剧追求的是叙事时空的极致压缩，一集一般不超20分钟。正是因为这一特征，微短剧成为满足当下用户即时性需求的"数字咸菜"。其二，剧情反转密集。网络微短剧通常会以高频的情节与人设反转及密集的爽点来掌控用户的情绪变化，以此提升用户黏性和持续观看的意愿。其三，视角下沉，微短剧制作周期短、预算较少、专业度要求较低的特征在一定程度上使得其制作权利下沉，而这种权利的下沉在一定程度上也使得部分微短剧开始以底层视角来展开叙事铺陈。

目前，微短剧呈现出以下三大发展趋势。第一是主流化趋势，总台等"正规军"入局微短剧市场，推出"微短剧里看中国"等生态计划。东方卫视也推出"中国微短剧品质东方计划"，将微短剧搬上电视屏幕。第二是多元化，微短剧模式越发多元，成为多方主体利用的一种工具形式，形成"微短剧＋文旅""微短剧＋IP""微短剧＋新科技"等布局。第三是国际化，微短剧开辟出出海新赛道，Reelshort及ShortTV两大APP领跑应用商店下载榜。

（二）微短剧发展的四个阶段

第一阶段，初期试水阶段。微短剧并不是伴随着短视频平台的发展而诞生的，早在2012—2013年，优酷、搜狐等长视频平台就推出过《万万没想到》等初代微短剧。这一阶段，短剧尽管在形式上呈现出"短"的特点，但其拍摄依然非常专业，成本也较高，依然依托专业化的内容生产机构。从更深层次来看，这一阶段短剧的传播依然以PC端（电脑端）用户为主要受众群，在互联网普及率有限的时代，存在一定的门槛，本质上是互联网时代的产物。在此基础上，随着媒介环境的变迁，2018年终于迎来了微短剧发力探索的新阶段。

第二阶段，发力探索阶段。这一阶段，移动互联网用户成为互联网的最大增量，基于手机的观看习惯，竖屏的内容成为短剧的新形态。2018年，爱奇艺率先发力布局"竖屏控剧场"，推出首个爆款微短剧《生活对我下手了》。继以爱奇艺为代表的长视频平台尝试通过打造微短剧原创内容形成自己的差异化竞争优势后，抖音、快手等短视频平台开始入局，发力探索微短剧内容布局。2019年快手上线"快手小剧场"微短剧内容入口，而抖音则启动"抖音出品"招募计划来引进微短剧内容合作。

第三阶段，成长爆发阶段。2020—2021年，微短剧市场进入百花齐放的状态，长短视频平台推出一系列的扶持动作。如2021年快手"星芒计划"升级为"星芒短剧"，抖音推出"短剧新番计划"，腾讯推出"星火2.0计划"等。而随着微短剧市场进入发展红利期，相应的监管也随之而来，2020年，国家广播电视总局正式将微短剧纳入管理范畴。

第四阶段，规范化精品化阶段。2022年至今，微短剧的出圈使其成为资本市场投资的风口，而资本逐利的特征也使得部分微短剧出现粗制滥造、内容低俗的乱象，引发国家广播电视总局加强对各平台微短剧的清查处置工作，带领微短剧进入规范化精品化发展阶段。

（三）中国微短剧市场规模与产业链结构

根据《中国网络视听发展研究报告（2023）》，全国短视频用户规模已经超过10亿。强大的短视频受众为微短剧市场拓展奠定了基础。[①]艾瑞咨询在《2024年中国微短剧行业研究报告》中指出，"微短剧内容创作产出作品数量呈现井喷式增长，2023年全年规划备案短剧达3574部、上线备案584部，对比2021年分别增长高达382.2%及445.8%"（图13-1）[②]。2023年，我国微短剧市

① "极视听·强赋能"：第十一届中国网络视听大会在成都开幕［EB/OL］.（2024-04-01）［2024-11-11］. http://www.cnsa.cn/art/2024/4/1/art_1955_43838.html.

② 艾小妹. 2024年中国微短剧行业研究报告［EB/OL］.（2024-07-15）［2024-11-11］. https://mp.weixin.qq.com/s/qPUu30uQTbPdacvSSk4ljA.

场规模较前一年增长超200%。据预测，2024年我国微短剧市场规模将超500亿元，并且有望在未来的五年时间内突破千亿规模。2023年的中国电影总票房为549.15亿元，微短剧市场规模已经接近电影市场规模的70%（图13-2）。

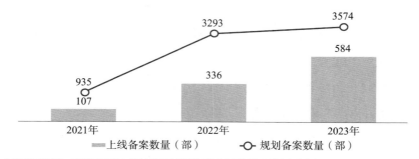

注：自2020年8月开始，网络微短剧需在广播电视行政部门管理的重点网络影视剧信息备案系统中进行登记备案。
来源：国家广播电视总局，艾瑞咨询整理并绘制。
©2024.6 iResearch Inc.   www.iresearch.com.cn

图 13-1 2021—2023 年微短剧创作备案

（图片来源：艾瑞咨询《2024 年中国微短剧行业研究报告》）

注：统计口径为包含用户付费、广告收入、版权分账/分销等形式产生的经济价值。
来源：综合专家访谈、券商研报和网络公开信息，根据艾瑞统计预测模型核算并评估，艾瑞咨询整理并绘制。
©2024.6 iResearch Inc.   www.iresearch.com.cn

图 13-2 2019—2028 年中国网络微短剧行业市场规模及增速变化

（图片来源：艾瑞咨询《2024 年中国微短剧行业研究报告》）

当下微短剧市场也已逐步形成相对完善的产业链结构，全面覆盖上游的剧本创作、制作拍摄、审核监管等内容生产相关环节，中游的平台整合、分销、投放等内容分发环节，以及下游的剧集观看、付费、电商购物等用户消费环节（图13-3）。

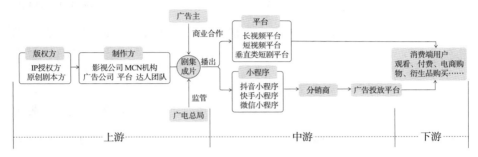

图 13-3　微短剧市场产业链结构图

从市场运作的角度看，微短剧的商业模式非常灵活。相对于传统影视，微短剧的拍摄制作成本较低，预算主要集中在流量投放和传播上，大约占到总预算的80%。并且，微短剧的传播渠道较为灵活，并不拘泥于某一渠道，只要寻找到回报高的投放渠道就会继续投放，追求规模化效应。另外，微短剧的付费模式也较为灵活，除了小程序收费，还有定制剧、品牌植入等多种模式，并且在用户需求即时反馈的基础上适时调整，形成商业闭环。

（四）微短剧品牌传播的三大价值点

1. 玩法涵盖内容营销与流量营销，有利于削弱用户抵触心理

微短剧营销的玩法涵盖内容营销与流量营销，冠名、角标露出等强曝光性的硬广流量营销助力品牌高频次抵达目标用户，而品牌定制、场景植入、情节植入等内容营销则使得品牌内容与剧集内容深度融合，在与用户自然而然的互动交流之中逐步实现品牌对用户心智的占领。内容营销与流量营销双管齐下的方式使得品牌以"追剧好搭子"的角色陪伴用户观剧，有效地削弱了用户对广告营销的抵触心理。

2. 依托后链路转化，品效销合一

后链路转化也是微短剧营销的一大价值点所在。微短剧营销不仅是将

品牌与产品软性植入用户的观剧体验之中，还通过小黄车链接的形式来最大化地拦截转化正处于"被种草"兴头上的目标用户，使得用户在观看微短剧的同时就能够直接加购下单转化，能在一定程度上帮助品牌提升GMV。在当下这个追求即时效果的时代，微短剧不失为实现品效销效果三合一的新尝试。

3. 流量承接顺畅，剧外直播带动声量与销量

此外，依托于短视频平台的发展，"微短剧＋直播"的形式成了品牌承接微短剧流量、促进转化的必备手段之一。除了品牌打造的自播直播间，利用出演达人的粉丝优势，达人在剧外配合剧集播出进行的达人直播也帮助品牌提升了声量与销量，将微短剧的内容势能与达人的粉丝势能转化为品牌产品的销量，利用达人在其粉丝群体中的信任价值缩短决策购买路径，进一步推动有效转化。

二、广告主微短剧品牌传播策略分析

（一）微短剧营销重点合作行业与品牌的总体态势

根据勾正数据发布的《短剧营销正当时：2024年H1微短剧行业观察与营销指南》，2024上半年入局微短剧营销的行业众多，其中以美妆、个护清洁及食品饮料为代表的快消品行业依然是微短剧营销投入的主力军。[①]而从品牌来看，韩束、谷雨、珀莱雅、欧莱雅等美妆类品牌与肯德基、麦当劳、茶百道等食品饮料类品牌的微短剧营销声势浩大，天猫、京东等电商平台也在今年纷纷布局定制微短剧营销，以"微短剧＋大促"的形式来刺激平台增量（图13-4）。

---

① 短剧营销正当时：2024 年H1 微短剧行业观察与营销指南［EB/OL］.（2024-07-18）［2024-11-11］. https://www.adquan.com/post-0-345222.html.

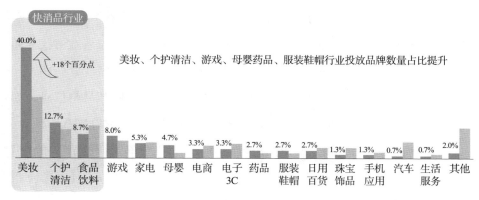

数据来源：勾正数据，微短剧上线统计周期为2024.01.01—2024.06.30。

图 13-4　2024 年H1 和 2023 年H1 微短剧营销品牌行业类型分布（按入局品牌数量）

（图片来源：勾正数据）

（二）微短剧与品牌的合作模式

微短剧作为一种介于传统电视剧与短视频之间的视频形式，在营销之上会自然而然地兼顾以上两种形式的营销合作方式和能力，本报告主要将微短剧的品牌传播合作方式分为两大类：第一类沿袭传统电视剧的内容植入式玩法，第二类则是微短剧衍生出的较为新颖的品牌定制式玩法。

1. 内容植入式

品牌在微短剧中的内容植入式营销主要可以分为场景植入、剧情植入、主角口播植入等三大类型。

场景植入是将品牌产品植入剧集内合适的场景之中并实现露出，如在微短剧《喜事千金》中，C咖在女主反击恶毒养父母、养姐妹的剧情后植入"洁面场景"，旁白"甩掉垃圾，我的人生才刚刚开始"一语双关，与清洁相适配的同时暗示C咖双管洗面奶的清洁能力强。

剧情植入是品牌通过设计与微短剧整体剧集相适配的定制化剧情将自身产品与卖点的相关信息以与剧集内容更加紧密结合的方式植入，如天猫在冠名的快手短剧《我在大宋开酒吧》中就通过使"温太医"和"沈眉庄"这对在《甄嬛传》中意难平的CP再聚首，在剧集中出现了二者在古代开超市的情节，超市的场景布局中带有"天猫年货节"的横幅。

主角口播植入即通过角色之口自然而然地透露出品牌产品与信息，如在微短剧《上学时经历的生死时刻S3赛季》内容后，吸引肯德基、闲鱼、999等多个品牌以口播植入的形式进行品牌合作。在带病上课的情节中，借主角之口说出"难受别撑着，快来喝999感冒灵，主任，现在是不是感觉暖暖的"，自然传递产品信息。

2.品牌定制式

品牌定制式是广告主微短剧品牌营销传播更加深入的一种方式，为了使微短剧的整体风格与剧情设定更加贴合品牌形象和调性，最大限度赋能品牌营销传播，更多的广告主在今年选择以品牌定制的形式，依靠深度的内容建构和多方能力的整合达成品牌塑造与传播的目的。当下微短剧的品牌定制主要分为品牌定制剧与番外定制两大类。

品牌定制剧通过全方位的定制实现品牌与短剧内容的深度结合，在短剧的观看中潜移默化地传达品牌产品核心信息与品牌价值观。以闲鱼在今年开年"富苏季"推出的定制微短剧《傅太太全程开挂》为例，大女主翻身逆袭，赢得人生辉煌成就的剧情设置，巧妙地将闲鱼的核心功能利益点与短剧内容相结合，女主通过闲鱼出售前任礼物、在闲鱼捡漏黑金荣耀会员卡、在闲鱼发帖找跑腿小哥等剧情设置，完美传递了闲鱼"交易又快又省"的特质，使得剧情爽点与闲鱼平台的爽点直击用户心智。

番外定制和品牌定制剧不同，其核心是品牌以单集番外的形式参与到短剧番外内容之中，而微短剧剧集还是以服务自身剧情为主。京东新百货与《东栏雪》的合作就是采用番外定制的形式，在《东栏雪》播至第七集时，以单剧集形式呈现了男女主逛"京东新百货"的番外，在呼应开头穿越梗的同时，形象地展现了"京东新百货"的品牌特色与价值点。

（三）广告主微短剧品牌传播营销全链路分析

1. 前期筹备期

广告主在前期筹备期需要从品牌端和市场端两个方面入手展开洞察，选择合适的题材与角色，预埋激发用户共鸣的热梗与爆点。[①]首先在品牌端，广告主需要对自身的品牌定位、品牌调性与目标用户类型有清晰的界定，在此基础上选择符合的短剧题材；其次在市场端，广告主需要精准洞察目标用户关注的话题点，结合热点话题在剧集中埋入热梗，将营销内容生产环节前置。

2. 上线爆发期

当微短剧制作完成并且在平台上线后，接下来同样非常重要的就是微短剧的传播推广环节，既需要有强曝光性的媒体推广与强互动性的深度内容传播，也需要强匹配性的精准投放。在微短剧品牌传播推广上，一般有不可或缺的三大步骤。首先，品牌需要布局抖音、微博等APP的开屏、首页横幅等强曝光的硬广资源位，以尽可能地使微短剧触达更广泛的用户。其次，品牌需要与用户进行更深度的互动，通过热点洞察工具预知可能的爆点话题，快速承接热点流量至自身品牌，也可以使用微博的热点伴随工具将自身的品牌植入用户所关注的与微短剧相关的热搜讨论话题之中，实现品牌与短剧内容的深度融合，陪伴用户的追剧过程形成互动共鸣。最后，品牌可利用大数据技术抓取短剧观看人群的人群画像，提升投放的精准度与ROI。

3. 长尾持续期

在长尾持续期，品牌需要用一切方法延长微短剧的热度，使其继续赋能品牌的传播推广与下单转化，主要可以分为以下三个方面的动作：番外

---

① 2024短剧科学营销速成手册（附下载）［EB/OL］.（2024-05-02）［2024-07-24］. https://news. sohu.com/a/775782221_121124366.

剧情二创、A3人群①复投与联动电商促进转化。首先，微短剧番外剧情二创可以及时调动观看用户的热情，通过官方番外花絮＋达人剧情二创＋挑战赛UGC二创产出的组合，实现微短剧热度的再次攀升，通过番外的余热再度将品牌与产品深度嵌入用户的互动讨论场。其次，通过微短剧内品牌高光内容片段的混剪再次定向触达品牌A3"种草"人群，推动其往A4购买人群转化。最后，还可通过联动电商平台再次放大微短剧声量，以此来完成"观看—'种草'—转化"的闭环。

三、微短剧品牌传播存在的问题与建议

（一）品牌微短剧传播的局限和主要问题

1. 剧情同质化严重，引发用户审美疲劳

微短剧的一大关键词即为"爽点"，以复仇、"打脸"、逆袭等刺激用户爽点的剧情设置来达成欲罢不能的观看黏性。而这也致使微短剧当前的创作存在套路化、模板化严重的现象，同样的人设、同样的剧情、同样的台词一遍遍重复于用户眼前，导致部分用户产生了审美疲劳，短剧剧情的吸引力和黏着力大大降低。同质化的内容带来的是产品营销的同质化，雷同的人设剧情中以雷同的方式植入不同的品牌，难以体现差异化，遑论在用户心智中占领独一无二的地位。

2. 匹配符合品牌调性的微短剧面临极大挑战

微短剧也面临着"刻板印象"的困扰，"土味""下沉"成了众多用户贴在微短剧上的固有标签，影响着品牌尤其是定位中高端品牌的微短剧营销布局，"微短剧是否会损害品牌固有的调性与氛围"成了中高端品牌入局微短剧营销的主要隐忧之一。如何使微短剧从传达理念及价值观、叙事主

---

① A3和A4的概念出自营销大师菲利普·科特勒在《营销革命4.0》里提出的5A概念，分别是Aware（了解）、Appeal（吸引）、Ask（问询）、Act（行动）、Advocate（拥护），揭示了用户与品牌的关系。A3人群对应"问询"阶段，A4人群对应"行动"阶段。

题，到故事情节、人物设定均符合品牌价值观、形象与调性成了微短剧营销亟待解决的一大难点。

3. 微短剧营销长期价值有待验证

盘点微短剧营销和品牌传播方面表现不俗的诸多品牌，就不得不提到韩束，2023年，韩束一口气推出《以成长来装束》《心动不止一刻》等五部品牌定制微短剧来推广"红蛮腰"系列产品。而这一"微短剧+美妆"的营销传播方式也成功使韩束在2024年第一季度的天猫和抖音总GMV达到21亿元+，其中抖音平台贡献率高达20亿元+，超越了珀莱雅登顶国货美妆品牌榜首。韩束的成功使得众多美妆品牌按捺不住，开始把目光投向微短剧营销，却似乎再难以复制韩束的成功，就连韩束2024年定制投放的最新微短剧《让爱束手就擒》也仅有2.4亿的播放量，远不及2023年平均10亿的播放量。微短剧营销的红利期似乎已经进入尾声，而其长期价值有待验证。

（二）广告主微短剧品牌传播策略建议

1. 创新挖掘新题材新内涵，激发用户共鸣与消费

根据艾瑞咨询《2024年中国微短剧行业研究报告》，爱情题材与都市题材的微短剧最受用户青睐。这两类内容由于接近现实生活而更易引发用户的情感共鸣，然而当下此类题材多以复仇、逆袭、暴富等为内涵，同质化严重且能引起的共鸣有限。因此，广告主在进行此类题材微短剧创作之时，应该更多地在题材中融入品牌的核心主张与价值观，以此形成与用户在价值观层面的深度共鸣，使品牌成为用户的知己，进而刺激用户消费。

除此之外，微短剧也正在逐步迈入精品化、规范化的阶段，文旅、非遗等元素也开始在微短剧中开启新的尝试，广告主应当在微短剧中拓宽跨领域合作形式，开辟短剧×非遗×品牌、短剧×国潮×品牌、短剧×IP×品牌等新尝试，以多方资源赋能品牌建设。

2. 完善数据链路，拓宽跨领域合作形式

面对广告主对微短剧营销及其效果的乐观和积极态度，平台需要具备相应的数据能力来帮助广告主确认短剧营销投放效果及价值。而微短剧营销效果评估最重要的三个指标即CPM、CPA（每次行动付费）转化率及ROI。某品牌创始人在接受广告主研究课题组访谈时说道："我们算是第二波入局短剧的，目前也算是这么多个品牌里做闭环链路整体做得比较好的一家。在和抖音短剧合作的基础上，2024年我们也开始与快手合作，数据链路的完整十分重要，否则不好评判。"由此可见，数据链路的完善是检验广告主微短剧营销效果的必要手段。

3. 从带货到品宣，助力品牌形象塑造

品牌定制剧的形式最大限度地赋予了广告主在微短剧营销中的主动权，拥有对从短剧传达理念及价值观、叙事主题，到故事情节、人物设定、主演人员等全方位的掌控，这要求广告主在进行微短剧营销时不仅局限于带货转化的效果侧即时目标，还应把品牌形象的提升、品牌价值观的传递等品牌侧目标纳入考量。尤其是对于中高端品牌来说，若入局微短剧市场，需提升品牌定制微短剧的艺术审美与文化内涵，从而形成更具价值表达的内容，如此方能在躁动的微短剧市场中保持自身的核心优势。

结　语

从早期长视频平台的探索性尝试，到短视频平台崛起后的爆发性增长，再到如今各方入局的精品化、规范化发展，微短剧为广告主的品牌传播提供了新的机会点，以更原生化的方式赋能广告主的品效销提升。因此，当越来越多品牌开始入局微短剧营销，题材同质化严重、品牌调性匹配困难、长期价值有待验证等问题集中爆发出来，纷纷成为微短剧营销长远发展的困扰和阻碍。微短剧并不能始终保持其流量洼地的角色，正如汪文斌所言，"微短剧要赋能社会经济生活的高质量发展并形成新质生产力，其未来势必

需要寻求更多价值增量、品质增量、创作增量和受众增量"①。在这个过程中，对广告主和合作平台而言，如何消弭微短剧营销中存在的局限，拓宽品牌微短剧营销的价值内涵、合作形式等成为其长远发展必须思考与回答的问题。

---

① 周煜媛.汪文斌：拥抱"微短剧+"新风口，全民微短剧时代或将到来［EB/OL］.（2024-05-30）〔2024-11-11〕. https://mp.weixin.qq.com/s/3FSfBlw-hIFq-s441fDAYA.

第十四章　AIGC 在品牌传播中的应用与趋势研究

　　AIGC（AI Generated Content），是指基于生成对抗网络、大型预训练模型等人工智能的技术方法，通过对已有数据的学习和识别，生成的文本、图片、音频、视频等内容。2022 年，OpenAI 技术公司推出 ChatGPT，实现了从决策式 AI 到生成式 AI 的跨越，2 个月内用户数量突破 1 亿。正如 OpenAI 的 CEO 萨姆·奥尔特曼所言："互联网平台的内容生产模式，以前经历了两个时代。第一个时代是 PGC（专业生产内容），第二个时代是 UGC，那么第三个时代即将到来，就是 AIGC，即 AI 生产内容。"从依赖专业团队、精细化制作的 PGC，到去中心化、"草根"化的 UGC，再到海量挖掘数据、高效率生产的 AIGC，其本质是技术的跨越式发展和生产主体的重构。可以说，AIGC 的出现平衡了创作效率、创作成本以及内容质量三者之间的关系，也因此，AIGC 成为内容生产领域的"新宠儿"，也在品牌传播领域掀起新热潮。

一、AIGC 赋能品牌传播流程

　　中国传媒大学 2024 年中国广告主营销趋势调查[①]发现，相较于 2023 年，2024 年预期在品牌营销活动中使用 AIGC 的广告主占比有所增长，已达近八成。艾瑞咨询在 2023 年 12 月的调研数据显示，已经有超过 93% 的广告主运用了 AIGC 技术辅助创意内容生产，还有一些事务性和策略性的营销工作

[①]　广告主课题组. 趋势速递｜《2024 中国广告主营销趋势调查报告》正式发布，文末附报告获取方式［EB/OL］.（2024-06-12）［2024-11-11］. https://mp.weixin.qq.com/s/z8wtzCDD4t_1A2IrsF1KFw.

（图 14-1）。

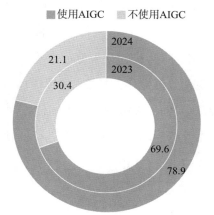

图 14-1　2023—2024 年 AIGC 在营销活动中的渗透率（%）

（图片来源：《2024 中国广告主营销趋势调查报告》）

　　AIGC 的出现使得传统的品牌传播模式正在被颠覆，进而形成一套以 AI 算法为核心的品牌传播逻辑。当下 AIGC 技术已经全面渗入品牌传播流程，并且弥合前后不同过程节点之间的"时间落差"[①]，正在形成集感知、创作、交互、评估于一体的闭环机制。也就是说，AIGC 正在基于机器学习、自然语言处理、计算机视觉等技术，推动品牌传播流程全面智能化。智能营销领域发展迅速，展现出巨大的市场潜力和光明的研究前景。

　　（一）创新策略洞察

　　洞察是品牌传播的"原点"，而好的洞察来源于对消费者行为和心理的感知。传统广告时代，这些消费者的数据多来源于专业的调研公司长达数月的定性、定量调研，而 AIGC 的出现让调研的手段和方式被革新。一方面，AI 基于 Cookie 可以充分挖掘用户的行为痕迹，寻找目标用户的兴趣

---

① 郑新刚. 超越与重塑：智能广告的运作机制及行业影响［J］. 编辑之友，2019（5）：74-80.

偏好，了解用户的实时需求，并能够结合市场趋势进行结构化分析①，使整个洞察过程愈加精准化。另一方面，洞察过程仅需少量的人工干预，且整个信息处理过程在瞬间即可完成，也使得整个洞察过程呈现出高效化的趋势。精准与高效如同两把"利刃"，让策略洞察不再是高深莫测的东西，转而变成了可量化、可视化、可操作的智能数据模型。从品牌传播实践来说，AIGC的创新洞察能力被广告主普遍看好，中国传媒大学2024年中国广告主营销趋势调查显示，在营销活动中使用AIGC进行创新营销玩法的广告主占比位列第二，高达42.2%（图14-2）。

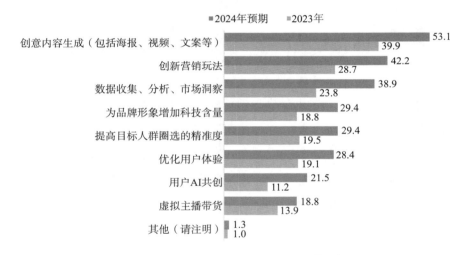

图 14-2　2023—2024 年广告主在营销活动中使用AIGC 的情况变化（%）

（图片来源：《2024 中国广告主营销趋势调查报告》）

（二）创意内容制作

当下AIGC技术推动广告行业向数字化、自动化、智能化方向发展，部分海报、视频、文案的创作已经转交给AI。中国传媒大学2024年中国广告

---

① 龚思颖，黎小林.元宇宙场域下AIGC 赋能广告的原理与实现路径［J］.现代广告，2023（14）：12-18.

主营销趋势调查显示，选择在营销活动中使用AIGC进行创意内容生成（包括海报、视频、文案等）的广告主占比最高，达53.1%。目前，AIGC在品牌传播创意内容制作中的应用主要包含AI文本创作、AI语音识别、AI图像视频生成、AI虚拟人技术等四个维度。这些智能技术在内容制作中的应用不胜枚举。无论是华为在《致霞客，至热爱》短片中用AI技术与徐霞客一起续写他未完成的《溯江纪源》，还是"618"天猫联合AIGC艺术家为品牌打造话题时装海报，抑或眉山虚拟代言人"苏小妹"在城市宣传短视频中的出色表现，都展现了AIGC的内容制作实力。此外，AIGC本身就构成了一种"创异"，AI的跨模态生成为品牌传播的创意内容赋予了全新的风格和语言，为消费者带来前所未有的视觉诱惑和心理感受。

（三）传播效果监测

约翰·沃纳梅克的那句"我知道我的广告费有一半被浪费了，但遗憾的是，我不知道是哪一半被浪费了"，反映了长久以来品牌传播效果难以估算的困境。AIGC技术带来的自动化生成内容，可以提高生成效率，减少人力成本和时间成本。同时，可以通过文本识别、数据定向等技术对内容进行精准监测，进而对品牌传播效果进行可视化的实时监测。随着智能技术的发展，品牌传播的效果评估标准也正在发生变化。既往的效果评价体系主要依托于主观性的强势介入，具体表现为行业专家和受众对创意表现出来的相关性和冲击性等特征的主观感知。在AIGC技术营造的场域之下，品牌传播效果评估的标准逐渐量化为用户的点击、交互、转化等数据情况。

二、AIGC 在品牌传播中的应用

（一）AI 文本创作

AI文本创作指的是利用ChatGPT、文心一言等AI模型来生成文本内容。早期的AI文本生成主要依靠模板生成和自动摘要算法，能够相对高效地应用于新闻生成和个性化推荐等简单场景，但总体来说生成的文本内容较为僵硬，难以处理复杂场景。随着深度学习技术的发展，文本生成进入大模型时代，AIGC开始逐渐适用于虚拟助手、智能客服、创意写作等复杂应用场景，其互动性与文本创作质量都大幅提升。在品牌传播领域，相较于传统的依靠文案人员"灵光一闪"的创作方式，用AIGC文生文技术可以在短时间内创作文本，不仅可以提升效率、节省预算，还能创造话题性，助推品牌营销出圈。例如，The North Face（乐斯菲斯，亦称"北面"）就曾向ChatGPT发问"重回山野的一万个理由是什么"，并记录了AI回答的全过程，并以此延展出#一万个重回山野的理由#系列海报，突出品牌"重回山野"的营销主题。

（二）AI图像视频生成

AI图像视频生成目前在品牌传播领域应用得最为广泛，常用的AI图像视频生成工具包括Midjourney、Sora、Stable Diffusion等。麦当劳曾推出"麦麦博物馆"系列，打造了青铜器造型的汉堡、青花瓷风格的可乐等AIGC创意作品，将传统文化元素和现代快餐文化相结合，给消费者带来新奇的视觉体验。该系列作品在小红书首发后获得近90万次的浏览量，展现了品牌符号和AI结合的创意魅力。利用AIGC技术，通过输入简单的指令或底图，就可以快速批量生成高质量、多种风格类型的图像。可以说，AIGC技术在图像视频生成领域实现了从辅助工具到生产力的转化。正如中国传媒大学2024年中国广告主营销趋势调查中，某日用品品牌广告主在访谈时表示："AIGC就跟互联网十年周期刚结束是一个道理，它就是先进的生产力，值得所有品牌人或者说营销人去关注。"

（三）AI虚拟人

AI虚拟人是通过计算机图形学、深度学习、人工智能等技术创造出来的虚拟形象，它们能够模仿人类的外观特性、行为模式和交流方式。目前，AI虚拟人市场正在快速发展，艾媒咨询发布的《2024年中国虚拟数字人产业发展白皮书》①显示，预计2025年中国虚拟人带动产业市场规模和核心市场规模将分别达到6402.7亿元和480.6亿元，呈现出强劲的增长态势。同时，在品牌传播领域，AI虚拟人应用也较为广泛。该报告调研数据显示，超五成受访企业使用过AI虚拟人技术。常用的应用类型包括虚拟主播、虚拟偶像以及虚拟员工，其中虚拟主播受众最广泛，已达到81.4%。相较于传统的品牌代言人或主播，AI虚拟人有着更高的舆论安全性、更广阔的品牌传播创意空间、更多场景的联动可能性，具有较高的商业价值。2023年11月，百度虚拟数字人"度晓晓"搭载文心一言大模型入驻淘宝，开设"晓晓AI万事屋"店铺，消费者可以体验PPT大纲生成、高情商服务、看图测MBTI等服务。

（四）AI 语音识别

AIGC在音频领域的应用主要体现在基础语义识别（ASR）、语音合成（TTS）、语音交互、音频生成、音频编辑等维度。目前人工智能技术正在向多模态语音系统的方向迈进，既往冷漠、机械、一成不变的AI语音互动将被更为直观、更具情感化的实时交互所替代。AIGC技术正在朝着更加"人格化"的方向演进，这也意味着品牌可以利用AIGC技术为用户提供更加个性化、人性化、富有情感的服务。科大讯飞推出的"讯飞智作"能够实现让照片说话、专属AI声音等内容。美素佳儿品牌创造性引入AI技术，通过声音克隆技术，帮助妈妈生成以自己的声音朗读的故事，提升亲子互动质量。把AIGC技术与人群洞察相结合，直击父母的痛点，展现了AI语音识别在品牌传播实践中的创新应用。

三、品牌传播中AIGC 应用的优势

（一）降低内容制作成本

AIGC技术是一种高效的生产力，极大地降低了品牌传播中的内容制作

---

① 艾媒咨询 | 2024 年中国虚拟数字人产业发展白皮书［EB/OL］.（2024-04-20）［2024-11-11］. https://mp.weixin.qq.com/s/dsmwjsQoGvRi2d2BJVgb3w.

成本。一方面，基于机器学习和深度学习等技术，构建预测模型和优化算法，AIGC能够帮助内容制作人员在前期更加准确地把握创意内容的方向，在中期高效地形成初版创意内容，在后期测试不同创意内容的转化率。整个交互过程依靠自然语言处理，大大降低了专业门槛，简化了生产制作流程，从而减少了内容创意的人力成本。另一方面，AIGC带来的效率革命，也早已突破了人的效率极限。2022年百度宣布，其AIGC产品生产单条创意内容的时间已缩短至4分钟，每天约可制作14亿条内容，并且其创作能力已经从文本拓展到了图片和视频。[①]高效无疑是AIGC最大的优势之一。中国传媒大学2024年中国广告主营销趋势调查中，不少广告主在深度访谈中表达了对AIGC"效率"的看重。低门槛、低成本、高效率、高质量的特征，让AIGC在品牌传播中的应用不断得到中国广告主的重视。

（二）丰富用户交互体验

AIGC技术在品牌传播中的应用，不仅能在图文、视频等基础物料方面降低内容制作成本，还能通过构建虚拟场景、数字偶像、智能客服，为用户提供丰富的交互体验，从而增加品牌传播的趣味性与沉浸感。例如，维他柠檬茶定制AI音乐制作小程序AI Song《维他本涩混音室》，通过AI深度学习模型Tacotron2对用户输入的声音进行音色学习并构建个性化声纹模型，让用户可以借助AI生成自己的Rap单曲。2024年春节期间，天猫联动20多位明星与热门IP，发起了AI共创年画活动。用户可以在明星和IP制作的年画上添上自己的一笔，就能创作出个性化的年画。与用户共创的品牌传播形式并不稀奇，但AIGC技术的出现能够激发用户的创造力，以千人千面的内容交互机制，极大地丰富了用户的交互体验。

（三）提升传播精准性

数字时代，上网记录、搜索数据、社交媒体数据、网上支付等信息形

---

① 夏尔.AIGC赋能下的品牌营销实践［J］.国际品牌观察，2023（19）：21-23.

成了对特定消费者个体全景式、实时化的精准描述。而AIGC技术的出现，能够从各大平台上获取消费者行为数据，针对用户路径进行实时分析和预测，并及时根据用户需求灵活调整传播策略。此外，AI技术还可以智能化筛选选题，通过算法快速抓取最具影响力的话题和内容方向，巧妙捕捉热点，精准投放内容。研究显示，个性化和信息性的感知特性会对消费者接受意愿产生正向影响。当下AIGC技术正在迅速推动精准传播的发展，让针对个人的个性化品牌传播成为可能，进而实现传播效果的最大化。例如，朗知传媒旗下的AIGC内容生产平台"朗小知"，可以通过AI和大数据技术，迅速整合海量行业数据，自动生成具有针对性的文案和视频内容。这一技术能够针对品牌传播流程中的关键节点，及时生成并分发大量的高质量内容。

（四）增强品牌形象科技感

由于AIGC技术具有高新科技属性，使用其进行品牌传播可以为品牌形象注入科技感，吸引年轻消费者的注意。《2024Z世代AIGC态度报告》①的调研数据显示，年轻人对AIGC的态度总体上是积极的，超过60%的年轻人对AIGC持"喜欢"态度，同时年龄越小对AIGC了解程度越高，尤其是"00后"（18—24岁）群体了解AIGC的程度最高。中国传媒大学2024年中国广告主营销趋势调查发现，2024年广告主在营销活动中使用AIGC"为品牌形象增加科技含量"的比例已近三成。目前，部分老牌国货正在利用AI赋能内容，为品牌带来新的生机与活力。例如，百年国货品牌上海制皂推出了品牌虚拟代言人阿拉ALA，其AI虚拟人面部特征贴合上海本土人长相，能够根据不同心情吐出不同颜色的泡泡，其口头禅是"阿拉要去打呦啦"（阿拉要去洗澡啦）。通过AI虚拟人形象激发人们对于居家洗澡清洁时刻的美好回忆，形成对品牌的正面联想，进而让年轻消费者更好地理解品牌背后的价值观

---

① 2024Z世代AIGC态度报告-AI如何影响每个"我" ｜附PDF文件下载［EB/OL］.（2024-07-18）［2024-11-11］. https://mp.weixin.qq.com/s/UJcuKf0j0K2rUn6aapeXjA.

念和历史传承。

（五）构成传播创意亮点

在新媒体环境下，消费者被海量的信息所包裹，品牌发出的声音若不想被信息洪流吞没，就需要紧跟传播热点。AIGC作为品牌营销热点，不仅能在视觉、听觉等感官上突破阈值，为消费者带来新奇的体验，还能为品牌带来流量关注。可以说，借势AIGC创造热点话题，本身就成为品牌传播中的创意亮点之一。例如，肯德基宣传K萨系列新品，和品牌代言人朱一龙共同创作《初次体验与AI对话》，视频中朱一龙围绕"一见倾心""念念不忘""心花怒放"三种味道和AI进行对话，向大众传达了"AI感受不到的味道，人类创造"的核心观念。海尔三翼鸟《爸妈智造》品牌宣传片聚焦老一辈人的家居智慧，如床头挂块湿毛巾就是妈妈牌"加湿器"；冬天用炉子烘湿鞋、湿袜子就是初代"烘干机"；柚子皮放洗手间就是初代"净味器"，凸显海尔三翼鸟智慧家的迭代与传承。这些创意本身并没有使用AIGC技术，仅将AI作为品牌传播创意的亮点，同样为品牌带来了大量的话题讨论。

四、品牌传播中AIGC应用的风险

德国社会学家乌尔里希·贝克认为，人类历史上的各个历史时期出现的各种社会形态，从某种程度上说都是一种风险社会。目前，AIGC已经初步运用于品牌传播领域，新技术的迅速发展也为品牌传播领域带来了工作价值、数据隐私、创作能力、知识产权等多方面的风险与挑战。

（一）数据隐私泄露风险

千人千面的、定向化的品牌传播内容是从业者喜闻乐见的，但这背后需要大量的数据支持，其中包含用户的基础统计数据、消费行为数据、行踪轨迹等。如果不对AIGC训练所需的超大规模的敏感数据进行保护，可能会对受众造成隐蔽操控。中国传媒大学2024年中国广告主营销趋势调查的深度访谈中，某品牌广告主表示，其公司没有推广AIGC的重要原因正是担心其会造成泄密，给公司带来风险。2023年7月10日，《生成式人工智能服务管理暂行办法》（简称《办法》）正式发布，并于同年8月15日起正式施行。《办法》中对于 AIGC 数据合规问题的管理规定，展现了国家对 AIGC 背后的技术伦理的关注。未来随着技术的发展和法律的完善，AI 将被逐步纳入监管范畴。因此，品牌营销机构在使用或开发 AIGC 时，必须重视数据合规的问题，预先采取技术手段防止广告受众的隐私泄露，以求技术进步与数据安全的平衡发展。

（二）创意本质消逝风险

尽管 AIGC 的高效创作似乎能够将广告策划人员从简单重复的劳动中解放出来，但值得注意的是，AIGC 和人类的创意在创作过程和思维方式上存在着本质的差异①。AIGC 的创作过程是基于大量的数据训练，利用模型生成广告内容，整个思维方式是逻辑的、数学的；而人类的创意往往是由个人的生活经验、知识积累、想象力和创造力所带来的灵感闪现，整个思维方式是跳跃的、情感向的。因此，AIGC 产出的"创意"在情感表达和文化意涵上的缺失，以及其模板化、生产线式的创作模式，都会带来创意消逝的风险。同时，品牌传播的目的是沟通产销，核心在于与目标消费者建立深层次的情感连接，那么当由 AIGC 的新奇感带来的营销热潮过去后，AIGC 是否仍能实现企业与消费者的良好沟通，这或许是人们在品牌传播领域应用 AIGC 时亟待思考和解决的问题。

（三）版权与责任承担风险

AIGC 的训练过程包括"数据输入—机器学习—内容输出"三个阶段，其中海量的数据中很可能涉及知识产权保护的内容，比如画作、小说片段、音频等。在以同人二次创作为核心的 LOFTER 平台，就曾因为引入 AIGC 作画工具而引发入驻的创作者集体出走事件。而 *Science* 杂志更是明确拒绝了

---

① 雷莉. 从人类创意到AIGC：关于未来广告的哲学思考［J］. 文化学刊，2023（8）：58-63.

ChatGPT的作者署名权。回望品牌传播领域，其内容所包含的图片、视频、音频、文案也应受到版权的制约和保护。当前也有学者提出，通过采用区块链技术和调整《中华人民共和国著作权法》合理使用的边界，找到数字版权与技术发展的平衡点[①]。对于AIGC广告可能引发的版权归属和责任承担问题，仍需进一步厘清。

五、AIGC 对广告行业的影响

（一）行业核心价值受到质疑

从表层来看，AIGC极大地丰富了品牌传播的内容体系，但如果进行更深层次的挖掘，就会发现，AIGC带来的是"人机协同"生成创意的规模化内容服务业模式。AIGC技术通过深度学习和自然语言处理技术，能够自动高效地生成内容，这一技术的突破大幅提升了内容生产的效率。但这也意味着，原本的品牌传播人员的角色将会从传统创意生产者变身为更加注重策略规划与数据分析的辅助性角色[②]。中国传媒大学2024年中国广告主营销趋势调查的深度访谈中，某品牌广告主表示，"一些年度大主题的主KV（视觉主画面）、主模板依旧需要人去做，但是尺寸的延展直接丢给AIGC即可。我们和公关公司、策略公司的合作体量已经完全不如以前了，成为可有可无的存在"。由此可见，AI对品牌传播内容生产模式的革新可能会给部分广告行业人员带来失业风险，同时，"辅助性"的角色定位，也会让原本从事品牌传播的人员丧失工作的价值感与归属感。

（二）广告产业链布局AI 战略

当下，一条以AIGC技术为核心的智能广告产业链正在逐步完善。上游的技术型公司为效果监测、广告交易、数据管理等品牌传播活动提供基础技

---

① 陈钰.智能时代背景下AIGC 侵权隐患及数字版权保护策略［J］.传播与版权，2023（17）：113-116.
② 雷莉.从人类创意到AIGC：关于未来广告的哲学思考［J］.文化学刊，2023（8）：58-63.

术支持。腾讯广告发布了基于腾讯混元大模型的一站式 AI 广告创意平台——腾讯广告妙思，实现了"AIGC 创意生产—直联投放流程—素材快速过审"的全链路打通。中游的大量的品牌营销传播代理公司正在积极布局 AIGC 业务，比如，本土数字营销公司蓝色光标率先提出 AI² 战略，采用 AI 创协工具平台，全方位布局智能广告业务；WPP 集团旗下的人工智能中心 Satalia 利用 AI 识别视频技术对内容进行分析和优化，这一技术可以创建详细的广告摘要、预测视频内容的影响力并提出修改意见。下游的内容制作公司也将 AIGC 作为提升内容制作效率的关键技术进行大力开发。例如，创意热店的代表"W 野狗"也在组建 AI 同学舱，以自建的 AI 小模型为广告主提供智能广告服务。

（三）广告行业边界消融

AIGC 等新技术的出现彻底打破了不同产业之间的界限，也将以数字技术为核心业务的互联网平台纳入品牌营销生态当中。既往以广告主、广告代理公司、广告媒体公司为核心的营销生态被打破，各大互联网平台成为营销活动的参与者、承载者、决策者。这些掌握着巨大流量的互联网平台型技术公司的崛起，使得越来越多新的服务形态被纳入品牌营销传播矩阵当中，品牌营销传播的生态格局也迅速变迁。当下，互联网巨头正在不断强化自己"广告平台"的属性，《2023 中国互联网广告数据报告》显示，中国市场互联网广告总体收入不断上涨，其中阿里巴巴、字节跳动、腾讯、百度四家互联网巨头占据了中国互联网广告收入的 76%。互联网技术公司以其技术资源优势，能够提供更加精准化的广告服务，实时监测广告效果，并形成反馈分析报告。可以说，互联网技术公司的崛起，给传统的品牌营销生态造成了不小的冲击，开启了一个以碎片化、多中心、强效果为特征的品牌传播新纪元。

结　语

尼葛洛庞帝在《数字化生存》一书中表示："计算不再只和计算机有关，

它关系到我们的生存。"当下，人工智能、大数据等技术正在深刻影响整个人类社会，品牌传播也呈现出明显的技术化特征。"技术"与"社会"宛如两条不断交汇的河流。新技术的诞生在帮助人们开发和呈现世界的同时，也会倒逼人类在其设定的关系中生活。AIGC以其高效化、自动化、智能化的技术特性，为品牌传播带来新机遇，但也在数据隐私、创作能力、知识产权等方面带来不小的挑战。只有了解AIGC赋能下的品牌运作机制、洞悉智能时代广告行业可能面临的伦理危机，才能更好地利用AIGC等新技术开创行业发展的新图景。

第十五章　2024年广告主电商应用与发展趋势研究*

中国的电子商务始于20世纪90年代末，1999年，8848、易趣网和当当网等B2C（Business to Consumer）电商网站的出现，标志着零售电商行业的诞生。① 随后，电商形式逐渐多样，先后兴起的直播电商、货架电商、兴趣电商占据了消费者线上购物的注意力。电商也逐渐成为移动互联网的基础架构，成为社会消费的第一入口。根据国家统计局数据，2023年，全国网上零售额为154264亿元，同比增长11.0%，占社会消费品零售总额的比例达到32.72%，"泛电商"的时代已经到来。广告主顺应时代发展潮流，积极布局电商市场，将其纳入品牌传播的体系当中，成为品牌重要的营销增长点。

一、"三驾马车"并驾齐驱，成为当前广告主电商应用现状

（一）日常化仪式：直播电商布局常态化

电商直播活动可以被视为一场媒介化仪式，通过智能终端，消费者被连接进入一个特定的虚拟场域中，形成一种部落式的观看氛围，以文字的形式与主播形成互动与对话，并随之产生情感能量的交换。但是，与库尔德里所描绘的宏大的电视展演不同，电商直播本质上是微型的互动仪式，这一日常性的活动既是商品的展演也是品牌的展演。电商直播常态化肇始于2020年，在新冠疫情影响下，居家成为生活常态，线下购买渠道全方位

---

* 本次电商发展报告针对的是2C（对消费者）业务的电商模式，不涉及2B（对企业）的市场。

① 苏鸣立. 1997—2019：电商22周年发展历程及未来［J］. 计算机与网络，2019，45（19）：8-10.

暂停。电商直播一方面可以满足消费者的购物需求，另一方面满足了消费者休闲消遣的乐趣。

广告主电商直播的渗透率在2023年时就达到92%，2024年这一数据依然有增长的空间，布局直播电商已经成为广告主的普遍共识。直播电商往往以"商品组合+促销"的模式进行商品出售，配合着细致的产品讲解和说明，进而从金钱和时间两个方面降低消费者的购买成本。目前，广告主已经建立起了完整的电商直播售后服务体系，在很大程度上满足了消费者的需求。

电商直播常态化的另一个表现就是品牌自播率的提升，越来越多的广告主选择提升自播的比重。2024年，直播电商主要以由企业自身完成的品牌自播为主，其次是KOL/主播直播间带货，由企业自身完成的品牌自播销售额占比自2022年以来持续小幅增长，预期2024年近五成（图15-1）。品牌自播成为近三年广告主使用直播电商的大趋势。2020年的数据显示，61%的被访广告主选择KOL/网络红人进行直播带货，看重网络红人在短视频领域的人气和风格，进而考虑其带货能力的强弱；选择品牌自播的被访广告主仅占31%。2021年这两项数据分别上升到75%和63%，品牌自播的潜力开始显现。

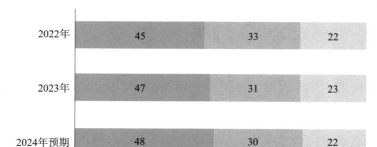

图 15-1　2022—2024 年广告主直播电商销售结构（%）

调研数据显示，2024年预期品牌自播占比持续扩大，尤其是51%—80%

区间增长最为显著，将达到25%。另外值得注意的是，80%以上的区间将达到16%，远超其他两种直播电商所占的份额（均为4%）（图15-2）。这反映出企业对于掌握品牌传播主动权的强烈需求，契合当前"内驱力进化"的营销趋势。KOL/主播直播间带货较为稳定，各比例区间变化不大，表明这一模式已进入成熟稳定阶段，注意力向内依然是广告主的趋势。由代运营公司完成的品牌自播的0%—10%区间占比较高，暗示大多数企业倾向于减少对外部服务的依赖，转而加强内部直播团队的建设和自主运营能力，以期更好地把控直播内容的质量、风格与频率，以及更高效地与目标消费者建立直接沟通的桥梁。访谈中某日化品牌广告主提到，"（直播）是生意向的东西，没有一家代理商是能给你保生意的。你只有自己有团队，才能把目标设定得很明确"。

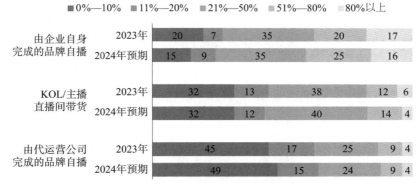

图 15-2　不同直播形式的商品销售额占直播电商销售额的比例（%）

调研数据显示，2024年，广告主预期由企业自身完成的品牌自播的商品销售额占整个直播电商销售额的上升比例最大，而由代运营公司完成的品牌自播的商品销售额占整个直播电商销售额的上升比例最小。相比2023年，由KOL/主播直播间带货的商品销售额占比上升的比例降幅最大，达到6个百分点（图15-3）。

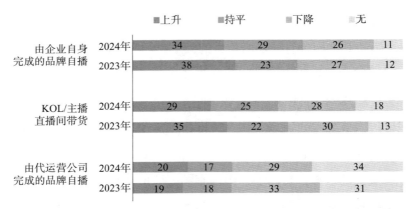

图 15-3　不同直播形式的商品销售额占直播电商销售额的预期变化情况（%）

需要注意的是，三种直播带货的模式并非零和博弈、非此即彼，而是在不同场景下所做出的选择。代运营公司托管往往是广告主布局直播初期会短暂选择的一种模式，依托成熟的第三方提供电商直播解决方案和团队支持，实现相关业务的快速上手。目前，广告主已经形成了以品牌自播为主，辅之以第三方达人带货的电商直播模式。品牌自播往往依托于直播平台或电商平台上品牌开设的官方账号，主播来自企业内部的电商部门，其主要目的是完成日常的产品销售，以日常化、持续性的方式曝光产品和品牌，与消费者建立生活化的联系。该模式本质上是品牌与消费者以商品为载体的直接沟通，是传统线下品牌直销或促销模式的一种数字化转移，对品牌来说更为常态和稳定。KOL/网络红人和明星直播带货则是追求短时间内的品牌集中曝光和产品的刺激性销售，通过短平快的方式直击用户心智。该模式往往伴随着商品大力度折扣和促销，更大程度地让利给消费者。这一模式本质上是一种个人品牌和商业品牌的联名活动，将个人品牌的独特价值转移到企业的品牌之上，进而实现目标受众的破圈与融合，更大程度上拓宽受众群体，为品牌发展寻找新的增长点。

（二）资源性整合：货架电商成为广告主底层逻辑

货架电商是最初级、最基础的电商形态，电子商务诞生之初的基本逻辑就是如同超市、卖场一般，将商品陈列至互联网上，并通过超链接的形式实现商品与消费者的连接。因此，货架电商所搭建的购买场景依然是"人找货"的模式，反映出互联网发展初期对线下模式进行线上转移的初步探索。

当前，广告主对于货架电商的投入呈现出收紧趋势。根据2024年的广告主调研数据，2023年，仅有26.1%的广告主选择增加货架电商的投入，而42.7%的广告主选择预算持平。而从不同企业类型出发，超大型企业相比于大型企业、中小企业和小微企业来说，更加注重货架电商的布局。超大型企业往往因其经济体量较大，旗下品牌较多、产品量较大，布局的货架电商渠道较多、范围较广，因此，在该项上的花费较大。从企业所属的行业来看，药品行业的广告主对货架电商的布局更为积极，这涉及我国对医药产品的特殊规定。现行的《中华人民共和国广告法》（简称《广告法》）第四十六条明确规定："发布医疗、药品、医疗器械、农药、兽药和保健食品广告，以及法律、行政法规规定应当进行审查的其他广告，应当在发布前由有关部门（简称"广告审查机关"）对广告内容进行审查；未经审查，不得发布。"除此之外，《广告法》的第十五、十六、十七、十九条也明确规定了药品和医药器材类广告的内容限制，以及处方药和非处方药做广告所需要的不同条件。因此，在药品品牌向电商进军时，在营销传播手段受限的条件下，货架电商成为广告主的一项关键性布局。

目前，广告主对于货架电商的使用正在由触点渠道向资源渠道转变。所谓触点渠道，即与消费者直接接触的第一渠道。在第三方引流平台尚未兴起时，电商平台成为消费者获取商品信息的第一渠道，"逛淘宝"成为一时风尚，而"逛"字就很好地形容了消费者与商品接触的线上模式。因此，在这一阶段，货架既是一种购买渠道，也是商品与消费者的第一触点。而目前，伴随着社交媒体的兴起，KOL/KOC通过关系网络打造传播触点；短视频和直播相辅相成，成为产品购买的新入口。在消费者触点全面转移的背景下，货架电商着力打造资源型优势，以及时铺货、产品信息展示、售后服务体验等维度为抓手，打通品牌传播的"最后一公里"，做好产品购买的相关服务。除此之外，货架电商依然展现出了长尾效应，不同于直播电商的爆款热卖和预售订单模式，货架电商较大的存量效应能够容纳更多的产品，能够随时满足消费者的购买需求；小众市场也可以被货架电商所容纳，进而实现规模化效益。最关键的是，货架电商作为使用年限最长的形式，早已培养起了消费者使用习惯，依然是产品实现线上转化的有力途径之一。

总的来看，尽管货架电商在新技术的影响下，在一定程度上丧失了对消费者的吸引力，但是在"人、货、场"联动的新营销背景下，货架电商提供了"货"的保障，成为维持广告主电商流程的起手式和基本盘，成为品牌的线上集中站和大本营。货架电商资源型的转向并非技术挤压后的功能"降维"，而是新营销趋势下的"升维"，成为每一位广告主布局电商的基础性设施。

（三）个性化推荐：兴趣电商成为广告主增投新热点

随着抖音、快手、小红书等短视频内容平台全部植入了电商功能，目前中国移动互联网已经进入了泛电商化时代，电商成为互联网平台里的底层架构。在渠道和媒体融合的趋势下，电商模式也随之发生改变，借助互联网平台内容传播的特点，普通的货架电商向着兴趣电商转变。与货架电商不同的是，连接商品与消费者的不再仅仅是消费者需求，内容、圈层、关系等因素也都发挥着作用。算法技术也会分析消费者的潜在需求，为其推荐相关的内容和商品，将消费者发现、寻找的过程简化为消费者被推荐的过程。

2024年调研数据显示，2023年有45.4%的被访广告主增加了对于兴趣电商的投入，27.9%的广告主选择与上一年的投入保持持平，仅有不到三成的广告主选择不投放或者减少投放。从更加细致的行业细分出发，快消品类的广告主更加注重兴趣电商的投入。家用电器和日用品尤为重视增投兴趣电商平台（图15-4）。

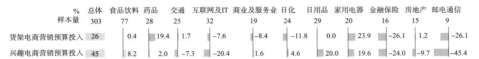

%	总体	食品饮料	药品	交通	互联网及IT	商业及服务业	日化	日用品	家用电器	金融保险	房地产	邮电通信
样本量	303	77	28	25	32	19	24	29	20	16	15	9
货架电商营销预算投入	26	0.4	19.4	1.7	-7.6	-8.4	-11.8	0.0	23.9	-26.1	1.2	-26.1
兴趣电商营销预算投入	45	8.2	2.0	-7.3	-20.4	1.6	4.6	20.0	19.6	-24.0	-9.7	-45.4

图 15-4　2023 年和 2022 年不同行业广告主对货架电商和兴趣电商营销预算投入上升情况（%）

从当前发展趋势来看，广告主更倾向于选择兴趣电商。2023 年，超半成广告主在兴趣电商平台产生的 GMV 呈现上升趋势。从广告主的投入和收益的双向趋势看，无论是货架电商还是兴趣电商，均呈现出营销投入促进 GMV 增长的态势。其中，兴趣电商平台的营销预算与 GMV 双增长情况更为突出，这显示了兴趣电商独特的营销转化优势（图15-5、图 15-6）。

■ 上升　持平　下降　■ 不投放

	上升	持平	下降	不投放
兴趣电商	51.0	18.6	7.3	23.1
货架电商	36.9	27.5	13.9	21.7

图 15-5　2023 年和 2022 年广告主在货架电商和兴趣电商平台产生的GMV 变化（%）

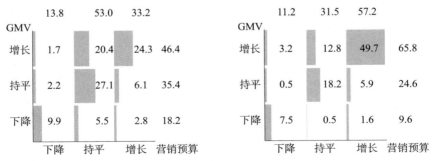

图 15-6　2023 年和 2022 年广告主在货架电商和兴趣电商平台产生的GMV 变化占比（%）

　　兴趣电商的优势主要表现为三个方面。首先，兴趣电商往往是短视频或社交媒体平台植入电商功能所建立起的新营销传播模式，尽管淘宝等传统货架电商已经上线了短视频功能，但是从使用习惯来看，其依然是传统货架形式。此类平台作为移动互联网的新入口，用户流量较大，活跃度较高，对于产品和品牌的曝光强度更大、范围更广。

　　其次，兴趣电商以内容为基础，相比于干巴巴的产品信息，各种PGC和UGC反而能够吸引用户的兴趣，并在日常的内容互动中形成用户黏性，这使得电商的布局更具亲和力。最重要的一点，兴趣电商更好地满足了广告主链接需求的痛点，使得产品和需求的匹配更加自然、精准和快速。兴趣电商的基本逻辑不再是"人找货"而是"货找人"，通过算法和大数据精准捕捉用户潜在需求，进而有的放矢地进行产品和服务的精准推送，改变传统电商"拉"的模式，改为主动"推"产品。

　　除此之外，广告主还通过KOL/KOC进行产品的营销推广，利用用户对于相关内容及红人的兴趣和信任传递产品信息，促进营销转化。目前，抖音和小红书就是两大典型的兴趣电商平台。前者以短视频为主要内容形式，并建立了自己的电商生态闭环，以平台内部转化为主，同时也以第三方触点的形式引导至其他电商平台实现转化；后者以图片文字为主要内容形式，强调对于产品的"种草"。尽管平台也内置了电商货架，但更多的还是以品牌曝光和产品的第三方触点为主，外部平台的购买为主要转化方式。因此，兴趣电商呈现出的是触点渠道和资源渠道融合的模式，内容的运营和技术的运用使得产品能够精准触达消费者，同时平台内置的电商板块又能够帮助消费者更快地触及商品，促成购买行为，提升转化率。

　　值得注意的是，当前三种电商模式均有大数据和算法技术的介入，只是表现形式不同。货架电商的算法主要是自动捕捉用户的搜索记录和历史浏览，提升潜在购买商品的曝光度；直播电商运用算法进行直播间内流量监测和产品推荐，也通过算法将直播推给潜在的受众人群；兴趣电商则更依赖算法形成的信息流实现精准的推送。

二、广告主电商运用的未来趋势

（一）情绪价值与知识属性成为新的增长点

电商成为广告主营销传播活动的常规手段，也成为消费者接触品牌和产品的常规渠道。因此，广告主要想在电商竞争中实现差异化优势，就需要顺应人性化的发展趋势，满足用户情绪价值，强化营销的知识属性。

早先的直播形式较为单一，侧重于直接的产品推销——主播站在商品前，进行产品功能介绍和促销，这种方式往往忽略了情感连接的构建，缺乏深度的观众陪伴体验。时至今日，消费者的需求已经悄然转变，他们越发追求在购物过程中获得情感价值与共鸣，关注点不再仅仅是"货"，对于"人"的关注度逐步提升，"兜售情绪，顺便卖货"成为电商直播打动消费者的关键。

正如访谈中某家用电器品牌提到，"以前的直播就是产品带货式的，一个主播站在产品前面进行讲解，这种直播既提供不了情绪价值，也没有陪伴。其实现在用户慢慢感受的是情绪价值，正如董宇辉直播间的用户，买的不仅仅是玉米和大米，更是买的小作文，买的是那个用一根筷子插着玉米棒，在童年的晚风吹拂下徜徉的美好氛围，那个美好的回忆。所以现在情绪价值越来越重要"。在商品同质化竞争激烈的背景下，提供独特的、富含情感价值的消费体验，成为品牌脱颖而出的新路径。

另外，看惯了电商直播中"热火朝天"的景象，静静分享知识的知识型直播备受消费者青睐。东方甄选是知识型直播带货这一赛道的开辟者更是领头羊。"双减"政策出台后，新东方这一辅导培训界的"大楼"不堪重负，俞敏洪尝试向着直播电商行业进军，并在 2021 年 12 月 28 日推出电商直播新平台"东方甄选"。平台主播均由之前新东方机构的老师担任。在这种强文化属性的加持下，东方甄选成为电商直播界的一股清流：没有长期持续的产品推荐，老师们架起小黑板，如同之前上课一样给大家分享知识。具有代表性的主播董宇辉在直播中利用自己的教育背景，在直播中融入了教育元素，例如在介绍产品时使用双语讲解，这种独特的方式吸引了很多寻求知识性内容的观众。因此，东方甄选卖的不是货，是知识，是主播们的才华；消费者消费的也不仅是商品，更是一种氛围、一种文化。

（二）深度融合发展，建立协同化效应

当前广告主对三种电商模式的运用呈现出协同效应。一方面，货架电商和兴趣电商相辅相成。尽管当前兴趣电商发展迅猛，但传统的货架电商也不容小觑，二者合力成为推动企业经济效益增长的双引擎。某食品饮料品牌广告主在访谈中表示："从传播量角度看，抖音第一，其次为天猫；从投放质量角度（投入产出比）和复购角度看，天猫第一，天猫的流量更加精准，人群的质量相对较高，年龄、层级、消费水平相对较高。抖音的投放费用占到整个市场营销预算的一半，其次就是天猫。"可见，兴趣电商和货架电商各有优势，品牌在制定电商策略时应根据自身产品特点、目标受众及营销目标，灵活运用二者，以达到最佳的市场覆盖和销售效果。另一方面，直播电商能够满足广告主对于消费者日常注意力的持续性占有，将产品的营销推广纳入生活化场景中，更加系统地捕捉用户碎片化的时间，进而形成松紧适度的营销传播节奏。

另外，协同化效应的打造并非仅仅局限于电商渠道。线上电商带动销量，反哺线下渠道建设，打造现实场景中的消费者触点。线上电商不仅是一个独立的销售渠道，更是激活全渠道销售网络、深化品牌影响力的关键杠杆。某服饰品牌广告主在访谈中表示："抖音等电商渠道有专门的团队负责，也是以线上加盟为主，和原来的经销体系形成协同作用，甚至可以帮助线下解决问题。前几年因为线上比较活跃，特别是抖音，在四五年前抖音电商发展起来之后，其实经历了非常迅速的增长。但是我们抓住了这个机遇，快速地把我们的整个销量带动起来，所以这也会反哺我们整个线下渠道的建设。"品牌通过线上的用户洞察、数据积累和品牌曝光，反哺线下，为实体店铺的优化布局、顾客体验升级以及库存管理等方面提供了宝贵的数据支持和市场洞察。线下门店因此得以焕发新生，不仅提升了顾客的整体购物体验，还增强了品牌在市场中的竞争力，实现了线上与线下的良性循环和协同发展。

要实现线上与线下渠道联动，品牌需要解决的关键问题在于价格的一致性。过去往往会出现线上渠道价格便宜，线下渠道价格较贵的不对等情况，进而导致线上渠道火热，线下实体店遇冷的问题。在电商与实体零售深度融合的今天，维护价格体系的一致性与公平性，避免渠道间的冲突，成为品牌不可回避的议题。某食品饮料品牌广告主在访谈中坦承了这一挑战："线上如果销量高，肯定能把价格打下来，那一打价格的话对线下冲击又非常大，所以从去年下半年开始，线上线下就矛盾非常多。"

与此呼应，某家用电器品牌则展现出了对价格稳定的坚决维护态度："不做价格战，直播基本以清老库存产品为主，新品上市我们也会做直播，但价格跟天猫、京东是持平的，我们是不允许打价格战的。"这两家品牌的观点共同指向一个核心问题：在电商渠道高速发展的当下，如何平衡线上销量增长与线下终端生态的健康，实现价格体系的规范统一，是品牌需要深思熟虑并谨慎处理的。长远来看，建立一个线上线下价格协同、互为支撑的和谐生态系统，才是确保品牌可持续发展的根本之道。

（三）电商成为品牌出海的新渠道

短视频和直播的内容形式在国际市场早已出现，YouTube、Instagram、Facebook、X等平台也早已成为广告主进行品牌曝光和营销的互联网场域。但是海外内容、社交类的APP始终没有涉足电商行业，品牌将其视为链接电商平台（如亚马逊、沃尔玛）的第三方消费者触点，而不是直接转化的工具。因此，海外市场的电商形态依旧较为单一，线上的转化成为广告主面临的难题。

字节跳动旗下产品TikTok于2017年9月走向国际市场，其功能模式延续了国内短视频APP抖音，备受海外网友喜欢。自2021年开始，TikTok在印度尼西亚和英国开始进行电商功能的内测；2022年4月，TikTok对泰国、越南、马来西亚、菲律宾这四个东南亚国家上线了跨境电商业务；同年6月，TikTok Shop在新加坡上线。在积累了一定的用户基础和内测数据成熟的前提下，2023年9月12日，TikTok Shop正式在美国上线。除了短视频和直播购物，TikTok电商还推出了一系列服务，包括商品展示页、商城，以及连接商家与创作者的"联盟计划"。同时，还上线了帮助商家存储、挑选、包装并配送商品的物流服务——Fulfilled by TikTok，即FBT，以及与第三方合作开发的安全支付体系。

TikTok Shop作为中国抖音的翻版，中国企业对其运用更为得心应手，成为中国品牌冲击海外市场的前沿平台。2023年一个隶属于深圳市头蛋科技有限公司的名为Meoky的保温杯品牌风靡TikTok Shop，一年内平台销售额破亿。2024年"黑五"大促单月销量超15万单，跃居当季TikTok Shop美区厨房用品类目GMV冠军。2024年7月，一款名为"抖抖机"的健身器材在TikTok Shop卖爆了。尽管售价高达100美元，但这款家用智能甩脂机依然做到了单日销量迅速突破2000台，每天的销售额飙升至20万美元，一度贡献店铺日GMV的三分之二。这款"抖抖机"是杭州的跨境电商知名品牌麦瑞克科技有限公司旗下产品，已经成为全球领先的家庭运动健身专家。

过去，由于缺乏海外影响力，国内知名品牌出海依然逃脱不掉从"白牌"做起，流量与货品成为品牌出海的两大难题。TikTok Shop的出现直击这一痛点，一方面，平台积累的达人和活跃用户为产品的推广带来了稳定且优质的流量，尽管品牌影响力有限，但是可以"借势"推广自己的产品；另一方面，TikTok Shop完善的供应链体系能够保证货品成功交付，尽量缩短用户等待的时间。更为深层的优势在于，利用TikTok上的达人主播能够在一定程度上规避文化折扣和刻板印象所带来的负面影响，在销售产品的同时提升海外消费者对品牌的认知，力争实现海外市场的品销协同。品牌出海更倾向于"借船"，TikTok Shop无疑是一艘"快船"，还是一艘带有中国底色和中国互联网基因的"自家船"，成为中国品牌出海的"近水楼台"。借助 TikTok Shop 的强势姿态，电商将成为中国品牌出海的可靠手段，既能实现产品转化，又可以帮助品牌扩大海外知名度，让世界看到中国企业，看到中国品牌的风采。

（四）AI 赋能广告主电商运营全流程优化

在人工智能技术逐渐成熟的今天，AI 与电商的全方位融合成为可能。艾媒咨询数据显示，购物方便性（67.2%）、个性化服务（63.5%）和互动与社交（48.8%）是 AI 电商吸引消费者的主要优势功能。2023 年，百度优选 GMV 同比增长 594%，交易用户数和动销商家数分别增长 4 倍和 3 倍，AI 大模型参与促成的交易占总交易的 20%；联想官网由 AI 能力支持的交易额已经超过 16 亿元。①AI 电商的转向标志着 AI 技术全方位地介入广告主电商运营的全过程，将深刻改变当前业态（图 15-7）。

图 15-7　AI 电商应用现状

（图片来源：艾媒咨询《2024 年中国 AI 电商行业研究报告》）

----

① 参考艾媒咨询 2024 年 2 月发布的《2024 年中国 AI 电商行业研究报告》。

在选品阶段，人工智能能够为广告主提供策略参考，帮助商家做出更精准的选品决策，预测可能成为爆款的产品，提前做好销售预案。在产品上架阶段，人工智能技术可以优化导购流程，呈现更为优质的图文展示内容，并进行个性化的产品推荐，捕捉用户的潜在需求。以淘宝为代表的货架电商重点捕捉用户购物车和历史浏览记录、搜索记录的信息，并进行智能化的产品推荐。兴趣电商专注于满足用户的个性化兴趣需求，通过分析用户的兴趣图谱，可以精准推荐与用户兴趣相关的商品，提升用户的购物体验。例如，对于热衷于某种特定爱好的用户，AI可以推荐相关的商品、内容或社群活动，增强用户黏性。另外，人工智能还会帮助广告主在电商板块全面降本增效，这主要体现在对于冗余人力成本的节约，并提高工作效率。智能客服可以提供"24+7"不间断服务，通过自然语言处理技术理解用户问题，并提供快速准确的回答，提升服务效率；AI数字人的虚拟主播也可以帮助品牌完成日常的自播活动。

目前，美团已经全面上线AI数字人直播功能，为品牌提供日常自播服务。尽管数字人的语言模式依然比较套路化和程式化，但已经可以识别用户发布的文字并回答其问题，能够较好地完成日常的直播活动。在供应链的打造上，AI可以预测市场需求，帮助优化电商库存管理和物流管理，提前配置物流与仓储，减少库存积压，提高物流效率。例如，为了提高供应链的灵活性和响应速度，联想采用了生成式AI技术模拟不同的供应链场景，识别潜在的瓶颈和风险点，提前做出准备和预案，并使用AI进行需求响应，以更快地响应市场变化，调整生产和配送计划，提升消费者的购物体验。

三、广告主电商运用的挑战

（一）智能介入下的隐私安全问题

广告主的电商布局有两条路径。第一条为自有路径，即广告主通过建立官方网站和自有的APP平台，布局电商业务。如耐克建立的Nike耐克

APP、东方甄选 APP、小米旗下的小米有品和小米商城等。第二条路径为入驻式路径，品牌通过入驻第三方电商品牌并建立品牌店的方式进行电商布局，如耐克在天猫入驻的官方旗舰店、在抖音注册的官方店铺等。电商服务不断完善进化的前提是数据的收集和算法的运用，这就需要大量的用户隐私信息作为支撑，因此容易产生许多隐私问题。

首先，广告主在与第三方电商平台进行信息共享时，无疑会扩大信息的使用范围，相关组织机构在处理用户隐私信息的时候难免会出现泄露信息、买卖信息等违法行为。其次，品牌自身在收集消费者隐私数据时，也要注意技术性风险。相关数据库可能会因为技术漏洞被黑客攻击，导致用户数据被非法获取。例如，淘宝近 12 亿条用户信息被泄露一案，就是通过开发软件爬取用户信息的方式进行的；不少企业将消费者数据放置在云端，这样造成了被泄露的风险。更为关键的是，在 AI 技术全面应用的今天，AI 电商的应用可能涉及伦理问题，如算法偏见、不公平交易等。AI 系统可能会因为训练数据的偏差而产生歧视性的结果，大数据杀熟、随机抬高单价等行为都会给品牌声誉带来损失。

（二）头部KOL/KOC 的负面效应

当前，中国电商行业的规律呈现出较强的头部效应，利益的分配也是按照二八定律进行——头部主播占据了 80% 的市场份额。尽管当前广告主开始提升品牌自播的成分，但是在冲销量、打品牌、推新品的关键营销节点上，头部 KOL/KOC 更具影响力，能够帮助品牌突破既有的受众群体，放大品牌的声量。

然而，这种流量、知名度上的不对等就会产生赋权上的差异，进而产生话语权的不对等。一方面，头部达人较强的带货能力和直播流量会使得品牌产生依赖性，进而降低了广告主探索其他电商渠道的积极性，造成渠道单一的后果；另一方面，头部达人以自身流量为底气，从而具备了较强的与品牌议价的能力，可能会要求品牌方提供更低的折扣以吸引消费者，这可能会压缩品牌方的利润空间，增加品牌电商运营的成本。

最为关键的是，品牌形象的塑造强调一致性和连贯性，当主播风格与品牌产品不一致时，会使得消费者的产品印象混乱，对于品牌的长期塑造产生不利影响。如何平衡好品牌自播和KOL/KOC及明星带货的比重，在保证转化率的同时控制好成本，成为广告主未来持续面临的问题与挑战。同时，广告主的品牌自播不仅是要完成日常的推销任务，更重要的是培养品牌自己的优质主播，打造独特的品牌IP和品牌内容矩阵，实现规模化的品牌传播效应，提升品牌的影响力。

（三）市场增速放缓，增量竞争加剧

CNNIC报告的数据显示，截至2024年6月，我国网络购物用户规模达9.05亿人，占网民整体的82.3%[①]，网络购物已经成为一种全民行为，获取网购新用户的空间变窄。2023年，中国实物商品网上零售额达到13.0万亿元，增速为8.4%。自2018年以来，我国实物商品网上零售增速持续放缓，由最初的25.4%下降了17个百分点（图15-8）。[②] 由此可见，电商高增速的红利时代已经过去，市场增量的获取变得更加困难，广告主面临新的发展瓶颈。

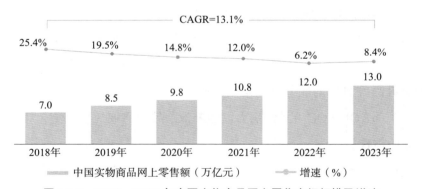

图 15-8　2018—2023 年中国实物商品网上零售市场规模及增速

---

① 参考中国互联网络信息中心（CNNIC）2024年8月发布的第54次《中国互联网络发展状况统计报告》。
② 参考艾瑞咨询2024年1月发布的《2023年中国电商市场研究报告》。

电商市场的竞争进入存量竞争的新时代，而所谓存量，对品牌消费者黏性和忠诚度提出了新的要求。追求的不仅是单次的、单一的产品销量，而是强调持续性销售的能力。为了应对这一挑战，当前广告主还应当着力打造私域电商，做好存量市场的运营与竞争。私域电商是品牌自己拥有的电商平台，其具备自主性高、用户黏性强、圈层边界清晰等诸多优势，能够帮助广告主在公域流量红利见顶的当下稳定住自身的市场份额。

打造私域电商，需要以公域电商平台为触点，尽可能地吸引更多的用户进入私域，并形成对于品牌相关产品的使用习惯。更为关键的是，私域电商不是"圈流量，割韭菜"，而是意味着更多的选择和便利。在私域平台上，消费者可享受到更多的会员专属优惠、定制化服务以及便捷的购物体验。比如，通过品牌自有 APP，消费者可以随时随地浏览和购买商品，享受到更加个性化的推荐和服务。[①]

结　语

电子商务自诞生以来历经 20 多年，现已逐步发展为中国社会的一项基础设施，沉淀为人们日常生活的组成部分。广告主也顺应用户需求的变化，早早地开启了对于电商市场的布局，将自己的生意由线下扩展至线上。伴随着社会数字化进程的加剧，各种新兴的电商模式逐渐涌现。面对国内经济下行的压力和人工智能对于生产力的全面赋能，广告主应积极调整自己的经营之道，优化自身的资源配置，形成品牌的电商矩阵。

---

① 唐安，伊涵，饶曼迪，等.私域电商正兴起行业监管要跟上［N］.科技日报，2024-05-10（5）.

第五篇

品牌全球视野篇

在数智时代背景下，中国品牌的国际传播呈现出多元发展态势，既包含奥运营销这一常规的出海方式的讨论，也包括以中国游戏行业为代表的"造船出海"的优秀案例。

中国广告主继续把握奥运会这一品牌传播的声量场，在2024年巴黎奥运会期间，精准定位品牌与奥运会的关联。如体育用品品牌安踏借助运动员着装获得赛场曝光；茶饮品牌喜茶通过特色主题活动传递文化自信，挖掘情感共鸣以吸引消费者。当然广告主的奥运传播并非"一锤子买卖"，也注重长期效应。蒙牛在奥运会期间整合营销资源；伊利长期深化与奥运会的联系，扩大品牌竞争优势。奥运营销围绕"人、事、场"展开，运动员代言策略多样，借势热点事件开展营销活动，构建与用户的沟通场域，媒介选择结合大屏与小屏优势，依据受众特征优化投放。

当前，中国品牌普遍开始探索出海的模式，而中国游戏产品走在了前列。中国游戏品牌出海历经多个阶段，从早期被动出海发展到如今注重长线品牌建设。在海外市场，社交媒体营销通过贴合本地文化的内容和用户共创吸引玩家；游戏社区运营强化品牌与用户互动，米哈游的HoYoLab社区即为典型；红人营销借助数据工具筛选并优化红人投放。未来，游戏品牌将构建开放世界观，展示中华文化，联动线上线下广告，强化粉丝运营，提升社交属性，延伸IP价值，构筑泛娱乐生态，AI技术也将为其海外传播赋能。

然而，数智时代，中国本土品牌的国际传播仍面临挑战。一方面，消费者行为变化，品牌决策依赖数据，同时也面临信息过载等问题；另一方面，本土品牌国际传播存在认知度低、文化折扣、接触点盲区等困境。为应对挑战，品牌可采取多种对策，如社群营销利用本土网红提升传播效果，众多品牌已通过合作取得成效；本土化策略需精准定位受众，提供优质内容，部分品牌已据此调整市场策略；AI营销借助智能技术实现精准服务和优化用户体验。总之，中国本土品牌需不断创新，提升国际传播能力，实现全球化发展。

第十六章 2024巴黎奥运会中国品牌传播策略研究报告

奥运会一直以来都是品牌开展营销活动的关键场域。2024年巴黎奥运会作为后疫情时代的首场全球顶级体育盛会，备受全球关注。对于中国而言，这不仅是一场体育盛会，更是展现国家形象、促进文化交流的绝佳契机。恰逢中法建交60周年和中法旅游年，巴黎奥运会被赋予了更深厚的文化与外交意义。如何借助奥运平台，通过精准定位、内容创新和媒介策略，在全球舞台上提升品牌知名度和影响力，成为众多中国品牌亟待解决的课题。为了应对这一挑战，企业需要开展全方位的品牌传播，强化自身的成本力、产品力、渠道力等核心竞争力，从而实现品牌价值的跨越式提升。

一、奥运会品牌传播的核心理念：精准聚焦与长期效应

（一）精准定位：挖掘品牌与奥运的深度关联

1. 以月为单位高度聚集用户注意力的大事件

奥运会作为全球性的顶级赛事，历来是品牌"必争之地"。一如营销圈所盛传的观点："在一般情况下，投入1亿美元，品牌知名度提高1%，而赞助奥运，投入1亿美元，知名度可提高3%。"[①]而在当下注意力碎片化、分散化的时代，奥运会可谓是少有的以月为单位高度聚集用户注意力的大事件，因此品牌不论大小，都全力以赴争取这一流量红利。然而，随着品牌

---

① 每经访庄帅：耐克、阿迪、安踏，为什么品牌热衷奥运营销？［EB/OL］.（2024-08-16）［2024-08-30］. https://www.thepaper.cn/newsDetail_forward_28412153.

的一窝蜂涌入，观众的注意力可能被进一步稀释，这就要求品牌在进行奥运营销时，必须明确自身的定位，进而更好地与奥运会形成互动和关联。

2. 强关联品牌与弱关联品牌

根据品牌与奥运会关联程度的大小以及关联方式的不同，品牌可以被大致分为两类。一类为产品功能特性与体育直接挂钩的强关联品牌，比如体育用品、运动服饰等，这类品牌的产品可以直接经由场地设施、比赛用品以及运动员着装等在奥运会赛场中直接曝光获得。例如，安踏作为中国体育代表团及多个国家队的服装赞助商，在巴黎奥运会期间获得了广泛关注。

另一类则为产品功能特性与体育间接相关甚至无关的弱关联品牌。这类品牌虽然在物质功能上与体育关系不大，但品牌理念与奥运传达的精神、运动员的个人品质等相契合。这类品牌可以通过主题广告、创意营销、怀旧营销等多种营销方式，配合社交媒体宣传和户外广告、线下活动等多元化传播渠道，从情感层面触达观众，让观众感受到品牌与奥运之间的精神关联，从而传递品牌主张、深化品牌理念，进而沉淀品牌资产。例如，喜茶作为茶饮品牌，本身与体育的关联度较低，但其通过在巴黎开设充满东方韵味的快闪门店"喜茶巴黎观赛茶室"，成功传递了中国茶文化和文化自信，这与奥运健儿为国争光带来的民族自豪感相呼应。

3. 无论何种强度的关联，品牌力达用户情感与文化层面的共鸣

无论是奥运强关联品牌还是弱关联品牌，都需要深入挖掘情感与文化层面的共鸣。如今的消费者表现出理性与感性共存的特征，这意味着品牌不仅需要满足"质价比"和"颜价比"，更要注重"心价比"。因此，在产品功能趋同的背景下，品牌应主动提升产品的情感附加值，以满足消费者由情绪到情感的深层次需求。例如，蒙牛作为弱关联品牌，在奥运期间，发布了主题TVC，以"奥林匹克精神不仅属于冠军，也属于每一个要强的你"为主题，聚焦普通人和奥运健儿在追求梦想道路上的坚持与奋斗。短

片展现了运动员在赛场上奋力拼搏的瞬间，以及普通人在生活中努力奋斗的场景，传递了对坚持不懈、勇于追梦精神的赞美。蒙牛以"一起拼，一起赢"为口号，呼吁全民参与，共同为梦想努力。这种情感共鸣不仅激发了消费者对品牌的认同，也展现了品牌对奋斗精神的积极态度，从而提升了品牌形象和消费者的忠诚度。

（二）传播目标：发挥长期品牌效应

当前，品牌不再只关注在奥运会赛事期间投放与营销，而且开始关注奥运结束后的持续联动与呼应，重视奥运营销的"长尾效应"。

1.赛事期间品牌高举高打，匹配用户的高关注度和全注意力

一方面，奥运会赛事期间用户关注度不减，消费者注意力比较集中，这一时间段为品牌提供了集中资源、扩大品牌声量的机会。品牌需根据自身的资源优势、品牌调性、传播目标来决定是全线投入还是聚焦某个媒体、渠道进行重点输出。例如，蒙牛作为2024年巴黎奥运会的全球合作伙伴之一，在奥运赛事进行期间采取了"高举高打"的策略，即整合全平台、全渠道的营销资源进行全力投放。CTR媒介智讯的数据显示，蒙牛在2024年6月显著加大了广告投入，全媒体广告花费环比增长了393.2%[①]。

2.善用赛事后的长尾效应，保持品牌曝光，持续与消费者互动

另一方面，奥运营销的长期效应开始备受关注。在赛事结束后的长尾效应阶段，品牌可以继续利用奥运热度，保持品牌曝光并持续与消费者互动。例如，支付宝在推广其新产品"支小宝"APP时，邀请了奥运会羽毛球男子双打运动员梁王组合（梁伟铿和王昶）担任"支小宝首席体验官"，共同游览黄山。在这次活动中，梁王组合全程使用"支小宝"APP的AI伴游功能，以vlog的形式记录了他们的黄山之旅，引发了大量粉丝的关注和讨论。通过这一系列的营销活动，支付宝不仅推广了新产品，还在用户心中

---

① CTR.巴黎奥运，迎来赛事营销新赛点？［EB/OL］.（2024-08-06）［2024-08-30］.https://mp.weixin.qq.com/s/NBQhvWsvlXVy02fjg9mG1w.

建立了"AI伴游、生活管家"的品牌认知，体现了长尾营销的强大力量。

3.运用长期主义的思维对奥运营销进行规划和布局

此外，品牌不能将奥运视为一次性的营销事件，除了短暂地吸引流量和产品曝光，还应以长期主义的思维进行规划和布局。奥运会每四年举办一届，这四年足以成为品牌成长的关键周期。以伊利为例，自2005年与北京奥运会组委会签约以来，奥运就成为其品牌叙事中不可或缺的环节。在近20年的奥运陪伴中，伊利不断深化与奥运的关联，强化品牌理念与奥运精神之间的联想，从而扩大竞争优势，实现口碑与销量的双赢。

4.奥运会是品牌出海的窗口和机遇

更为关键的是，作为全球瞩目的运动盛会，不少品牌也将奥运会视为一个品牌出海的窗口和机遇。正如业内所言，"体育是全世界最大的公约数，也是全球化品牌的通用营销国际语言"[①]。在此背景下，品牌需要在跨文化的语境下，用外国人能够理解的语言讲述品牌故事。例如，新茶饮代表品牌霸王茶姬和喜茶都积极进行"在地化营销"，在巴黎开设快闪店，借此让外国友人亲身体验中国茶文化，同时提升品牌的海外口碑。

二、奥运营销的三大抓手——"人、事、场"协同

（一）聚焦"人"：多维度分析运动员代言策略

品牌邀请运动员作为代言人已成为常态，一方面，运动员在奥运会赛事期间的高话题度和影响力为品牌带来了充足的曝光机会和显著的传播效果。另一方面，运动员的公众形象相对稳定，能够帮助品牌维持良好的形象。从运动员的个性角度出发，可以将运动员代言策略分为以下几类。

1.明星运动员——占心智、引关注

明星运动员是指在往届奥运会中已获得显著成就的现役选手，他们拥

---

① 财经新观察｜对话李光斗：奥运营销，中国品牌如何既"出海"又"出彩"？［EB/OL］.（2024-07-26）［2024-08-30］. https://finance.cctv.com/2024/07/26/ARTIijtnzHUx9XRFME4uvLEx240726.shtml.

有庞大的粉丝基础和强大的个人影响力。品牌可在奥运前期通过与他们合作，迅速抢占观众心智。比如迪奥联合"蝶后"张雨霏，在其出征奥运之前拍摄了一组泳池大片并登上《时尚芭莎》2024年8月刊封面，以"巴黎奥运 致敬女性"为主题，展现女性力量之美，引发广大网友关注，好评如潮。安踏抢在2024年6月官宣乒乓球运动员樊振东为品牌代言人，仅官宣微博就获得了超41万点赞（数据截至2024年12月1日）。

2. 新型面孔——强曝光、聚声量

奥运赛场上的新型面孔被称为潜力运动员。他们虽然未曾获得奥运金牌，但在其他赛事中已崭露头角。品牌若能提前锁定这些运动员，不仅代言费用相对较低，而且一旦他们在奥运会上取得突破，将能迅速提升品牌的知名度。然而这一签约模式具备一定的"赌"的成分，作为一项竞技类游戏，胜负难以判断，因此一旦判断失误，品牌想要追求的传播效果就难以达到。霸王茶姬于2024年4月26日官宣签约网球新星郑钦文，聘请其担任品牌首位"健康大使"。在巴黎奥运会上，郑钦文夺得女子网球金牌，帮助霸王茶姬品牌形成又一波宣传声势。

3. 文化象征——提价值，引共鸣

除了现役运动员，一些退役运动员以其传奇经历和广泛影响力，成为一种文化象征。与这类运动员合作，能够帮助品牌传达更深层次的价值观，激发消费者的情感共鸣，进而提升社会影响力，有利于良好品牌形象的塑造。例如，伊利在2024年6月23日的国际奥林匹克日与四位中国体育先行者——许海峰、刘国梁、刘翔和李娜——联合推出了《致敬中国体育先行者》短片。该短片不仅回顾了中国体育的发展历程，还传递了伊利作为"双奥乳企"的精神内涵，从而实现了品牌价值的升维塑造。

（二）把握"事"：借势热点，抓住节点

在奥运营销中，每一个重要节点和偶发的热点事件都是品牌营销的良机。品牌需要具备敏锐的市场洞察力，及时捕捉与自身品牌相关的事件，从而借力打力，实现破圈效应。通过精准的热点营销，品牌不仅能够提升自身的曝光度，还能与消费者进行深度对话，从而增强品牌的认同感和忠诚度。

1. 伊利前线冲浪，玩梗奥运

巴黎奥运会会徽一经面世，中国网友们就调侃其与主持人鲁豫的形象十分相似，引发了广泛的讨论与二次创作。抓住这一网络模因，伊利迅速邀请鲁豫作为品牌的奥运观赛大使，相关微博词条#伊利官宣鲁豫巴黎观赛大使#的阅读量超过2亿，伴随魔性的宣传短片与海报，品牌成功吸引了用户的注意力。不仅如此，网友们将会徽的配色调侃为"沙僧同款"，伊利又迅速邀请了电视剧《西游记》中沙僧的扮演者刘大刚担任"伊利巴黎时尚大使"。通过这种灵活应变的营销策略，伊利在社交媒体上跟上了年轻消费者的冲浪节奏，拉近了彼此的距离，显著提升了品牌在年轻群体中的好感度。

2. 小红书抓住开幕式大节点，造梗"法式姆语"出圈

在巴黎奥运会开幕节点，小红书发布了一支15秒的TVC（商业电视广告）《刘翔和姆巴佩巴黎见面都说了啥》。短片中，刘翔提问，姆巴佩用"小红书"回答，由于法语发音的差异，这句话听起来幽默风趣，因而被网友戏称为"法式姆语"，这一短片迅速引发了热潮。众多网络红人纷纷模仿这一创意，使"法式姆语"在中文互联网中的热度持续攀升。小红书借此简短且洗脑的TVC，有效地向观众传达了其"百科全书"的品牌定位，成功地将热点与品牌形象相结合，创造了更高的品牌认知度。

3. 阿里关注社会热点议题，致敬伟大女性

巴黎奥运会的一大亮点是男女运动员比例首次达到1:1，开幕式上女骑手传递奥林匹克运动会会旗的场景引发对女性力量的热议。阿里巴巴及时抓住这一热点，与国际奥委会联合推出AI修复主题影片 *To the Greatness of HER*（中文名：《永不失色的她》），用8分钟展现了百年奥运中的伟大女性。

该影片不仅展示了女性在体育领域的杰出贡献，也强化了阿里巴巴在性别平等与社会责任方面的立场，梳理其负责任品牌的良好形象。

借势营销表面上是依托热点事件"蹭流量"，实则是在寻找与公众进行深度对话的机会。正如明思力中国副总裁姚鹏所言，"扩容"和"升维"是品牌营销中的两个重要策略。"扩容"指的是在横向上寻找品牌故事与公众话题的共识点，将品牌故事与公众视野进行更多的结合。而"升维"则关注如何让品牌的理念和价值观与时代的话题形成共振，达到话题维度上的同频①。通过在社会热点事件中找到与自身理念契合的内容，品牌不仅能够吸引关注，更能与当下社会的重要议题相结合，深入挖掘品牌背后的文化意义与社会价值，从而触动消费者的情感，形成更深刻的品牌印象。

（三）构建"场"：用"内容"连接用户，构建沟通场域

在当今营销环境中，"内容为王"已成为共识。无论是平面海报、短视频，还是线下互动，核心都在于通过"内容"与用户建立连接，激发他们的情感共鸣。通过多样的内容形式，品牌能够构建与用户沟通的场域，将品牌理念、产品特性等融入具体且生动的场景中，使用户能够产生共情与代入感。奥运会期间，品牌在线上和线下均加大内容投入。线上方面，推出定制节目和衍生内容以填补用户的观赛空白，同时在直播间开展奥运主题玩法。在线下，则通过主题活动让用户沉浸在浓厚的奥运氛围中。

1. 填补观赛空白：互联网场域中的内容创新

互联网场域的互动性和即时性使品牌能够迅速响应用户反馈，从而有效填补用户观赛时的空白。通过社交媒体平台，品牌可以推出定制节目和衍生内容，吸引用户在赛事前的空闲时间进行观看和互动。同时，品牌还能利用社交媒体热词和用户评论，实时调整内容策略，确保与用户情感和

---

① 郭佳. 在体育营销中讲好品牌故事［J］. 国际公关，2023（19）：49-58.

期待的紧密契合。这种灵活性和敏捷反应使品牌在激烈的市场竞争中脱颖而出，维持与用户的深度联系。如表16-1所示，巴黎奥运会的五家授权转播商推出了多样化的定制节目，充分适应各自平台的调性。相较于单纯追逐热点话题，栏目化的内容运营模式更有效地培养了用户观看习惯，确保用户的黏性与参与度。

表 16-1　巴黎奥运会授权转播商定制衍生栏目①

持权转播商	自有内容
央视频道	《巴黎晨报》《全景奥运会》《中国荣耀》《风云会》等
咪咕	《巴黎morning call》等
快手	《巴黎早上好》《冠军观赛团》《跟着冠军游巴黎》《冠军来了》《娱乐6翻天·体娱一家亲》等
抖音	《PICK我的运动队》《冠军驾到》《上抖音看奥运》《我的体育人生》《2024共赢奥运》等
腾讯	《荣耀之路》等

同时，根据2024年中国广告主营销趋势调查，广告主在直播电商领域的布局日趋常态化，且直播中的情感陪伴倾向越发明显。各品牌在抖音等平台开展了奥运主题直播，让用户在观看奥运赛事的同时，无缝衔接专业解说、场外资讯和各类衍生节目，在锚定用户注意力的同时，瞄准用户的观赛情绪。

这种跨直播间的联动可以实现流量的无缝引导，可以在直播间实现流量和销量的转化。比如旺旺品牌推出"冲燃奥运季，狂欢'旺'不停"的专场直播间，主推旺仔牛奶民族罐，契合奥运会期间高涨的民族以及爱国情绪。蒙牛则推出"蒙牛请你一杯"的奥运直播福利活动，每次中国队夺牌，

---

① 乔峰. 一文读懂中国市场巴黎奥运营销战［EB/OL］.（2024-07-25）［2024-08-30］. https://www.huxiu.com/article/3282232.html.

蒙牛都会送出1000箱产品，这个福利就像"情绪放大镜"，巧妙地将夺奖牌的激动与品牌福利相结合，激发用户的参与热情。

2.体验延续：真实场景中的品牌互动

除了在线广告和营销活动，品牌在真实场景中的传播表现同样重要。通过线下活动，品牌可以创建沉浸式体验，使用户不仅仅是观看者，更是参与者。例如，在巴黎奥运会期间，可口可乐在赛事现场设置了互动体验区，邀请观众分享他们的观赛感受，并参与迷你比赛。通过让用户亲身参与现场互动，品牌能够更深刻地影响消费者，提高消费者的品牌认知度和忠诚度。

此外，耐克在奥运村举办了"奥运精神体验日"，通过趣味运动和团队挑战，让参与者感受到运动的乐趣与团队的力量。这种设置能够让用户在享受活动的同时，自然地与品牌建立情感共鸣。这样的参与式活动，不仅提升了品牌的知名度，更通过真实体验拉近了品牌与消费者的距离，增强了线上和线下互动的整体效果，形成了良性的品牌传播循环。

三、巴黎奥运会品牌传播媒介选择与投放策略

（一）大屏抢占注意力，小屏填充碎片时间

1.影院直播提升了沉浸感和参与感

丰富的媒介资源为品牌带来了更多的传播选择，但也在一定程度上增加了选择的难度。随着跨媒体叙事的逐渐成熟，大屏和小屏之间的联动成为一种有效的媒介策略：大屏幕转播赛事为品牌提供了抢占用户注意力的机会，而小屏幕能有效利用碎片化时间增强用户参与感。尤其在本次奥运会期间，中国电影股份有限公司与中央广播电视总台合作，获得了奥运会正版授权，从而能够在全国范围符合直播放映条件的数百家影城进行总台2024年巴黎奥运会电视节目的影院直播，让观众能够在大银幕上实时观看比赛，极大地提升了赛事的沉浸感和参与感，为品牌营销开辟了新的场景和可能性。

2. 五家奥运转播商实现移动客户端跨屏联动

品牌在媒介投放时应优先与获得奥运转播权的平台合作。通过这些平台，品牌可以获得更大的曝光机会和推广力度，从而提高目标用户的黏性和认知度。本届巴黎奥运会在中国的转播商共有五家，分别是央视频道、咪咕、腾讯、快手和抖音。这五家转播商均拥有自己的移动客户端，进而可以满足广告投放的跨屏联动。

3. 运用UGC构建奥运营销场域

对于没有获得赛事转播权的平台，如小红书、B站和微博，它们可以利用用户生成内容（UGC）构建奥运营销场域。例如，小红书推出的奥运营销方案涵盖了赛前、赛中和赛后不同阶段，鼓励用户分享赛事体验与品牌互动。根据艾媒咨询所做的2023年中国UGC市场研究，UGC内容的互动性和真实感能显著提升用户的参与度。因此，品牌选择UGC平台进行营销，将能有效拓展品牌在年轻用户群体中的影响力。

（二）受众群体多元化、年轻化，媒介渠道数字化、立体化

巴黎奥运会的受众群体呈现出多元化和年轻化的趋势，这为品牌媒介投放策略提供了新的机会与挑战。首先，巴黎奥运会首次实现男女运动员参赛配额完全相同，体现了对性别平等的重视。近年来，随着性别平等意识的提高和女性运动员突出的表现，越来越多的女性观众参与到体育赛事的观看中，研究显示女性观众的比例在持续上升。这要求品牌在传播内容时必须兼顾性别平衡，以吸引更广泛的受众群体。

其次，在年龄结构方面，新增的霹雳舞、滑板、冲浪和攀岩等项目，使年轻观众的参与度显著提高。The Trade Desk发布的针对2024年体育大年品牌出海的调研结果显示，全球超过50%的受访者计划观看巴黎奥运会，其中年轻观众的比例尤为突出。[①]这为品牌提供了深入接触这一核心受众的

---

① 赵唯佳. 全球关注巴黎奥运，中国品牌出海如何搭上体育大年顺风车？［EB/OL］.（2024-05-10）［2024-08-10］. https://baijiahao.baidu.com/s?id=1798664751043713532&wfr=spider&for=pc.

机会，尤其是在流媒体平台上，年轻人通过手机、平板等设备观看赛事的趋势越发明显。

四、以奥运营销为代表的体育营销未来发展趋势

（一）以用户为中心，注重情绪价值的表达

奥运营销必须以用户为中心，避免品牌的"自嗨"。虽然奥运会的规模宏大，但品牌的叙事视角应始终聚焦用户的真实需求。许多品牌在进行奥运营销时常陷入自我陶醉的陷阱，例如，斥巨资拍摄气势磅礴的TVC，但内容未能回应用户的情感和实际需求，反而可能让消费者感到疏远。因此，越来越多品牌开始采取"以小见大"的策略，采用相对微观的叙事视角，通过贴近用户内心的表达来触动情感。

例如，伊利发布的《我们的开幕式》TVC，以第一人称视角唤起观众对2008年北京奥运会的美好回忆，聚焦于那些平凡而伟大的中国人，激发观众心中的奥运情怀。此外，快手的《铁力与中国队同在》短片则以幽默而富有创意的方式展现了观众对运动员的支持。短片中，夸张的场景如乒乓球台后的人山人海、异常长的举重杠铃，彰显了"铁力"——众志成城的"老铁之力"。这种独特的创意不仅令人捧腹，更深入洞察了观众与运动员之间的情感连接，从而引发强烈共鸣。这种以用户为中心的策略，将为未来体育营销注入新的活力。

（二）品效销合一，广告主更加"务实"

在当前市场环境中，品效销合一已成为品牌营销的关键趋势。一位家电品牌的广告主在访谈中指出："我们现在要做的是品效销合一，也就是品牌、效果和销售三者的统一。"这一理念反映了广告主对实际效果的日益关注，并且在调研中，倾向于"品效相当"的费用分配比例逐年上升，这进一步表明品牌在营销传播中日益强调结果导向。

本届奥运会的营销策略清晰地体现了这一趋势。面对注重实际价值的

消费者，各大品牌迅速调整策略，推出吸引力十足的促销活动，如"送金条""免单""夺金送产品"。这些措施不仅提升了品牌知名度，更是通过实际优惠直接促进销售转化。

电商平台如淘宝、抖音和快手等也紧随其后，推出"奥运冠军同款"等促销活动，以赛事热度带动销量。这些活动充分利用赛事的影响力，迅速吸引消费者关注，并有效促进购买行为。同时，各大品牌在直播间举办的活动本质上也是为了推动销售，确保营销效果的实质性转化。

综合来看，品效销合一的理念不仅反映了当前体育营销的现实需求，更可能成为未来发展的主流方向。随着消费者对实惠和实际效果的重视，品牌在激烈的竞争中必须采取务实的策略，以满足消费者的期望。这种整合策略不仅能帮助品牌在市场中脱颖而出，还能建立更深层次的消费者信任。

（三）人工智能技术引领体育营销新趋势

随着人工智能技术的迅速发展，体育营销正在经历一场深刻的变革。2024年4月，国际奥委会发布了《奥林匹克AI议程》，探讨了AI如何引领体育领域的未来发展，标志着这一变革的正式开启。巴黎奥运会作为首届受益于该议程的赛事，展示了人工智能技术在体育营销中的巨大潜力。

1. 深化观众参与，增强品牌忠诚度

在奥运会期间，品牌可以利用人工智能技术自动监测热点和舆情动态，快速生成与赛事相关的内容，及时回应观众需求。这种敏捷反应不仅能够帮助品牌及时回应舆情，避免产生不好的舆论，还拉近了与消费者的情感联系，使他们在赛事中感受到品牌的关怀，同时获得更强的参与感。例如，快手通过实时互动直播的方式，在奥运会期间成功吸引了大量观众参与，用户留存率显著提升了。这种高互动性的方式不仅增加了品牌曝光，还有效促进了用户对品牌的情感认同，形成了积极的口碑传播。

此外，品牌和平台可以利用人工智能技术与用户进行深度互动，创造更加丰富和个性化的体验。阿里云的通义千问推出了"全民云运动"和"通义照相馆"等功能，整合了AI视频、AI写真等技术，提供了全新的互动空间。与此同时，腾讯基于混元大模型的元宝应用也上线了多种社交功能，使用户能够通过"陪聊＋生图＋生视频"的组合，享受更加丰富的奥运社交体验。这些创新不仅提升了用户的参与感，还增强了品牌的情感认同和忠诚度。

2. 实现精准营销，提升用户体验

人工智能技术驱动的精准营销策略能够在奥运会赛前、赛中和赛后提供丰富的服务支持，从而显著提升用户体验和品牌效益。在赛前，AI可以通过分析历史数据和实时信息来预测赛事结果，为品牌制定更具针对性的营销策略；在赛中，AI实现快速的信息整合与搜索，提高观众的参与度和互动体验；而在赛后，AI提供智能助手和生成的内容，进一步丰富用户的社交体验。

例如，百度的文心一言在奥运会期间推出了"热点体育智能体"，这个功能集成了AI搜索和实时解读服务，帮助用户及时获取与赛事相关的信息。通过实时分析舆情和热点，"热点体育智能体"能够为用户提供个性化的内容推荐，增强了观众对赛事的理解和参与感。该服务在推广期间吸引了超过500万用户参与互动，充分展示了AI技术在提升用户体验方面的巨大潜力。

3. 优化运营流程，降本增效

人工智能在品牌运营中的应用显著优化了流程，降低成本并提升效益。在奥运会期间，品牌面临信息滞后和人工资源浪费的挑战，热点事件层出不穷，但人力反应速度有限，迫切需要更高效的应对机制。借助AI技术，品牌能够自动监测热点和舆情动态，并快速生成相关内容，从而实现即时响应市场变化。这样的高效运营不仅减少了人工成本，还显著提升了营销活动的时效性和精准度。例如，阿里云的AI应用实现了内容生产的自动化，有效降低了营销成本。这一转变不仅提升了用户参与度，也展示了AI在提升运营效率和降低成本方面的巨大潜力，帮助品牌在竞争激烈的市场中脱颖而出。

结　语

　　奥运会作为全球顶级赛事，是品牌争夺注意力和拓展市场的理想平台，也是品牌以长期主义进行规划、实现持续增长的关键机会。当前，奥运营销正迎来智能技术赋能的高质量融合发展阶段，为品牌传播带来了新的契机。在全球化和数字化背景下，奥运营销已成为品牌传播的战略高地。面对复杂多变的市场环境和消费者不断提升的需求，品牌如何在挑战中把握发展机会，挖掘奥运营销的独特潜力，全方位助力品牌价值和市场效益的提升，是一项关键课题。奥运会不是品牌飞升的跳板，而是行稳致远的长桥。需要长期投入、长远布局，才能真正实现品牌的价值和使命。未来，品牌应以用户为中心，注重情绪价值的表达，借助人工智能等新技术，实现品效销合一，推动奥运营销迈向新的高度。让我们以奥运为契机，开拓创新，行稳致远，共同谱写品牌发展的新篇章。

第十七章　2024 中国游戏品牌海外市场品牌传播发展报告

随着全球化浪潮的推进，不同文化之间的交流日益密切，中国品牌走向国际舞台已经成为大势所趋。中国游戏品牌作为数字文化领域品牌"出海"的先锋官，以游戏产品独特的文化体验和精湛的内容制作赢得众多海外玩家喜爱，并且在海外市场的品牌传播也表现得十分亮眼。

一、中国游戏品牌海外市场发展现状

近些年，国产游戏"出海"已经成为一股热潮。当下中国游戏品牌异军突起，在全球范围内已经成为一股不可忽视的力量。中国游戏从20世纪90年代开始走向海外，30多年来实现了从单机到端游、从被动到主动、从品牌到厂牌的转变[①]。中国音数协游戏工委（GPC）发布的《2024年1—6月中国游戏产业报告》显示，2024年上半年中国游戏在海外市场实销收入85.54亿美元，同比增长4.24%[②]（图17-1）。Sensor Tower商店情报平台显示[③]，2024年5月入围全球手游发行商收入榜TOP100的中国厂商已达40个，合计收入21.1亿美元。

---

① 于翔.中国游戏出海30年：从被动到主动，从品牌到厂牌［J］.国际品牌观察，2023（17）：45-48.

② 《2024年1—6月中国游戏产业报告》正式发布［EB/OL］.（2024-07-25）［2024-08-30］.https://mp.weixin.qq.com/s/8nwO-8Id28N3E6Z-aKxfVA.

③ 战略分析师Nan Lu.2024年5月中国手游发行商全球收入排行榜［EB/OL］.（2024-06-17）［2024-08-30］.https://mp.weixin.qq.com/s/5uZbDEMrrM5bgHBcfouH5w.

图 17-1　中国自主研发游戏海外市场情况

（图片来源：《2024 年 1—6 月中国游戏产业报告》）

　　一方面，游戏品牌作为科技与文化的载体，国家在出海政策层面给予了大力扶持。在《"十四五"文化发展规划》和《"十四五"数字经济发展规划》等纲领性文件中，明确将游戏等数字文化产品纳入"走出去"战略的核心范畴。另一方面，在国内市场竞争日益激烈的今天，不少企业也将游戏出海视为企业国际化发展的关键布局。2024 年 1 月在腾讯召开的 2023 年度员工大会上，马化腾表示游戏出海是腾讯目前国际化的最大希望。

　　（一）中国游戏品牌国际化发展的四个阶段①

　　1. 中国游戏品牌国际化 1.0：早期被动出海"一次性买断"

　　早期国产游戏的海外销售以"一次性买断"为主，除版权金外，后续的营收都与国产游戏厂商无关。20 世纪 90 年代，先后有国产游戏《生死之间》《傲世三国》等走出国门，被当时的国际"大厂"代理，实现海外销售。但这一时期游戏的品牌概念还未兴起，更多的是作为内容产品被交付。

---

① 于翔. 中国游戏出海 30 年：从被动到主动，从品牌到厂牌［J］. 国际品牌观察，2023（17）：45-48.

2. 中国游戏品牌国际化 2.0：端游时代主动进军东南亚

进入端游时代，国产游戏厂商出海由"被动"变为"主动"。基于东南亚市场的文化相近性和技术稀缺性，《天龙八部》《西游记》等游戏作品开始主动进军东南亚市场，并在东南亚占据一定的市场份额。由于游戏制作方自觉意识的产生，品牌的概念开始兴起，中国游戏品牌迈出了主动出海第一步。

3. 中国游戏品牌国际化 3.0：手游时代海外营收增加

移动游戏时代，随着海外营收比重逐渐增加，国产游戏厂商的品牌意识开始崛起。2015年智明星的《列王的纷争》等游戏年收入达31亿元人民币，而其中海外收入达到29亿元。2019年莉莉丝的《万国觉醒》在国内尚未上线的情况下，在海外狂揽60亿元人民币。这一时期，游戏品牌的出海热度明显提升，但仍然是"效果大于品牌"的营销思路。在广告投放上，以线上横幅广告和线下户外广告等"效果广告"为主，注重点击率与曝光率等短效的营销目标。

4. 中国游戏品牌国际化 4.0：用户规模扩大，品牌意识觉醒

随着海外游戏行业竞争日益激烈、用户规模逐渐扩大以及海外新媒体平台的兴起，国产游戏品牌开始注重长线品牌建设。腾讯、网易、莉莉丝、米哈游等游戏厂商携优秀的游戏作品开始加速拓展海外市场。以米哈游为代表的游戏品牌纷纷开始打造线上游戏社区，同时注重游戏IP的衍生价值。从代言人到与KOL合作，从户外广告到线下展会，各种类型的品牌传播日益频繁。营销传播所带来的长期品牌价值积累开始被国产游戏厂商广泛认可。

（二）不同品类的游戏在海外市场的表现

《2024年1—6月中国游戏产业报告》显示，在出海收入前100位的自研移动游戏中，策略类游戏占比32.66%，角色扮演类游戏（RPG）占比10.48%，模拟经营类和多人在线战术竞技类（MOBA）游戏营收占比分别

为9.97%和9.07%。[①]其中策略类游戏融合轻度玩法的趋势明显，海外爆火的 *Last War*（《最后的战争》）和 *Whiteout Survival*（《寒霜启示录》）就是这一类型的代表。

轻量化的小游戏出海表现活跃，成为重要的行业增长点。根据Meet-games和广大大数据研究院联合创作的《2024H1全球手游市场与营销趋势洞察》[②]白皮书中显示，超过60款小游戏在海外市场表现突出，品类主要集中在RPG和策略类，如4399的《菇勇者传说》、三七互娱的《小妖问道》等。这类游戏获客成本较低，转化链路更短。在品牌传播方面以线上互动广告为主，达人营销为辅，通过精准投放触达目标用户。

此外，国内自研3A（高成本、高体量、高质量）游戏大作在海外市场也颇受关注。《黑神话：悟空》2024年刚宣布预售，就在网络上掀起讨论热潮。外媒Gamingbolt发文盛赞《黑神话：悟空》，称其有望在众多ARPG（动作角色扮演类游戏）中脱颖而出，成为2024年最热门的游戏之一。该游戏发布前的最新一支预告片在YouTube平台上的播放量已经超过86万。

（三）不同区域市场中国游戏品牌的发展态势

从游戏海外收入和广告投放来看，中国游戏品牌出海在美、日、韩等国家发展较为成熟。《2024年1—6月中国游戏产业报告》[③]显示，美、日仍是我国移动游戏行业的主要海外市场。截至2024年6月，美国、日本在中国移动游戏的出海游戏收入中占比分别为33.00%、15.66%，而韩国位列第三，为8.82%，美、日、韩三国市场占据了中国出海游戏近六成的海外收入。其

① 《2024年1—6月中国游戏产业报告》正式发布［EB/OL］.（2024-07-25）［2024-08-30］. https://mp.weixin.qq.com/s/8nwO-8Id28N3E6Z-aKxfVA.
② 广大大&Meetgames：2024年H1全球手游市场与营销趋势洞察白皮书（附下载）［EB/OL］.（2024-07-18）［2024-08-30］. https://mp.weixin.qq.com/s/ee7UV2Uz0wH4Cn8NzJcUtQ.
③ 《2024年1—6月中国游戏产业报告》正式发布［EB/OL］.（2024-07-25）［2024-08-30］. https://mp.weixin.qq.com/s/8nwO-8Id28N3E6Z-aKxfVA.

中北美市场拥有成熟的电子竞技生态，其英雄主义的社会文化反映在游戏市场中表现为，第一人称射击游戏（FPS）和竞技类游戏最受欢迎。日、韩等亚洲市场则更偏好动作角色扮演类游戏和休闲游戏，其中二次元类型的游戏在日本市场表现得极为出色。此外，德国、英国、法国出海游戏收入合计占比9.85%，呈现微增之势。中东、拉美等海外新兴蓝海市场则未见显著提升，亟待未来挖掘。

二、中国游戏品牌海外市场品牌传播的三大核心策略

（一）海外社交媒体营销

社交媒体是以开放性、流动性、交互性为技术逻辑的web2.0时代最具创造性的媒介发明之一，它是传统广场与马丁路德时代印刷小册子的延续，是搭建在虚拟空间里的咖啡馆，是人类社会发展至今所有的信息交流、互动分享的显性合集。当下YouTube、TikTok、Instagram、Facebook等社交媒体平台在海外颇受年轻人的喜爱，也成为中国游戏品牌海外传播的主要阵地。

其中，YouTube作为视频类平台，天然是展示游戏画面、玩法、交互的理想场所；TikTok聚集了大量的青少年受众，新奇有趣的短视频内容很容易吸引到游戏品牌年轻的目标用户；Instagram则更偏重视觉冲击，适宜展示精美的游戏画面和游戏皮肤等；Facebook是一个拥有超过28亿用户的巨大流量池，是海外用户量级最大的社交媒体平台，内容形式丰富，同时具备搜索引擎优化优势，有助于迅速提升游戏的声量且支持平台内部直接启动游戏。

游戏品牌官方账号在社交媒体日常运维中，常用的形式包括活动预告、互动问答、转发抽奖、游戏攻略分享等。而海外社交媒体营销的发展重点主要体现在"内容"和"社交"两个方面。

1. 内容：跨文化传播，贴合本地文化特色

在内容方面，游戏品牌主要以贴合本地文化特色的插画、故事、视频

等，形成本地化的品牌传播，打破异质文化交流壁垒，从而在流量高速迁移的社交媒体上吸引海外玩家的注意。例如，*Honor of Kings*（《王者荣耀》海外版）的巴西服官方账号曾在YouTube上发布了英雄云缨的宣传视频，其中运用了足球、舞蹈、涂鸦等巴西当地的文化元素融入中国风人物当中，以巧妙的跨文化传播获取当地玩家的认可。

2. 社交：用户共创，增加社交娱乐属性

社交媒体核心价值在于为游戏品牌与用户、用户与用户之间提供了一个互动交流的平台。当下游戏品牌通过设置话题讨论、发起挑战赛等形式，鼓励用户创作与游戏相关的内容，在互动和共创的过程中，减少其与海外用户之间的心理距离。例如，《蛋仔派对》围绕游戏内的节日庆典，在海外社交媒体上发起主题挑战赛和新角色设计等互动活动，鼓励用户产出短视频、小说、插画。这种方式不仅可以即时获得用户反馈，还能提升用户的参与感和归属感。

（二）海外游戏社区运营

以移动性、节点化、互动性为特征的移动互联网的兴起，大大强化了用户的主体地位。大数据、人工智能、社交媒体等新兴技术的迅速发展也为品牌用户运营提供了技术手段支持。近年来，虚拟社区以"趣缘""弱关系"为核心，深度链接品牌和用户、用户和用户之间的关系，成为游戏品牌海外用户运营的核心手段之一。一方面，游戏的热度依赖玩家之间的讨论度和活跃度；另一方面，游戏开发呈现精品化趋势，游戏品牌也越来越注重游戏社区的长线运营。

游戏社区本质是一个平台，可供品牌方与用户双向互动。来自不同地域、拥有不同文化背景的游戏用户，基于对游戏的热爱，在品牌社区中讨论游戏内容、分享游戏体验、产出丰富的同人作品。游戏品牌虚拟社区建设不仅能丰富用户游戏之外的体验，满足其情感诉求，形成特定的圈层文化，同时也能及时获取用户反馈、积累忠实用户、维护品牌形象，从而实现对游戏品牌的价值共创。

目前海外游戏社区，从运营方划分，可分为自有游戏社区（如米哈游的 HoYoLab 和 bigfun）和第三方社区（如 Discord、Funbook、TapTap、Reddit）；从功能类型划分，又可分为资讯类、工具类、渠道类和社交类。

中国传媒大学2024年中国广告主营销趋势调查[1]显示，搭载成熟完善的第三方渠道或平台，是广告主海外营销的首选，占比高达94.9%，但也有过半数广告主海外营销选择自建渠道。Discord属于第三方游戏社区，是一款海外免费语音"开黑"软件，以即时在线互动为主，聚集了大量重度游戏玩家。玩家之间仅需要一个链接就能加入语音频道中，构成了海外玩家游戏互动的基础习惯。此外，其功能插件丰富，支持发送图文、视频等内容，还有 AI Bot 自动应答等功能，目前《原神》等热门游戏都建立了大量的频道，适合培养核心粉丝群体和KOC。

米哈游的 HoYoLab 属于品牌自有型游戏社区，在其首页信息流中，分为关注、推荐和活动三个频道。同时，用户也可以进一步根据游戏进入特定的"圈子"，其下又可划分为 Help（求助）、Fan Art（同人内容）、Official（官方）三个板块。尤其是 Fan Art 板块，承载了丰富的UGC内容，包括同人漫画、Cosplay、游戏内美食复刻、高清壁纸等内容，每篇帖子的浏览量在几千上下，有的高质量帖子浏览量高达上万。高质量的UGC内容产出一方面来源于社区内良好的创作生态，另一方面也来源于《原神》官方的活动激励机制，用游戏内的道具或者游戏外的数码科技产品等高额奖品激励用户在社区内生产内容，并在 YouTube 等公域平台进行二次发酵，打通私域与公域，进一步提升游戏品牌的影响力。[2]

---

① 广告主课题组. 趋势速递 |《2024 中国广告主营销趋势调查报告》正式发布，文末附报告获取方式［EB/OL］.（2024-06-12）［2024-11-11］. https://mp.weixin.qq.com/s/z8wtzCDD4t_1A2IrsF1KFw.

② 李凡宇，侯凯. 粉丝文化驱动下中国游戏产业出海策略探析：以《原神》为例［J］. 北京文化创意，2022（6）：83-89.

（三）海外红人营销

海外红人营销是中国游戏品牌海外市场品牌传播的本土化策略之一。在流量逻辑盛行的当下，红人是位于流量中心的重要节点，以其强大的号召力、可信度、影响力能够迅速提升品牌的知名度。与此同时，游戏垂类红人往往拥有较强的粉丝黏性，且其粉丝群体与游戏品牌的目标用户高度重合。常见的红人游戏品牌共创内容包括游戏测评、玩法攻略、精彩瞬间剪辑、游戏赛事解读等。在TikTok、YouTube等平台上，游戏类红人发布的游戏相关视频可以在短时间内帮助游戏品牌吸引大量关注，并形成病毒式传播。

1. 运用数据工具，筛选红人组合

Nox聚星推出的《2024全球游戏网红数据洞察》[①]显示，从红人量级来看，粉丝数量在10k—50k的游戏红人数量最多，而粉丝量在1M+的精英型网红相对较少。随着红人之间的竞争逐渐焦灼，头部红人的溢价较高且容易产生审美疲劳，游戏品牌开始将资源倾斜至中腰部红人中去，利用WotoHub等数据分析工具筛选红人组合。同时，在与红人的合作中也不再拘泥于游戏垂类红人，转而与一些泛文化娱乐类的红人进行合作，如二次元画师、音乐人等，寻求游戏用户的破圈。比如，《原神》与科技类特效博主Buttered Side Down合作，将游戏场景和特效结合，该视频在海外的播放量已经超过1.5亿次。

2. 结合平台逻辑，优化红人投放

不同平台具有不同的算法逻辑和用户特质，只有结合游戏品牌特征选择合适的平台，才能最大化红人投放的价值。Nox聚星推出的《2024全球

---

① Nox聚星. 2024全球游戏网红数据洞察：YouTube网红数量遥遥领先、动作类游戏网红最多、北美网红更偏爱TikTok...［EB/OL］.（2024-07-29）［2024-08-30］. https://mp.weixin.qq.com/s/PxVlKySHJ10DgyY0Aik1Qw.

游戏网红数据洞察》①显示，YouTube 的游戏网红数量位居首位，是游戏内容创作者最集中的平台，也是开展海外红人营销的首选平台，但其算法会将视频流量严格控制在一个阈值之内，视频的流量会和红人的粉丝量高度相关。而 TikTok 则以短视频为主，整体用户偏年轻，中小型红人数量庞大，10k—50k 的粉丝区间占据主导地位。TikTok 的推流则存在一种"涟漪效应"，即如果视频发布后点赞分享等数据较好，就会在不同的层级范围内持续获得流量，这也是中小型红人发布的视频依旧能产生爆款的原因。

3. 内容多元化，打造创意事件

不同于国内网红营销偏向后链路的闭环转化，海外的红人更多偏向前链路的内容"种草"。基于游戏品牌之上承载的强内容属性，海外红人营销传播的本质更贴近一种较为长线的品牌行为，红人产出的内容优质与否就显得尤为重要。除了游戏测评、攻略、集锦等常规的红人合作内容，当下中国游戏品牌在海外红人营销也开始尝试更具有创意性的多元内容。如 *Honor of Kings*（《王者荣耀》海外版）在开拓土耳其市场时，在游戏上线前后，与当地 KOL 合作发布游戏相关内容，并搭建 KOL 跨平台挑战赛综艺，帮助游戏迅速融入当地市场。

三、中国游戏品牌海外市场品牌传播发展的五大趋势

（一）构建开放游戏世界观，展示中华文化魅力

越来越多的游戏品牌开始尝试构建更为开放多元的游戏世界观，将中华文化巧妙植入游戏场景当中，向海外玩家展示中华文化的魅力。借用霍尔的"高低语境文化"理论，由于中国文化属于"高语境文化"，西方文化属于"低语境文化"，品牌海外传播面临的问题之一就是如何创建一个"共

---

① Nox 聚星. 2024 全球游戏网红数据洞察：YouTube 网红数量遥遥领先、动作类游戏网红最多、北美网红更偏爱TikTok...［EB/OL］.（2024-07-29）［2024-08-30］. https://mp.weixin.qq.com/s/PxVlKySHJ10DgyY0Aik1Qw.

同的意义空间"来打破传播隔阂。游戏是最类似于当下"元宇宙"概念的产品，是拓宽文化外交、提升"元软实力"的新兴渠道。①

一方面，近年来各地为游戏品牌海外传播提供了诸多政策支持。如2022年北京市出台《国家文化出口基地建设实施方案》，其中明确提出"健全国际网络游戏孵化体系，鼓励和支持精品化产品海外发行，弘扬中华优秀文化"。江苏省商务厅于2023年也提出，要在动漫、游戏出口过程中，"引导原创作品融入中华元素"②。

另一方面，中国文化作为世界文化的重要部分，需要与其他文化交流，也需要其他文化的认同。游戏品牌的国际化进程能够增强中国文化在全球范围内的影响力，让"中国故事"被广泛认可和接纳。

作为国产游戏品牌出海的"排头兵"，《原神》打破文化疆界，创造性地实现了中华文化的输出。该游戏中随处可见中国文化的影子：璃月港和荻花洲的设计灵感来源于凤凰古城和桂林阳朔的山水；音乐上也巧妙展示了中国传统乐器的魅力，在璃月场景下用二胡、竹笛等民乐来刻画市井的繁华；《璃月食集》中也有对中华美食的呈现，世界各地的玩家都可以收集材料制作中华美食。《永劫无间》游戏中采用3D建模技术，还原了秦风战甲、马首刀、光明铠等珍贵的历史文物。

（二）线上与线下广告投放的联动和协同

线上与线下广告投放的联动和协同是中国品牌海外传播的一个基础策略，对游戏品牌而言，也会是一个相对持续而长久的趋势之一。这种联动和协同的本质其实是品牌对核心用户群体生活轨迹和日常行为方式的把握，也为游戏品牌海外传播突破文化隔阂、实现用户破圈提供了必要条件。目前，游戏品牌的线上广告投放，主要采用媒体信息流的形式实现精准投放。

---

① 王文佳.国际传播中如何打造"元软实力"：以《原神》带动中国文化出海为例［J］.上海广播电视研究，2023（4）：38-45.

② 江苏省商务厅等26部门关于推进对外文化贸易高质量发展的若干措施［EB/OL］.（2023-01-30）［2024-08-30］. https://doc.jiangsu.gov.cn/art/2023/1/30/art_79053_10882797.html.

线上的信息流广告通过渠道平台背后精准的算法能够将内容推送给游戏爱好核心用户群体。

依托广大大后台数据抓取，在素材内容方面，超过3/4的创意为视频类素材，超过30秒的长视频素材占比超46%。同时，AIGC技术加持的图片类素材也在持续攀升。在素材投放方面，2024年第二季度每月投放手游广告主超过5.5万，投放广告主数量呈现稳定上涨趋势。①对于头部的游戏品牌来说，优质的内容素材，能够潜移默化地俘获受众心智。如《原神》的信息流投放多以角色IP为核心打造角色PV（音乐促销宣传影像）和TVC，以精美的视觉效果和丰富的人物设定吸引其目标用户。

对于线下户外广告投放，游戏品牌广告主更看重线下场域带来的虚拟与现实交错的沉浸感与惊喜感。叠纸打造的3D游戏《恋与深空》在日本市场上线时，在线下池袋、新宿、秋叶原地铁站设置了大幅看板海报，同时还在池袋设置了三位主角的大屏广告。值得注意的是，池袋、新宿、秋叶原正是日本二次元中心，通过在标志性的地点密集地进行广告铺设，能够引发目标用户极大的从众心理效应，强势占领用户心智。广告主往往采用"线下户外广告投放+线上二次传播"的O2O模式。《恋与深空》官方在游戏人物"祁煜"生日时，在池袋线下设置看板海报并鼓励玩家在线上进行打卡，从而将线下的流量导流至线上。

（三）强化游戏粉丝运营，提升游戏品牌社交属性

品牌传播对于游戏行业来说，除了提升知名度，更重要的是凝聚更多忠实的游戏用户。游戏粉丝运营能够降低流量获取成本，提升品牌黏性，为游戏品牌带来长期稳定的收益。因此，当下游戏品牌海外传播不仅关注"买量"，更注重增加品牌的社交属性价值。可以说，游戏品牌的海外传播本质上是一种社会交往。

---

① 广大大&Meetgames：2024 年H1 全球手游市场与营销趋势洞察白皮书（附下载）［EB/OL］．（2024-07-18）［2024-08-30］. https://mp.weixin.qq.com/s/ee7UV2Uz0wH4Cn8NzJcUtQ.

在游戏内，加入社交环节，让玩家能够打破虚拟身份隔阂，通过社交关系分享下载游戏，获取奖励。在游戏外，强化游戏粉丝运营，为游戏社区创造良好的社交生态。瑰丽的游戏世界给了游戏用户巨大的创作空间，游戏品牌开始在建立并维护好游戏社区的基础上，鼓励玩家产出 UGC，从而增强玩家在游戏之外的社交体验和归属感。例如，《原神》定期在官方游戏社区 HoYoLab 举办"粉丝艺术大赛"，征集游戏角色的同人绘画，并给予丰厚奖励，这极大地激发了粉丝们二创的热情。

（四）延伸游戏 IP 价值，构筑泛娱乐生态

跨媒介叙事打造游戏内容 IP 矩阵是媒介融合背景下数字文化产业的重要发展趋势。游戏被称作"第九艺术"，本质上来讲是一种内容产品，深植于数字人文艺术当中。早期的游戏产品内容叙事较为单薄，难以形成游戏 IP 效应，内容不具备延展性。随着游戏用户数量的增加、AI 算法等技术的革新以及短视频等媒体平台的发展，游戏品牌开始打造以游戏内容 IP 为核心的 IP 矩阵，即解构游戏中的角色设定、音频、美术场景、世界观等元素打造多元游戏内容 IP，并以此来反哺游戏内容生产。[①]

网易《阴阳师》围绕游戏角色精细化运营游戏内容 IP，在日本市场以动漫、电影、音乐剧等多种媒介形式实现破圈，逐步将其打造成一种文化符号。《原神》围绕游戏人物定制 emoji（绘文字），激发游戏用户在海外社交媒体平台对其喜爱的角色 emoji 进行二次创作。此外，《原神》还以游戏中的提瓦特世界为主题在巴黎举办线下艺术展，向海外玩家展示游戏场景的魅力和游戏设计背后的故事。通过游戏内容 IP 衍生，在文学、漫画、动画、周边等多元领域进行内容布局，和用户产生超越游戏世界的情感连接，构筑泛娱乐生态，从而拓宽游戏品牌生长的空间。

---

① 栾鑫. 探究游戏内容 IP 的行业成因及营销方法［J］. 现代营销（下旬刊），2024（5）：69-71.

（五）AI 技术赋能游戏行业，成为海外传播新引擎

伽马数据发布的《中国游戏产业 AIGC 发展前景报告 2024》[①]显示，已有超六成的头部游戏品牌明确表示布局 AIGC 领域，且已有实质性的动作。腾讯云互联网行业技术总经理陈亮在中国国际数字娱乐产业大会（CDEC）分论坛中表示，生产式 AI 的出现可能让 NPC（非玩家角色）更像人。未来，智能 NPC 或许可以像人一样思考，更具自主性和互动性，让玩家拥有更加丰富的游戏体验。当然这只是 AI 技术应用的冰山一角，AI 正在渗入游戏行业全产业链，包括上游的游戏开发制作中效率的提升、中游的游戏推广传播中的创意生成与投放优化、下游的游戏生态运维中玩家体验的全面优化。

昆仑万维旗下游戏工作室 Play for Fun 自研的国内首款 AI 游戏 Club Koala 在海外亮相，游戏中采用 AI+UGC 的模式，让玩家可以通过游戏编辑器，在游戏中自主制作关卡。同时，在品牌传播方面，AI 赋能广告投放，能够更加精准和个性化地覆盖目标用户，也进一步提升中国游戏企业在海外的竞争力。

结　语

中国传媒大学《2024 中国广告主营销趋势调查报告》[②]发现，相比 2023 年，2024 年增投国际市场的广告主比例上涨，且已有五成的广告主在海外市场有营销投放预算。在品牌纷纷出海寻找市场新机遇的大背景下，中国游戏品牌国际化是我国"硬技术"和"软实力"在国际舞台上的形象表达。基于互联网、大数据、算法、人工智能等新兴技术而发展的游戏产业是新质生产力的代表，是数字经济浪潮之下科技创新的重要"试炼场"。

同时，游戏品牌以其独特的文化承载力，也是以生活方式的形式潜移

---

① 伽马数据. 中国游戏产业 AIGC 发展前景报告 2024［EB/OL］.（2023-09-20）［2024-08-30］. https://mp.weixin.qq.com/s/sOZMCdqyN-XrtGB8PEX_Zw.

② 广告主课题组. 趋势速递｜《2024 中国广告主营销趋势调查报告》正式发布，文末附报告获取方式［EB/OL］.（2024-06-12）［2024-11-11］. https://mp.weixin.qq.com/s/z8wtzCDD4t_1A2IrsF1KFw.

默化地向世界传播中华文化的重要窗口。随着中国游戏在海外市场竞争日益激烈，流量获取成本上升，游戏行业逐步重视长线品牌建设，社媒传播、红人营销、社区运营等品牌传播方式也在不断进化。未来如何更好地实施本土化品牌传播，与海外用户建立情感连接，游戏品牌需要把握国际游戏市场趋势、创新品牌传播手段，从而提升中国游戏品牌竞争力，以应对海外市场的机遇与挑战。

第十八章　2024 中国企业出海品牌传播趋势研究报告

中国品牌国际传播乘风破浪，历经崭露头角、扬帆起航、浪潮迭起，到大航海时代等四个阶段，也从"产品出海""资本出海"发展到了如今的"品牌出海"，逐渐向品牌全球化的纵深发展阶段迈进。《2023 中国广告主营销趋势调查报告》显示，相比 2022 年，中国企业国际市场的营销预算投放逆势提升 10%[①]。更多广告主尝试突破国内市场增长瓶颈，将品牌出海视为破局的关键。在数智时代新技术、新业态交织涌现的背景下，中国品牌面临着新的困境，也迎来了新的机遇。

一、中国企业出海的四个阶段及营销特征

（一）出海 1.0（1978—1999）：崭露头角

在这一阶段，中国企业主要以低附加值产品为主导开展国际贸易。1978年，改革开放政策开启了中国对外开放的新纪元，鼓励企业积极拓展海外市场。[②]在政策支持下，中国企业迎来了国际化发展的新契机。这一时期，中国企业主要通过直接出口、在海外建立销售网络、工程承包及合资等方式进入国际市场，相关业务主要涉及纺织服装、电子产品、煤炭、钢铁等领域，市场集中于美国、日本及亚洲"四小龙"地区（中国香港、新加坡、

---

① 参考中国传媒大学广告学院、央视市场研究、国家广告研究院发布的《2023 中国广告主营销趋势调查报告》。

② 程兆谦、李锦婷、夏婵娟. 走向世界 40 年，中国企业国际化的苦与乐［EB/OL］.（2024-02-05）［2024-08-30］. https://news.qq.com/rain/a/20240205A08ORC00.

韩国、中国台湾）①。

然而，中国企业虽然在国际市场上初露锋芒，但主要依赖低附加值产品的出口，以满足海外基础消费需求为主，成为世界各大品牌的代加工厂。企业的国际化尝试仍处于初级阶段，面临诸多挑战，尤其是在国际营销和品牌塑造方面，经验不足制约了中国企业在海外市场的进一步发展。

（二）出海 2.0（2000—2007）：扬帆起航

2001年，中国正式加入世界贸易组织（WTO），标志着中国企业进入全球竞争的新阶段。②这一事件显著推动了中国企业的国际化进程，为其参与全球市场竞争创造了更加有利的政策环境。在全球化趋势的推动下，电子商务平台逐渐为高附加值产品打开了海外销售渠道，政府也积极鼓励企业走出国门，增强国际竞争力。这一时期，以海尔、海信、华为、万向、首钢等为代表的企业，开始在全球市场占据一席之地。主要行业包括轻工业、制造业、纺织业、交通运输业和建筑服务业，主要市场集中在美国、欧盟和日本。

在这一阶段，中国企业逐渐认识到品牌建设的重要性，越来越多的企业意识到全球市场的复杂性与多样性，并开始探索通过品牌塑造获取竞争优势，迈出主动出海的第一步。

（三）出海 3.0（2008—2019）：浪潮迭起

2008年全球金融危机后，中国企业的国际化迎来了新的发展机遇。2013年，"一带一路"倡议的提出，为中国企业的出海提供了更有力的政策支持，推动了企业在全球范围内的进一步发展。③在这一阶段，中国企业充分利用国内强大的供应链优势以及跨境电商平台的迅速崛起，逐步实现了

---

① 【招银研究｜行业深度】跨境电商：中国跨境电商产业升级，"四小龙"吹响出海集结号［EB/OL］.（2024-07-16）［2024-08-30］. https://news.qq.com/rain/a/20240716A06IJ800.

② 参考CIC灼识咨询发布的《中国企业出海蓝皮书》。

③ 崔登峰，李锦秀，王海忠.中国企业品牌"出海"："一带一路"倡议如何提升企业品牌价值［J］.外国经济与管理，2024，46（8）：103-119，137.

线上线下的深度融合。企业服务领域迅速崛起，中国企业通过跨国并购加快了国际化步伐。

例如，联想并购 IBM 的 PC 业务，在短时间内显著提升了其国际市场知名度。[1]中国企业的市场范围逐步覆盖全球，投资重心也开始向东盟国家转移。这标志着中国企业不仅是"走出去"，而且是通过跨国并购和战略合作，在全球市场上抢占重要地位，品牌的国际知名度和影响力显著提升，国际化模式更加多样化，但仍以"效果大于品牌"的营销思路为主，注重短期收益。

（四）出海 4.0（2020 年至今）：大航海时代

自 2020 年以来，伴随着"一带一路"倡议的持续推进以及技术创新的驱动，中国企业出海进入了"大航海时代"。[2]这一阶段，出口已不再是单纯的商品输出，而是科技创新和品牌价值的结合，体现出更高的科技含量和品牌竞争力。尤其是自 2023 年以来，具备全球竞争力的中国品牌逐渐成为出海的主体，企业不再依赖低成本优势，而是向全球领先品牌的方向迈进。通过持续的产品和品牌升级，中国本土企业凭借卓越的产品质量与极致的性价比，逐步融入当地市场，并不断强化品牌效应。市场重心逐步从欧美市场向"全球南方"的其他新兴市场转移。

企业不仅致力于提升产品力，更注重品牌力的塑造，以更加多维度的方式参与全球经济，努力实现从"中国制造"向"中国品牌"的转变，致力于摆脱世界工厂的刻板印象。各种类型的品牌传播日益频繁，营销传播带来的长期品牌价值积累开始被广泛认可。

---

[1] 蛇吞象尾：联想并购 IBM PC 业务（2005 年）[EB/OL].（2015-07-16）[2024-08-30].https://iced.sjtu.edu.cn/old/case/show.php?itemid=22.

[2] 《中国品牌全球传播力研究报告（2024）》发布，让世界看见"中国创造"[EB/OL].（2024-05-09）[2024-08-30].https://www.thepaper.cn/newsDetail_forward_27315555.

二、中国出海品牌传播面临的困境和挑战

（一）传播中的文化折扣

不同国家和地区有着不同的文化背景，因文化因素不被认同而带来的产品价值减损的现象称为文化折扣。[①]导致文化折扣现象的首要因素是语言，也是中国品牌在出海传播中面临的重要挑战。中国品牌在国际市场上需要使用英语等国际通用语言进行转译，但由于语言背后潜藏的文化差异，在翻译和传播过程中会遇到一定的困难。经济贸易、政治外交等因素带来的法律法规及贸易壁垒也会导致文化折扣现象，是中国品牌出海传播难以排除的隐患。例如，因美国政府对数据安全和隐私保护的关注，导致TikTok在数据存储和用户数据使用上受到严格的监管和审查。这在一定程度上限制了TikTok在美国市场的品牌推广和营销活动。

（二）传播中的智能盲区

在生成式人工智能技术迅猛发展的背景下，海外用户与品牌之间的沟通方式正经历深刻的变革。然而，品牌在跨文化传播中面临智能应用的盲区，主要体现在跨平台数据整合的复杂性、跨文化环境中的人工智能适应性、文化多样性背景下的创意局限性。

首先，跨平台数据整合的挑战严重制约了品牌传播的连贯性和有效性。[②]品牌在海外市场需要依赖多个社交平台进行传播，但受制于各个平台的数据收集限制和不同国家严格的隐私法规，品牌难以获取精准的用户需求信息。这种数据碎片化现象导致本地化数据整合困难，无法将零散的数据转化为有价值的营销洞察，进而影响广告投放的精准性和传播效果。

其次，人工智能工具在跨文化应用中的适应性问题凸显。大多数AI模

① HOSKINS C, MIRUS R. Reasons for the U.S. dominance of the international trade in television programmes [J]. Media culture & society, 1988, 10（4）: 499-504.
② 姚曦，李娜，任文姣，等. 2020: 品牌传播智能生产与智能服务的新趋势 [J]. 传播创新研究，2021（1）: 179-202，243-244.

型基于特定市场的数据进行训练，当进入不同语言和文化环境时，往往无法准确理解语言的细微差异和深层次的文化背景。这种理解上的不足容易引发误解甚至文化冲突，削弱品牌与当地消费者之间的情感连接，影响品牌形象和市场认可度。

最后，AI生成创意在跨文化创意上的局限性给品牌传播带来挑战。尽管AI在创意生成方面展现出高效率，但在应对文化多样性和满足不同市场的创意偏好上仍显不足。面对多元化的文化背景，AI生成的内容往往缺乏创新性和共鸣，难以触动目标受众。例如，中国品牌的本土广告策略无法直接套用于北美市场，AI也难以自主调整创意风格以适应不同的文化需求。

（三）空间中的路径依赖

中国品牌出海与空间问题息息相关，基于区域国别的差异性和地理维度上的邻近性，已经形成了自己的路线和方法，并在长期的实践中形成了一种固定传播路径与惯习策略。

这一路径的形成能够帮助品牌快速完成国际市场的转化、节约传播成本，形成规模化效应。但是，这种固有的路径也会产生负面的影响。品牌如果过度依赖特定的地理区域路径，会导致市场过于集中，进而增加了出海中的不稳定性。

一些品牌长期将主要传播精力放在欧美市场，一旦欧美市场出现经济衰退、政策变化或消费者偏好急剧转变等情况，品牌就会面临巨大的销售危机。而且这种区域集中还可能引发过度竞争，即所谓的"内卷"现象，品牌在有限的区域内争夺市场份额，营销成本会不断增加，利润空间被压缩。

另外，对原有传播路径的依赖可能使品牌对新的、具有潜力的市场反应迟钝，忽略了新兴市场的发展潜力。中国品牌在过去的国际传播中更多关注的是全球北方的发达国家，认为这些市场规则成熟完善、居民生活水平较高，消费能力较强，而当非洲、南美洲等地区的市场开始崛起，消费需求不断增长时，品牌由于习惯了在传统发达国家或地区或文化亲缘地区传播，可能没有及时调整策略进入这些新市场，从而错过拓展市场的黄金时期。

三、中国本土品牌出海的机会点与能力拆解

（一）再全球化与本地化机遇

当前，全球化进程的深入推进与逆全球化趋势并存，这一复杂的国际格局为中国本土品牌提供了再全球化的独特机遇。中国企业可以通过深化与各国市场的协作，充分利用全球产业链延伸和市场拓展的契机，增强中国品牌和世界市场的联系。

在这一过程中，高度重视本地化需求是品牌有效出海传播的关键。不同国家和地区的消费者对品牌的认知和期望存在显著差异，对文化敏感度和情感连接的要求也各不相同。因此，中国品牌在进入新市场时，需采取具有强针对性的目的地营销战略。具体而言，品牌可以推出具有地域特色的产品，以满足当地消费者的独特需求；开展符合当地节日和庆典的营销活动，增强品牌的亲和力。此外，与当地有影响力的文化机构或社区组织合作，有助于在消费者中建立深层次的文化共鸣，从而提升品牌的影响力和市场渗透力。

（二）可持续发展的市场契机

日益严峻的全球环境问题促使各国政府和消费者对可持续发展的关注达到前所未有的高度，这为中国企业在国际市场上展示绿色理念和可持续实践提供了重要契机。以欧洲市场为例，随着欧洲市场环保标准不断提升，绿色、环保、可持续发展理念已成为品牌进入该市场的先决条件，并已逐步从市场准入条件转变为赢得消费者信任的核心竞争力。

在此背景下，中国企业若能采用可持续生产模式，积极履行环境责任，不仅可以提升品牌形象和知名度，还能在全球竞争中占据有利地位。为了抓住这一市场契机，中国品牌应从多方面展现其在可持续发展领域的努力。

可以通过开发低碳环保产品、采用绿色包装和实施节能减排措施，体现对环境的责任担当。例如，中国南方航空公司通过建立数智化碳排放数据管理系统，实现了环保管理高效化和数据透明化，不仅满足了国际监管要求，还彰显了其在可持续发展中的领导地位和环保承诺。这种参与不仅增强了全球消费者对品牌环保形象的认可与信任，还拓展了企业的国际影响力。

（三）短视频的传播优势

在数字媒介迅速发展的时代，短视频已崛起并成为品牌开拓海外市场的强大工具。以抖音国际版（TikTok）为代表的短视频平台在全球范围内的广泛普及，使其成为传递品牌形象与产品信息的高效载体。短视频广告的点击率和用户参与度近年来显著提升，尤其在年轻人群体中展现出强大的传播效能。中国企业可以通过跨文化叙事策略以及与海外关键意见领袖（KOL）的深度合作，迅速提升品牌在国际市场的知名度，与年轻消费者建立深层次的情感连接。

例如，美妆品牌花知晓（Flower Knows）在拓展以日本为主的海外市场的过程中，通过社交媒体平台运用二次元、洛丽塔结合当地文化内容进行KOL"种草"。这种本土化策略不仅加强了品牌在各个当地市场的影响力，还增强了品牌全球形象的连贯性和一致性。与KOL的合作能够帮助企业将品牌价值与当地文化有机结合，提升品牌的本地认同感。例如，华为积极与具有广泛影响力和专业知识的海外网红合作，如科技博主、摄影师等，通过他们的评测、体验和分享，展示华为产品的技术优势和用户体验。

（四）AI 驱动的品牌智能化传播

《2023 中国广告主营销趋势调查报告》显示，人工智能技术正在从提质、增效两个维度赋能品牌传播，54% 的广告主积极尝试 AIGC 技术，36% 的广告主已经在营销活动中使用 AIGC 技术[①]。AIGC 在数据分析、个性化推荐和

---

① 参考中国传媒大学广告学院、央视市场研究、国家广告研究院发布的《2023 中国广告主营销趋势调查报告》。

客户服务等领域为品牌出海提供强大的支持。借助 AI 技术，中国企业能够深入洞察目标市场的消费者需求，制定差异化的产品和营销策略，从而提升在海外市场的竞争优势。

在消费者洞察方面，AI 技术可以通过对大量数据的深度学习，预测不同市场的消费者行为模式，帮助品牌制定更符合本地需求的营销方案。例如，用友 BIP 平台通过建构数据驱动的消费者运营平台 DataNuza，支撑美妆企业精细化洞察和触达海外消费者，延长消费生命周期。AI 还可以协助品牌进行实时效果监测和优化。通过程序化广告购买和智能投放策略，品牌可以根据用户行为和环境因素，动态调整广告内容和投放时机，以最大化传播效果和投资回报率。

在应用 AI 技术的过程中，品牌必须严格遵守各国的数据保护法规，确保数据采集和使用的合法性，以提升消费者的信任和品牌声誉。此外，企业还需持续关注 AI 技术的发展趋势，不断迭代和优化其应用方案，使其更具灵活性和适应性，以应对全球市场的快速变化。只有在合规性的基础上积极应用创新技术，品牌才能在国际舞台上实现可持续的智能化传播。

（五）技术与创新的驱动力

在全球化与数字化深度融合的时代背景下，技术与创新成为中国品牌迈向国际市场的核心驱动力，通过持续的技术研发、产品功能的优化以及用户体验的提升，中国企业在全球竞争中构建了一定的优势。特别是智能硬件、清洁能源和电子商务等领域的技术突破，为中国企业赢得了更多的国际竞争机会。这些领域的技术积累和创新能力，为企业进入发达国家市场奠定了坚实基础。

技术驱动的创新不仅提供了差异化的竞争优势，还塑造了品牌的科技前沿形象。技术创新的内涵不仅局限于产品本身，还延伸至生产过程、供应链管理和服务模式的革新。通过采用先进的生产技术，企业能够降低成本、提升质量，从而增强市场竞争力。在供应链管理中引入数字技术，如区块链、物联网和人工智能，可以提高供应链的透明度、敏捷性和稳定性，增强客户对品牌的信任感。

数字技术的迅猛发展为供应链管理注入了全新的动力，通过智能化物流和数据驱动的供应链管理模式，企业能够更迅速、精准地响应市场需求。例如，利用大数据分析，企业可以准确预测市场趋势，实现生产和库存管理的优化，降低运营成本和供应链的不确定性。

此外，跨境电商平台的兴起和线上直销模式的普及，使中国品牌能够高效覆盖全球消费者，突破传统渠道的限制。在运营层面，构建数字化管理体系，借助云计算和人工智能技术，实现全球资源的高效配置，已成为企业应对多变市场环境并提升运营效率的必要手段。同时，企业应积极对接全球科技趋势，在智能制造、5G应用和绿色技术等领域加大研发投入，以保持在国际市场中的领先地位，并提升品牌的科技影响力。例如，通过推广5G技术，企业可以提供更高效的产品和服务，满足不同国家消费者的个性化需求。

（六）本地化策略的适应力

本地化适应力是企业拓展海外市场中克服文化折扣和文化差异情况的核心路径。而要实施这一路径首先需要对目标市场文化差异、法律法规和消费者偏好有深刻理解，只有这样才能实现传播的本地化和在地化，防止因文化差异过大而造成的品牌价值与当地社会价值观的对冲。中国品牌需要通过制定高度本地化且富有创新性的产品、服务和传播策略，以适应复杂多变的文化和社会背景，并采取本地化的品牌叙事与消费者建立深层次的情感连接，显著提升品牌的市场接受度和忠诚度。在不同市场中，企业通过对语言、风俗习惯和文化敏感性进行精准调整，能够在营销传播的各个层面构建契合当地需求且独具特色的品牌形象。

为充分发挥本地化适应力，中国品牌需要具备敏锐的市场洞察力和灵活的应变能力，全面解读目标市场的文化脉络和社会特征。这就需要强化品牌的在地化合作，通过组建本地团队或与当地合作伙伴紧密协作，进而有效地开发出符合当地需求的产品和服务。例如，在语言层面的调整上，企业不仅进行精确翻译，更根据当地文化进行内容再创作，确保信息传递的准确性和情感共鸣。此外，品牌谨慎选择本地化的传播渠道，利用目标市场最受欢迎的社交媒体平台和广告媒介，实现精准且高效的传播，提升品牌的曝光度和市场渗透力。

在数智时代，不断演变的国际政策与法规对中国出海品牌适应力提出了新挑战。面对可能的文化冲突、法律法规差异和市场进入壁垒等问题，企业需要制定灵活且具有前瞻性的应对策略。例如，为避免文化误解，企业聘请当地的文化顾问或学者，确保品牌信息的准确传递和文化适应性。在法律法规方面，深入研究目标市场的法律环境，严格遵守当地商业规范和合规要求，以规避法律风险和维护品牌声誉。

（七）品牌建设的传播力

品牌建设是中国企业在全球市场中获取长期竞争优势的关键驱动力。在激烈的国际竞争环境中，单纯依靠产品质量或价格优势已难以维持市场占有率。系统化的品牌传播策略、独特的品牌个性塑造，以及与当地文化深度融合的品牌故事叙述，是增强中国品牌影响力的重要手段。通过将品牌的起源、使命和愿景融入目的地市场需求之中，企业能够激发消费者的情感共鸣，提升品牌的亲和力和忠诚度。例如，巴黎奥运会期间，喜茶通过在当地设置奥运快闪店，成功扩大了品牌在国际市场中的曝光率和知名度，还赋予品牌形象以立体感和社会责任感。这种与当地文化和价值观契合的营销策略，有助于强化品牌的定位与独特个性。

数智时代，中国品牌还应当通过数字化驱动的营销方式，与海外消费者保持持续的对话和交流。通过深度互动，品牌能够更准确地理解消费者需求，迅速做出响应。这种互动不仅提升了品牌的曝光率和吸引力，还通过消费者反馈不断优化产品和服务，增强了消费者对品牌的忠诚度。此外，中国企业可以利用多元化的传播渠道拓展品牌影响力。例如，结合虚拟现实技术，创造沉浸式品牌体验，增强消费者参与感；或通过跨界合作，与不同领域的知名品牌联合推广，提升品牌的时尚度和新鲜感。通过这些创新举措，品牌可以在激烈的国际竞争中脱颖而出，形成独特的品牌认知。

四、数智时代中国本土品牌出海传播的变革趋势

（一）从"走出去"到"融进去"的变革

在数智化时代的推动下，中国品牌的国际化策略正经历从"走出去"到"融进去"的深刻变革。传统的出海模式以市场扩张为核心，侧重产品和服务的输出。然而，全球化的深入发展以及海外消费者对本地文化和价值观的高度重视，促使中国品牌重新审视其国际营销策略，更加注重与当地文化、市场环境和消费者生活方式的深度融合。这一转型是品牌在国际实践中不断学习和适应的结果。爱德华·霍尔在1976年出版的《超越文化》一书中提出"高低语境文化"理论，中国文化属于"高语境文化"，而西方文化多为"低语境文化"。中国品牌在跨文化传播中，需要创造"共同的意义空间"，以突破文化障碍，实现有效沟通。这不仅要求品牌在营销传播中调整广告风格、叙事方式和推广渠道，还需在产品设计和包装上体现当地文化特征，彰显对本土文化的尊重与理解。

"融进去"还意味着品牌需与当地社区和利益相关者建立深厚的关系网络，包括与消费者、政府机构、行业协会和分销商的互动与合作。例如，海尔在进入欧洲市场时，不仅设立生产基地，还积极参与当地社区活动，支持文化项目，赞助公益事业，提供契合当地需求的产品和服务。这种深度的本地化实践，助力品牌在海外市场树立积极形象，推动文化交流与相互理解，为长期发展奠定坚实基础。通过将"走出去"与"融进去"有机结合，中国品牌实现了产品与文化的双向交流，增强了海外市场的品牌忠诚度和消费者黏性。这种从市场扩张到文化融合的战略转型，符合全球化

背景下品牌国际化发展的必然趋势，为中国企业的长远发展提供了新的路径和契机。

（二）从"数字化"到"智能化"的变革

数字化革命为中国品牌开拓海外市场提供了前所未有的契机，通过电子商务、社交媒体和短视频平台等渠道，品牌得以迅速进入全球舞台。然而，随着技术的持续演进，营销环境正从基础的"数字化"迈向更高维度的"智能化"。数字化侧重于利用互联网技术实现信息的传递和沟通，而智能化则更进一步，强调运用大数据、人工智能和自动化技术，深度洞察消费者需求，实现精准响应。

智能化转型的关键在于提升品牌与消费者互动的深度和个性化水平。通过大数据分析和人工智能工具，企业能够深入挖掘海外消费者的行为模式和偏好，从而制定高度定制化的营销策略。例如，华为在欧洲市场利用人工智能分析用户数据，提供个性化的产品推荐和服务，显著提升了消费者满意度和品牌忠诚度。这种智能化不仅体现在精准的广告投放层面，还贯穿于营销的各个环节，包括个性化客户服务、供应链的优化管理以及客户反馈的自动化处理等。智能化的核心在于"数据驱动决策"，这不仅涉及对消费者需求的精准识别，还涵盖了对市场动态的预测能力和资源配置的优化效率，促进品牌与消费者之间更高效的互动。

通过对大数据的深入分析，品牌能够更准确地识别潜在的市场机会和风险，预测市场趋势，实现资源投入与策略调整的最优化。例如，阿里巴巴借助云计算和人工智能技术，帮助中小企业在海外市场实现精准定位和高效运营，降低了市场进入的门槛和成本。智能化的营销策略使企业能够更灵活地应对全球市场的多样挑战，而加速从"数字化"到"智能化"的飞跃，将赋予中国品牌在海外市场更强的竞争优势。

（三）从"重效益"到"可持续"的变革

在全球生态危机加剧与社会责任意识日益提升的时代背景下，消费者对品牌的期望已超越了单纯的产品质量和价格层面，更加关注企业在环境保护和社会责任方面的实践。因此，中国品牌的海外营销策略正经历从单纯追求经济效益向强调可持续发展的深刻转型，以赢得国际消费者的信任与认可。在产品研发与生产环节，企业开始将环境友好性作为核心考量，致力于减少自然资源消耗和生态环境影响。例如，比亚迪在全球市场积极推广新能源汽车，倡导绿色出行理念，赢得了海外消费者和政府的高度赞誉，塑造了负责任的品牌形象。在营销传播方面，企业逐步采用更加透明和开放的方式，向消费者展示其在可持续发展上的努力与成果。

此外，中国企业在经营活动中高度关注社会影响、积极履行社会责任，将环境保护、社会责任和公司治理等方面的行动传递给海外消费者，彰显了对可持续发展的坚定承诺。例如，蒙牛乳业定期发布可持续发展报告，详细阐述其在环保、公益和企业治理方面的实践，增强了消费者对品牌的信任和认同。伊利集团在全球扩张过程中，不仅注重环境保护，还通过参与当地的社区建设、教育项目和公益活动，推动所在地区的社会发展，提升了企业的国际声誉和社会形象。这种全方位的可持续发展策略，有助于企业在全球市场中建立深厚的社会信任，为长期发展奠定稳固的基础。

结　语

品牌出海已经成为大势所趋。在数智技术深度赋能品牌传播的当下，中国品牌的国际传播已经告别了粗放的、零散的模式，开始走向精细的、系统的、有节奏的新方向。诚然，技术的应用为中国品牌的出海提供了新的机遇和不竭动力。但是，不可否认的是，中国品牌根植于家国情怀，肩负起"讲好中国故事，传递好中国声音"的责任，以自身作为日常生活的表达与符号，在塑造自身形象的同时也为塑造中国形象增光添彩。为此，需要冷静分析中国企业出海品牌传播面临的困境，并通过拆解中国品牌出海的能力与机会点，为中国品牌如何真正在全球落地生根提出切实可行的方案。

第六篇

新消费与数字化品牌传播专题篇

在当前市场环境下，为了更好地迎合年轻的消费群体，新消费与数字化的联系愈加紧密，二者的结合为品牌传播提供了新的发展方向。

京东在电商存量竞争加剧和用户需求升级的挑战下，不断革新品牌营销传播策略。其品牌价值主张历经多次转变，形成了"低价心智与情感共鸣并重"的宏观战略。具体到微观执行层面，一方面京东通过以低价为抓手结合多元化手段，力求激发市场存量、开拓增量。另一方面则通过幕后员工前台化塑造品牌人设，利用JOY狗狗IP拟人化输出价值观，以及通过情感化的节日营销、创意化的大促营销、及时捕捉热点的借势营销、深度链接的明星营销等方式，占领用户心智，塑造品牌认知。

2024年，小米SU7的发售无疑成为一大热点事件。小米汽车在新能源汽车市场内卷的背景下开启造车事业，经历蓄能与布局、崛起造车、正式问世等多个阶段的努力，逐步打造出高性能和智能化的品牌形象。在品牌传播策略上，小米围绕产品、价格、渠道、推广四大核心维度进行全方位营销。产品策略以技术创新与智能生态布局为核心，通过打造高性能、智能化汽车产品吸引消费者。价格策略则追求极致性价比，定价灵活，适应市场与消费者需求。在渠道策略上，采用线上线下相结合的多元化新零售模式，构建"1+N+新3C"网络体系，提升市场渗透力。推广策略通过话题输出、路透营销、打造领导人IP等手段提升品牌声量，成功在市场竞争中脱颖而出。

而作为新锐品牌的代表，吨吨则采取了"长期投资"的内容营销策略，追求与代言人长期合作实现价值共创。在内容定位上，吨吨以健康时尚的生活方式为定位，专注Z世代消费者的需求。吨吨以产品为起点，借助KOL营销、综艺植入、顶流代言人、央媒背书、跨界联名等多种方式抢占用户心智，打造内容矩阵，最大化放大品牌影响力。此外，吨吨在传播渠道上通过沉浸式线下门店与持续互动的线上新媒体矩阵，实现全渠道布局与一体化传播覆盖。

然而，不可忽视的是，这些品牌在发展过程中也面临着不同的挑战。京东需要在坚持低价策略的同时，保证产品和服务质量，激发用户侧能量，强化品牌的情感化连接与线下体验；小米则需在市场变化中保持产品力和品牌力的领先优势，持续应对新能源汽车行业的快速迭代与竞争；吨吨则面临品牌热度停滞、社交媒体布局不完善、生活方式引领不够鲜明等挑战。总体而言，各品牌需不断创新优化，以适应市场变化，满足消费者日益多样化和变化的需求。同时，积极应对行业竞争与市场挑战，为品牌的长远发展奠定坚实基础。

第十九章　2024 年京东品牌营销传播策略研究报告

作为从 2004 年即涉足电商市场的老牌电商企业，京东与时代同频、与我国经济发展同步，一起蹚过了互联网发展的混沌期进入有序成长期，而如今，则是步入了互联网发展的成熟稳定期，流量红利不再，电商市场迈入存量竞争的新阶段。而能够成为屹立于中国市场 20 年的电商企业，京东在坚守自身企业基因与核心竞争力的同时，始终保持着敏锐的市场洞察力与时代引领力，在每一个时代与市场发展变更的新阶段直面挑战，革新自身的品牌营销传播策略，从品牌价值主张焕新、品牌人设塑造、品牌营销手段升级三方面入手来实现与当下时代消费者更好的沟通与互动。该研究探讨了 2024 年度京东在品牌营销传播上的革新，并结合新时期的挑战和机遇对其未来的营销传播策略提出相关建议。

一、2024 年京东面临存量竞争加剧与用户需求升级双重挑战

（一）用户理性与感性消费需求并存，对电商平台提出新要求

正如知萌《2024 中国消费趋势报告》所指出的那样，审慎精明与精神悦己的消费趋势并存于当下的消费环境之中①，消费者购买决策趋向于理性的同时，其消费需求也开始关注"精神富足"，越来越多消费者愿意为情绪、氛围、精神自留地支付溢价。在这样一种用户理性与感性消费需求并存的背景之下，电商平台如何在提供良好产品与服务的同时，更多地与用户形

---

① 2024 年中国消费趋势报告：审慎精明、精神富足成主导［EB/OL］.（2024-01-15）［2024-11-11］. https://finance.huanqiu.com/article/4GBMwwGoPyQ.

成朋友间的互动交流和情感上的共鸣成为重中之重。

（二）电商市场步入存量竞争时代，价格战进一步加剧

走进互联网的下半场，流量红利逐步消退，各大电商平台对于用户的争夺重点也从增量竞争转变成存量竞争，在这种市场趋势之下，加之拼多多这匹行业黑马的出现，低价战略逐渐在各大电商平台中显现，"价格战"也成了2024年"618"大促的首要关键词。然而不同电商平台对于低价战略的定义与认知也各不相同，对于京东，低价战略并不意味着绝对的低价，而是一项品牌向内变革自身、向外变革心智的长期主义战略。而在用户理性与感性消费需求并存的当下，则意味着京东在向外变革心智的路途上必须在营销传播中注入更多的内容力与情感力。

二、京东营销策略焕新，注重生活化情感化沟通

作为在2004年我国电商行业刚处于萌芽期就开始由实体销售商向线上电商转型的企业，京东的市场洞察力与对消费者需求的探索无疑是敏锐的，而这也是刘强东在《创京东》一书中提到的京东所坚守的初心与能力。在这样一种价值观的指引下，京东的品牌价值主张紧随着市场发展与用户需求嬗变，始终保持与时代同频、与用户共振。其品牌价值主张主要经历了以下四大阶段。

（一）第一阶段，低价心智阶段

2012—2015年，苏宁、国美等线下3C企业牢牢地占据着3C品类的用户心智。而京东作为后进入市场的"搅局者"，为在成熟的线下3C市场突围，京东通过"价格战"塑造低价心智，提出"多快好省"的品牌价值主张，强调平台所能提供与满足的功能层面价值与需求。

（二）第二阶段，品质认知阶段

2015—2020年，伴随着市场端的消费升级趋势与消费者由价格到品质的需求及生活方式升级，京东为满足用户需求，通过强调"品质生活"的

品牌定位，实现了从价格到品质的升级。因此，这一阶段的品牌价值主张也相应地转变为"只为品质生活"，以此实现京东平台的差异化定位。

（三）第三阶段，情感共鸣阶段

2020—2022年，疫情使得越来越多的用户对于情感满足与精神富足的需求涌现，这也对品牌提出了新的挑战。面对这一转变，京东积极承担自身的社会责任、坚守对用户的承诺，并提出全新的品牌价值主张"不负每一份热爱"，以此来形成自身与目标用户的情感共鸣和价值观认同。

（四）第四阶段，低价心智与情感共鸣并重阶段

2023年至今，我国消费市场消费升级与消费降级的状况并存，电商市场进入存量竞争时期，消费者在消费过程中也是审慎精明与精神悦己需求并存。面对这种大环境，京东顺应趋势回归自身低价认知，重提"多快好省"的品牌价值主张，在早期强调低价心智以外，还通过满足消费者情绪需求，形成一种螺旋上升的品牌力。

当前，京东的战略是向内从价格、产品、服务三方面变革自身，向外通过品牌人设塑造与品牌传播策略革新来变革用户心智的长期主义战略。为了使"又便宜又好"的品牌价值主张更好地传递至消费者，突出京东自营体系的核心竞争优势，并使得消费者在与企业接触的各个触点都留下京东专业、真诚的品牌印象，京东在传播侧进行了多元化手段的运用与布局。

三、多元化手段、七大策略实现心智占领与用户情绪共振

（一）幕后员工前台化：以直播间与短视频为抓手，塑造专业真诚品牌人设

在品牌人设塑造上，京东通过品牌宣传片向消费者传递自身"专业、真诚"的品牌人设。而在品牌宣传片的叙事主题与视角之上，京东一改往日的宏大叙事，转而将每一位"京东人"，尤其是在京东自营供应链体系中扮演着核心角色的采销员工推至前台。在宣传片《不红的红人》中，京东从

一线采销员的视角来展开品牌故事的讲述，负重测试跑鞋的时尚采销、干吃水煮五花肉的生鲜采销、手拿锤子测试头盔的汽车采销……这种小切口、更接地气、展现采销员幕后工作的小微叙事能够让用户对京东"专业、真诚"的品牌形象有更多的实感。

除此之外，京东的另一大重要举措就是成立采销直播间，打出"真便宜、真五折"的口号，强调京东采销直播间"无坑位费、无达人佣金、无套路"，真正让利于用户，以此在目标用户心中逐渐建立起京东"又便宜又好"的品牌心智。而各品类采销员作为最懂产品、最懂价格的一群人，站到直播间直接与用户进行沟通与互动，能够更好地向用户传递有效产品信息与建议，强化用户对于京东专业、真诚、靠谱的品牌印象。同时在京东域内，各品类采销员的短视频测评内容也在持续发布与更新，以采销员对产品的专业理解与经验向用户进行相关信息的分享与"种草"，实现短视频"种草"与直播转化的双循环。

（二）品牌自有IP打造：萌趣JOY拟人化输出品牌价值观

更关键的是，京东也在全方位地利用JOY狗狗这个自有的品牌IP形象来更加拟人化、更具贴近性地塑造自身的品牌个性与人设。品牌IP打造与IP联名等盛行于当下的市场环境，除了IP形象的可爱、蠢萌形象戳中当下用户对于萌点与审美的追求，更重要的是IP形象中往往承载了用户所认同的价值观与人生态度，如吉伊卡哇（Chiikawa）的爆火实际上是因为其对打工人小八、小哭包吉伊等角色的塑造完美地与当代年轻人形成了共鸣——在千疮百孔的生活中依旧保持着幸福的能力。

而JOY的形象塑造亦是如此，其作为京东自身的超级IP形象，是品牌资产的一部分，成为不断地输出与时代同频内容与观点的载体，在坚守固有品牌理念的同时，以更符合当下时代用户偏好的方式进行企业与品牌价值观的输出。在京东20周年之际推出的《JOY与小猪妖》动画影片就是一个很好的例子，JOY陪伴小猪妖历经困难拿到樱桃，实际上也暗喻了京东陪伴每一位用户成长发展。

（三）节日营销情感化沟通：重视节日契合度与人情味

要想与用户形成持续的沟通与互动，抓住每一个恰当的节日节点进行品牌传播，激发用户的互动热情是其中的重要手段之一。而京东在节日营销上也投入了很多努力，重视通过在节日节点推出与节日相契合的主题来进行品牌与产品的传播，注重节日沟通中的贴近性与人情味。

以其在七夕节的营销为例，为了能够更软性地向用户植入"买礼物上京东"的心智，京东在七夕节与微博节日君#七夕爱的表达式#IP展开合作，植入微博像素画室活动进行品牌露出。此外，京东还以#七夕礼物#节日主话题与#买礼物上京东#品牌导流话题为阵地进行媒体、达人、用户等多方内容的聚合，最大化拦截节日流量与热度。为了进一步激发用户的参与热情，烘托七夕节日氛围，京东还联合黄V达人就京东"七夕统一小考"试卷进行视频产出，分享七夕不踩雷礼物指南，以更具趣味性的方式激发用户情绪共鸣，同时更好地进行产品的"种草"转化。

（四）大促营销重传播声量：凸显低价战略与创意幽默

2024年，为了重新占领用户对于京东的"低价心智"，京东也推出了许多营销向的全新大促活动，希望通过能够显示京东低价决心的营销动作来向用户传递与强化这一信息，同时也以此为抓手实现用户拉新与留存的提升。如2024年9月京东零售大时尚事业群推出的"服饰5折"活动，在9月19—25日活动期间发放满100-50、满200-100、满300-150三个档位优惠券，并通过微博与小红书平台的达人和媒体账号进行5折活动的信息传递与购买攻略分享，极强地激发了用户的购买欲与分享欲。

此外，京东还在2024年7月推出了"超级18"促销活动，每月18日与不同品牌进行合作，推出18元秒杀大礼包，吸引用户定期来京东打卡寻宝。为了将"超级18"的促销活动更好地在消费端进行传递，京东喊出了"来京东超级18，花18元小钱就能薅到大羊毛"的口号，极具煽动性地激发用户进入APP活动页浏览下单。此外，为了使得"超级18"的活动声量得到进一步的放大与传播，京东联合罗永浩开展"超级18"专场直播，将交个朋友直播间和罗永浩老师的势能转移赋能至"超级18"活动之上，进一步激发更多用户的参与热情。

（五）新品营销凸显价值感：重视用户需求与情感沟通

而在产品营销上，"新品是京东2024年重点发力的方向"，京东集团副总裁、京东零售平台运营与营销中心负责人邵京平如是说，未来的一年中，京东小魔方将推出"三百计划"，即打造100个销售过亿元的独家或"先人一步"首发新品，100个销售过千万元的IP联名和趋势新品，助力1万个店铺在新品销售中实现100%的同比增长。[①]而为了能使京东小魔方发布的新品更加契合用户的需求，京东在产品供给之外还通过各种营销手段及提供附加价值来提升目标用户的获得感与值得感。

以华为nova Flip新品在京东小魔方的发布为例，为了使更多nova Flip的目标用户选择在京东平台下单购买，京东洞察到nova Flip折叠屏的目标用户以追求手机颜值的年轻女性用户为主，因此其与年轻女性用户喜欢的"大热女明星"黄油小熊IP展开联名合作，推出前1000名预售用户得黄油小熊限定礼盒装活动，并在微博平台推出和黄油小熊合拍的H5小活动与联名周边抽奖福利，以IP之力撬动目标用户的分享与购买转化。

（六）热点营销全方位在场：追逐热点同频与话题互动

及时捕捉社会实时热点，借热点之聚合力与用户形成交流互动和同频共振，也是品牌开展营销不可或缺的一大能力。以热点话题为载体，融入用户的互动交流场域，以朋友的角色陪伴用户体验热点发酵的全过程，并善于成为用户的"嘴替"，精准表达用户情绪与所思所想。以近期的热点《黑神话：悟空》为例，作为首款国产3A游戏，在上线之日便引爆了游戏圈层

---

① 李静. 京东 2024 年新品战略：未来一年打造 100 个销售过亿的独家首发新品［EB/OL］.（2024-03-07）［2024-08-30］. https://baijiahao.baidu.com/s?id=1792875415303564190&wfr=spider&for=pc.

用户，并通过热搜、媒体报道、UGC内容分享等渠道外溢至普通用户。京东作为电商平台自然也不会错过这样一个全民热点事件，推出《黑神话：悟空》联名周边产品，如游戏手柄、显卡、游戏机等联名款，将这一波游戏热度与京东自身的3C强势品类进行结合，同时在京东微博官方账号、采销直播间等阵地进行传播，激发用户与品牌的互动，最终借热点之力促进品牌声量提升与销售转化。

（七）明星营销重深度链接：前置预判规划与价值延续

明星营销亦是京东品牌传播策略中的重要一环，通过明星代言人自带的流量热度与粉丝忠诚度，带动品牌声量的提升与用户拉新。然而值得注意的是，京东的代言人营销并没有停留于浅层的代言人官宣与海报视频拍摄等，而是在"前期代言人选择—官宣预热—中期代言人相关热点同频植入—后期成交转化"全链路实现代言人价值的延续与最大化利用。

以京东超市官宣张若昀为代言人为例，在前期选择环节，即预判《庆余年第二季》的播出将会带来巨大的流量与讨论度，并提前签下张若昀成为代言人；在剧集播出之际，官宣张若昀为京东超市品牌代言人，整合明星热度与剧集热度，双重热点加持，最大化实现京东超市品牌露出；而在后期转化环节，跟随用户观剧场景推出沉浸式落地页"小范大人开超市"，向用户推荐追剧好搭子，减弱用户对广告抵触心理的同时提升了下单率。

四、京东品牌营销传播问题与建议

（一）全面传播品牌新形象，焕新用户品牌认知

针对京东用户的深访调研可以得知，经过长久的品牌形象建构与品牌资产积累，目前京东在大多数用户的心中留下了可靠、信赖、专业、正派的品牌印象，这也得益于京东一直以来所具备的自营供应链、物流配送与售后服务的核心优势。

而在发力"低价战略"的当下，如何在保证产品与服务质量的前提之

下为用户提供更多的价格优势成为重点。同时在重新抢占用户对于京东低价心智认知的同时，京东在一定程度上也面临着对以往所树立的可靠、专业品牌形象的损害。然而，也有用户在访谈中表示："京东目前在我心里就是一个安全有保障的平台，如果能降价的话，可能反而会减少我在看到同样产品在其他电商平台的价格之后产生的背刺感，从而更快地进行购买决策。"由此可见，低价策略在一定程度上可以减弱用户购物后产生的认知失调状况，但如何平衡好低价与产品质量及服务之间的天平，是始终需要思考的。

（二）激发用户侧能量释放，以社交聆听实现价值共创

如何更好地激发用户侧的能量释放，实现品牌与用户之间的价值共鸣和价值共创，也是京东在品牌营销传播上亟待探索的方向。目前，京东在品牌营销传播上确实在进行内容、形式以及渠道等方面的创新，以期更大化地吸引用户关注与互动。然而，京东的营销传播依旧存在一些需要改进的地方，以微博平台为例，用户在接受采访时表示，京东在微博平台发布的内容存在过于官方以及和热点结合过于生搬硬套等问题。而面对这样一种情况，消费者希望京东在进行内容发布时可以更多地结合日常生活，产出一些能够打动目标用户心理的话题，以此来引发用户的情感共鸣。如在周五下班节点，可以通过洞察打工人的心理活动，产出一些相对应的互动话题，并通过社交聆听逐渐树立起自身在用户心中的朋友角色。

（三）强化品牌人格化互动，积累社交资产

正如菲利普·科特勒所言，成功的人格化品牌形象就是最好的公关，能够逐步加深品牌与用户间的关系，并使得用户在潜移默化中加深对品牌及其价值观内核的感情与共鸣。而在社交媒体时代，一个拟人化的、有生活接近性的品牌形象显得尤为重要，因为用户理所当然会更愿意和有温度、有情感、有贴近性的品牌官方账号进行互动交流。

而京东零售 3C 数码事业群下属的"京东手机通讯"微博官方账号就是一个非常成功的案例，通过塑造幽默诙谐又带点无厘头的社交媒体人格化

形象迅哥，逐步与手机通信类目标用户建立起了深度的互动交流场域，通过日常生活化内容发布＋营销向内容发布的组合实现多元化信息的传递与朋友式的陪伴，最终也使得该事业部微博账号的粉丝量与京东官方账号粉丝量不相上下，远远领先于大时尚、大商超等事业部的微博官方账号，由此可见一个鲜明的人格化形象可以在较大程度上赋能品牌社交资产的积累。

（四）重视线下体验式营销，打破体验边界

除了在线上各大社交触点加大与用户的互动交流，在线下回暖的背景下，如何满足Z世代年轻一代用户的线下体验需求也成为重中之重。随着演出经济、音乐节等在Z世代群体中爆火崛起，京东也需在营销中探索新的可能性，以新的线下场景赋能自身品牌营销，推动线上线下更好地结合。以优酸乳联手唐老鸭超级IP玩转热NOW音乐节为例，京东以自身的IP资源与音乐节资源赋能品牌商家，通过商家冠名的方式给予品牌商家线下音乐节的品牌露出权益，通过艺人口播、现场TVC、展位物料布置等方式加强品牌在线下音乐节与用户的互动，全方位沉浸式地融入用户的音乐节体验场景之中，提升用户对于品牌的认知度与好感度。

结　语

互联网流量红利不再，电商市场进入存量竞争时代，各大平台各显神通的低价战略也并非长久之计，当价格降无可降之际，真正要吸引并留住目标用户还是需要依赖创新与共情的品牌营销传播策略。而在这一阶段，京东面对低价与产品质量及服务之间的平衡问题，给出了营销式低价辅以"与热点同频、与用户共振"的营销传播策略，这一营销策略的实施带来了品牌热度的提升与新用户的增长，同时，也面临着用户品牌认知需焕新、社交聆听需加强、体验边界需拓展等问题。而为了更好地实现用户心智地位的占领，为平台维持存量并带来新的增量，京东也不断地在营销传播实践中尝试并推动上述问题的解决。

第二十章 "国产新势力"小米汽车品牌传播研究报告

2024年政府工作报告中提到，要巩固和扩大智能新能源汽车产业的领先优势，打造新的经济增长引擎。这为新能源汽车行业注入了新的动力，加速了行业的成长。近年来，中国新能源汽车行业的"内卷"现象不断加剧：传统车企转型新能源，不得不卷；造车新势力期待开拓市场，主动卷。这种内卷一方面反映出政策激励和技术突破带来的机遇，另一方面也说明了行业正在从野蛮生长逐步走向成熟。小米汽车通过打造爆款"网红产品"，在2024年新能源汽车市场中成为焦点，以独特的品牌传播策略在竞争激烈的市场中脱颖而出。

一、国产新能源汽车市场内卷下小米开启造车事业

（一）新能源汽车成为汽车行业最炙热的风口

根据全国乘用车市场信息联席会发布的最新数据，2024年7月，中国新能源乘用车零售87.8万辆，新能源乘用车的月度渗透率首次超过传统燃油乘用车，构成了汽车行业的重要增量。[①]艾媒咨询调研数据显示，预计2025年中国新能源汽车市场规模有望突破23000亿元。[②]新能源汽车正逐步成为消费者的主流购车选择，其市场版图进一步拓展。

[①] 高亢，吴慧珺. 最新突破！新能源乘用车零售销量首超燃油车［EB/OL］.（2024-08-08）［2024-08-10］. https://www.gov.cn/yaowen/liebiao/202408/content_6967267.htm.

[②] 艾媒咨询｜2024—2025年全球及中国新能源汽车行业消费趋势监测与案例研究报告［EB/OL］.（2024-11-09）［2024-12-09］. https://www.iimedia.cn/c400/103141.html.

从产业链来看，原料与电池位于新能源汽车产业中上游，在原料供给上，碳酸锂作为汽车动力电池的主要原料关乎新能源汽车制造成本，近两年来其市场价格呈现高位运行，2023年随供需调整，整体市场价格有所回落。在电池方面，我国锂电池产业呈现爆发式增长，新能源汽车对锂电池需求旺盛。整车制造作为新能源汽车产业链下游，利润空间较大，直面消费者需求，成为产业竞争的焦点。相较于传统燃油车，新能源汽车的技术与准入门槛降低，加之未来前景的诱惑，吸引了各方资本入局。目前国内新能源汽车市场主要是传统车企、造车新势力、互联网科技公司三方势力，比亚迪作为龙头企业优势明显，哪吒、小鹏等造车新势力进一步谋求增量，小米、华为等互联网科技公司积极布局，蓄力新能源汽车市场。

（二）小米汽车三大发展阶段

随着小米品牌影响力的增强，雷军开始进军汽车制造业，全面打造品牌在智能科技领域的生态蓝图，实现"人车家全生态"。小米汽车是小米集团2021年成立的全资子公司，负责智能电动汽车业务。小米汽车以高性价比、高品质、高科技、高用户体验为核心价值，从底层核心技术做起，开启了互联网科技公司的造车之路。

1. 蓄能与布局：积累经验，合作铺路

在小米入局汽车行业前，雷军赴美与马斯克见面并试驾特斯拉，积累造车经验。2014年小米申请了第一个汽车专利，并不断加码汽车领域的投资，不仅在研发上投入重金，还通过投资参与了小鹏、蔚来等造车新势力的早期发展，并在产业链、自动驾驶、车用半导体等多个领域进行投资，此外，2018年，小米推出了首款汽车媒体属性产品"米车生活"APP，从专利申请到产业链投资，再到与行业内其他企业的合作，小米逐步构建起自己的汽车产业生态，多方蓄能为造车铺路。

2. 崛起造车：应对压力，打磨技术

"我愿压上人生所有声誉，为小米汽车而战。"[①]2021年，雷军正式宣布

---

① 来自雷军2024年3月28日在小米汽车发布会上的演讲。

小米将成立子公司，负责智能电动汽车业务，标志着小米正式进军智能电动汽车领域。在正式开启造车后，小米广纳贤士并积极投资半导体与芯片产业，为小米自动驾驶技术加码。2022年7月，小米造车迎来了重要节点，正式开始上路测试，并优化电池动力。2023年是新能源汽车疯狂"内卷"的一年，价格战此起彼伏，许多造车新势力难以抵御压力相继退场，小米业绩有所下滑但对汽车板块的研发费用投入大增。"只发技术，不发产品"，2023年年底在小米汽车技术发布会上，雷军表示，"小米从底层核心技术出发，十倍投入，做一辆好车，造一辆能媲美保时捷、特斯拉的梦想汽车"。在小米汽车的发展蓝图中，技术打磨与产业链的整合是成功的关键一环。

3. 正式问世：惊艳亮相，拓展版图

正如雷军所言，"造车很苦，但成功一定很酷"，回顾小米造车整个历程，稳步布局，投入巨额资金，整合产业链上下游资源，不断提升研发水平，在2024年3月迎来了圆梦时刻。小米SU7举行上市发布会，以其高性能、智能座舱、年轻化外观与生态互联等特点，吸引了广泛关注，其标准版售价21.59万元，提供了极具竞争力的配置和性能，27分钟大定破5万台。随着小米SU7的交付和市场的进一步反馈，未来小米汽车在智能电动汽车领域的版图将会进一步扩大，并深刻影响着新能源汽车行业的市场格局。

二、小米汽车品牌传播的四大策略

（一）产品策略：产品为船，从 0 到 1

在2024年中国广告主营销趋势调查中，广告主将产品视为营销的原点，产品是皮，营销是毛，打造好产品是品牌发展的基础。小米SU7是一款C级高性能生态科技轿车，目标人群主要是年轻人和中产阶级，他们注重品质和科技，追求个性化和智能化的生活方式。小米从主流消费群体出发，打造与消费者需求相契合的智能产品。在产品设计理念上，小米SU7采用溜背式车型+主动式尾翼、轻盈的车身体现了颜值哲学，将外观与保时捷、特斯拉等高端品牌相关联，提升了小米汽车的吸引力与档次感。雷军强调"50万以内最好看、最智能、最好开的车"等系列产品卖点，巧妙管理消费者预期，贴合目标人群的审美需求，初次亮相便吸引了许多年轻消费者的关注。

技术创新与智能生态布局成为小米汽车的产品"光环"。全域自研、巨额的研发投入、庞大的智囊团，小米造车从底层核心技术出发，在续航里程、智能驾驶技术以及内饰设计等多个关键领域均展现出行业领先的技术水平。此外，小米汽车从产品、产业、用户与服务生态等多个维度展现出了"全生态化"的优势，小米汽车可以与小米其他终端联动，打造出多端协同的体验，并与其他行业合作，共同构建一个涵盖用户衣食住行的全生态化智能系统，为智能车企的未来发展提供参考。

（二）价格策略：对标竞品，打造极致性价比

2024年来，新能源车价格战愈演愈烈，在价格上，小米SU7的核心定价策略在于用"极致的性价比"来抢占市场。小米汽车在推出SU7时就明确将特斯拉、保时捷作为竞品对标。这种向上对标的策略，不仅提升了小米汽车的品牌形象，也为消费者提供购车参考，通过价格对比展现出小米汽车的性价比优势。

小米汽车在定价上颇具智慧，一方面，以目标人群的消费能力为基础，制定契合的价格。艾媒咨询调研数据显示，中国新能源汽车消费者以中青年为主，购买新能源汽车最理想的价位在10万—20万元，其次为21万—40万元①，小米SU7定价在21.59万元，在确保品牌定位的同时将价格定在目标消费者的理想范围内。另一方面，洞察市场现状，寻找竞争优势。雷军表示，首款低配版本打算定价在24.59万元，后与竞品特斯拉Model 3价格相比后又进行降价调整，以快速赢得市场，有效提升了竞争优势。

---

① 艾媒咨询｜中国新能源汽车产业运行状况与用户消费行为调查数据［EB/OL］.（2024-08-16）［2024-08-18］. https://t.10jqka.com.cn/pid_376919946.shtml.

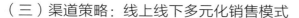

（三）渠道策略：线上线下多元化销售模式

小米汽车采取新零售模式，以"直营"为内核，以"数字化"为基础，构建社会化的销售网络体系，实施线上线下相结合的多元化销售模式。在线上，小米汽车通过小米自有商城、APP以及其他合作伙伴的平台，使用户在线上可以了解小米汽车的核心亮点、预约试驾、配置订购车辆等，为用户提供多元便捷的购车渠道。在线下，小米设立了交付中心、合作展厅、体验店等，不仅提供试驾与购车服务，还配备了售后服务，提升了用户的购车体验。

"1+N+新3C"的渠道模式，结合了直营与代理的双重优势，搭建起了全面立体化的网络体系。"1"是指小米汽车自建自营的交付中心，也是小米汽车销售渠道的核心，这些交付中心不仅负责基本的车辆交付，还涵盖了销售和售后服务业务，成为小米汽车全渠道体验的中心。"N"代表多个代理销售商和用户服务触点，小米汽车与百强汽车经销商集团以及区域化强商进行合作，在主流汽车商圈建设起销服一体店，提供代理销售和授权服务，增强了小米汽车的市场渗透力。

在经销商选择上，小米主要从经销商资源与代理经验方面考量，优先选择拥有豪华品牌或主流新能源品牌代理经验的经销商，并要求其拥有核心商圈场地资源和良好的客户资源。此外，"新3C"是指在小米之家体验店引入汽车业务，打造小米科技生态融合店，推进小米汽车快速铺开渠道，同时打造更多消费者触点。

（四）推广策略：多元谋划，打造车圈顶流

1. 上半场：布局与预热

（1）连续性话题输出，把控舆论正方向

在注意力经济时代下，制造一个好的话题引发大家持续关注，就会延长传播周期，让大家持续关注品牌动态。小米汽车在上半场的预热与造势阶段巧妙制造话题，为品牌制造声量与流量。从小米官宣造车开始，有关小米汽车的话题就带有节奏感地陆续出现在公众面前。2021年，关于小米汽车Logo、宣布投资100亿元用于造车、高价求贤、选址北京等话题引发公众广泛关注，提高了受众的心理阈值。2023年，小米也在持续制造话题并积极管理舆情，对有关产业链、法律问题、交付时间等网友质疑的问题进行回应和辟谣，巧妙控制舆论方向的同时，保持自身的热度不减。"人生最后一次重大创业项目"①、价格知多少等话题使公众对小米汽车的好奇心拉满并保持持续关注，为小米汽车后期的大动作做足了预热宣传。

值得关注的是，小米在持续制造话题提升热度的同时，一方面，注重通过话题来测试市场反应，赋能策略调整，在前期通过发布概念图和模型，引发了市场讨论，进而起到收集公众意见、测试市场反应的作用。另一方面，制造话题把握适度原则，为后期信息正式发布做铺垫，小米明确表示消费者不要期待价格太低，向消费者传递品牌定位并为下半场的价格公布进行铺路，同时也是对消费者进行预期管理，减少正式发布后消费者对价格的失望感。

（2）"犹抱琵琶半遮面"，路透营销拉满悬念感

小米汽车在预热铺垫期采取了"让子弹飞一会儿"的策略，路透式的营销方式，引发受众的好奇心。继造车发布会后，2023年12月28日，小米汽车技术发布会更是为正式产品发布搭好了舞台。首先，小米在技术发布会前通过电子大屏向友商致敬，一方面，表达了小米汽车对行业前辈的敬畏之心，彰显企业家精神的同时，有助于建立行业内的合作关系；另一方面，通过致敬友商来制造话题、引发受众关注，为技术发布再次预热。

其次，展现核心技术，加深受众印象，技术发布会通过讲述核心技术、介绍品牌理念与定位等巧妙在公众心中进行了品牌印象的预理，让更多人对小米SU7有了更为全面、立体的认识，增强了消费者对产品性能的

---

① 来自2024年7月16日，雷军在个人微博上发布的视频，讲述了自己"人生最后一次创业"——投身小米汽车的创业决定。

期待。

最后，制造价格悬念，"只发技术，不发产品"，进一步引发了公众的好奇心。在小米汽车正式上市前，预测小米SU7的定价成为重要的社交货币，公众对品牌的关注大增，通过设置价格悬念来保持神秘感，让小米汽车始终有热度。此外，在线下，通过在人流量密集的场所进行路测，如小米科技园、武汉大学、京东等地，让更多受众接触并熟悉小米汽车，从侧面培养好感，同时借助用户的好奇心与分享欲，在社交媒体平台上进一步扩散。

（3）深度互动，沉淀用户资产

在小米SU7的整个传播过程中，与用户互动发挥了至关重要的作用。面对互联网上的质疑与谣言，小米汽车主动出击，通过收集网络反馈、网友疑问，分批次发布了"答网友100问"系列，打造了一场大型网络Q&A，高效降低了市场中的信息噪声。小米汽车系统性地从官方角度回应市场和用户疑虑，主要回答了营销、技术以及设计等方面的问题，其中技术是焦点板块。这一动作不仅起到回应谣言、调控舆情的作用，还通过一系列互动拉近了用户与品牌的距离，提升了品牌的知名度和美誉度，为品牌积累了信任资产。

小米汽车从未停止与用户互动的步伐。在"答网友100问"第三篇完结后，雷军在微博上发布了"50万以内最好看轿车"的投票活动，巧妙将用户的兴趣点和品牌的关注点结合起来。通过此次互动，小米汽车在了解用户喜好的同时，延伸了自身热度，形成了一种积极的用户参与和品牌共建的氛围。小米汽车通过创造各种与用户深度互动的机会，将用户转化为品牌的忠实粉丝和自发传播者，为品牌积累了用户基础。

（4）打造领导人IP，助力品牌增势

雷军个人IP效应成为小米汽车品牌传播的关键法宝。雷军作为小米公司的创始人，本身就是超级IP，也是小米汽车的精神图腾。雷军通过公开演讲和社交媒体，成功制造话题，提升品牌热度，以个人IP效应吸引公众广泛关注，为小米汽车造势。

首先，雷军与用户高频互动，零距离沟通，从开始造车便做出"人生最后一次重大创业项目"的宣言，借助个人影响力吸引了受众的关注，并且巧妙借助互联网与网友进行玩梗式互动。在微博、小红书、抖音等平台上，雷军的账号保持高度活跃，捕捉并回应粉丝的需求。例如网友喊话让雷军表演漂移，雷军就发布了漂移视频，并引发了许多延伸话题，充分体现了其平易近人的态度，也提升了用户对小米汽车的好感度。

其次，打造人设，融入热点。在粉丝经济时代，将个人经历通过多平台传播，雷军塑造起了科技圈劳模、"爽文霸总"、"雷神"、"雷布斯"等称号，在巩固正面人设的同时，带动了品牌增势。雷军善于借力网络热点，例如雷军参与了《歌手2024》等热门节目的话题互动，融入粉丝群体内部，巧妙借助互联网热点，将流量通过个人引入品牌。

最后，雷军在打造个人IP的过程中，抓住了短视频的流量密码，实现个人IP与新媒介生态的融合。雷军充分利用个人账号，发表了《雷军带你看汽车工厂》等日常化的短视频，探索了一种汽车行业探厂的全新宣传形式，并且积极投身直播领域，构建了具有亲和力的公众形象。通过在短视频平台布局，雷军个人账号成为小米与受众之间的沟通桥梁。

2. 下半场：发布与扩散

（1）用好舞台，打造车圈春晚

通过前期一系列沉淀和积累，小米汽车终于迎来高光时刻，在小米汽车SU7发布会上，雷军对产品性能、配置等进行详细展示并解读，打造了一场车圈科技春晚，在彰显产品科技感与高格调形象的同时，为品牌积累了广泛的客户基础。

首先，传播覆盖面广，抓住直播流量。小米SU7上市发布会布局了超过20个直播平台、12个电商平台同步直播，24小时内传播热度指数就突破

90，有关小米汽车的话题也占据了各大传播平台的热搜榜首。通过全覆盖式直播，触达更多用户，为发布会增强声量。

其次，定价后置，助推高潮。对于广受关注的定价，雷军在发布会开始后两小时才正式公布，在公布最终价格前，雷军强调产品的高端技术，并与特斯拉 Model 3 等高端竞品相比较，在消费者心智中立下"锚点"，使21.59万元的定价更具吸引力。

再次，在发布会上用数据和事实说话，可靠感更强。雷军在演讲中使用了大量的数据和事实来支撑观点，在现场展示了小米财报数据、研发投入、性能数据等，增强了受众对品牌的信任度。

最后，用细节打动用户。雷军在发布会上情绪价值拉满，在演讲中表达了对造车项目的深厚情感，例如提到了造车中的困难与挑战，引发听众的情感共鸣。他还在演讲中多次强调小米汽车的设计与服务均围绕用户需求，体现用户至上的价值观念，例如提及了小米汽车的雨伞收纳槽、防晒玻璃、手机支架、车载冰箱等产品细节，从细节出发打动用户，体现品牌人性化的设计巧思。

（2）营造紧迫感，刺激购买欲望

官方数据显示，小米汽车发布后销量十分火爆，4分钟大定破万台，27分钟大定破5万台，交付量稳步上升，打响了亮相第一战。小米汽车在销售上巧妙运用了"饥饿营销"的手法，通过限量发售、限时抢购等机制，调控了产品的生产与投放节奏，营造了供不应求的紧俏氛围，也进一步激发了消费者的购买欲望。

一方面，精准控制产品的供应，赋予用户优先购买权。在产品亮相初期，小米汽车宣布限量发放1000个 SU7 F 码，消费者凭码可以优先购买，刺激了消费者的购买欲望。另一方面，在新消费时代下，主流消费群体更注重个性化消费。基于需求升级，小米汽车特别推出了5000台创始版车型，每辆创始版车都拥有独一无二的编号，满足了消费者个性化的欲求，在个性化和限量销售的双重作用下，让消费者感受到了产品的独特价值与珍贵性。

同时，限时优惠，缩短消费者决策周期。小米SU7推出限时优惠政策，在截止日期前下定金可以享受配置的升级和外观、内饰等优化福利，这一举措在提升产品吸引力的同时，在"限时"的紧迫氛围下刺激了消费者的购买欲望，推动了销售。此外，为了进一步减少消费者的购买顾虑，避免激情下单的弊端，小米汽车提供了限时的无理由退款政策，不仅彰显了品牌的诚意，也在无形中增加了成交的可能性。

（3）打出内容营销组合拳，增强传播效果

小米SU7的上市过程是一场"线上为主，线下辅助"的现象级内容营销战役。首先，小米汽车善用外围玩梗，实现病毒式传播，通过制造趣味内容来吸引公众的关注与讨论，在增强品牌曝光度的同时，还使品牌与年轻活跃的互联网用户群体建立了紧密关联。例如网友将发布会上车企老板们的照片做成表情包、爽文男主的创始人形象、小米汽车Logo设计等，小米汽车擅长向网友递梗，引导受众进行"自传播"来增强品牌声量。

其次，与KOL合作，扩大品牌影响力。2024年广告主营销趋势调查发现，与KOL合作成为品牌的惯用动作，在注重KOL的同时，伴随用户对KOC的信任度上升，广告主越来越重视用户的"心智转化"。在深度访谈中，某新能源车企广告主表示，"现在的趋势是将KOL变为车主来与用户进行沟通"。基于品牌定位，小米汽车与多位数码和科技领域的KOL合作，通过KOL来传播产品信息、解读性能、进行产品测评等，小米汽车注重"KOL+KOC"的双重培育，让KOL成为真实车主来与用户进行交流。

再次，利用明星打造话题度。小米汽车上市发布会后，#雷军张颂文 霸道总裁爱上我#等话题冲上微博热搜。从网友的评论、张颂文回复评论表达暗示，到雷军回复张颂文，小米巧妙打造了品牌的话题度。张颂文作为小米手机的代言人，可信度高，互动接地气，引发了受众的正向关注，而雷军主动互动大大提升了小米汽车的曝光度。

最后，制造情感共鸣是小米汽车内容营销的关键一环。雷军巧妙结合自己的创业经历和人生感悟，以"人生最后一次重大创业项目"宣言为起点，将整个小米造车过程与人生梦想相结合，通过分享自己的奋斗故事，使消费者成为梦想见证人，并与其建立了深厚的情感连接，激发消费者的共鸣与支持。

（4）全周期服务，促进长远发展

全周期为消费者提供满意服务，是车企打造品牌口碑和实现可持续发展的关键所在。一方面，躬身交付，营造仪式感。在小米SU7的交付环节，雷军亲自参与，为用户提供周到服务，通过握手、鞠躬、开车门等动作使仪式感拉满，给消费者留下了深刻的印象与完美的购车体验，提升了品牌的形象。

另一方面，构建线上线下全覆盖的服务网络。在线下，小米汽车的服务中心遍布全国29个城市，配备专业的售后团队，让不同地区的消费者都能享受及时高效的服务，确保了服务的高标准和一致性；在线上，小米汽车线上云服务中心提供7×24小时全天候售后，随时解决用户需求，提供技术支持。

此外，提供一站式服务，让消费者更加便捷，小米汽车提供车辆故障在线诊断服务，快速确定故障原因，并提供上门取车、维修同步、修后送车上门的一站式服务。通过这种全周期、全方位的服务体系，小米汽车增强了用户对品牌的忠诚度，助推品牌长远发展。

三、国产新能源汽车未来发展的三大趋势

（一）强化内核：低价并非万金油，品牌力与产品力成为制胜关键

新能源车企卷价格的趋势显著，但在产品让利下营收增长面临挑战，出现了资金停摆的风险，以价换量的策略不再是万能模板，产品力与品牌

力越来越成为品牌市场竞争的关键所在。微笑曲线理论显示，产业在中长期的发展中要特别注重产业链两端的附加价值，也就是产品研发技术与专利以及品牌营销与售后服务的完善。

在产品端，新能源车企要加强技术研发，提升智能化水平，并且在做好质量管理的同时从目标用户的需求出发，对产品的功能、外观等进行优化。正如小米汽车依托强大的资金支持，从底层逻辑出发，加强汽车核心技术的研发，并深入洞察消费者痛点，优化产品的性能与设计，有效提升了产品的竞争力。

近几年来，新能源汽车行业如雨后春笋般出现，在大浪淘沙的环境下，新能源车企只有提升品牌力才能站稳脚跟。一方面，要在市场中找到品牌的差异化定位，塑造独特的品牌形象与价值主张，通过品牌故事与价值观的传播，提升品牌的认知度与吸引力。另一方面，要打造良好的品牌口碑，不仅要深入用户实际生活，增强品牌与用户的互动和参与感，还要注重全周期优质服务的提供，增强消费者的品牌忠诚度，助推品牌的长远发展。

（二）塑造生态：打造产业链生态，形成差异化竞争优势

从产业到产业链生态的跨越，是产业发展的重要阶段。伴随技术进步和用户需求的多元化，新能源车企想要脱颖而出就越发需要统筹技术、资金、人才等各环节和要素，使其协同融合。通过构建技术、产品、产业、用户以及应用服务等生态，形成差异化的竞争优势，成为新能源车企未来立足于市的关键优势。小米汽车将"科技×生态"作为核心理念，在产业生态端，小米汽车整合小米集团资源完成了包括开发者、供应链、智能制造全链路的布局。在产品生态上，小米汽车与小米手机、平板电脑等设备打通，为用户创造出多端协同的体验感。伴随小米汽车的加入，小米集团实现了"人车家全生态"的链路闭环，将用户日常生活的场景全面整合起来，提供无缝的智能体验，为小米汽车带来更多的市场潜力。

（三）乘势而行：顺应年轻化潮流，推进品牌走向世界

目前，国内新能源汽车市场的受众人群呈现出年轻化、女性化和高端化的特征趋势①。新能源车企要洞察潮流走向，满足受众需求，一方面，要抓住用户对科技感的兴奋点，绝大多数新能源汽车用户较为注重车辆的技术配置和智能化水平，因此要积极打造前沿科技竞争力，提升用户对品牌的好感度。

另一方面，当前年轻消费者较为注重产品的个性化和独特性，因此有个性和品质的汽车才能打动他们。新能源车企可以通过与时尚品牌联名、周边打造、增加个性化设计元素等来吸引消费者关注。此外，打造女性向车型，通过色彩与外观设计、性能适配女性用车习惯等来满足女性车主的需求。

在深耕国内市场的同时，在全球化趋势下，拓展海外市场是强势新能源车企发展的必然趋势。目前，布局海外市场的广告主主要处于品牌全球化和分销渠道国际化阶段，较为注重产品、价格与渠道的本地化布局。面向存在诸多差异的海外区域市场，我国新能源汽车出海需要因地制宜地制定差异化战略。"本地建厂+品牌直营"逐渐成为新能源车企出海的主流模式，要洞察并适应当地消费者的需求，形成竞争优势，在后端，海外消费者可能会对购车和服务等提出更高的要求。因此，要注重加强海外市场的本土化全周期服务，提升品牌口碑，促进长远发展。

结　语

在新能源汽车赛道内卷严重的背景下，小米打造出了新能源车圈"顶流"，小米汽车实现现象级传播并非偶然，这是产品力与品牌力双轮驱动的结果。小米汽车以产品为基础，在饱和的市场环境下找准自身定位，不断

---

① 2024新能源汽车行业及营销趋势报告（附下载）[EB/OL].（2024-03-23）[2024-08-30]. https://news.sohu.com/a/765702944_121876967.

摸索创新渠道模式，展现出"流量+生态+渠道协同"的初期优势①；并在传播推广上打出组合拳，有效提升了品牌的声量和流量。但造车是一场马拉松，小米汽车在迎来交付期的同时，也面临着产品质量、交付、产能等多方面的考验。"产品是船、营销是帆、口碑是风"，未来小米汽车还需要在市场的大潮中不断前行，寻找适合自己生存的生态位，以赢得消费者的信任与支持。

---

① 高万鹏．"小米SU7"还有多少续集［J］．中国品牌，2024（5）：46-49.

第二十一章　新锐品牌吨吨内容营销策略研究报告

我们正在踏入一个全新的消费时代，消费市场被进一步细分，消费者的个性化需求与情绪需求也越发强烈，品牌与消费者的互动沟通来到了一个前所未有的新阶段，内容之于品牌的重要性再一次凸显。而新锐品牌成长于互联网时代，携带与生俱来的内容基因①，内容营销的重要程度更是不言而喻。本报告的研究对象吨吨是新锐品牌的代表之一，通过研究吨吨的内容营销策略，以期为希望加大内容营销投入但缺乏合适方法的新锐和非新锐品牌广告主提供参考。

一、吨吨的内容营销战略：积累品牌资产，逐步建立品牌势能

当下，对内容营销的定义要素之一是"长期、持续的营销战略"，由此可见，内容营销依赖于企业的长期建设与投入。吨吨通过代言人营销、跨界联名等手段，长期投资品牌内容，逐步建立起品牌势能，推动吨吨品牌的"肌肉式增长"，将积累的品牌资产与势能逐渐转化为品牌和产品的销售力。

多数品牌采用顶流明星代言都是为了追求品牌的曝光，并依赖顶流明星的粉丝黏性来吸收现金流，这种对短期效果的追求会使得代言人营销的后续增长乏力。而吨吨追求与代言人长期合作实现价值深度共创，最大化借势顶流代言人，赋能品牌长期价值投资。在进入中国市场第三年，吨吨

---

① 本书"新锐品牌"定义：近 10 年新创立的品牌，以及个别创建了新子品牌或品类的成熟品牌，其增长位于行业领先水平，占据了一定消费者心智。

起用了顶流明星王一博作为代言人就是最好的印证。

二、内容定位：围绕"健康时尚"生活方式抢占用户心智

中国消费者开始追求更高层次的情绪消费与心理满足消费。正如吨吨创始人在接受广告主访谈时提出："1.0时代的营销是卖产品的功能，2.0时代卖情绪审美，3.0时代卖文化。"基于对市场端与消费端的洞察，吨吨锁定了新的人群和需求，致力于塑造一个引领消费者生活方式的品牌。

确认要打造生活方式引领型品牌之后，吨吨将目标人群锁定于成长在经济富足时期的2.6亿中国Z世代人群，其中热爱运动、健康、时尚的人群比重较高。因此，吨吨的使命确立为"以时尚的态度改善大众健康饮水习惯"，愿景确立为"成为全球健康时尚水具的引领者"，开始围绕"健康时尚"的关键词进行全方位内容的输出，逐步在用户心智中占据地位，使得吨吨成为代表"潮流时尚"的身份标签。

产品是皮，营销是毛。一个品牌想要一直繁荣，仅仅依靠营销是无法实现的，产品本身所具备的"引爆力"才是第一位的。因此，吨吨的营销也是以产品作为起点，围绕自身产品进行内容的定位与输出，同时将差异化的产品作为内容营销的起点，在产品打造阶段就前置性地代入内容营销的思维，使得吨吨桶产品从概念到形态都更加适配于后续的内容营销主题。

为了锁定吨吨产品的引爆点，吨吨从品牌标识设计、产品外观设计，到品牌价值主张都围绕"吨感"来展开，以形成差异性。首先，在品牌标识上，吨吨创造了自身品牌的"超级符号"——"吨"字，以此来打造吸引消费者眼球的视觉锤，同时"吨"字也代表了消费者在喝水时的声音，作为声觉联想提高消费者对吨吨的记忆；其次，在产品外观设计上，超大桶的杯身设计使得吨吨在一众水杯中脱颖而出，进一步加深了消费者的品牌联想与记忆；最后，围绕"健康饮水新时尚"的定位，在品牌价值主张上，一句"让喝水进入吨吨时代"的标语爽朗上口，成为再一次加深消费者印

象的"语言钉"。

三、内容矩阵：体系化"借力打力"

在明确了自身的内容目标后，吨吨也建立了独有的"吨感文化"内容方向。围绕着"潮酷运动水杯"这一核心价值，进行全方位的内容营销布局，以体系化内容矩阵的方式"借力打力"。通过整合KOL营销、代言人营销、联名营销、综艺营销及时装周营销等多方力量，最大化地发挥吨吨的内容力，进而激荡起用户对品牌与产品的关注及情绪共鸣。

（一）通过意见领袖"种草"与综艺植入放大品牌特色

"1%、30%、70%"三个数字是吨吨实现在中国市场冷启动的密码，即以1%的头部意见领袖，带动30%的各圈层、各垂直领域KOL，最后带动70%的剩余群体。因此，"明星同款"是吨吨在众多消费者心中留下的第一印象，肖战、王嘉尔、王俊凯等流量明星对吨吨产品的使用将其推入了大众的视野之中。同时，吨吨还持续与头部达人、球星、运动健将等合作来放大品牌与"健康时尚"的关联度。在完成了1%的头部意见领袖布局后，吨吨开始全力渗透时尚、运动、健身等各细分圈层的KOL，以"种草"来广泛覆盖不同的细分群体，最终触达剩余70%的人群。

为了进一步提升产品在目标人群中的曝光，除了意见领袖"种草"以外，吨吨还通过分析Z世代群体的内容偏好，锁定《奔跑吧》《这！就是街舞》等与自身品牌相匹配的综艺节目进行植入，在多元场景的露出中实现对节目观众的心智占领。同时，明星在节目中对吨吨产品的使用也能进一步强化明星效应，实现购买转化。

（二）顶流代言人助力品牌持续破圈，借力主流媒体实现品牌力

吨吨联合创始人曹光洋先生在接受广告主项目调研访谈时表示："2021年是吨吨的品类年，2022年是品牌年，2023年是扩品年，而今年2024年将是渠道年。"在2021年成功打爆吨吨桶这个品类并成为品类的绝对领导者之

后，2022年吨吨开始寻求顶流代言人的合作来进一步助力品牌的破圈与知名度提升。

代言人的选择核心在于其与品牌内核及核心价值观的契合度，而王一博与吨吨的联合即是从外观、精神到价值观的全方位契合。首先，王一博具备"酷盖"（Cool Guy）这个身份称号，同时也是个时尚感与时尚资源非常优质的艺人；其次，王一博的运动能力极强，滑板、摩托、街舞样样精通；最后，王一博的节目、电影、电视剧都是符合国家大势、正能量满满的主题。

除了起用顶流代言人，吨吨还通过寻求与新华社"中国名牌"专项的合作来进一步推动自身品牌的破圈，向成为"中国名牌"的目标靠近。依赖新华社作为主流媒体独有的公信力、背书力、影响力向消费者进行水杯材质的科普，将吨吨对水杯高标准材质的坚守传递给消费者。此外，吨吨也积极参与"第十届中法品牌高峰论坛"等官方会议活动及交流论坛，除了面对顾客市场传播品牌内容，还同时布局政策市场，在更高的战略层面传递品牌信息与价值观。

（三）跨界联名增强品牌时尚感与文化感

为了提升吨吨潮酷感与时尚感的品牌形象，吨吨在进行跨界合作时会重点关注联名品牌是否契合吨吨超酷、时尚、健康、运动的品牌理念。在这样的理念指导下，吨吨选择与兰博基尼、NBA与李宁等品牌跨界联合，在特定圈层扩大影响力的同时，也再次加深了吨吨的时尚潮酷形象。

在积累了一定品牌知名度与声量之后，吨吨的品牌势能吸引了其他品牌主动寻求合作。正如曹光洋先生所言："吨吨一直在做的事情就是让品牌值钱。"而通过观察哪些品牌在主动寻求与吨吨联名，实际上就是检验吨吨品牌价值与势能的最好方法之一。如认养一头牛与吨吨合作，喊出"喝奶进入吨吨时代"的口号（图21-1）；妙可蓝多通过与吨吨联名喊出"一起奶酪、大口吨吨"的口号（图21-2）。

图 21-1 吨吨与认养一头牛跨界联名

（图片来源：吨吨BOTTLED JOY 微信公众号）

图 21-2 吨吨与妙可蓝多跨界联名

（图片来源：吨吨BOTTLED JOY 微信公众号）

四、内容传播：全渠道布局、一体化传播

（一）线下门店打造沉浸式氛围，线上新媒体矩阵持续"种草"

为了更好地传递自身所倡导的健康时尚的生活方式，吨吨积极布局线下门店，以更沉浸式、体验化的方式接近目标用户。在门店选址上，为了更好地匹配自身生活方式引领型品牌的定位，吨吨选择了进驻各大一、二线城市的顶级商圈，如上海世茂广场、杭州湖滨银泰in77、深圳前海壹方城等，将线下门店打造成一个集产品销售、潮流体验、活动运营于一体的用户互动交流场。

而回到线上渠道，吨吨也是尽可能地涵盖所有和目标用户可能的接触点，正所谓"消费者在哪里，吨吨的营销就走到哪里"，因此吨吨在淘宝、京东、抖音、小红书等平台均进行了比较全面的布局。吨吨将淘宝作为自身的线上主阵地，在淘宝上打品牌心智；同时也积极顺应内容电商的崛起，在抖音平台上进行内容的输出，主打卖货转化；而在小红书平台上，则主要进行笔记的"种草"，积累消费者。

（二）一体化传播营造品牌负责、健康、可持续的公共形象

《2024中国广告主营销趋势调查报告》指出[①]，广告主的内容营销越发趋于统一管控与一体化传播，而从吨吨的内容营销布局中也可以窥见这一发展趋势。吨吨联合创始人在接受广告主研究课题组访谈时提到，"品牌有五个市场——顾客市场、资本市场、政策市场、人才市场与公民社会，吨吨虽然是一个新锐品牌，但这五个市场我们都会进行相应的投入"。

纵览吨吨的内容营销布局，我们可以发现，吨吨围绕着"健康材料、超酷运动"这一核心理念，在不同市场开展具有不同侧重点的公关动作。面向资本市场，在36氪、虎嗅等行业关注度高的垂类媒体上发布文

---

① 广告主课题组. 趋势速递 | 《2024 中国广告主营销趋势调查报告》正式发布，文末附报告获取方式［EB/OL］.（2024-06-12）［2024-11-11］. https://mp.weixin.qq.com/s/z8wtzCDD4t_1A2IrsF1KFw.

章。在政策指导下，通过新华社"中国名牌"专项进行水杯高标准材质的科普。面向社会，推出关爱自闭症儿童相关活动等。五个市场齐发力，吨吨通过一体化的内容传播形成最大合力，实现品牌形象与资产的全方位提升。

五、吨吨品牌内容营销问题与建议

（一）吨吨品牌内容营销存在的主要问题

1. 停滞的品牌热度：跟随者涌入后，品牌长期发展面临挑战

吨吨BOTTLED JOY凭借一己之力开辟了水杯类目下的蓝海新品类"吨吨桶"，作为"开山鼻祖"，吨吨所代表的不仅是一个品牌，更是一个新的品类。然而杯壶行业低技术壁垒的特征必然使得大量后来效仿者纷纷涌入新赛道，以更低的价格抢占市场与流量。如新兴水杯品牌"克尼普斯""Bablov"，以及老牌水杯品牌甚至是家具家电品牌"富光""九阳"等均推出与"吨吨杯"类似定位的产品，使得吨吨陷入同质化竞争的泥沼之中。

保持持续的创新对于吨吨来说也是一个巨大的挑战。吨吨的成功要素之一在于瞄准了国内杯壶市场的"健康时尚价值力"与"大容量水杯审美力"的缺失。在此基础上抓住时间窗口迅速展开产品推广，进而实现了对这一细分领域的快速占领。然而，用户的需求是在不断变化的，在九阳、克尼普斯等品牌推出可榨汁的随身携带吨吨杯等新产品时，吨吨还停留在通过联名及产品外观的改变来调动用户的新鲜感，没有追求产品功能上的创新，给消费者留下了"重营销轻产品"的印象。

2. 不完善的社交媒体矩阵布局：品牌尚未挖掘出小红书平台的巨大潜力

在社交媒体布局上，吨吨尚未挖掘出小红书的巨大潜力。正如营销领域专家刀姐doris所言，最有价值的人群是趋势性人群。而小红书作为口碑

型社区具有强大的"造趋势"能力，用户在浏览小红书笔记的过程中被潜移默化地"种草"各类趋势型生活方式。这与吨吨致力于引领消费者的生活方式的品牌理念是非常契合的。但是吨吨却并没有在这个可以称之为"灵魂伴侣"的平台进行充分的布局。从小红书搜索来看，关键词"吨吨杯"的搜索结果页顶部推荐栏中主要包括品牌名、材质以及关联明星几大类，其中靠前的品牌有Bablov、Stanley、Holoholo以及膳魔师，而吨吨的品牌并不在其列，而是与王一博进行了一个强关联，这在一定程度上不利于吨吨品牌知名度的提升及用户的心智占位。而在搜索结果页的"种草"帖子当中，也可以发现吨吨品牌的"种草"帖很少。由此可见，吨吨还需进一步思考如何更好地完善自身在小红书平台的内容发布与达人"种草"。

3. 不够鲜明的生活方式引领：品牌与时尚潮酷的强关联依旧任重道远

作为一个时尚化运营的生活方式引领型品牌，吨吨通过达人"种草"、明星代言、跨界联名等多元化的内容营销手段打造品牌定位与身份标签。虽然此类时尚化策略初见成效，但吨吨所代表的时尚潮流价值与潮玩、潮流服饰等时尚单品仍不可同日而语，吨吨品牌与时尚潮酷的强关联性依旧任重道远。

与同领域的另外一个水杯品牌Stanley相比，吨吨的生活方式引领塑造似乎略逊一筹。作为与Lululemon一样先席卷欧美社交媒体的水杯品牌，Stanley可以被称作"水杯届的Lululemon"，瞄准中产阶级女性市场，通过定位精准的达人营销塑造了一种精致、松弛感满满的生活方式。"身穿Lululemon、手拿Stanley水杯、画着美式白开水妆容"，也在社交媒体上被网民们调侃为"白女三件套"，"质疑白女、理解白女、成为白女"也一度成为网络热梗，事实上这代表着女性所向往的一种理想生活范本。而对吨吨来说，如何避免自说自话，通过达人"种草"来更好地打动目标用户，推动其自发卷入品牌的互动以及分享之中是重中之重。

（二）吨吨品牌内容营销策略建议

1. 保持敏锐的洞察与持续的产品创新

用户需求在不断变化升级，消费市场也在不断变化升级，因此没有哪一款产品能够永恒地处于生命周期中的成长期。当我们发现产品迈入成熟期之后，就需要居安思危，保持着对消费者需求的洞察与产品新功能的开发，如此方能推动品牌与产品进入下一个全新的生命周期循环之中，而不至于步入衰退期。对于吨吨来说，则需要不断探索新的形态与新的功能，满足越发细分化、场景化的用户饮水需求。

2. 完善小红书平台布局与"种草"策略

作为目前热度最高的生活方式"种草"平台，小红书已经成了品牌内容营销的重要阵地，"两微一抖一红书"成了许多品牌基础的社交媒体矩阵布局。根据上文提到的吨吨在小红书平台营销存在的问题，KFS（Kol-Feeds-Search，博主—信息流—搜索）策略优化、合理运用KOS（关键意见传播者）、积极布局私域可能是未来吨吨品牌在小红书进一步发展的机会点所在。这就要求吨吨在进行达人投放时要尽可能匹配调性统一的达人，生产调性统一的图文或视频内容，并不断对自身的搜索关键词进行占位优化；此外，KOS账号的设立与私域社群的搭建也同样是实现与目标用户深度沟通的重要渠道。

3. 将用户真正卷入品牌塑造的生活方式之中

正所谓品牌是属于消费者的，吨吨要想打造潮酷健康运动的生活方式，不能仅仅停留于明星、达人营销、跨界联名等品牌主导的内容营销活动，还需要调动普通用户真正参与至品牌生活方式的共创之中，促进互动、交流与分享。以此逐步形成用户之间的身份认同与归属感，并依靠目标用户的社交网络进一步扩大品牌声量与追随人群。

作为一个浸润在新消费时代的新消费品牌，吨吨在水杯这一传统耐消品领域，以跨时尚的思维打造出生活方式引领型品牌。从单纯的功能性产品跨越到情绪价值与文化价值维度，通过多元化内容实现品牌资产的积累，以期最终实现品牌跨越生命周期的长久生存。然而，当下吨吨的发展也面临着持续创新乏力、平台布局不够完善、生活方式塑造需进阶等问题，能否从昙花一现的新消费品牌转变为拥有强大品牌资产积累的中国名牌，还要看未来的路如何布局。

结　语

作为新锐品牌，更具网感的营销模式能够帮助其快速崛起，并收获一批粉丝。但需要注意的是，营销不是万能的，市场竞争的底层逻辑依然是产品质量的比拼和品牌影响力的较量。因此，吨吨在做好营销的同时，还要持续打造高质量的产品并塑造自身独特的品牌形象，形成长期主义的品牌规划，以防止被营销和流量反噬。

第七篇

高质量发展专题篇

在高质量发展的时代背景下，企业的发展战略与传播策略创新备受关注。本篇紧扣时代主题，从代表性品牌海天、蒙牛的传播策略分析，到企业ESG传播与生物多样性保护传播研究，系统分析了当前中国企业高质量发展与传播的现状、问题与未来趋势。

作为各自领域的行业领军品牌，海天和蒙牛通过高质量且可持续的品牌传播策略，不断巩固并提升了自身的竞争优势。海天依托中央广播电视总台及各大卫视平台的广告投放，突破地域性限制，实现了品牌从区域化向全国化的跃升。同时，通过整合优质传播资源，融入文化元素，海天不断提升品牌影响力，以高标准的产品质量推动中国标准的全球传播。蒙牛将绿色发展与生物多样性保护深度融入品牌战略，不仅在顶层设计中融入"在发展中保护，在保护中发展"的理念，还通过技术创新丰富绿色产品线，强化绿色品牌定位。结合区域优势，蒙牛构建产业生态链，提升国际市场影响力，为消费者提供优质产品的同时，引领乳业绿色发展。这两大品牌的实践充分体现了中国企业在高质量发展道路上的创新与担当，为行业发展树立了典范。

在高质量发展理念的引领下，中国企业ESG传播快速发展。一方面，随着中国特色ESG评价体系的逐步完善，企业开始更加积极地融入ESG理念。消费者对ESG产品的溢价支付意愿也推动了企业ESG传播。然而，当前企业在ESG传播中仍存在如"只做不说""只说不做""片面理解"等问题。大多数企业仅停留于发布ESG报告的阶段，缺乏有创意、深入的传播内容。部分企业更将其作为营销噱头，而忽略了整体可持续发展的平衡性。

另一方面，生物多样性保护作为ESG的重要内容，正在打破以政府和媒体为主导、企业仅为参与者的传统单向传播格局，企业的主体性责任日益增强，逐步成为不可或缺的核心传播主体。尽管如此，目前中国企业生物多样性保护传播的体系尚未完善，学界对于这一领域的研究仍处于起步阶段。未来，无论是学术界还是业界，都需要携手努力，共同构建系统化的传播体系，推动企业生物多样性保护传播的规范化与深化。

第二十二章 蒙牛品牌生物多样性保护传播策略研究报告

作为中国乳业的领军品牌，蒙牛在高质量发展的道路上稳步前行，将生态化发展理念贯穿于品牌战略和生产实践的每一个环节。在这一过程中，生物多样性保护传播成为蒙牛构建绿色品牌形象、推动产品升级、强化市场竞争力的重要助推力，同时也为其生态化、可持续的全产业链战略奠定了坚实基础。本报告深入分析了蒙牛在生物多样性保护传播中的实践路径，结合当前行业趋势和潜在挑战，总结了其在复杂市场环境下巩固竞争优势的成功经验和行动策略，并提出了蒙牛未来品牌传播的优化策略与建议。

一、持续践行生态友好战略，融入全球可持续发展框架

（一）传播绿色牧场理念，成为绿色发展领先者

中国乳品行业的发展正经历从消费规模扩张到品质升级的关键转型阶段。2008年三聚氰胺毒奶粉事件的冲击使行业不得不重新审视和调整其生态化发展方向，逐步向健康、高端乳品市场进发。消费者对乳品的安全性和环境污染问题表现出越来越多的担忧，特别是对于自然牧场、生态健康产品的期盼不断增加。

《中国电子商务绿色发展报告》显示，超过60%的受访者了解"绿色消费"[1]，绿色消费已逐渐成为主流，优质的牧场管理成为行业中的竞争焦点。

---

[1] 【专家观点】打通绿色消费堵点 有效激发绿色消费市场潜力［EB/OL］.（2023-12-22）［2024-08-30］. https://www.ndrc.gov.cn/wsdwhfz/202312/t20231222_1362867.html.

生态化养殖牧场的优势在于拥有标准化、精细化的管理体系。这包括对牧场环境温度和湿度的精确控制、土壤与水源的全面监测、牧草种类及营养的科学管理，以及奶牛的运动和健康的实时监控等。这一系列严格的管理措施，确保了生态牧场能够源源不断地生产出高品质的牛奶，以满足消费者对于更健康、更高端乳品的需求。生态化养殖的优质奶源正推动行业逐步走向高端消费的趋势，并成为其核心竞争力之一。

蒙牛立足于草原的资源优势，通过传播绿色牧场的理念，赢得了广泛的消费者认同。在向高端品牌发展的过程中，蒙牛持续通过品牌创新占领市场制高点。2005年，蒙牛率先推出了中国首款高端牛奶品牌"特仑苏"，紧接着在2008年进一步推出特仑苏有机纯牛奶，延续并深化其"绿色健康"的品牌形象。这一系列产品不仅在广告传播中凸显了牧场生态健康的理念，同时也通过线下的消费者体验活动、与各地媒体的合作，成功提升了品牌的市场影响力。蒙牛借助多渠道品牌传播策略，将其生态牧场的理念深入人心。通过覆盖广泛的电视广告、社交媒体宣传，以及有机奶产品的发布活动，蒙牛迅速扩展了其绿色牧场品牌的影响力。通过这些努力，蒙牛不仅占据了高端乳品市场的有利位置，还逐渐确立了其在生态健康理念上的行业领先地位。

（二）将生物多样性理念融入顶层设计，擘画保护蓝图

乳制品产业链长、生产环节多，一头连接着草原、沙漠等相对脆弱的生态系统，一头连接着数量庞大的食品消费者。如果以不可持续的生产和消费方式回应市场需求，乳制品产业链上的每个环节都有可能对自然资源、生物多样性造成破坏。数据显示，在乳制品生产过程中，过度放牧和化肥的使用导致的土壤退化，影响了全球每年约3000万公顷的耕地，而这些变化直接威胁到生态平衡和生物多样性。

蒙牛将生物多样性视为人类赖以生存的基础和地球生命共同体的血脉与根基，继2019年将可持续发展上升为集团战略之后，蒙牛在2020年提出

"守护人类和地球共同健康"可持续发展愿景，2021年提出"予自然 共绽放"的生物多样性保护愿景。2023年，蒙牛MSCI ESG评级跃升至"AA"，为中国食品行业最高等级，并获得国务院国资委央企"ESG·先锋50指数"第三名，逐步在可持续发展和生物多样性保护之路上走实走深。

蒙牛积极响应联合国《生物多样性公约》第十五次缔约方大会通过的"昆明宣言"，锚定联合国《2020年后全球生物多样性框架》，结合自身运营实际，针对性制定蒙牛生物多样性保护战略，明确努力降低生物多样性威胁、可持续利用生物多样性资源、促进生物多样性共识三大路径，提出生物多样性保护八大承诺，擘画蒙牛生物多样性保护的战略蓝图，彰显了蒙牛生产更营养产品、引领更美好生活、守护更可持续地球的坚定决心和责任担当。

二、面对日益多元的需求和消费方式，区域品牌、新锐品牌纷纷入局

（一）消费需求多元：品质化、个性化、健康化

根据尼尔森IQ发布的《2024中国乳品行业趋势与展望》报告，72%的中国消费者选择对健康有益的产品，70%的中国消费者表示会尝试有助于健康的新品，这两个比例均高于亚太消费者的平均水平[①]。消费者购物偏好更注重健康化需求，逐渐从基础的营养补充向更高层次的品质化、个性化与健康化发展，除了高钙、高蛋白等传统营养需求，功能性也开始受到重视。

这一趋势不仅反映了市场对乳制品消费期望的不断升级，也对乳制品行业的产品研发和品牌传播提出了更高的要求。例如，认养一头牛、北海牧场等多个品牌推出A2 β-酪蛋白牛奶，更容易被人体吸收。新希望联合黄天鹅推出双蛋白牛奶，含有卵磷脂和卵转铁蛋白，实现蛋白质互补，优化

---

① 尼尔森｜《2024中国乳品行业趋势与展望》［EB/OL］.（2024-05-31）［2024-08-30］. https://www.sohu.com/a/782874953_498750.

营养结构。

此外，不少新品也在中式滋补上花了点心思。随着中式养生风潮兴起，红枣、黑芝麻、南瓜等养生元素也被应用到乳品中。雀巢推出枸杞红枣厚乳，新希望推出五黑生牛乳、贝贝南瓜牛乳，燕塘乳业推出食膳养生系列新品。在免疫健康、肠道健康、体重管理等领域重要的消费需求之下，各乳企均在日常营养补给和精细化营养方向持续发力。

（二）消费场景多元：运动健身、户外等成为乳制品消费的新场景

随着消费者对健康生活方式的追求不断增加，乳制品消费也逐渐与多元化场景结合，开始逐步渗入公众的生活，扩展至运动健身、户外活动等新兴领域。除了运动健身场景，户外旅行、社交聚会等场景也开始成为乳制品消费的新兴领域。以行业实践来看，酪神世家推出专为女性定制的五维素颜奶酪，帮助提升代谢力和自护力。妙可蓝多聚焦佐酒场景，推出佐酒奶酪拼盘，包含烟熏奶酪、切达奶酪和科比杰克奶酪三款，同时特别搭配了南非甜辣椒，开盒即享；盒马聚焦餐饮场景，推出岩烧乳酪酱，只需倒入食材后加热30秒，即可在家复刻网红岩烧。越来越多的品牌为这些新兴消费场景开发便捷、易携带的产品，满足消费者在不同场景下的消费需求。

为此，蒙牛在品牌传播中突出乳制品在这些情境下的功能性和适用性，例如通过赞助体育赛事、与健身品牌合作，强化乳制品在运动后补充能量、促进身体恢复等方面的作用。通过这些举措，蒙牛可以有效提升其在新消费场景中的品牌认知度和吸引力。

（三）消费方式多元：线上线下融合的即时零售

乳制品的消费方式也在不断变化，多元渠道布局已成为重要趋势。目前，乳制品行业的销售渠道仍主要以线下为主。尼尔森IQ零研数据显示，2023年线下市场的店铺数量增加9万家，扩张速度达2%[①]。得益于国内连锁

---

① 尼尔森 |《2024中国乳品行业趋势与展望》[EB/OL].（2024-05-31）[2024-08-30].https://www.sohu.com/a/782874953_498750.

商超下沉和冷链物流的逐年发展，乳品厂商有机会进一步加大其在线下城市及乡村的市场渗透。线下渠道也更有利于低温乳制品在区域市场的储藏、运输和销售。尽管线下渠道的搭建需要时间，但一旦成熟，便拥有相对较高的竞争壁垒。

另外，随着品牌对消费者的信息传播和沟通趋向线上化，更多实体门店的营销方式也正在转移至线上，以短视频、直播、私域运营等数字营销方式协助乳制品的推广与市场扩张。相对而言，线上渠道的优势在于不受地域限制，门槛较低，可借助互联网快速实现品牌及产品覆盖；得益于扁平化的渠道结构，线上渠道往往能带来更大的价格优势。

根据普华有策的调研数据，2022年乳制品线上及线下零售额占比分别为17.50%和82.50%[①]，线下传统超市和特大型卖场仍是目前乳制品最主要的零售渠道，但线上渠道和其他新零售渠道消费增速较快。在消费升级的背景下，未来乳制品线上线下全渠道融合趋势将不断深化，新兴的数字化营销方式及新零售渠道也将促进乳制品市场走向新高度。

（四）另辟蹊径，传播破局，区域品牌崛起

乳制品赛道已经进入品牌竞技的下半场，更丰富的营养、更细分的品类、更多元的饮用场景以及更独特的情绪价值，成为品牌增长与制胜的关键点。年轻一代的消费群体更加随性，品牌忠诚度较低，对新鲜、独特产品的接纳程度较高。

在此背景下，更具有"区域文化""天然鲜活""品质概念"的地域、小众品牌不断涌现，在品牌传播中另辟蹊径，通过线上渠道破局，精准抓住当下消费主力军，迎合年轻人尝鲜、不拘于固定选择的个性与态度。以"不一样的风味"借助社交平台，走差异化路线，"包抄"全国性牛奶品牌。例如，自成立起就以"火箭速度"不断上新的内蒙古兰格格酸奶品

---

① 乳制品市场持续向品质化、个性化、创新化、数字化一体化方向发展［EB/OL］.（2024-03-12）［2024-08-30］. https://www.163.com/dy/article/IT3K51Q20518WMF4.html.

牌，致力于在传播"内蒙古口味"的同时传播内蒙古独特的草原文化，打出了草原酸奶的旗号，也让更多消费者看见中国草原酸奶之都乌兰察布的故事。

区域品牌往往能够更敏锐地捕捉本地消费者的偏好，迅速推出适应本地市场需求的产品。同时，区域品牌通常在本地市场中具备较强的品牌认同感和竞争优势。这要求蒙牛在应对区域竞争时，需更加注重本地化营销和品牌故事的讲述。通过深耕地方市场，挖掘本地文化和消费者的情感连接点，开展有针对性的营销活动。

（五）争"鲜"入局，场景创新，新锐品牌，强社交新人群

随着"天然""新鲜""营养""健康"逐渐成为消费者追求高品质生活的核心概念，"无添加"属性的低温奶开始登上乳制品宝座。冷链技术的成熟和物流体系的完善，以及配套设施的发展，为低温奶品类的快速崛起提供了优质基础。《2024中国鲜活牛奶白皮书》显示，随着市场规模不断扩大，低温鲜奶行业的增长速度已经稳定领先于液态奶市场，2023年销售额达106.09亿元，成为乳制品中增速最快的细分品类[1]。不同于常温白奶集中效应明显的伊利蒙牛双寡头格局，低温奶赛道目前仍呈现着"自由竞争"模式，各大乳制品品牌纷纷入局，企图通过新品类完成"弯道超车"。企查查数据显示，仅2023年一年新注册的低温鲜奶企业就有7673家[2]。

新锐品牌的加入为乳制品行业注入了新的活力，但同时也加剧了市场竞争。这些新锐品牌凭借创新的产品定位、灵活的市场策略以及对年轻消费者的吸引力，逐渐占据了一定的市场份额。在侧重产品品质的同时，亦不能忽视运输和渠道端的建设。低温奶的短保质期属性决定了"渠道"是其规模化扩张的关键点，而极具速度优势的生鲜电商，顺势成为品牌加码

---

[1] 三元食品发布《2024中国鲜活牛奶白皮书》：以「鲜活」力量引领未来［EB/OL］.（2024-06-25）［2024-08-30］. https://news.pedaily.cn/20240625/88637.shtml.

[2] 郭铁.《2024鲜活牛奶白皮书》发布［EB/OL］.（2024-06-24）［2024-08-30］. https://news.qq.com/rain/a/20240624A08IE700.

渠道的重要平台。此外，在新消费场景中，年轻客群的需求偏好也是分析赛道未来发展趋势的重要参考维度。从认养一头牛与吨吨桶的"搭子"营销中也能看到场景塑造、强社交的重要性，吸引新消费人群、提升年轻消费群体的消费频次，创新饮用场景，无疑是拓宽低温奶发展空间的有效举措。

三、蒙牛开展生物多样性保护传播，赋能核心竞争力

（一）以生物多样性保护传播助推蒙牛产品力

作为中国乳业的"国家队"，蒙牛始终坚持自主创新，秉持"生态优先，品质为先"的理念，推动科研成果的实际应用与可持续发展。近年来，蒙牛在研发与技术改进上的投入累计已超过数亿元，这不仅为新品开发提供了技术支持，还强化了生物多样性保护实践的深度。目前，蒙牛拥有多个销售额超十亿元的核心单品，包括蒙牛纯牛奶、蒙牛酸酸乳、蒙牛高钙牛奶、蒙牛低温鲜奶及圣牧有机奶等。这些核心单品通过产品策略与品牌传播的紧密结合，不仅强化了消费者对品牌的认知与黏性，也为企业业绩的持续增长提供了稳定的支持。

1. 基于奶源地生态保育规划核心产品，推动有机品类崛起

蒙牛圣牧自2009年起累计投入超过75亿元，在乌兰布和沙漠打造了全球首创的沙草有机循环产业链，以"防风固沙、种草养牛、牛粪还田"为核心。这一创新模式不仅将荒漠变为绿洲，创造出独特的生态牧场，还大大推动了区域内生物多样性的恢复。圣牧有机奶作为蒙牛的核心单品之一，得益于其生态保育养护背后的独特故事和环保理念，在市场上赢得了消费者的广泛认同。蒙牛圣牧通过强调其"全程有机"的生产模式，包括草料种植、奶牛养殖，以及生产原料及牛奶加工均符合欧盟有机标准，这一独特的生产模式作为圣牧有机奶的差异化特征来宣传，可以很容易进入消费者心智，并突出品牌的与众不同。

在 2023 年亚洲国际有机产品博览会上，蒙牛圣牧展示了其有机乳品及其设计，赢得了众多专家学者和消费者的赞誉。圣牧有机展区内的有机乳品和设计，及其原生态沙漠绿洲的主题风格，最大化彰显了"沙漠有机形态"，吸引了众多新老客户和消费者。这种生态故事的传播，不仅提升了消费者对蒙牛产品的认同感，还强化了蒙牛作为绿色发展领先品牌的形象。

2. 开展可持续的种植与养殖

蒙牛致力于通过可持续种植与养殖实践，确保产品质量，并增强消费者对品牌的信任感。在种植方面，蒙牛打造了"从一棵草到一杯奶"的有机全产业链。通过开设 5000 余亩黑麦草研发试验基地，成功培育了 3 个黑麦草新品种，苜蓿种植面积达 3000 亩，并且质量与产量均达到了国际先进水平。这些生态种植措施不仅满足了奶牛的营养需求，也有效保护了生态环境，提升了土壤健康和生物多样性。在养殖方面，蒙牛打造了"有机环境—有机种植—有机养殖—有机加工—有机产品"的沙漠生态内循环产业链。通过制定《牧场奶牛福利推广实施体系》等标准，确保奶牛健康成长。2020 年，蒙牛牧场监督合规率达到 100%，健康养殖行动覆盖了 70% 的合作牧场。特仑苏、每日鲜语等沙漠有机奶在加工过程中会被印上由国家认证认可监督管理委员会授予的有机追溯码，保证每一滴有机牛奶都有源头可追溯。这些生态养殖的举措确保了奶源品质，同时将蒙牛品牌与可持续发展密切关联，使消费者能够通过选择蒙牛产品参与到生物多样性保护的行动中。

这种以生态为导向的种植与养殖实践，不仅提升了产品的质量，还增强了消费者对品牌的信任感。蒙牛在品牌传播中积极强调这些环保行动，进一步塑造了其在市场中的绿色形象，使消费者能够看到选择蒙牛产品不仅是满足个人需求，同时也是支持环境保护的积极举措。这种双重价值的实现，使得蒙牛在竞争激烈的乳制品市场中占据了更有利的位置，推动了其产品的可持续发展和市场份额的增长。

（二）以生物多样性保护传播助推蒙牛生产力

1. 践行环境友好的绿色生产，传播牧场故事

《2023年中国奶商指数报告》的调研数据显示，乳制品消费的零碳态度开始显现，消费者十分关注奶源地、有机、包装可回收等方面。包装是否环保与可回收分别可以影响67.5%与25.6%的公众消费决策①。蒙牛将绿色发展理念融入乳制品加工、包装、储运的全过程，严格治理工业"三废"，推行"3U"节水、"5R"绿色包材等环保措施，并参与制定"双易设计"标准和《PET可回收性设计指南》。这些举措不仅显著减少了对自然资源和生物多样性的影响，也为品牌传播提供了内容素材。截至2020年年底，蒙牛已有17家工厂获批"国家级绿色工厂"，并实现了纸质包装100%的FSC（森林管理委员会）认证。同年，工厂单吨水耗同比下降5.25%，奶损率从2.99%降低至2.44%②。蒙牛通过展示这些绿色生产实践，传递企业在环保和可持续发展上的努力，不仅向消费者展现了企业的社会责任感，也为品牌传播积累了口碑和影响力。在产品包装设计上，蒙牛展示牧场风光和现代化养殖场景，将生态保护理念直观传递给消费者，并通过企业官网、社交媒体等多渠道传播牧场的日常运作和生态管理，进一步提升了品牌在消费者中的认同感。

2. 促进全产业链迈向碳中和，实现产能与品牌同步扩张

蒙牛在全产业链中积极探索碳中和路径，努力减少气候变化对生物多样性和生态环境的影响。2020年，蒙牛的二氧化碳排放量为92.27万吨，同比下降21%；可再生能源使用占比达到12.78%，同比增长4.06%③。为了实现

① 吴佳佳. 2023 中国奶商指数报告：乳品消费品质至上［EB/OL］.（2023-07-17）［2024-08-30］. http://food.china.com.cn/2023-07/17/content_92662655.htm.

② 2023 中国蒙牛乳业有限公司自然相关信息披露报告：基于TNFD《自然相关财务信息披露建议》［EB/OL］.［2024-08-30］. https://mengniuir.com/pdf/esg/tnfd_sc.pdf.

③ 2023 中国蒙牛乳业有限公司自然相关信息披露报告：基于TNFD《自然相关财务信息披露建议》［EB/OL］.［2024-08-30］. https://mengniuir.com/pdf/esg/tnfd_sc.pdf.

更高的碳中和目标，蒙牛在2021年加入了"乳业净零之路"气候倡议，推动全球乳业的低碳转型。这一系列行动不仅减少了碳足迹，也为品牌传播积累了有力的内容支持。产能与可持续发展措施的双管齐下，使蒙牛在品牌传播中具备了显著的优势。通过推动碳中和和绿色生产，蒙牛在市场上建立了"绿色环保"的品牌形象，并通过广告投放和多渠道传播，进一步巩固了这一形象。这样的传播策略与产能扩张相辅相成，蒙牛通过绿色实践增强了生产规模，同时也积累了足够的经济基础用于品牌传播，形成了可持续发展的良性循环。

（三）以生物多样性保护传播助推蒙牛消费力

蒙牛通过整合全渠道的品牌传播策略，携手供应商、合作伙伴、消费者、员工及国际机构，共同推动生物多样性保护和绿色消费理念的普及与深化。这些举措不仅在社会层面引发了广泛影响，也增强了消费者对蒙牛品牌的情感连接和忠诚度。首先，蒙牛在品牌传播中，持续通过主流头部媒体加大广告投放力度，将绿色生产和生物多样性保护的理念带给更多的消费者。例如，蒙牛通过与中央广播电视总台及多个省级卫视深度合作，在黄金时段持续投放广告，重点传播"生态牧场"和"可持续发展"的品牌故事。同时，蒙牛也在新媒体平台上通过与在爱奇艺、腾讯视频等平台播出的热门综艺节目和电视剧合作，将生态保护理念注入娱乐消费场景中。这种聚焦头部媒体的"高密度、高频次"的传播方式，有效扩大了品牌影响力，为蒙牛的绿色生产和生态保护形象打下了坚实的市场基础。

其次，蒙牛高度重视年轻消费者的培育，通过多样化的传播方式将生物多样性保护和绿色理念传递给年轻群体。通过参与绿色公益活动，蒙牛积极打造与年轻人喜爱的"健康潮流"结合的活动。例如，蒙牛将产自乌兰布和沙漠绿洲的贝贝南瓜作为礼物赠送给消费者，以此提升公众的绿色消费意识。通过这些创新举措，蒙牛有效地将环境保护理念融入日常消费行为中，提升了品牌的生态友好形象。蒙牛还与中华环境保护基金会合作，成立"生态和生物多样性保护专项基金"，并通过员工和消费者共同参与的公益活动，例如垃圾分类、净滩行动、地球一小时等，增强了品牌在消费者心中的绿色形象。这些公益行动不仅汇聚了社会各界对生物多样性保护的关注和支持，也通过品牌传播提升了蒙牛的公信力和吸引力。

最后，蒙牛通过系统化的品牌传播策略，在消费者心智中建立了生态友好和可持续发展的品牌定位。凭借覆盖头部媒体的广告投放以及与新媒体平台的深度互动，蒙牛的品牌传播不仅传递了绿色生产的故事，还强化了与消费者之间的情感连接。这种高强度、多渠道的传播策略，使蒙牛在竞争激烈的乳品市场中抢占了绿色消费的先机，进一步巩固了消费者的品牌忠诚度和市场占有率。通过不断深化品牌传播与生物多样性保护的结合，蒙牛成功地将环境保护理念植入消费者的日常生活，推动了消费力的提升。蒙牛以其独特的品牌传播方式，不仅推动了绿色生产和生态保护，还成功激发了消费者对其产品的认同感和信任感，形成了强大的品牌黏性。

四、打造新质生产力，推动行业高质量发展

近年来，我国高度重视绿色发展和科技创新，将构建新质生产力作为实现高质量发展的重要路径。乳制品行业同样如此，蒙牛集团作为行业领先者，不仅面对行业内竞争加剧的挑战，更肩负着引领绿色营养革命的使命。蒙牛积极推进绿色生产技术，致力于产品营养升级和智能化制造，以满足消费者对健康生活的需求。正如蒙牛集团全球研发创新中心研发总监史玉东所言："蒙牛集团一直坚持自主研发创新，推动科研成果的实际应用，成功突破了很多'卡脖子'问题，不断打造乳业的新质生产力。"

（一）生态化的技术创新引领可持续发展，打造独特竞争优势

秉持"在发展中保护，在保护中发展"的理念，蒙牛从源头到消费端，在全产业链各环节致力于降低对生物多样性的影响。公司建立了结构完整、层级清晰、权责明确、运行高效的生物多样性保护管理架构，持续加大绿

色技术研发投入，推动节能减排，提升可再生能源的使用比例。蒙牛率先在乳品行业试点绿色物流解决方案，打造完整的供应链回收模式，有效减少废弃物排放和资源浪费。例如，在奶牛养殖环节，蒙牛应用数字化管理系统，实时监测奶牛的健康状况和生产数据，优化饲料配比和用水用电效率，减少环境负担。在生产制造环节，蒙牛引入先进的环保工艺，采用清洁能源，降低温室气体和污染物的排放。同时，公司积极推广绿色包装技术，减少塑料使用，推进可降解材料和可回收材料的应用。这些生态化技术创新不仅提升了蒙牛在行业内的环保形象，也使其在面对日益严格的国际环保标准时具备更强的竞争力。绿色技术的持续推进，不仅提高了企业的生产效率和产品质量，也有效降低了环境负担，帮助蒙牛在绿色转型中打造显著的竞争优势，为品牌增添了独特的价值内涵。

（二）发挥龙头作用，丰富产品品类，强化绿色品牌定位

在产品层面，蒙牛构建了生态化的产品体系，以进一步强化其绿色品牌定位。作为行业领先者，蒙牛多年来坚持推动核心原料的国产化，发挥龙头企业的带头作用，保障产品质量和供应链的稳定性。通过与国内科研机构、高校和农业企业紧密合作，蒙牛攻克了多项关键核心技术，减少对进口原料的依赖，增强了行业整体的抗风险能力，也直接推动了其在全国市场的销售扩张。凭借优质的工艺技术和环保的生产方式，蒙牛逐步占领了更广阔的市场。这一举措提升了品牌的自主创新形象，彰显了民族企业的责任与担当，增强了消费者对蒙牛的信任与认可。

"山积而高，泽积而长。"在产品研发过程中，蒙牛不断丰富绿色产品线，推出多款低碳、环保的乳制品，满足消费者对健康与环保的双重需求。这些举措不仅增强了品牌的市场竞争力，也提升了消费者对蒙牛的认同感。蒙牛致力于让生物多样性保护成为全社会的共识。通过携手员工、合作伙伴、消费者等利益相关方共同开展生物多样性保护公益项目，倡导绿色消费，凝聚消费者参与生物多样性保护的合力。不仅如此，蒙牛还利用科学

家代言、临床研究数据背书等方式，强调产品的科学性与有效性，增强消费者对精准营养产品的信任和认可。以上创新实践，通过强化绿色品牌定位，抢占消费者心智。

（三）结合区域优势，打造规模化产业生态链，塑造绿色品牌形象

在稳中求进地推动企业生态化升级的同时，蒙牛也要回归品牌本质，在绿色品牌形象塑造上发力。秉持"以自然之道，养万物之生"的理念，将自身发展全面融入绿色发展大潮流，引领全产业链走上可持续发展之路。蒙牛充分利用各地的区域资源优势，加快打造规模化的产业集群，实现产业链协同发展和整体竞争力的提升。公司携手旗下牧业公司，对乌兰布和沙漠进行大规模生态治理，创造了全球首创的沙草全程有机循环产业链，将千年荒漠转化为有机净土和奶源圣地，创造了独特的乳业奇迹。

在奶源地，蒙牛采用可持续牧场管理方式，合理规划草地利用，实施生态保护措施，维护当地生态平衡，减少对环境的干扰。在生产环节，依托先进的绿色生产工艺，蒙牛实现了能源的高效利用和废弃物的最小化处理，推动生产环节的生态化转型。公司还面向工厂和牧场全面开展碳排查，积极促进碳减排，成为乳制品行业首家"气候领袖企业"，引领全行业迈向碳中和。

通过这些生态化实践，蒙牛成功塑造了绿色、可持续发展的品牌形象，增强了消费者对品牌的信任与好感，也为品牌的国际化奠定了坚实的基础。在品牌传播中，蒙牛可以充分展示其在生态治理和绿色生产上的独特优势，讲述品牌在可持续发展道路上的探索与成就，进一步提升品牌的国际影响力。

结　语

在激烈的市场竞争环境下，蒙牛要牢牢立足于中国乳业领军品牌的定位，深化消费者心中的优质品牌形象，在加强质量管理的基础上，提供给

消费者信赖品牌的信心。生态化技术创新是蒙牛"在发展中保护，在保护中发展"理念的核心。蒙牛在稳中求进地推进绿色创新的同时，也要回归品牌本质，在塑造优质、可信赖的品牌形象上发力。在抓住"新"技术的同时，蒙牛也要坚守品质传统，做到以"品牌"促"创新"，以"创新"强"品牌"，为全球可持续发展贡献更多"中国方案"。

第二十三章　海天品牌的高质量发展研究报告

历史悠久的中华老字号品牌海天一路稳扎稳打，以强势劲头成为中国调味品行业的龙头。在这一过程中，品牌传播成为海天规模化战略、大单品与产品升级战略、全国化战略实施过程中的重要助推力，成本力、产品力、渠道力三大核心竞争力也因之而生。该研究探讨了品牌传播在海天扩大竞争优势过程中发挥的关键作用，以及在新竞争环境下海天的品牌战略，并进行了对策研究，提出了相关建议。

一、善用品牌传播，培育企业核心竞争力

（一）行业地域性明显，全国化发展受阻，海天以高而广的品牌传播破局

行业环境是海天生存、发展的外部环境，其特征与条件既决定了品牌的生存条件，也深刻影响着品牌的发展路径。我国幅员辽阔，不同地域的饮食习惯与饮食文化也各不相同，调味品与菜肴密不可分。受制于各地不同的饮食文化和口味，调味品行业具有明显的地域性，地域性限制了调味品行业集中度的提高，也成为调味品企业全国化发展的天然障碍。据欧睿国际（Euromonitor）数据，2020年按零售额统计的调味品行业品牌中，海天在调味品市场的市场占有率排名第一，为6.9%，与第二位的雀巢仅有3.1个百分点的差距[①]。从国际上看，虽然海天等头部企业在中国市场与国外企

---

① 李童，孟令稀. 数据丨经历添加剂风波的海天味业市值蒸发超 400 亿［EB/OL］.（2022-10-12）
　　［2024-08-30］. https://mp.weixin.qq.com/s/Gn8BfYtCfzZIU1xWAim-lA.

业竞争时有着天然的优势，但面对海外市场更加复杂的环境，竞争与传播中的困境在所难免。

历经几千年饮食文化培育出的较为稳定的调味品使用习惯，使各地域居民形成了味觉依赖，而要想转变其习惯与味觉依赖，则需要通过大量的营销传播方面的投入来对市场进行引导。而海天率先觉醒的品牌意识使它早在1999年便开始抢占品牌传播制高点，借助中央电视台的高覆盖率，为其全国化发展打下基础。除了占据高度，海天品牌传播的广度也快速扩大，逐渐走出了广东区域向全国范围扩张，四川、湖南、湖北、山西、河北、浙江、新疆、西藏、香港等各地的各级卫视、多个频道均出现了海天广告的身影。

（二）行业消费黏性强，海天通过领先行业的品牌传播意识，抢先建立消费者忠诚度

消费品的黏性往往由消费者需求及消费习惯决定，由于味觉的特殊性，调味品有着天然的用户黏性。调味品本身风味差异明显，口味壁垒较高，也会带来消费端的习惯性消费属性，并具有代际传承的特征。海天通过较早觉醒的品牌意识抓住行业强消费黏性的特征，较早地开启品牌战略，推动了全国化渠道铺设的战略决策，并以品牌传播助推全国化战略的实施，抢占了拉近与消费者的心理距离和物理距离的先机，通过渠道建设和品牌传播为企业建立起护城河。

仅2000—2007年期间，海天在中央电视台的电视投放额度就有1.9亿元人民币，而其主要竞争者李锦记投放额度仅为3900万元，海天的投放额度是其5倍；这一阶段，调味品行业在中央电视台投放的总额度为13亿元，在行业集中度较低的状态下，海天占据了100多个调味品品牌近15%的投放份额。在以大众传媒、电视媒体为主的时代，海天利用中央电视台等电视媒体进行品牌传播的策略，成功率先抢占了消费者心智，为品牌做了高公信力的背书，并将品牌传播作为杠杆撬动了渠道的铺设、销售的扩大以及产能的规模化。地域性除了带来全国化发展的天然阻碍，也将为地域性品

牌构筑长期壁垒，带来调味品的高复购率与强用户黏性。

（三）以品牌传播助推规模化战略，培育品牌供给侧成本力

品牌传播和企业产能往往相互促进，产能规模化带来的成本优势为品牌传播积累了资本，品牌传播带来的强大影响也会进一步推动产能扩张。纵观海天的品牌发展历程，自20世纪起海天便十分重视扩充产能，提高生产效率。扩充产能使海天的规模一骑绝尘，让海天产品拥有更低的成本、更高的利润以及更高的性价比，使其在成本端相对于竞争者有了巨大的优势，也帮助海天快速占领了更多层级的消费者以及广阔的下沉市场。

领先于行业的规模化效应以及随之而来的成本优势为海天赢得了更高的销售额。从广告主研究所20余年积累的实证研究经验来看，企业营销推广费用通常与企业销售额成正比。费销比固定的企业，随着企业销售额增长，营销推广费用也会随之增长；费销比降低的企业，随着企业销售额增长，营销推广费用可能不变或者下降；费销比上升的企业，随着企业销售额增长，营销推广费用会有更大程度的增长。产能扩充带来的成本优势和销售额增长为海天积累了更多的经济基础，并促使其将相当一部分利润投入品牌建设之中，随之而来的品牌传播效应又进一步推动了海天规模的扩张。

1. 以相适应的品牌传播策略推动销售，承接产能扩充后的销售需求

制定、实施与规模化战略相适应的品牌传播战略，保障了海天在产能扩充后，产销之间的顺利衔接。在那个大部分酱油还要靠"打"的散装销售时代，海天率先推行瓶装酱油，建立自己的品牌营销团队，并借助商标和专利的应用、品牌形象的推广、品牌官网的建立实现了与其他品牌的差异化区分，强化了品牌形象的植入。品牌战略的实施承接了海天产能扩充后的销售需求，也助推了产销间的良性循环与规模扩大。

2. 产销规模扩大助推品牌传播，规模化优势与品牌传播实现伴随式扩张

产能与销售规模的扩大，使海天积累了在头部媒体投放广告的硬实力，

"卖得更多"为"打响名声"提供了坚实的经济基础，品牌传播的力度、高度、广度也伴随规模化优势的扩大而扩大，进而实现了良性循环和伴随式扩张。海天蚝油后来居上，超越蚝油首创者李锦记便是一个鲜活的例子。蚝油在初期属于高档调味料，随着后期海天凭借不断创新拓展产品和下沉渠道，改进技术降低成本，利用性价比优势使得蚝油成为大众调味品，并推广至全国，海天也由此占据了蚝油行业龙头地位。

（四）以品牌传播助推大单品与产品升级战略，培育品牌供给侧产品力

产品策略和传播策略往往相辅相成，海天也是如此。从产品核心技术来看，尽管调味品是一个地地道道的传统产业，但海天坚持科技兴企的理念，多年来保持每年10亿多元技术改造资金的投入。由于拥有先进的核心技术，海天也加快了新产品研发的步伐，不断丰富产品体系，为企业发展增加新的机会点。从核心单品竞争力来看，截至2025年3月，海天已经拥有7个销值10亿元以上的核心单品——海天金标生抽、海天草菇老抽、海天味极鲜、海天上等蚝油、海天黄豆酱、海天陈醋、海天料酒。核心单品的成功加强了消费者对于品牌的认知与黏性，能长期支持企业业绩的增长，也有利于产品矩阵的内生和外延。

1. 扎根大单品营销，增强消费者认知度和产品影响力

从品牌传播的产品选择上看，与产品策略相适应，海天主打"大单品、主品牌"，即以优质产品为支撑，建立起以大单品为核心的品牌体系。无论是总台品牌强国工程，还是综艺赞助的产品选择，可以窥见海天的10亿级别大单品获得了广告投放层面的重点倾斜。

2. 开展新品营销，配合海天高端化、健康化、多元化产品升级

随着整个行业高端化、健康化的产品升级，海天也借助品牌传播加快新品营销步伐，特别是2020年至今，加快产品研发的海天在新品营销上的投入更为突出。在电视广告投放之外，海天近年来赞助的综艺产品选择也转向了@ME火锅底料等新品。2022年，海天首次与电视剧合作，利用爆款

剧的高热度带动品类升级和包括新品在内的整个产品矩阵的营销。

（五）以品牌传播助推全国化战略，培育品牌需求侧渠道力

1. 总台等头部媒体投入加速海天全国化进程

1999年，海天凭借在中央电视台黄金时段投放的广告一鸣惊人，两年后营业收入便突破10亿元。自此，海天的传播渠道持续向头部靠拢，无论是在电视媒体端与中央电视台多个频道和五大一线卫视在黄金时段的持续合作，还是在网络媒体端对腾讯视频、爱奇艺等平台多档头部综艺和电视剧的冠名赞助，都呈现出明显的"头部化"趋势。2019年，海天加入品牌强国工程，重点聚焦总台多个频道和五大一线卫视。聚焦头部、辐射地市的广告投放布局与海天线下强大的渠道力相配合，为其全国化进程打下坚实的市场基础。

2. 新媒体营销助力海天培养年轻群体潜力消费者

从海天赞助新东方烹饪学校的前瞻性行动中便可看出，海天十分重视年轻群体与潜在消费者的培育。作为中华老字号，海天始终没有放弃对年轻化焕新的追求，而是采用更多富有新意的玩法拉近与年轻消费者的距离。除了借助爆火综艺和电视剧的赞助进一步打开年轻消费群体的市场，海天也乘国潮东风主动融入年轻人社交圈，在与年轻消费者互动的过程中潜移默化地培养下一代"家庭厨师"的调味品使用习惯。

二、以质量强国纲要引领海天未来之路，创世界一流品牌

《中国制造2025》中明确指出，"产品档次不高，缺乏世界知名品牌"是推进制造强国建设必须着力解决的六大问题之一[①]。企业持续推进自身品牌建设，无论是对国家推动品牌战略实施、推进质量强国建设，还是对企业塑造自己的竞争优势，都具有重要意义。而调味品行业更是如此，海天作

---

① 国务院关于印发《中国制造2025》的通知［EB/OL］.（2015-05-19）［2024-08-30］. https://www.gov.cn/zhengce/content/2015/05/19/content_9784.htm?agt=122_216.undefined.

为调味品行业的龙头，不仅面临着行业内竞争加剧的风险，更承担着新的品牌使命，其文化建设、质量建设以及品牌形象建设正如箭在弦上，刻不容缓。正如海天董事长庞康在2023年5月的股东大会上所言，"竞争加剧的局面是不可避免的"，海天味业董事长程雪也坦言，"海天味业当下最难的问题是要与时间赛跑，把多年积累的优势进行迭代、放大、升级和转型"。

（一）龙头海天遭遇新进入者增加与原有竞争者冲击双重挑战

虽然调味品行业整体发展前景乐观，具有新的增长点，但随着更多新竞争者的加入，以及行业产能的不断扩大，市场供大于求的局面将更加突出。而作为行业龙头的海天，还将面临原有竞争者发起的冲击。

调味品行业稳定的属性吸引了众多新的入局者，根据中国调味品协会大数据信息中心的统计，2022年，包括元气森林、七匹狼、攀华集团、山西锦曜集团等企业通过直接投资、收并购等方式进入调味品生产领域；与此同时，各企业新增产能也将陆续投产，从而形成产能投放的阶段性高点。根据中国调味品行业的不完全统计，2022年上半年，仅12家调味品企业的规划投资规模已经超过100亿元，建成投产后，将新增超过200万吨的调味品产能。2022年年底，海天味业在接受投资者调研时也宣称，未来几年，公司将有序释放300万吨左右的调味品产能①。

从行业集中度上看，占据海天营业收入额近60%的酱油品类，海天以超100亿元的体量稳居龙头，但与行业发展进入成熟阶段的日本对比，其CR3行业规模前三企业市场份额（龟甲万、山字牌、正田）达到了52%，而我国的CR3行业规模前三企业市场份额（海天、李锦记、中炬高新）仅为33%，行业集中度仍有较大提升空间，这对于行业巨头们来说意味着发展的空间，也是竞争的空间。

虽然调味品市场发展韧性强劲，但内部竞争越发激烈，在这样的环境

---

① 中国调味品协会信息部.2023年，我国调味品行业发展核心要点解读［EB/OL］.（2023-01-06）［2024-08-30］.https://mp.weixin.qq.com/s/CoKzT9TgMqKHWUN9Ocg5Ew.

下，行业龙头海天的未来发展以及能否成为世界一流品牌决定了是否能将竞争危机转化为机遇，进而实现市场份额的进一步提升。

调味品行业伴随着人们生活水平的提高而诞生、发展、壮大，见证了国人从温饱不足到总体小康的历史性跨越，印刻了属于中国大地的味觉记忆和饮食文化，调味品行业对于我国经济与民生的发展、我国文化的传承有着重要意义，需要有"更响亮"的中国品牌走向世界，带领整个行业发展。而海天作为直接关乎民生的调味品行业里的龙头企业，对于打造世界知名品牌，推进质量强国、品牌强国的时代使命和引领责任更是义不容辞。

（二）行业整体规模扩大与新增长点兼具，海天面临发展新机遇

1. 行业整体市场呈增长趋势，海天发展空间较大

艾媒咨询数据显示，2022年中国调味品行业市场规模达5133亿元，预计2027年市场规模达10028亿元，中国调味品行业市场规模将持续扩张，市场全球化趋势加快[①]。餐饮渠道是我国调味品行业最主要的销售渠道，餐饮行业的发展对调味品行业有着至关重要的影响。即使在日本，调味品行业已步入成熟阶段，其龙头企业的餐饮渠道占比仍稳中有升，如日本酱油龙头企业龟甲万的餐饮渠道销量占比始终保持在46%以上。在我国，一方面，餐饮和外卖行业市场呈增长趋势，将拉动调味品需求的持续增长；另一方面，与日本、美国等国家相比，我国餐饮行业人均零售额仍有较大增长空间。根据欧睿国际的统计，2020年我国餐饮行业人均零售额仅为427.9美元，远低于日本的1258.0美元和美国的1456.2美元；外食占比也仅为22.4%，与日本的37%、美国的72.5%相比仍处于较低水平。从人均消费数据看，浙商证券研究报告显示，2019年我国人均调味品消费量和消费额分别为4.7kg/人和13.6美元/人[②]，人均消费量仅相当于美国的三分之一，人均消费额则不到

① 参考艾媒咨询2023年4月发布的《2023年中国调味品行业产品创新专题研究报告》。
② 杨骥. 海天味业研究陈诉：调味品航母，强者恒强［EB/OL］.（2022-09-17）［2024-08-30］. https://www.tianmg.com/mp/article-5942-1.html.

美国的两成，我国调味品人均消费量和消费额仍存在较大的提升空间。

2. 从"吃得饱"到"吃得健康"，市场新需求带来新增长点

从"吃得饱"到"吃得好""吃得健康"，调味品消费当前呈现出了健康化、高端化的需求趋势，这也与国际调味品行业，特别是处于行业成熟期的日本的发展趋势是一致的。艾媒咨询《2023年中国调味品行业产品创新专题研究报告》显示，随着居民消费水平的提升和营养知识的丰富，健康饮食已成为国人全新的生活态度，人们开始有意识地关注调味品产品配料及营养成分，有无添加剂、盐糖油脂含量成为消费者选购调味品的重要标尺。从行业实践看，"零添加"酱油已经成为近年来酱油行业的消费升级方向。海天、李锦记、千禾以及厨邦（中炬高新）旗下均有"零添加"酱油，"零添加"酱油通常定位为中高端产品，平均售价比普通酱油更高。

3. 既要"吃得好"更要"吃得方便"，新消费场景带来行业新增长点

对于年轻群体与越来越多的独居人群而言，他们希望简化烦琐的烹饪过程，饮食出现简便化的趋势，在调味品的便捷性、复合性、功能性等方面提出更高的要求，随着我国独居人群数量持续扩大，"一人食"等新消费场景的出现为行业带来新的增长点。国家统计局预测，到2030年，我国独居人口数量或将达到1.5亿—2亿。独居人数激增，接踵而至的便是独居经济的兴起，2021年"一人食"产品数量同比增长超过一倍[①]。

（三）借力优质传播资源，以文化赋能品牌高质量发展

文化是品牌的底色，是承载与推动品牌发展的基石。引领行业发展的海天更肩负着传承中国美食文化的责任，将中国文化融入品牌建设，以文化引领品牌高质量发展，是海天破除调味品行业地域性特征，走向更广阔市场，赢得更多消费者的关键。海天多年来坚持和总台文化类IP优势资源

---

① 袁小芹."一人食"潜力巨大：我国独居人数近1.5亿［EB/OL］.（2023-05-05）［2024-08-30］. https://www.tmtpost.com/6544830.html.

合作，进而实现"文化赋能品牌高质量成长"。粤菜的发展使广式酱油得以迈出广东区域，也直接推动了海天走向全国，扩大销售。正因为粤式饮食文化在全国的传播，海天才能有机会凭借优质的工艺技术逐步占领更广阔的全国市场。

要打造有知名度、有影响力的优秀中国品牌立足于世界舞台，就必须讲好中国故事与中国文化，重视积淀品牌的文化底蕴，以文化为载体推动品牌的发展，提高品牌影响力和认知度，从而推动中国品牌赢得同我国综合国力和国际地位相匹配的国际话语权。

（四）深扎品牌质量之根，扩大品牌声量，推动中国标准的全球传播

中国品牌深刻融入经济社会发展，已经成为质量建设的重要内容。我国工业和信息化部工业品牌培育专家组组长周宏宁强调，"质量和品牌是一个硬币的两面，质量与品牌共同反映满足需求的程度，不同的是，质量通常从供给侧的视角来定义，品牌从需求侧的视角来认知"[①]。因此，建设质量强国不仅要在供给侧创造具有更高标准、更高性能的产品，还需要获得需求侧的信任和喜爱，才能在供给和需求之间实现高效率价值交换。

从供给侧看，海天已经在行业中拥有先进工艺、低成本、高质量等领先优势，在众多的品牌优势之中，海天视品质为重中之重与核心竞争力方向，海天因品质而成功，也将以品质继续引领品牌高质量发展之路。但在竞争对手激烈的追赶之下，行业的差异化竞争与价格竞争已不同以往，"一招鲜吃遍天"已难以适应当前的竞争需要，企业必须建立一专多能的竞争能力，补短板和强长板缺一不可。海天的质量建设更应以培育企业的综合实力和满足消费者需求为原点进行，如此才能在市场中不跑偏，才能在技术的快速发展、规模的持续扩张中扎下根往深处去，进而增强企业的可持续发展能力，不忘海天品质扎深根，品牌自繁茂的初心。

---

① 贾润梅.工业和信息化部工业品牌培育专家组组长周宏宁：让中国品牌辉映质量强国［N］.中国质量报，2023-05-11（8）.

目前，海天的产品销往80多个国家和地区，但国内依然是其最大的消费市场，海天味业在中国大陆地区的营收占比为93.77%[①]，海天海外市场销售的主要消费人群仍然是分布在全球各国的华人，海外营收仍有较大提升空间。从总体上看，海天国际化进程仍然处于初始阶段，让中国美食文化传扬世界各地的品牌使命还需继续艰辛耕耘，持之以恒。

此外，正所谓"一流企业定标准、二流企业搞技术、三流企业卖产品"，建设品牌强国的重要一步便是中国标准的全球传播。管理学大师彼得·德鲁克曾说过："你如果无法度量它，就无法管理它。"科学的品牌评价，既可以引导企业关注品牌的长期发展，也可以指导企业提升品牌价值和竞争力[②]。中国品牌不仅要做国际标准的"跟随者"和"参与者"，还要为国际标准贡献中国智慧和中国方案。铸好品牌质量是基础，中国智慧、中国标准的全球传播还需借力高质量的国际传播资源，以领先品质跨越调味品行业出海障碍，带领中国企业于海外市场寻求新增长点。

三、树立优质品牌形象，带动全行业高质量发展

近年来，我国全力推进大国品牌建设，支持企业实施品牌战略。国家发展改革委等7部门联合印发的《关于新时代推进品牌建设的指导意见》指出，要引导企业诚实经营，信守承诺，积极履行社会责任，塑造良好品牌形象[③]。海天已经以品牌力优势成为家喻户晓的调味品品牌，收获了大量消费者的信任和喜爱。

难以回避的是，在新媒体环境下，海天也面临着舆论风波的冲击。2022年年报显示，海天味业归属于上市公司股东的净利润出现了自公司上市以

---

① 钱伯彦. 在不禁止添加剂的德国，"海天们"的生存空间如何？［EB/OL］.（2022-10-11）［2024-08-30］. https://mp.weixin.qq.com/s/GRcDmoc26-K-gZzErbJbBQ.
② 张洽棠. 登高望远 推动质量强国建设的"稳"与"进"［N］. 中国经济导报，2023-05-09（7）.
③ 国家发展改革委等部门关于新时代推进品牌建设的指导意见［EB/OL］.（2022-07-29）［2024-11-11］. https://www.gov.cn/zhengce/zhengceku/2022-08/25/content_5706856.htm.

来的首次下降，海天坦言"2022年我们遭遇前所未有的'舆情'冲击，给我们造成了较大影响"。海天经历的舆情事件，在品牌传播层面，一方面是因为作为中华老字号在新媒体环境下与消费者沟通的技巧还不够成熟；另一方面是因为在产品不断升级、传播不断扩大的背景之下，产品策略和传播策略的配合有待推进，使得健康高端的升级类产品形象并未深入人心，这也是许多老字号企业在品牌焕新过程中普遍遇到的难题。品牌声誉的建立和破坏都是通过传播实现的，企业需要注重品牌传播的质量和效果，通过积极的传播策略来提升品牌形象和美誉度，并及时应对负面舆情，防范品牌声誉的破坏。

（一）立足老字号品牌定位，擦亮百年老字号招牌

在激烈的市场竞争环境下，海天要牢牢立足于中华老字号的品牌定位，深化消费者心中的百年品牌形象，在加强质量管理的基础上提供给消费者信赖品牌的底气。数字化发展是老字号企业创新发展的必由之路，老字号企业可以着眼于自身的特色以及对应消费人群的需求，在此基础上匹配合适的新技术，以此充分改善消费者的体验与观感，从而实现自身的数字化转型。海天在稳中求进推动企业数字化转型的同时，也要回归老字号品牌本质，在百年品牌形象塑造上出力，在抓住"新"的同时，也能站稳"传统"，做到倚"老"卖"新"、以"新"扶"老"[①]。

（二）强调高端健康产品优势，打造特色品牌认知

随着调味品行业的健康升级，海天在品牌传播过程中更要突出强调自身优势，在保证核心单品露出的同时配合产品策略，加强高端产品的露出，让更多消费者了解到高鲜、零添加、减盐等功能性产品的存在，回应消费者对食品安全和健康的诉求。海天可以就此加强传播内容方面的创意创新，打造具有海天特色的品牌认知，保证大单品日常露出的同时加强对高端产

---

① 参考人民网舆情数据中心 2023 年发布的《老字号创新发展趋势洞察报告》。

品的宣传推广，加强广告创意，打造更为健康的海天特色品牌认知，在健康升级、竞争越来越激烈的行业背景下抢占消费者心智。

（三）借力总台传递品牌价值观，完成品牌背书

中国传媒大学广告学院、央视市场研究（CTR）、国家广告研究院联合发布的《2023中国广告主营销趋势调查报告》显示，2019—2023年间，电视媒体头部效应愈加显著，越来越多的广告主加大总台投放费用[1]。在海天需要擦亮老字号品牌招牌、强调高端健康产品优势的背景之下，总台依然是赋能品牌实现上述传播功能、流量与公信力兼具的不二之选。海天要持续把握总台等头部媒体的公信力、影响力，深化与品牌强国工程的合作，不断加强自身的品牌故事创作和传播能力，挖掘品牌内涵和文化，向消费者传递品牌价值观和理念。

（四）加强与消费者的沟通，打造亲民品牌形象

在新媒体环境下，海天要加强与消费者的沟通，站在消费者的立场思考沟通技巧。2020年，千禾味业在其官方微博发出员工手写的100封信对话年轻消费者，引发较大反响。海天在后续的品牌传播和公关沟通过程中也可以考虑以更为真挚、独特的交流方式打动消费者，更好地了解消费者的需求和反馈，及时调整产品策略和服务水平，提高消费者满意度和忠诚度，回应消费者对人文精神和情绪价值的诉求。

（五）履行企业社会责任，实现品牌可持续发展

作为中国领先的调味品品牌，海天一直将履行企业社会责任放在重要的战略层面，并将从环境、社会、公司治理（ESG）三个层面着手打造竞争力，实现企业的可持续发展。

首先，海天在不断提高产品的安全性和健康性的同时，持续加强环境保护和资源节约，优化生产流程，进行技术创新。其次，海天将加快低碳

---

[1] 参考中国传媒大学广告学院、央视市场研究、国家广告研究院发布的《2023中国广告主营销趋势调查报告》。

关键核心技术攻关，推动绿色健康产品的研发和生产，利用行业影响力参与制定和推广绿色健康产品标准，满足消费者对于健康、有机、环保等方面的认知和需求。一个占据龙头地位的企业，它的品牌形象在一定程度上也代表着整个行业的形象。总之，海天要打造积极承担社会责任、回馈社会的高质量品牌形象，为品牌走远路、走稳路打好基础。

ESG 理念体现在营销和传播层面，势必是对可持续发展与长期主义发展的营销价值的追求。未来海天在构建与发展 ESG 战略的同时，势必会通过选择优势合作伙伴共同发展长期主义的营销价值，完成品牌形象的升级和维护，夯实企业长期发展的基石，赢得消费者的信任和支持，赢得更高的美誉度，以高质量品牌建设带动整个调味品行业向高端、高质、高附加值的方向发展。

结　语

从佛山老字号"海天酱园"成长为享誉全中国的"海天味业"，海天以高于行业的战略部署、先于行业的脚步，扩规模、建品牌、强技术、育产品、铺渠道，专注"传扬美味事业，酿造美满生活"的品牌使命，以极具战略性的品牌传播之道推动品牌成本力、产品力、渠道力等核心竞争力的培育，并利用品牌传播破除行业发展的天然劣势、扩大行业优势特征，实现快速发展，占领消费者心智。近 70 年岁月的历练，海天发酵、酿造出了竞争对手难以匹敌的品牌力，成功占领行业的龙头地位。新时代有新机遇、新挑战，海天作为调味品行业的绝对强者，在《质量强国建设纲要》的指引下，正坚定地锚定高质量发展的目标，以文化之光开路，以品质之诚筑基，以传播之力扬帆，扛起了质量强国、品牌强国的伟大使命。在海天等中国一流品牌的身上，我们看到了中国经济的底气与韧性。

第二十四章　中国企业ESG传播策略研究报告

从2023年开始，与ESG相关的话题持续升温，中国企业对于ESG理念的重视也在逐年攀升。所谓ESG，是环境（Environmental）、社会（Social）和治理（Governance）三个英文单词的首字母缩写，即从环境、社会和治理三个维度来评估企业的可持续性、社会价值、长期盈利能力等。据万得（Win.d）数据，截至2024年5月11日，A股上市公司共计5363家，其中2094家披露了2023年度ESG报告，披露率为39.05%。[①]同时，越来越多的企业积极开展ESG传播实践，将其作为展示品牌形象、连接利益相关方的重要窗口。在政策引领、消费偏好转变以及企业行为调整等因素的推动下，目前企业ESG传播已成为学界和业界广泛关注的品牌营销传播热点之一。

一、2024年企业ESG传播发展的原因探析

（一）政策推动引领ESG理念主流化

ESG这一诞生于全球可持续发展背景下的投资评级标准，在中国基于政策的指引逐渐主流化，并发展成为超越服务于经济效益的单一视域，而是集文化、社会、自然、人民共同富裕于一体的中国特色ESG评价体系。2022年国务院国资委发布《提高央企控股上市公司质量工作方案》，明确了上市央企的ESG信息披露要求。

[①] 2024年A股ESG信披报告：整体披露率达39%，政策助力下量质齐升［EB/OL］.（2024-05-15）［2024-06-11］. https://baijiahao.baidu.com/s?id=1799081245834259969&wfr=spider&for=pc.

从传播的角度理解 ESG，实际上是重构由西方主导的 ESG 话语体系，制定符合我国国情的 ESG 标准，提升中国 ESG 国际话语权。[①] 在中国现代化的背景之下，中国企业也在纷纷将 ESG 理念融入品牌传播之中，不断响应政策要求与社会期望，塑造可持续发展的品牌形象，加快建设世界一流企业。

（二）消费者更愿意为 ESG 买单

可持续事业不仅是企业责任驱动或者道德反哺，而是当下包括消费者在内的全社会共同的追求。尤其是年轻的 Z 世代，他们更关注 ESG 消费，并以此为"社交货币"积极融入各项可持续议题当中。这本质上是一种"道德消费主义"，即消费者对社会负有道德责任感，通过购买行为对社会议题、环境可持续发展和企业道德伦理予以关注。[②]

普华永道《2023 年全球消费者洞察调研》中国报告中指出，中国消费者愿意为更符合环保理念且具有高可信度的产品支付 20% 的溢价，且 Z 世代愿意支付高于平均水平的价格。[③] 就具体的消费群体而言，家庭规模较大、收入和教育水平较高的女性消费者，更倾向于关注 ESG 相关话题。[④]

同时，《2024 中国 ESG 消费报告》[⑤] 调研显示，35.7% 的消费者曾经购买过 ESG 宣传内容的产品，39.63% 的消费者会因为品牌宣传 ESG 内容而加强对品牌的关注度。这意味着，有效的 ESG 传播能够提升消费者对品牌的好感度，进而形成购买决策。

[①] 韩晓宁，宫贺，张亚斐.构建中国特色 ESG 传播评价体系讲好中国式现代化 ESG 故事［N］.每日经济新闻，2023-07-24（8）.

[②] DE PELSMACKER P，DRIESEN L，RAYP G. Do consumers care about ethics? Willingness topay for fair-trade coffee［J］. Journal of consumer affairs，2005，39（2）：363-385.

[③] 普华永道：2023 年全球消费者洞察调研–中国报告［EB/OL］.（2023-09-25）［2024-08-30］. https://mp.weixin.qq.com/s/XJKCCWeZUVp84x31BXmdKg.

[④] 2024 中国 ESG 传播趋势白皮书-SCA 传媒（附下载）［EB/OL］.（2024-06-09）［2024-08-30］. https://mp.weixin.qq.com/s/A1ofFK9aYdC7XcMGcTuf8Q.

[⑤] 2024 中国 ESG 消费报告［EB/OL］.（2024-01-09）［2024-08-30］. https://mp.weixin.qq.com/s/Ukq7mxgo5pYlcWSw18jEzg.

（三）ESG成为品牌传播的重要工具

ESG理念的兴起，带来了品牌传播范式的转变。西北大学教授爱德华·马特豪斯和Consilient集团创始人斯图尔特·皮尔森认为，第五代整合营销传播的核心转变是，从主要关注某一利益相关者到关注多方利益相关者，包括人类（员工与社会）、地球（环境）和短期长期利润。[①]当下，随着人工智能、大数据等技术驱动，程序化广告投放已成为常态。然而，定向的个性化广告容易导致受众碎片化，各渠道难以实现整合营销传播理念中提出的"用同一个声音说话"（speak with one voice）。

从品牌传播实践上来说，ESG传播帮助品牌跳脱出以效果为指向的短期目标，为品牌长期建设服务。当下，中国广告主对于品牌的重视正在回归，2024年中国广告主营销趋势调查[②]发现，近九成广告主认可"品牌的心智份额是核心竞争力，注重效果是暂时的，注重品牌是长远的"。ESG是企业社会责任的体现，而ESG传播构筑起品牌与多方利益者之间的共同话语空间。

二、中国企业ESG传播发展现状

（一）从价值评级到营销热点

2004年联合国环境规划署在《在乎者最终成赢家》（Who Cares Wins）报告中，首次提出ESG投资概念，明确提出在投资中要兼顾经济、社会和环境的和谐可持续发展。ESG这一概念的提出反映了投资者和监管机构对企业非财务绩效的关注。如果说ESG是衡量企业可持续发展和社会价值的评估体系，面向的是投资人，那么ESG传播则是将企业更多"后台"的可

---

① 皮尔森，马特豪斯.第五代整合营销传播：拓展领域至利润、人类和地球［J］.王天夫，译.北大新闻与传播评论，2024（00）：3-19.
② 广告主课题组.趋势速递｜《2024中国广告主营销趋势调查报告》正式发布，文末附报告获取方式［EB/OL］.（2024-06-12）［2024-11-11］.https://mp.weixin.qq.com/s/z8wtzCDD4t_1A2IrsF1KFw.

持续发展行为转化为"前台"包括消费者在内的利益相关者可观可感的沟通艺术。目前各大行业都在积极部署 ESG 传播，其中食品饮料、服饰以及美妆护肤行业 ESG 传播最为活跃，分别占比 17.4%、16.7% 和 16.7%[①]，并涌现出一些 ESG 传播"先锋"企业。

在食品饮料行业中，三顿半执行咖啡罐回收的"返航计划"，在全国 79 座城市设立 472 个返航点，成功回收了超过 2900 万个空罐；在服饰行业中，安踏体育在 2023 年正式宣布加入联合国全球契约组织，参与名为"缓解海洋塑料污染，助力低碳经济转型"的项目，打造更多绿色低碳商品，促使产业链伙伴节能减排；在美妆日化行业中，珀莱雅持续关注性别平等、弱势群体等社会议题，在母亲节期间打造"仅妈妈可见"计划，扩大品牌美誉度。同时，广告营销行业也闻风而动，关注 ESG 这一营销热点。例如，赞意旗下创意热店"RESPECT 失敬失敬"聚焦 ESG 营销，于 2023 年 2 月正式营业；2024 年上海国际广告节推出 ESG 传播奖项，重点关注企业可持续发展的传播案例和项目。当下 ESG 正在从投资领域的价值评级发展成为传播领域广泛涉及的营销热点。

（二）从营销可选项到品牌必答题

如果说，以往节能减排、公益活动等项目只是企业"有闲钱"时，提升品牌美誉度的营销可选项，那么现在 ESG 传播似乎已经成为品牌必答题。国际上，2023 年 6 月 26 日国际可持续发展准则理事会（ISSB）正式发布了首批两份国际财务报告可持续披露准则的终稿，这意味着 ESG 有了首个全球统一的标准，是 ESG 报告走向标准化的里程碑事件。在国内，2023 年 7 月 25 日，国资委印发《央企控股上市公司 ESG 专项报告编制研究》，统一了央企上市公司发布的 ESG 报告框架，这一举措构建了中国特色 ESG 评价体系，也以央企为示范带动民企 ESG 信息披露规范化。ESG 被纳入主流话语体系中，与"双碳"目标、新型城镇化建设、保护生态文明、发展新质生产力、

---

① 耐克、宝马、珀莱雅……TOP 品牌都在「卷」的 ESG，需要好沟通 | 报告首发［EB/OL］.（2023-10-19）［2024-08-30］. https://mp.weixin.qq.com/s/wN3nxazQhUuixmsG8FruCA.

依法治企等发展主题高度契合。

另外，消费本身也是一种自我表达。无论是河南暴雨期间热心网友对鸿星尔克的"野性消费"，还是 Manner 自带杯在互联网上引发的"自带杯离谱大赛"，都在表明：新一代的消费者热衷于"用消费投票""用买单表态"，对遵循可持续发展理念、具有社会责任感、充满人文主义精神的品牌会给予更多的热情。此外，基于相对功利性的目标，ESG 表现与企业绩效之间存在双向因果的内生性关系，可持续发展能够降低企业的融资约束，再通过融资约束的方式反向提升企业绩效与价值。因此，无论是出于政策驱动、消费者的需求偏好，还是企业自身转型需求，企业都无可避免地加入 ESG 传播浪潮当中。

（三）从"讲一个好故事"到"一起行动起来"

当下 ESG 话题热度持续走高，许多企业开始在 ESG 传播上发力。传统 ESG 传播的方式就是讲品牌故事，即将冰冷的财务指标和技术语言转换为大众视角，从而完成与受众的有效沟通①，强化品牌好感度。这种理念在大众媒体时代发挥了较大的作用。例如，高盛提出的 ESG 理念"进步与每个人息息相关"（progress is everyone's business），华特迪士尼传达了"通过故事的力量鼓舞一个更好的世界"（inspiring a better world through the power of stories）的企业理念。这一时期，企业把 ESG 理念融入品牌叙事当中从而激发受众强烈的认同感。

然而，进入以微粒化、节点化、流动化为特征的新媒体时代，"受众"的概念被"用户"所替代，消费者也拥有了更强的主动性，成为企业 ESG 传播中重要的参与者。目前，人们对于可持续消费存在一种"可持续消费态度—行为分离模型"，即消费者认为可持续很重要，但这样的态度并不一定带来可持续的消费行为。这时，"参与感"的重要性就显现出来。例如，淘宝与它基金，联合 55 家淘宝商家，让出店铺首页的"推荐宝贝"广告位，

---

① 高言.品牌 ESG 营销实践：从选择题到必答题［J］.国际品牌观察，2023（21）：15-17.

用低门槛的认购玩法带动消费者和商家一起为流浪动物献爱心，将关爱流浪动物这一环境议题落到实处。

三、企业ESG传播主题分类

有关绿色、社会责任等的议题在营销管理的发展进程中并不新鲜。早在20世纪70—80年代，随着全球性环境危机不断加剧，"绿色生活方式""绿色消费行为"等研究主题日益受到学者的关注。但如果仅将ESG营销看作绿色营销、公益营销或社会责任营销未免太过狭义。国内商道融绿的ESG评价指标体系将ESG分为环境、社会、公司治理3个一级指标，其下又包含13个二级指标和更为细分的三级指标（表24-1）。这些评价指标体系也进一步影响了企业ESG传播主题的分类。

表 24-1　商道融绿ESG 评价的指标体系

一级指标	二级指标	三级指标
环境	E1 环境管理	环境管理体系、环境管理目标，员工环境意识，节能和节水政策，绿色采购政策等
	E2 环境披露	能源消耗，节能，耗水，温室气体排放等
	E3 环境负面事件	水污染，大气污染，固废污染等
社会	S1 员工管理	劳动政策，反强迫劳动，反歧视，女性员工，员工培训等
	S2 供应链管理	供应链责任管理，监督体系
	S3 客户管理	客户信息保密等
	S4 社区管理	社区沟通等
	S5 产品管理	公平贸易产品等
	S6 公益及捐赠	企业基金会，捐赠及公益活动等
	S7 社会负面事件	员工，供应链，客户，社会及产品负面事件
公司治理	G1 商业道德	劳动政策，反强迫劳动，反歧视，女性员工，员工培训等
	G2 公司治理	反腐败和贿赂，举报制度，纳税透明度等
	G3 公司治理负面事件	信息披露，董事会独立性，高管薪酬，董事会多样性等

（来源：商道融绿官网）

从品牌传播实践角度来看，根据SocialBeta发布的《2023ESG营销趋势报告（1—4月版）》①，ESG传播主题已实现多元覆盖。环境（Environmental）议题下除"绿色"外，"动物保护""双碳减排"等关键词高频出现；社会（Social）议题下，"性别平等""文化传承"等主题也颇受关注；此外，在公司治理（Governance）议题下，"员工关怀""企业文化"等内容也成为与消费者沟通的重点（图24-1）。

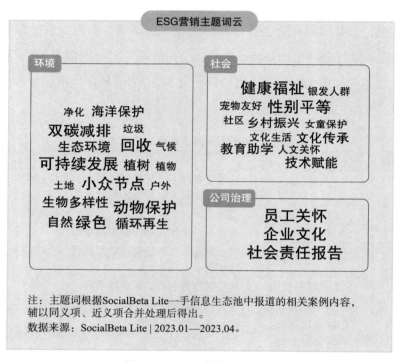

图 24-1　ESG 营销主题词云

（图片来源：SocialBeta《2023ESG 营销趋势报告（1—4月版）》）

（一）环境（Environmental）

环境议题主要关注企业的环保责任，包括降低碳排放、关注气候变化、

---

① SocialBeta：2023 年ESG 营销趋势报告（1—4月版）［EB/OL］.（2023-05-19）［2024-05-09］. https://business.sohu.com/a/777584686_121888860.

保护生物多样性、资源循环再生、污染治理等。《2023 ESG 营销趋势报告（1—4月版）》数据显示，在 SocialBeta Lite 同期收录的 1600 个品牌营销案例中，ESG 传播案例共有 177 个，占比达 11%。其中环境议题相关案例数量占比最高，达到 57.6%。在"双碳"政策推行和绿色消费盛行的背景下，承担环境保护责任对企业来说，有助于提升品牌形象、降低运营成本、吸引国内外的投资（图 24-2）。例如，家用电器品牌美的入选 2023 年《财富》中国 ESG 影响力榜，其不仅积极发布集团 ESG 报告，还配合绿色换新旧家电的"绿电行动"，围绕环境保护议题打造了"地球使用说明书"创意内容营销，传递了"人性科技，让地球更美的"的绿色主张，即践行科技向善，致力于让人们借助科技享受美好生活的同时，也能享受到良好生态环境的美好。

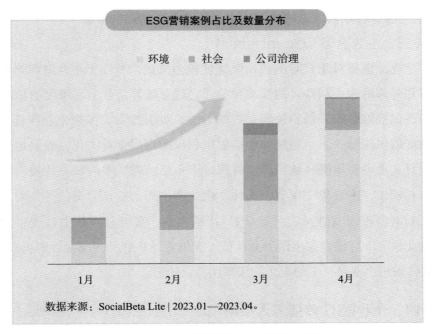

数据来源：SocialBeta Lite | 2023.01—2023.04。

图 24-2　ESG 营销案例占比及数量分布

（图片来源：SocialBeta《2023 ESG 营销趋势报告（1—4月版）》）

（二）社会（Social）

ESG中的"S"（Social）则强调企业在社会层面的责任，包含性别平等、弱势群体关怀、公益事业参与、健康与安全保障、社会问题解决倡导等传播话题。企业有关"社会"议题的品牌传播案例数量仅次于"环境"议题。企业作为社会有机体的一部分，有其经济目标亦有其社会目标，而企业主动承担社会责任正是其经济目标和社会目标的统一。从短期来看，企业对社会相关议题的参与或许较难直接转化成经济效益，但从长远来看，企业ESG传播在相关社会责任履行中的态度表达是其企业价值观的集中体现，能够影响消费者对企业的认同感。例如，日化品牌珀莱雅在"世界精神卫生日"（10月10日）推出"回声计划"青年心理健康公益系列宣传片，提出"和情绪握手"的品牌倡议，关注青年的焦虑、愧疚、抑郁等情绪问题，并搭建心理倾诉公益专线倾听人们的情绪"回声"。通过捕捉青年群体的情绪痛点，挖掘其深层次的情感需求，树立商业向善的品牌形象。

（三）企业治理（Governance）

企业治理相对于ESG的前两个维度较为微观，专注于企业内部的良好治理和外部的相关利益者的互动与信任。这意味着企业治理维度的ESG传播，不仅能够影响外部相关利益者的看法，吸引投资、保护企业声誉、打造良好的供应链关系，还能够塑造健康积极的内部企业文化，极大地提升员工对企业的归属感和认同感。目前对于企业治理维度的ESG传播内容比例相对较少，主要集中在员工关怀、企业文化和企业社会责任等方面。联想在妇女节推出女性员工"她OK"特别企划，在创意短片中打造可爱的公司女性员工群像，并承诺为女性员工提供各种福利，回应女性职场议题，从而体现出企业对员工的人文关怀和社会责任感。

四、企业ESG传播三大策略

（一）从企业核心价值出发，构建ESG品牌叙事

品牌叙事，即品牌与消费者之间的叙事沟通，被认为是塑造品牌的有

效手段。维森特在《传奇品牌：诠释叙事魅力，打造致胜市场战略》一书中提出，消费者会将品牌故事这种"外部叙事"与自己过往经验这类"内部叙事"相连接，这种"内化"的结果就是消费者心甘情愿地相信品牌故事，进而变成对品牌的消费欲望，最终说服自己购买。ESG 为品牌提供了品牌叙事的很好的理念主题。企业进行 ESG 传播可以从企业自身的核心价值观念出发，构筑长期的 ESG 内容 IP，为完整的品牌叙事服务。

中国银联打造"银联诗歌 POS 机"系列品牌传播活动，关注山区留守儿童成长，让大山里孩子的诗歌才华被大众看见。项目创意的原点是将中国银联的支付终端产品 POS 机改造成"会吐诗的 POS 机"，人们使用银联云闪付 APP 或银联手机闪付在 POS 机上支付时，打印出来的票据就是山区孩子的一首首小诗，同时也为山区孩子的艺术素养课程提供了一份资金支持。该项目从 2019 年开始连续五年围绕"银联诗歌 POS 机"公益 IP 进行创意内容输出，先后打造了诗歌银河、诗歌长城、诗歌长亭等户外公益大事件，发布了《诗的童话》《刺猬》《发光的石头》等公益短片，并开展公益行动走进安徽、河南、四川、新疆、云南等地的 400 多所山区学校，开办了 100 多场诗歌课堂，累计帮助超过 7000 名山区儿童接受艺术素质教育。[①]

（二）议题细分，将企业 ESG 落到实处

ESG 中包含的环境、社会、企业治理议题较为宏大，很容易在传播中"空喊口号"。ESG 传播不应是抽象的，而应是具体的。相较于宏大的品牌叙事，着眼于身边小事、关怀细分人群、解决实际问题的 ESG 营销显然更容易获得消费者的青睐。

一方面，部分企业在 ESG 传播中开始关注产品适老化改造、少数群体疾病科普等细分人群面对的问题，扩大关怀的对象，将企业 ESG 落到实处。例如，淘宝联合中国老龄事业发展基金会在重阳节发起"老宝贝上新"公

[①] 银联诗歌 POS 机公益行动：每一分善意，都会让这个世界多一点诗意［EB/OL］.（2024-01-03）［2024-08-30］. https://mp.weixin.qq.com/s/-6idm0fnDn_6rz9LZEk21g.

益计划，发掘银发人群身上的宝藏技能，呼吁社会给予身边老年人更多的关注。淘宝将全国各地50位老人的经验和技能录制成公益课，并通过"顺手买一件"功能精准推送给目标消费者。

另一方面，部分企业从消费者真实的痛点需求出发，关注细分社会议题，并形成消费者可感知的企业行动。例如，美团持续推进"小份菜""小份饭"专项行动，推动更多商户上线小份菜。在环境领域，因食物浪费导致的碳排放已达粮食系统总碳排放量的一半。在日常生活中，由于大份饭菜吃不完导致的被迫剩饭，成为消费者的一大痛点。美团这一ESG项目，从产品设计上减少粮食浪费，融入"减碳"热点环境议题当中。

（三）把握关键节点，借势打造企业ESG大事件

"节点"是企业回应社会议题的重要契机，是企业ESG传播中的"波峰"，是企业与利益相关者共塑的仪式化体验。当前，"节点"突出表现为一系列法定节日，其具备了社会层面的仪式性的色彩，本身就具有话题和流量的双重属性，能够在极大程度上提升企业ESG传播的效果。例如，三八妇女节就成为企业致敬女性、关注性别平等议题的重要节点。钉钉关注职场女性"例假请假羞耻"难题，发布《例假真的是个假》公益短片；五四青年节成为企业讨论青年成长问题的重要节点，B站联合中国新闻社、《解放日报》、《新京报》等主流媒体，由诺贝尔文学奖得主莫言执笔写给全国青年一封信《不被大风吹倒》。

除了这样的大众熟知的节日，一些国际性的节日近年来也开始走入企业视野，如世界环境日、世界粮食日、世界野生动植物日、世界读书日等。值得注意的是，各大节点也是企业"扎堆"营销的时期，如何突出重围在同一主题的"命题写作"中写出新意，也是企业开展ESG营销需要关注的重点。

五、中国企业ESG传播存在的问题

2024年中国广告主营销趋势调查显示，将近七成的广告主对于"ESG

对企业战略更具价值，但对于本公司而言实现该目标还较为长远"的观点持同意的态度。目前对于大多数中国广告主来说，ESG 暂属于战略规划层面，真正落实到战术执行层面仍任重而道远。

（一）只做不说：仅发布 ESG 报告，缺乏创意传播形式

目前，多数企业展示 ESG 成果仍主要采用发布 ESG 报告和新闻媒体报道等形式。但企业 ESG 报告大多由图表数据组成，可读性较差；而传统的新闻稿件虽具有权威性，但缺乏互动性，因而无法收获用户的广泛关注。这也反映出当前企业 ESG 传播更像是完成任务式的"公示"，而不是积极主动的"沟通"。这些内容虽然可以借助企业自身和媒体的影响力抵达目标受众，但总归是机械的、单向的传播，感染力十分有限，很难引起公众广泛的关注和深入的理解。在信息爆炸的今天，"酒香也怕巷子深"，如何把专业的 ESG 报告转化为包含消费者在内的相关利益方可感知的创意表达方式，成为当下企业 ESG 传播的一大难点。

（二）只说不做：将 ESG 当作营销噱头，未将其真正纳入企业理念

由于 ESG 是一种企业非财务绩效，难以用具体的数值来衡量，其真实性和有效性无法像财务指标一样有保证。同时，ESG 包含的议题十分广泛，部分议题并不与企业收益直接相关，且需要长时间的企业行动积累才能真正看到成效。因此，在 ESG 成为热门话题的当下，部分企业仅以"蹭热点""跟风"的心态将 ESG 作为一种营销噱头开展品牌传播，以此来吸引消费者和投资者的关注，这实则只是企业通过 ESG 的"漂绿"行为。从短期来说或许能博得相关利益者的关注，但长期来看可能会损害企业声誉，引发消费者的不满，影响品牌的进一步发展。企业应该意识到 ESG 从来都不是营销噱头，只有真正将其纳入企业理念，落到实处，才能反哺企业自身的可持续发展，进而扩大品牌影响力、提升品牌价值。

（三）片面理解：仅关注公益模块，忽视企业内部管理

ESG 是一个由环境、社会、治理三大领域构成的全面的概念，其前身

是企业社会责任（CSR），本质上要求企业不仅作为市场主体，更要作为社会主体，发挥自身的治理能量。然而，目前不少企业的ESG传播仍处于单维度营销阶段①，即企业仅围绕环境、社会、治理中的某一维度展开品牌传播，忽视了自身的责任与使命。囿于讨论部分社会议题的舆论风险性和治理问题影响受众的广度，"环境"成为企业最青睐的ESG传播维度。《2023ESG营销趋势报告（1—4月版）》显示，有关"环境"的ESG传播案例数量占比远高于其他两个维度。这种做法可能会导致企业在某些方面的表现大幅提升，而整体的可持续发展能力仍存在短板。不少企业也仅选择履行与自身业务密切相关的责任维度，而选择性地忽略其他维度，造成了传播不利的局面。

结　语

当下ESG已成为企业参与全球治理和国际竞争的通用语言。好的ESG传播，不是讲空话、不是玩情怀、不是蹭热点，而是品牌的一项长期主义的投资。它或许在短期内无法像明星代言、红人直播、社交媒体互动等品牌传播方式一样带来流量和销量的爆发式增长，但一场"润物细无声"的ESG传播会给企业形象和品牌价值带来巨大提升。市场上永远不缺乏一夜爆红的新品牌，但我们仍期待伟大品牌的出现。

---

① 彭昊.ESG：品牌价值提升重要手段［J］.国际品牌观察，2023（21）：18-20.

第二十五章　中国企业生物多样性保护传播发展研究报告

生物多样性保护已成为全球可持续发展的关键议题。企业作为社会经济的主要行为主体，在实现生物多样性保护目标中扮演着不可或缺的角色。然而，国内企业在生物多样性保护传播方面的研究和实践仍存在显著不足，具有广阔的提升空间。为深入探讨这一领域，本报告从综合分析中国企业生物多样性保护传播的发展背景、现状和局限性出发，旨在为未来设计和实施有效的保护传播策略提供参考，进而加强生物多样性保护工作。

一、中国企业生物多样性保护传播进入新时期

（一）政策引领，企业生物多样性保护责任升级

我国幅员辽阔，复杂多样的地形和气候孕育了丰富而独特的生态系统、物种和遗传多样性，是世界上生物多样性最丰富的国家之一。作为最早签署《生物多样性公约》的国家之一，中国积极履行公约，推动生物多样性保护。加入《卡塔赫纳生物安全议定书》和《名古屋议定书》后，中国进一步完善了生物多样性保护的法律法规和政策，出台了《中华人民共和国自然保护区条例》《中华人民共和国野生动物保护法》等多部相关法规，推进生物多样性法律化，制定并实施了《中国生物多样性保护战略与行动计划（2011—2030）》，提出了未来20年的生物多样性保护总体目标、战略任务和优先行动。在此过程中，企业被赋予了重要的使命。

党的十八大以来，我国以前所未有的力度狠抓生态文明建设，开展了

一系列根本性、开创性、长远性的工作，生态文明建设从认识到实践都发生了历史性、转折性、全局性的变化。2012年，在北京举行的生物多样性与绿色发展国际论坛上，首次在国内组织国有企业、私营企业、集体企业、外资及港澳台企业代表签署了《致参与生物多样性保护企业倡议书》①，初步建立了政府与企业之间的交流合作平台。自2013年以来，中国相继出台了40多项涉及生态文明建设的方案，初步构建起生态文明建设的制度体系，致力于建设美丽中国。

在党的二十大上，习近平总书记再次强调："大自然是人类赖以生存发展的基本条件。尊重自然、顺应自然、保护自然，是全面建设社会主义现代化国家的内在要求。必须牢固树立和践行绿水青山就是金山银山的理念，站在人与自然和谐共生的高度谋划发展。"2021年联合国《生物多样性公约》第十五次缔约方大会（COP15）由中国主办，推动达成"昆明-蒙特利尔全球生物多样性框架"（简称"昆蒙框架"）等一揽子具有里程碑意义的成果文件，开启了全球生物多样性治理新篇章，体现了国际社会对我国生态文明建设的认可。大会期间，中国召开了"加快实现中国生物多样性保护的商业行动"角边会，发布《企业生物多样性保护指导手册》和《企业生物多样性保护案例集》，为企业深度参与生物多样性保护提供了指引与示范。

同年，生态环境部要求企业披露生态保护相关信息，增强企业对生态保护的重视度。2022年5月，中国成立"工商业生物多样性保护联盟"，为品牌在传播中提供了创新的绿色合作模式。这些举措不仅帮助品牌在国内树立了绿色领导者的形象，也通过国际传播渠道提升了品牌在全球市场中的美誉度与可信度，为企业生物多样性保护提供了坚实的制度保障，推动企业将生物多样性保护纳入战略规划。

---

① 环评中心派员参加生物多样性与绿色发展国际论坛［EB/OL］.（2012-09-18）［2025-01-02］. https://www.edcmep.org.cn/ywly_14986/hjglyj/201703/t20170309_407428.shtml.

（二）市场驱动，生物多样性保护传播成为企业必答题

在昆蒙框架指导下，中国企业开始尝试生物多样性信息披露，市场调查也反映出我国金融机构对企业生物多样性表现和信息披露的高度关注。2024年1月，生态环境部提交了《中国生物多样性保护战略与行动计划（2023—2030年）》。该计划明确了要"大力发展绿色金融，强化自然相关环境信息披露"，还提出要推动企业"将生物多样性相关信息纳入企业环境信息依法披露及其监督管理活动内容，以及环境、社会及治理（ESG）报告等企业可持续发展报告"。中国的上市公司信息披露要求已经呼应了这一新政策。

自2024年5月起，北京、上海和深圳三大证券交易所在证监会的指导下发布了《上海证券交易所上市公司自律监管指引第14号——可持续发展报告（试行）》，强制要求几大指数样本公司以及境内外同时上市的公司从2026年起发布可持续发展报告。其中第三十二条要求，企业生产经营活动对生态系统和生物多样性产生重大影响的，应当披露其相关活动，例如退出生态保护红线范围的行动，以及对野生动植物和栖息地采取的保护和恢复措施等。

尽管自然信息披露在全球范围内仍处于初级阶段，但发展迅速。根据中央财经大学绿色金融国际研究院的调查，在金融机构受访者中，认为企业开展生物多样性保护"非常重要"的比例为66.67%，认为企业践行生物多样性信息披露"非常重要"的比例为61.90%。虽然企业和政府及监管部门受访者对生物多样性信息披露的重要性认识程度相对较低，但整体而言，各方均认为生物多样性信息披露对推进生物多样性保护至关重要。促使企业将生物多样性保护从可选项转变为必答题，企业在这方面的行动和信息披露需求日益迫切。在这一全球背景下，企业可以通过传播生物多样性主流化的内容，将其企业社会责任与全球议题对接，强化其品牌的国际形象。这种传播不仅涉及传统的环境保护信息，还能够通过结合经济、社会、文

化等方面的内容，建立更加广泛的品牌影响力，从而在全球市场中占据道德高地。

（三）公众参与，消费者道德消费意识崛起

世界自然保护联盟（IUCN）2023年发布的《全球物种行动计划》指出，提升公众意识和参与度是实现生物多样性保护目标的关键①，强调了公众在推动生物多样性保护中的重要性。公众只有了解生物多样性的重要性和保护意义，才会更加关注可持续生产和消费，减少对生态环境的破坏和对生物多样性的威胁，从而促进生物多样性的保护②。

近年来，随着全球环保理念的广泛传播，消费者的道德消费意识逐渐觉醒，环保、动物福利和人权等领域的议题在公众中的普及度显著提升。作为推动生物多样性保护传播的重要驱动力，消费者在选择产品和服务时会基于个人的伦理标准做出决策。《中国公众生物多样性认知调查报告》数据显示，公众对生物多样性保护的认知逐步深化，特别是在年轻一代中，环保意识更为强烈，超过60%的中国消费者表示，他们愿意为环保产品支付溢价③。这一趋势不仅体现在对自然资源保护的认同上，还直接影响了消费者的日常消费选择，越来越多的消费者正在将道德消费理念融入日常决策，愿意为环保产品买单，尤其是那些具有可持续发展认证的产品。

Bottle Dream联合欧莱雅发布《2021年轻人保护生物多样性行动洞察》，进一步强调了道德消费主义的影响力，证明了年轻人群体在推动环保意识崛起中的重要作用。该报告显示，年轻消费者中的"行动派"群体正在形成，

---

① Applying TEEB for agriculture and food to inform food system policy：modeling guidance and case studies［EB/OL］.（2024-09-24）［2024-09-30］. https://www.unep.org/resources/report/applying-teeb-agriculture-and-food-inform-food-system-policy-modeling-guidance-and.

② 罗茂芳，杨明，马克平.《昆明-蒙特尔全球生物多样性框架》核心目标与我国的保护行动建议［J］.广西植物，2023，43（8）：1350-1355.

③ 国内首份!《中国公众生物多样性认知调查报告》正式发布［EB/OL］.（2021-07-09）［2024-08-30］. https://www.lvziku.cn/article/34840.

68%的年轻受访者表示他们愿意为环保产品支付溢价，超过40%的年轻消费者认为企业对生物多样性保护的贡献是其选择品牌的重要考量因素①。这一数据表明，年轻消费者对品牌在环保领域的表现给予了高度关注，并将环保行动视为其道德消费决策的重要部分。此外，消费者在进行绿色消费时还会受到社会和文化压力的影响。例如，来自朋友、家人或社交圈的支持会进一步增强消费者做出环保选择的意愿。研究指出，超过70%的年轻消费者表示他们受到了周围环境保护舆论的影响，从而主动选择环保产品②。这说明社会对环境保护的广泛关注对消费者行为的引导作用日益明显。

二、新时期中国企业生物多样性保护传播的响应现状

在全球生物多样性保护框架的推动下，中国企业正逐步意识到生物多样性保护在品牌传播和可持续发展中的重要性。部分领先企业已经积极行动，通过有效的传播实践展示其在生物多样性保护领域的承诺和成果。

（一）常态化传播，从被动履责到主动担当

随着全球环境治理的深化和公众环保意识的提升，生物多样性保护正在从企业的边缘议题转变为品牌定位的重要组成部分。因此，部分企业不再将生物多样性保护视为一时的公益行动，而逐渐将其融入日常运营和品牌战略，逐渐形成常态化、制度化的传播机制。通过官方渠道、社交媒体、公益活动等多种方式，持续传递生物多样性保护理念，满足公众对环保信息的需求，增强品牌的社会责任形象。例如，伊利集团自2016年以来，与世界自然基金会合作开展湿地鸟类资源监测项目，并将生物多样性保护融入企业可持续发展战略。伊利通过发布年度可持续发展报告和开展公益宣传，将生物多样性保护的信息传递给广大消费者，塑造了企业环保先锋的

① BottleDream& 欧莱雅：2021 年轻人保护生物多样性行动洞察［EB/OL］.（2021-08-05）［2024-08-30］. https://www.199it.com/archives/1290016.html.
② BottleDream& 欧莱雅：2021 年轻人保护生物多样性行动洞察［EB/OL］.（2021-08-05）［2024-08-30］. https://www.199it.com/archives/1290016.html.

形象。植物医生则利用品牌自媒体和社交平台，持续分享高山植物护肤品的研发故事和生物多样性保护实践，将保护理念融入产品宣传，通过日常化的传播实践增强公众的认知和参与度。自然堂集团通过公益合伙人机制，将消费者的参与融入生态保护中，将每销售一瓶产品的部分收益用于支持当地的生态恢复项目，增强了消费者的参与感和品牌认同感。这种消费者共创的方式使生物多样性保护从品牌行为延伸至日常消费行为中，进一步巩固了品牌的社会责任形象。

（二）资源性整合，共建生物多样性保护生态圈

单打独斗难以实现生物多样性保护的目标。部分企业不再孤立行动，而是与政府、非政府组织、科研机构、社区等多方合作，整合资源，共建生物多样性保护生态圈。例如，海康威视与环保组织合作，将智能物联网技术应用于野生动物保护，建立了"动物监测、图像管理、智能识别、统计分析、可视化展示"的闭环系统。通过行业会议和媒体报道，分享技术应用成果，提升了企业的社会形象。昊邦药业集团则注重实现生态保护与社区发展的双赢。在保护云南特有植物"乌头"过程中，成立农民专业合作社，与当地农民合作，既保护了珍稀物种，又促进了社区经济发展。他们通过媒体报道和社会责任报告，展示了企业在生物多样性保护和社会公益方面的实践，提升了公众认可度。

（三）培育企业声誉，持续提升保护传播积极性

生物多样性保护不仅是履行社会责任，也是提升品牌价值和市场竞争力的重要途径。在全球保护框架和相关政策的引导下，企业面临着更高的社会期望和监管要求。同时，消费者的环保意识不断提升，对企业的生物多样性保护实践给予更多关注和支持。通过将生物多样性保护融入品牌战略和商业模式，企业能够实现商业利益与生态效益的双赢。例如，植物医生通过科学研究，将55种高山植物应用于护肤品研发，推动了高山植物的可持续利用。他们在品牌传播中强调生态保护理念，讲述产品背后的科研

和生态保护故事，提升了品牌的独特性和价值感。同时，随着智能技术的发展，企业开始主动利用大数据、人工智能和算法技术，创新生物多样性保护的传播方式，提升公众参与度和影响力。例如，字节跳动利用自身的技术优势，通过算法推荐和内容策划，提高公众对生物多样性保护的认知和兴趣。他们在平台上推广生物多样性知识，发动用户参与公益活动，从而扩大传播的覆盖面和影响力，增强公众的参与度。

三、中国企业生物多样性保护传播的局限性

目前，生物多样性保护已成为全球重要的可持续发展目标之一，而企业在其中扮演着至关重要的角色。然而，通过对现有文献和实践案例的分析，我们发现，国内企业在生物多样性保护传播中的研究与实践存在显著不足。

（一）理论框架不完善，政策与实践存在脱节

目前，关于企业生物多样性保护的研究多集中在生态文明建设和企业社会责任领域，对生物多样性保护传播的专门研究相对较少，缺乏系统化的理论体系。特别是关于企业如何将生物多样性保护有效融入品牌传播战略的研究，仍处于初步探索阶段，大部分成果仅停留在案例描述，缺乏机制性分析和理论深度。这种局限性导致国内研究难以在全球生物多样性保护话语体系中占据一席之地。同时，尽管国家政策为企业提供了参与生物多样性保护的指导，但在实践层面上，企业的行动与传播活动显得零散、不系统，未能形成一套有效的传播框架。这不仅影响了企业的整体环保形象，也未能有效提升公众对企业环保行为的认知①。研究表明，虽然在政策上中国有多项环保合作机制，但这些项目在实施中，尤其是在海外投资的

---

① BOHNETT E., COULIBALY A., HULSE D, et al. Corporate responsibility and biodiversity conservation: challenges and opportunities for companies participating in China's Belt and Road Initiative [J]. Environmental conservation, 2022, 49（1）: 42-52.

背景下，存在监管松散和缺乏环境影响评估（EIA）的情况，导致企业在生物多样性保护的参与上没有达到应有的深度和标准[①]。

（二）协作机制缺位，供应链管理和商业模式尚不成熟

生物多样性保护是一项复杂的系统工程，需要政府、企业、非政府组织和公众的广泛参与和合作。然而，中国企业在这一领域的合作和协调机制尚不完善。企业之间缺乏行业联盟和平台，未能共同推动生物多样性保护标准和最佳实践的制定和推广。这导致企业在传播内容和行动上缺乏统一性和协同性，相关传播内容碎片化，未能有效传递给利益相关者。根据山水自然保护中心的研究，在样本下采取生物多样性保护相关行动的119家企业中，仅有10家（约占5%）同时披露了其生物多样性相关的愿景、战略、目标行动与目标管理体系[②]。这种行动的零散性和制度的缺位不仅限制了企业的传播效果，也使得企业在构建品牌形象时难以体现其在生物多样性保护领域的长期承诺。

此外，部分企业虽然开始尝试将生物多样性保护纳入供应链管理和商业模式，但尚未形成系统化的战略和实施框架。这导致企业的行动更多地停留在"讲述"阶段，缺乏"做"的支撑。为了提升传播效果，企业必须在供应链管理中提升透明度，强化可持续的合作伙伴关系，推动多方协作。这种协作不仅限于行业内部的联合行动，还应包括跨行业的合作，通过整合资源和推动创新来提升整体行动的影响力和传播效果。世界经济论坛的研究表明，企业应当探索行业内外的合作机会，特别是那些能够推动市场和价值链向自然受益型模式转型的合作关系[③]。企业在生物多样性保护中不

[①] SENANAYAKE M，HARYMAWAN I，DORFLEITNER G，et al. Toward more nature-positive outcomes：A review of corporate disclosure and decision making on biodiversity［J］. Sustainability，2024，16（18）：8110.

[②] 企业生物多样性信息披露研究［EB/OL］.（2022-11-04）［2024-08-30］. https://iigf.cufe.edu.cn/info/1014/5901.htm.

[③] 新自然经济系列报告II：自然与商业之未来［EB/OL］.（2020-07-14）［2024-08-30］. https://cn.weforum.org/publications/new-nature-economy-report-ii-the-future-of-nature-and-business/.

仅可以发挥领导作用，还可以通过与供应商、客户和其他商业伙伴合作，共同推广最佳实践和创新政策。这将助推企业在生物多样性保护中的系统性行动，并帮助其在品牌传播中占据更具道德影响力的地位。

（三）信息披露普遍不足，将议题转化为有效传播内容面临挑战

尽管生物多样性保护的重要性日益凸显，但企业在信息披露和传播方面仍存在不足，影响了利益相关者对企业自然保护行为的全面了解。世界经济论坛《自然与商业之未来》报告指出，全球约44万亿美元的经济价值依赖于自然及其生态系统服务，超过一半的全球GDP面临生物多样性丧失的潜在威胁[①]。这促使企业不仅关注传统的财务指标，也开始重视与自然保护相关的可持续发展行为。然而，企业在将这些议题转化为有效的传播内容上仍面临挑战。尽管越来越多的企业意识到自然和生物多样性对其长期发展的重要性，但系统化的企业实践和信息披露仍不够广泛[②]。根据山水自然保护中心的研究，截至2021年年底，在评价的188家A股上市企业中，仅有15家（约占8%）在年报或社会责任报告中明确提及了"生物多样性"关键词[③]。这表明企业对生物多样性信息的披露普遍不足，尚未形成广泛的传播热点。

目前，企业的生物多样性信息披露方式主要嵌入在环境信息披露、可持续发展报告等中，存在信息分散、内容有限、使用和分析价值较低的问题。这种局限性使得企业难以通过有效的叙事方式传达生物多样性保护理念，将生物多样性议题转化为品牌价值。全球大部分企业尚未将生物多样

---

① 新自然经济系列报告II：自然与商业之未来［EB/OL］.（2020-07-14）［2024-08-30］. https://cn.weforum.org/publications/new-nature-economy-report-ii-the-future-of-nature-and-business/.

② 企业生物多样性信息披露研究［EB/OL］.（2022-11-04）［2024-08-30］. https://iigf.cufe.edu.cn/info/1014/5901.htm.

③ 企业生物多样性信息披露研究［EB/OL］.（2022-11-04）［2024-08-30］. https://iigf.cufe.edu.cn/info/1014/5901.htm.

性保护作为强制性的品牌传播内容，数据往往分散且缺乏系统性[1]。这导致生物多样性保护信息难以有效传递给利益相关者，也妨碍了公众对企业自然保护行为的全面了解。

四、对企业参与生物多样性保护传播的建议

（一）从保护营销做起，推动品牌可持续发展

保护营销是企业通过市场营销手段，推动生物多样性保护的重要策略[2]。保护营销以社会营销为基础，借鉴商业营销中的4P理论（产品、价格、地点和促销）框架展开活动，旨在引导公众采取有利于环境和生物多样性保护的行为，实现人与自然的和谐共处[3]。保护营销的内容强调传递生态价值，覆盖了从环境保护到社会责任的多元生态议题。企业需要在原有的社会营销活动基础上，增加更为深远的生态信息，涵盖陆地、海洋、海岸、海岛等多种生态系统下的生物多样性内容，拓展企业营销传播的内涵与外延。

通过保护营销，企业不仅可以提升品牌的社会责任感，还能够通过推广可持续消费和生产，增强与社会公众的联系，创造商业价值。此外，保护营销不仅可以在企业内部产生影响，还能够通过利益共享机制促进当地社区和利益相关方的参与。利益共享机制是指企业通过与地方社区合作，将生物多样性保护与改善社区生计相结合，是促进生物多样性保护和社区

---

[1] 新自然经济系列报告II：自然与商业之未来［EB/OL］.（2020-07-14）［2024-08-30］. https://cn.weforum.org/publications/new-nature-economy-report-ii-the-future-of-nature-and-business/.

[2] VERÍSSIMO D, SADOWSKY B, DOUGLAS L. Conservation marketing as a tool to promote human-wildlife coexistence［J］. Human-wildlife interactions：Turning conflict into coexistence，2019, 23：335-354.

[3] VERÍSSIMO D, SADOWSKY B, DOUGLAS L. Conservation marketing as a tool to promote human-wildlife coexistence［J］. Human-wildlife interactions：Turning conflict into coexistence，2019, 23：335-354.

发展的有效途径①，这种机制有助于增强社区对生物多样性保护的支持和参与度，促进可持续发展，实现生态保护与经济发展的双赢。

随着生物多样性保护成为全球关注的焦点，保护营销越来越被视为促进生物多样性保护的重要工具②。企业是开发和利用保护营销传播的主体，是推动生物多样性保护不可或缺的支柱力量。参与生物多样性保护的营销传播活动能够帮助企业更好地理解自身对于自然的依赖和影响，梳理产品全生命周期所涉及的关键风险和机遇，从而有效优化运营方式，降低环境风险，提高资源利用效率，加强生物多样性的治理工作，更将助力于国家整体的生物多样性保护工作。

（二）参与生物多样性保护传播，融入品牌长期战略，助力竞争优势

生物多样性正在成为企业供应链中不可或缺的考虑因素，对企业发展至关重要。例如，企业需要大自然提供的直接投入（如水资源、纤维材料），依赖于生态系统服务（如授粉、水调节、土壤肥力）来维持正常运营。没有健康的生物圈，就无法保障商品的生产和消费者的需求。生物多样性的丧失可能导致供应链中断，造成资源稀缺、原材料价格波动，进而增加生产成本，削弱企业的市场竞争力。根据凯捷研究院发布的《2023生物多样性保护研究报告（英文版）》，在参与调查的1643名高管中，超过半数的组织将生物多样性纳入其更新的供应商行为准则中。这表明，生物多样性已成为影响企业竞争力和市场地位的重要因素。

生态系统的动态性以及复合性决定了生物多样性保护所涉及领域的广泛性。在产业融合趋势加强的当下，参与保护传播已成为企业实现品牌差

① KEGAMBA J J, SANGHA K K, WURM P A, et al. Conservation benefit-sharing mechanisms and their effectiveness in the Greater Serengeti Ecosystem: local communities' perspectives [J]. Biodiversity and conservation, 2023, 32（6）: 1901-1930.

② VERÍSSIMO D, VAUGHAN G, RIDOUT M, et al. Increased conservation marketing effort has major fundraising benefits for even the least popular species [J]. Biological conservation, 2017, 211: 95-101.

异化和增强市场竞争力的关键策略。生物多样性保护传播可以作为构筑生物多样性保护社会行动体系的重要支持工具，成为企业参与生态保护工作的重点。世界经济论坛强调，跨行业的合作对于实现生物多样性保护目标至关重要①。在生物多样性保护的推动下，企业开始与供应商、合作伙伴共同制定和遵守环保标准，促进整个产业链的绿色转型。这种合作不仅降低了供应链的环境风险，还提高了资源利用效率，增强了行业的可持续发展能力。同时，企业间的协同合作有助于共享生物多样性保护的经验和成果，提升行业整体水平。

企业参与生物多样性保护传播不仅能够促进绿色品牌形象的建立，更是与以生物多样性为主的生态治理议题充分贴合，契合我国生态文明建设的长期规划需求。通过将生物多样性保护融入品牌战略，企业可以提升消费者对其产品和品牌的认可度，增强与消费者的情感联系。这种模式不仅满足了消费者日益增长的环保意识和可持续消费需求，也为企业巩固市场地位、扩大市场份额提供了有力支持。

（三）顺应保护框架，提升国际品牌形象，赋能品牌领导力

生物多样性是可持续发展的基础。随着物种丧失速度的加快和人们对自然资本认知的深化，生物多样性保护已成为全球可持续发展布局中的关键议题。对于企业而言，参与生物多样性保护已成为无法回避的课题，也是促进国际传播，提升全球领导力的关键路径。联合国《生物多样性公约》不断推动企业参与生物多样性保护与传播。从1996年首次提出企业参与的概念到2009年制定首个企业参与行动框架，再到联合国《生物多样性公约》第十次缔约方大会（COP10）建立"企业与生物多样性全球伙伴关系"（GPBB），公约引导下的国际制度体系逐步完善。2021年，在COP15达成的昆蒙框架中，特别指出了企业在减少生态负面影响和促进可持续发展方

① 新自然经济系列报告Ⅱ：自然与商业之未来［EB/OL］.（2020-07-14）［2024-08-30］. https://cn.weforum.org/publications/new-nature-economy-report-ii-the-future-of-nature-and-business/.

面的责任①。因此，鼓励企业与全球保护框架对接，利用有效的沟通策略和渠道，将生物多样性保护的目标、重要性和措施传达给消费者至关重要。企业不仅能够提升国际品牌形象，赢得消费者的认可和信任，还能推动生物多样性保护项目的可持续发展。同时，积极推进企业生物多样性保护工作，也有利于增强我国应对全球问题的领导力和实际贡献。

结　语

新时代面临新机遇、新挑战，政策和市场的双重推动，正在使生物多样性保护在企业传播中的地位愈加凸显。生物多样性保护及其可持续利用是生态文明建设的重要组成部分，需要在生态文明建设的理念和框架下进行。近年来，随着中国持续完善生物多样性保护的顶层设计，中国企业正面临更加严格的政策要求和市场期待。与此同时，市场环境的不断完善和利益相关者的高度关注，进一步促使生物多样性保护成为企业品牌传播和可持续发展战略中不可或缺的一部分。生物多样性保护已经不再是企业的可选行为，而是企业必须承担的重大责任。

---

① 昆明-蒙特利尔全球生物多样性框架［EB/OL］.（2023-03-23）［2024-08-30］. https://www.unep.org/zh-hans/resources/kunming-mengtelierquanqiushengwuduoyangxingkuangjia.

第二十六章　中国企业生物多样性保护传播策略研究报告

面对生态系统加速退化的严峻形势，企业不仅承担着生态责任，更在推动生物多样性保护传播中发挥着日益重要的影响力。在第二十五章中，我们全面分析了中国企业在这一领域的政策背景、现存挑战和主要实践，展示了企业在生物多样性保护传播中取得的进展与不足。然而，随着全球环境治理日益深化和公众环保意识不断提升，企业在未来的传播策略中如何进一步优化并有效地推动公众参与生物多样性保护，成为亟待探讨的核心问题。本报告将从现有研究成果出发，深入探讨中国企业如何通过创新传播策略、技术赋能与跨界合作等方式，引领生物多样性保护传播的未来趋势，以期为中国企业在全球化背景下的可持续发展提供策略性建议。

一、企业生物多样性保护的传播价值

（一）提升公众生物多样性保护意识，塑造保护观念

随着人类活动的加剧，生物多样性丧失和生态系统退化正在加速，全球生物多样性面临前所未有的严峻挑战。世界自然基金会（WWF）《地球生命力报告2022》显示，自1970年到2018年间，全球野生动物种群数量下降了69%，其中淡水野生动物种群的下降幅度更是达到了84%。与此同时，全球生态系统功能不断衰减，自然生态系统范围和健康状况的全球指标与基线相比平均下降了47%[1]，这种生物多样性和生态系统服务的丧失，不仅

---

[1] Living Planet Report 2022［EB/OL］.（2022-11-04）［2024-08-30］. https://www.worldwildlife.org/pages/living-planet-report-2022.

威胁到自然环境的稳定，还对依赖自然资源的企业构成实际和系统性风险。因此，生物多样性保护不仅是生态责任，也是企业可持续发展的关键。通过保护生态系统，企业可以实现长期经济效益，增强品牌的社会价值。与此同时，公众对生物多样性保护的认知尚存在明显不足。WWF发布的《中国公众生物多样性认知调查报告》显示，在3000份调查样本中，91%的中国公众听说过"生物多样性"，但只有34%了解其确切含义[①]。这表明，生物多样性概念的传播和教育是企业和社会的重要任务。近些年，作为生态文明建设的重要主体之一，各类企业通过发布生态友好广告、组织环保产业活动、参与生物多样性保护志愿服务等方式，不断影响消费者，促使其采取绿色购买行为，塑造环保观念，成为中国生态环境话语空间最主要的主体之一。当生物多样性保护工作需要扩展至更多受众参与时，加强企业的生物多样性保护传播工作尤为重要。

（二）激励公众参与社会保护，巩固保护行为

企业具有较强的行动能力和资源支持能力，能够通过搭建平台、设计并开展相关项目，让示范性的行动、方案、项目可以有机会在某些领域和地区扎下根来，真正产生现实意义，与此同时或许可让更多人从一次性、个人性的参与方式中，进一步提升到集体性、团队性、以结果为导向、具有对生物多样性保护现实意义的项目活动中来，从而使意愿落实为行为并长期巩固下来。例如，龙坞水库水基金信托从私营部门筹集了近3亿元人民币，将青山村建设成为以自然保护/环境教育、文化创意/传统工艺和生态旅游休闲为3个自然主题的生态村。预计未来将直接创造500个就业岗位。为公众提供了可系统性、持续性参与，并且和具体的保护项目有所关联的机会和渠道，能够丰富和提升公众参与体验，并有助于巩固公众参与生物多样性的行动意愿。

---

① 国内首份！《中国公众生物多样性认知调查报告》正式发布［EB/OL］.（2021-07-09）［2024-08-30］.https://www.lvziku.cn/article/34840.

（三）逐渐完善科学传播产业机制，随时参与保护

生物多样性保护是一项涉及生态学、环境科学等多个领域的复杂议题，需要科学传播的支持来提升公众的认知和理解。目前，科学传播与普及在国外发达国家已形成较为成熟的模式，通过品牌企业将科学传播与普及自然地融入各个行业，促进产业融合[1]。这种科学传播的生态机制与生物多样性保护传播密切相关。借助企业在科学传播中的示范作用，可以有效地将生物多样性保护的理念和重要性传播给更广泛的受众。在这样的生态机制下，企业示范、行业渗透、产业融合相互促进，能够激发全民生物多样性保护的热情，提高公民的保护素养，培育社会的科技创造力。

有鉴于此，企业需要将长期的着力点放在构建一个全社会公众只要愿意就能随时参与的平台和机制上。《中国公众生物多样性认知调查报告》的调研结果显示，大部分受访者认为自己只是生物多样性保护事业的参与者而非组织者[2]。因此，通过搭建便捷多样的参与平台和完善支持系统，可以顺应公众的基本认知。一方面，让公众认识到生物多样性就在我们身边，与我们的生活息息相关；另一方面，鼓励每个人在日常生活中身体力行，践行有益于生物多样性保护的生活方式，随时采取行动并产生积极成果。这不仅能提升前述各项工作的成效，更能提高公众持续参与的热情和积极性，甚至促成长期的行动习惯。

二、企业生物多样性保护传播的核心步骤

尽管生物多样性保护逐渐成为企业传播策略的一部分，但激发消费者参与仍然是一个难题。目前，已有研究指出消费者对生物多样性保护的重要性有所认知，但由于缺乏实际参与的渠道与机会，品牌的传播效果往往

---

[1] 侯蓉英.国外科学传播与科普产业研究［J］.青年记者，2019（29）：84-85.
[2] 国内首份！《中国公众生物多样性认知调查报告》正式发布［EB/OL］.（2021-07-09）［2024-08-30］.https://www.lvziku.cn/article/34840.

受到削弱。研究指出，消费者在做出与环保相关的决策时，往往会经历一个复杂的决策过程，该过程包括从初步考虑、信息搜集、评估选择到最终采取行动及购买决策等多个阶段①。企业如果能够在这一过程中恰当介入，就可以有效地影响消费者的环保行为，并提升其对生物多样性保护的关注。

（一）确定传播范围，提升消费者环保意识

为了有效推动生物多样性保护传播，企业首先需要进行内部评估与监测，确定生物多样性保护的范围。这需要从基础的环境监测开始，持续关注大气、海洋、水和土壤等宏观指标，同时进行专业而精细的生物监测。结合短期和长期的周期性监测，企业可以获取全面的数据支持，了解自身运营对生物多样性的影响。企业还需梳理自身的价值链，识别在产品或服务、原材料获取、供应链、市场营销和消费者售后等环节中对生物多样性的潜在影响。明确在资源使用、能源消耗、废弃物处理、污染物排放和外来物种入侵等方面可能造成的直接危害和间接威胁。

当企业了解自身对生物多样性的影响后，可以确定有针对性的传播范围，向消费者传递相关信息。消费者的环保意识往往从了解某一特定的环境问题开始。例如意识到某一濒危物种或生态系统正面临威胁。品牌可以通过在这一阶段提供信息，让消费者形成初步的环保意识和认知。品牌传播应专注于告知消费者有关生物多样性的重要性以及企业在这一领域所做的努力。通过广告、社交媒体以及与非政府组织合作的公益活动，品牌可以帮助消费者进入初步的"考虑集合"，让他们认识到支持环保品牌是解决环境问题的一部分。

（二）制定保护愿景，提供透明信息

在确定了生物多样性保护范围后，企业应将生物多样性保护纳入企业

---

① WRIGHT A J, VERÍSSIMO D, PILFOLD K., et al. Competitive outreach in the 21st century: Why we need conservation marketing [J]. Ocean & coastal management, 2015, 115 (OCTa): 41-48.

愿景，明确战略目标。这一愿景应清晰地回答企业存在的理由、为客户提供的价值以及企业的独特能力。企业的透明度和生物多样性保护行动的真实性在此阶段起到关键作用。通过公开可持续原材料的采购、生产流程和环保成果，企业可以增强消费者对其信任感，并帮助消费者逐步加深对生物多样性保护问题的理解。例如，欧莱雅集团通过公开其可持续原材料的采购等具体举措，不仅增强了消费者对其品牌环保理念的信任感，而且显著提升了相关产品的市场销量。这种策略的实施，为品牌在消费者评估阶段的信任感构建提供了强有力的支撑。品牌通过展示其对环境保护的承诺、实际采取的行动，以及对生物多样性保护所做出的贡献，有效地强化了消费者的信任感，从而在激烈的市场竞争中脱颖而出。

（三）规划传播方案，激发消费者环保行动

基于企业的愿景和目标，企业需要制订具体的保护计划和传播方案。这涉及产业链的多个环节，需要整合内部资源、支持结构和管理制度，确保有效传递生物多样性的保护信息。消费者在评估企业传播的保护信息时，不仅会考虑产品的质量和价格，还会衡量品牌是否符合其环保价值观。企业可以通过宣传产品的环保认证、对生物多样性保护的积极影响等，引导消费者将环保理念转化为实际购买行为。根据《中国公众生物多样性认知调查报告》，超过50%的消费者表示他们在选择环保产品时，关注品牌是否拥有环保认证①。在此基础上，一些品牌通过强调其产品的环保价值，成功地将环保理念融入消费者的购买决策中。例如，联合利华公司通过明确标识其环保产品线的碳足迹和对生物多样性保护的贡献，成功地提升了消费者对其品牌环保承诺的认知。这种透明度不仅增强了消费者在购买决策过程中对品牌的信任度，也促进了环保产品的市场表现。品牌应当着重强调消费者的购买行为对生物多样性保护所做出的积极贡献，以此来激发消费

---

① 国内首份！《中国公众生物多样性认知调查报告》正式发布［EB/OL］.（2021-07-09）［2024-08-30］. https://www.lvziku.cn/article/34840.

者的购买动机，并进一步推动环保产品的市场营销。

（四）进行效果评价，强化消费者互动反馈

在消费行为完成后，消费者希望了解他们的购买行为如何产生积极的环境影响。因此，企业需要对生物多样性保护传播方案的实施进行全程监测和效果评价，确保行动按照既定方案前进，并产生预期效果。在评价过程中，企业应收集目标完成度、指标变化情况、行动措施产生的新影响等信息，通过持续的沟通与互动，展示消费者的购买行为如何实质性地促进生物多样性保护。这不仅增强了消费者的环保意识，还能激励他们采取更多积极的环保行动。这种持续的反馈和曝光对于塑造消费者的环保意识至关重要，它能够激发消费者之间的信息共享，从而形成品牌的二次传播效应。在这一过程中，消费者可能会主动与他人分享自己的环保体验，这不仅使品牌赢得了口碑，也为品牌的社会责任形象增添了正面影响。

（五）宣传与信息披露，鼓励长期保护行为

企业应将生物多样性保护的成果向内外部利益相关方进行宣传和信息披露。这包括发布可持续发展报告、社会责任报告，披露企业在生物多样性保护中的进展和成效。积极的信息披露有助于提升企业品牌价值与可信度，吸引投资者和消费者的关注。当消费者获得良好的购买体验并认可企业的环保承诺后，可能会再次参与品牌的环保行动，成为品牌的长期支持者。企业可以通过忠诚度计划、会员福利等方式，鼓励消费者继续支持生物多样性保护行动。通过这种方式，品牌可以不断加强与消费者的联系，让他们将环保意识融入长期的消费行为中，形成品牌的忠诚度循环。

三、企业生物多样性保护传播的关键策略

在前期研究中，我们发现中国企业在生物多样性保护传播中虽然取得了一定进展，但仍面临如传播内容碎片化、公众参与度不足等问题。此外，企业在实际执行生物多样性保护战略时，往往缺乏系统性与持续性，导致

信息传递和行动的效果有限。为应对这些挑战，企业需要通过更具创新性、系统性的传播策略，在全球化与本地化的框架下实现更高效的保护传播。

（一）定位策略：将生物多样性与品牌核心价值相结合

1.差异化定位：将生态责任与可持续发展作为品牌定位的重要组成部分

自1993年《生物多样性公约》生效以来，其三大目标——生物多样性保护、生物多样性可持续利用以及惠益共享，已成为各方共同努力的方向。在品牌生物多样性保护传播中，差异化定位策略的关键在于将生态责任与可持续发展深度融入品牌定位，从而与竞争对手形成显著区隔。通过这种差异化定位，品牌不仅能够吸引更多关注环境保护的消费者，还可以提升品牌的社会责任感和美誉度。例如，自然堂在其品牌战略中深度融入了生态保护的责任，通过在喜马拉雅地区实施"种草喜马拉雅"公益项目，将绿色发展理念融入产品开发和品牌传播。该项目通过与中华环境保护基金会、西藏农牧学院等组织的合作，既实现了科研目标，也为当地社区提供了可持续的经济支持。这种结合生态保护与社区发展的举措，使自然堂不仅仅是产品的提供者，还是生态守护者，彰显了其对环境的长期承诺。

自然堂利用其护肤品原料的种植过程展示了如何将生态责任与产品核心价值结合，既通过科学种植减少对野生植物的破坏，又通过将每瓶产品的销售部分资金用于支持生态恢复项目，增强了品牌与消费者之间的联系。这种在产品供应链与绿色叙事方面的差异化策略，不仅提升了品牌的社会责任感，也通过持续性的公众参与增强了消费者的认同感和信任感，使自然堂在竞争激烈的美妆市场中脱颖而出。自然堂注重利用创新的传播手段，进一步推动品牌的绿色形象。在品牌传播的过程中，自然堂通过社交平台和品牌自媒体，持续分享"种草喜马拉雅"项目的成果和故事，将复杂的生态保护行动转化为易于理解和感同身受的公众叙事，激发了消费者对品牌的情感共鸣。这种将绿色叙事与品牌定位深度融合的方式，不仅向消费者传递了品牌对可持续发展的承诺，也促使更多消费者积极参与到生物多样性保护的行动中。

另外，将创新的技术手段与社会责任相结合，也能够赋予品牌独特的生态价值。例如，海康威视凭借智能监控技术的优势，在野生动物保护中应用物联网和AI技术，打造了"智能监控＋物种保护＋科技创新"的差异化品牌定位。通过在自然保护区内部署先进的监控设备，海康威视提升了野生动物保护工作的效率，特别是在珍稀物种如中华秋沙鸭和大熊猫的保护方面取得了显著成效。这一策略不仅使其在环保领域获得了技术创新的美誉，还通过展示企业在生物多样性保护中的技术领先性，增强了品牌的科技感和社会责任感。

2. 共赢定位：促进"惠益分享"，实现全球化与本地化的平衡

根据《生物多样性公约》COP15的第13项关于惠益分享（ABS）的行动目标，要在全球层面和所有国家采取措施，促进遗传资源的获取，确保公平公正地分享利用遗传资源及相关传统知识所产生的惠益[①]。"惠益分享"的共赢定位策略强调的是在全球化背景下，平衡全球生态保护责任与本地社区的可持续发展需求。这一策略能够有效推动企业与本地生态系统的协同发展。例如，植物医生将自身定位为具备高度社会责任感和环保意识的品牌。在云南地区建立ABS社区示范园，不仅保护了珍稀植物，也将生态保护的理念深植于品牌文化中，还为当地社区创造了可持续的经济收益。植物医生运用这一共赢策略，将生态保护的理念深植于品牌文化中。消费者对植物医生的认知不再仅停留在产品层面，而是将其视为一个积极致力于生物多样性保护的企业，这极大地提升了品牌在消费者心中的地位，增强了其市场竞争力。通过这种模式，植物医生在全球化保护行动中，既维

---

① 《昆明-蒙特利尔全球生物多样性框架》联合国环境规划署［EB/OL］.（2023-03-23）［2024-08-30］. https://www.unep.org/zh-hans/resources/kunming-mengtelierquanqiushengwuduoyangxingkuangjia.

护了生态系统的完整性，又为本地社区提供了长期的经济发展机会，形成了企业、环境和社会的多方共赢。

另一方面，共赢定位策略能够帮助品牌有效融入全球生物多样性保护的主流议题。例如，安踏通过与世界自然基金会（WWF）的合作，展示了全球化与本地化相结合的成功案例。安踏在长江江豚和东北虎保护项目中，不仅参与了全球濒危物种的保护行动，还在中国本地推动了"安踏林"的生态恢复工作，为本地社区带来了生态经济的复苏。这一共赢模式使得安踏不仅成为濒危物种保护的积极推动者，也通过全球化与本地化的协调发展，增强了其在运动服装行业的社会责任感和品牌忠诚度。

3. 未来趋势：将生态责任融入品牌价值，作为企业发展的核心驱动力

随着全球对环境保护的重视程度不断增加，将生物多样性保护的实际需求与品牌定位相结合显得尤为重要。品牌需要主动适应这些变化，以增强其市场竞争力。在信息爆炸的时代，消费者的注意力分散且短暂，品牌需要通过更加精准的定位和创新的传播方式来突出其在生态责任方面的承诺。

一方面，《生物多样性公约》的第15项行动目标要求大型跨国公司和商业机构应定期监测、评估和透明地披露其对生物多样性的风险、依赖性和影响，向消费者提供促进可持续消费模式所需的信息[①]。为了更好地回应这一发展趋势，品牌应重视基于自然的解决方案，将生态环保的运营模式纳入品牌的战略规划之中，强调与品牌传播目标的契合。例如，伊利在其"伊利家园行动"中，不仅将生物多样性保护纳入核心战略，还通过系统化的绿色生态供应链管理，推动了全产业链的可持续发展。通过"伊利家园行动"，伊利在内部树立了"绿色发展"的品牌形象，成为生物多样性保护的

---

① 昆明-蒙特利尔全球生物多样性框架［EB/OL］.（2023-03-23）［2024-08-30］. https://www.unep.org/zh-hans/resources/kunming-mengtelierquanqiushengwuduoyangxingkuangjia.

标杆企业。伊利的这种长期投入不仅增强了其社会责任形象，还赢得了消费者的青睐和投资者的广泛认可。在绿色消费渴望成为主流趋势的背景下，伊利的品牌价值和市场竞争力也得到了大幅提升。该项目使伊利不仅在乳制品行业占据了一定市场地位，还吸引了更多关注环保和可持续发展理念的消费者。

此外，随着生物多样性监测和管理技术的创新发展，生物多样性研究和保护已进入智能大数据时代。高科技企业的实践证明，物联网、大数据、人工智能等现代信息技术已应用于生物多样性保护领域，大大提高了工作效率和决策水平。例如，联想通过其"新IT·新自然"理念，将生态保护作为企业发展的核心驱动力。联想品牌生物多样性保护传播模式以"智能赋能"和"跨界合作"为核心。通过与《中国国家地理》杂志及上海自然博物馆合作，联想实施了多个生物多样性科普项目，进一步推动了公众教育。联想发起的"江豚智慧保护项目"，利用数字技术监测长江生态系统及珍稀物种，不仅实现了生态保护，也为公众提供了生物多样性科普内容。这一跨界合作的创新模式提升了品牌在科技与生态保护领域的形象，成功吸引了全球关注。

（二）内容策略：以传播内容创新推动生物多样性主流化进程

1. 绿色叙事：构建生态友好型的品牌故事

绿色叙事是构建生态友好型品牌故事的关键策略，指通过以生态整体性、群落关系和物种内在价值为核心的叙事方式，讲述品牌与自然之间的和谐共生故事，传递环保承诺[1]，并增强消费者的情感共鸣。在生物多样性已成为企业履行社会责任新着力点[2]的背景下，消费者对企业的社会责任感和环境影响越发敏感。品牌需要将生物多样性保护传播建立在科学理论

---

① 王积龙."一路象北"对外传播的成功要素［J］.人民论坛，2022（2）：114-118.

② 参考VARDON M，LINDENMAYER D，KEITH H等人发表的会议论文Progress，challenges and opportunities for biodiversity accounting。本文链接是：https://seea.un.org/sites/seea.un.org/files/progress_challenges_and_opportunities_for_biodiversity_accounting_vardon_et_al.pdf。

和深刻理念之上，以生动、富有感染力的叙事方式，将生态责任融入品牌故事。不仅可以展示自身的可持续发展理念，还能吸引注重环保的消费者。这种策略有助于品牌与消费者建立更深层次的情感联系，提升品牌美誉度和忠诚度，在生物多样性保护成为全球重要议题的背景下占据更有利的市场位置。

有效的绿色叙事需要采用多元化的叙事方式，融合不同视角和声音，包括专家、公众、非政府组织、当地社区等。这种方式能够使受众更全面地理解生物多样性保护的重要性。这种包容性的叙事方式有助于目标受众全面深入地认识到生物多样性保护的紧迫性和重要性。以华侨城集团为例，其在参与深圳湾湿地的生态修复工程中，不仅运用现代科技手段对湿地生态系统进行监测与保护，而且通过创建自然学校、湿地示范项目，结合公众教育活动，广泛普及生物多样性保护的知识。华侨城集团进一步通过组织座谈会、公众评议和研讨等活动，完善了公众参与生物多样性保护的机制，并接受公众和社会的监督。这种多元化的叙事手段不仅提升了生态保护工作的效率，而且增强了公众的环保意识和参与度。通过探索社区共建共管共享的新型生物多样性保护模式，华侨城集团成功地促进了当地社区的发展，实现了生态保护与社会发展的双赢。

当经济利益与物种生存发生冲突时，品牌应在叙事中强调物种的内在价值，彰显对生命和生态系统的尊重。这种以物种内在价值为核心的叙事逻辑，能够体现品牌的社会责任感，赢得受众的信任和认可，避免因过度商业化而引发的负面评价。例如，喜马拉雅的《听！古诗中的大自然》节目，通过古诗词中的自然意象，讲述人与自然、物种与环境之间的深刻联系。节目邀请文学学者、生物专家和普通听众参与讨论，形成了多角度、多主体的叙事方式。通过故事化的叙述，节目弘扬了中国传统文化，传递了自然保护的理念，特别是在儿童和家庭用户中产生了深远影响。这种叙事不仅丰富了喜马拉雅的内容生态，还增强了公众对生物多样性保护的关注和理解，提升了品牌的社会责任形象。

生物多样性保护的叙事应以群落关系为核心，强调人与自然、物种与环境之间的密切联系。这样的叙事方式能够以精美的故事体系来消解观念先行的宣传痕迹，对受众更有吸引力和说服力①。例如，千岛湖水基金通过讲述绿色金融支持生态恢复的故事，成功构建了一个与生物多样性保护紧密相连的品牌形象。千岛湖水基金不仅专注于改善水源地生态环境，还通过支持绿色农业推动了农民的可持续收入增长。品牌通过其绿色金融项目展示了如何实现生态效益与经济效益的双赢，并通过生动的项目案例向消费者传递了绿色金融的价值与作用。通过这样的群落关系叙事，千岛湖水基金成功地将复杂的环保概念转化为易于理解且富有吸引力的品牌故事，增强了品牌在绿色金融领域的竞争力。

2.科学传播：技术赋能，打造专业性与可理解性兼备的内容

科学传播是品牌在生物多样性保护传播中提升内容质量的重要手段，也是推动公众参与、提高社会认知的关键路径。通过科学传播，企业能够生产既具科学性又易于理解的内容，激发公众的兴趣和参与热情。随着人工智能和新媒体技术的发展，科学传播的模式正在发生深刻变革，企业在生物多样性保护传播中的作用也更加专业化、精准化和高效化。

科学传播的专业性和权威性是确保传播内容真实性和科学性的关键。企业通过与科学家、科研机构或技术平台合作，能够有效地保障传播内容的专业性和准确性。在生物多样性保护这一高度复杂的议题上，这一点尤为重要，因为它不仅涉及生态学、环境科学等多个学科领域，而且需要将复杂的科学信息转化为公众易于理解的形式。

科学传播的实践表明，企业可以利用专业化的知识体系，将生物多样性保护的复杂信息进行简化和转化，以提高公众的接受度和理解力。例如，

---

① 王积龙.“一路象北”对外传播的成功要素［J］.人民论坛，2022（2）：114-118.

山水自然保护中心通过与科学家和科研机构紧密合作，制作了一系列高质量的纪录片和多媒体内容。这些内容深入探讨了濒危物种如雪豹、藏羚羊等的生存现状，引起了社会各界的广泛关注，并促进了相关保护措施的实施。这些科学传播的内容以引人入胜的叙事和震撼的影像，成功地将生物多样性的美学价值、生态重要性以及保护的紧迫性传达给了公众。它们不仅提供了信息，还激发了公众的情感共鸣，增强了公众对生物多样性保护的关注和参与意愿。这种深入人心的内容制作和传播策略，对于提升公众的环保意识和推动生物多样性保护工作具有重要意义。

技术赋能的科学传播能够显著提升公众参与度。传统的传播手段往往难以激发公众的兴趣，然而通过先进的技术手段，品牌能够将复杂的科学知识以易于理解、富有吸引力的方式呈现，增强公众对生物多样性保护的理解和认同。"唯有理解才会关心，唯有关心才会行动"[1]。生物多样性保护需要全社会的支持与合作，而要实现这一目标，关键在于让大众深入理解生物多样性的价值和保护生态环境的理念。技术的应用为品牌创造了丰富的内容表达方式，使科学性与可理解性兼备的内容得以传播，激发公众的兴趣和参与热情。

品牌可以通过多媒体技术，如虚拟现实（VR）、增强现实（AR）、互动式H5等，将生物多样性保护的内容以视觉化、互动化的方式展现。这种生动直观的呈现方式，能够降低科学知识的理解门槛，使复杂的生态问题变得浅显易懂，吸引不同年龄层次的受众。例如，字节跳动利用其在技术、产品和用户规模方面的优势，创作了大量生动有趣的生物多样性科普内容，以通俗易懂的方式讲解复杂的生态知识。还通过与年轻用户的互动，创造了极具科技感的参与体验。其差异化在于利用短视频这一现代科技平台，将生态责任与内容消费无缝结合，打破了传统环保宣传的单调性，成功将

---

[1] 云南民间生物多样性保护案例集［EB/OL］.（2021-10-06）［2024-08-08］. https://max.book118. com/html/2021/1005/7045135132004015.shtm.

生物多样性保护议题推向更多人的视野，增强了公众的理解和参与热情。

（三）投放策略：构建系统性的传播矩阵，促进消费者参与

随着大数据、云计算、人工智能、VR/AR等数字技术的快速发展，媒体的传播渠道与方式发生了巨大变化，为生物多样性保护的宣传报道提供了更丰富的手段。有效的传播不仅仅是环保故事的讲述，还要通过与行动的结合，真正让消费者能够感知和参与企业的生物多样性保护行动。缺乏这种系统性和行动力的品牌传播，很难激发消费者的深度互动和参与感。在全媒体背景下，品牌需要充分发挥融媒体优势，营造全景式、沉浸式的传播新场景和新体验，让消费者深入了解并积极参与生物多样性保护。

1. 传播手段：融合新媒体技术与内容创意

品牌可以借助新媒体技术，丰富生物多样性保护的传播手段，提升传播的趣味性和互动性。利用图解、海报、数据新闻、短视频、宣传片、H5等多种形式，满足不同受众的需求，增强传播效果。《中国环境报》充分发挥了这一策略，建设视觉产品工作室，制作了一批图解、海报、数据新闻、短视频等融媒体产品，提升了生物多样性报道的影响力。其制作的《一图读懂丨带你了解COP15第二阶段会议》等长图、新媒体产品，加强了对《生物多样性公约》的解读，两微阅读量达120万+；拍摄制作的宣传片《世界因此美丽》（中英双语），在COP15高级别会议等重要场合滚动播放，受到广泛好评，通过海外社交媒体推送，在抖音海外版播放量累计超1600万，成功展示了中国生态文明建设和生物多样性保护的巨大成就。

2. 跨界合作：多渠道整合的传播矩阵

为了有效传播生物多样性保护理念，品牌需要整合多种渠道，而跨界合作正是提升影响力和传播深度的关键策略。通过跨界合作，品牌可以形成一个多维度的传播矩阵，有效传递生物多样性保护的理念，覆盖线上线下多种传播场景。

借助多方资源，扩大品牌影响力和传播范围。跨界合作使品牌能够借

助合作伙伴的资源和影响力，触达更广泛的受众群体。通过与不同领域的组织、活动或平台合作，品牌可以丰富传播内容，增强传播的多样性和趣味性。同时，多渠道的整合传播能够覆盖线上线下多种场景，提高受众的参与度和互动性，进而提升品牌的社会责任形象。例如，摩登天空通过其"草莓音乐节"与多个环保组织合作，不仅利用音乐节这一线下活动成功吸引了年轻受众，还通过社交媒体、新闻媒体和艺术家合作等方式，将环保理念传播到更广泛的渠道。音乐节期间，摩登天空结合线上推广与线下活动，展示环保装置和循环利用项目，并在社交媒体上进行互动传播，吸引了大量年轻受众参与环保话题讨论。通过这一多渠道整合的传播矩阵，摩登天空成功将线下音乐节的绿色理念转化为线上持续传播的热点，提升了品牌的社会责任形象。

增强消费者参与感，深化环保理念。通过线上线下的传播渠道整合，能够为消费者提供多元化的参与方式，增强他们对环保行动的认同感和参与感。线上渠道可以方便地传递信息和组织活动，线下渠道则提供了实际体验和互动的机会。通过联动传播，品牌可以构建立体化的传播矩阵，使生物多样性保护理念深入人心。例如，滴滴出行通过与自然资源保护协会（NRDC）合作，打造了绿色出行的多渠道传播矩阵。滴滴不仅在平台上推送"绿色出行"相关内容，鼓励用户选择环保出行方式，还通过线上广告、媒体报道和线下绿色出行活动进行联动传播。线上用户可以通过滴滴APP参与绿色出行活动，线下的电动车试驾、共享出行体验等活动则增强了用户对环保行动的认同感和参与感。通过整合线上线下传播渠道，滴滴出行形成了一个立体化的传播矩阵，让生物多样性保护理念和绿色出行深入人心，增强了品牌的公众影响力。阿里巴巴则通过"蚂蚁森林"项目与多个环保组织和公益机构合作，将科技手段融入环保行动，推动全球生态修复和碳中和的进程。通过支付宝平台，阿里巴巴鼓励用户减少碳排放，用户每一次低碳行为都能在虚拟"蚂蚁森林"中收获能量，而这些虚拟的树最终会转化为真实的生态修复项目。该项目通过与环保组织的合作，成功结合了科技与环保，将环保行动和科技产品紧密结合，打造了多维度的传播内容。阿里巴巴不仅通过这种跨界合作展示了其对全球生态保护的承诺，还通过虚拟和现实的结合提高了用户的环保意识和参与感。

四、未来的生物多样性保护传播趋势

跨界合作与公众参与将成为主流化的传播手段。企业将加强与政府部门、非政府组织、科研机构和社区的深度合作，构建协同保护机制，汇聚多方力量，鼓励全民参与生物多样性保护，形成全社会共同推进的磅礴之势。消费者互动与共创将进一步深化，企业将与消费者共同参与生物多样性保护项目，打造践行环保理念的品牌形象，利用社交媒体、直播、短视频等新兴渠道，保持深度互动，培养消费者的品牌忠诚度，凝聚共鸣共振之力。

全球化与本地化的平衡将更加突出。更多企业将主动对接国际生物多样性保护框架，提高在全球议题中的影响力和话语权。同时，更加注重与本地社区的合作，实现生态保护与社区发展的共赢，共筑绿色发展之基。企业的生物多样性保护传播将迈入技术赋能的全新阶段，越发注重技术驱动的保护营销传播。借助大数据分析和人工智能技术，企业将优化传播策略，提升精准度与效果；同时，通过区块链等前沿科技，实现信息溯源及透明披露，增强利益相关者的信任度。

结　语

在生物多样性保护的道路上，中国企业需要融合政策之力、市场之势、公众之心，深度参与生物多样性保护事业，发出更强劲的保护之声，传播更深远的保护理念，共享更丰富的保护成果。中国企业将在建设生态文明的伟大使命下，彰显中国企业的担当与风采，为全球生态文明建设贡献智慧与力量。

第八篇

羊绒行业品牌发展专题篇

在消费升级与市场竞争的双重驱动下，羊绒行业呈现出独特的发展格局。国际顶奢羊绒品牌以其卓越的品质、独特的文化和创新的传播策略引领行业潮流，而中国羊绒品牌则在本土市场积极探索，谋求高质量发展以及国际竞争力的提升。

国际顶奢羊绒品牌凭借深厚的品牌文化构建起强大的竞争壁垒。顶奢羊绒品牌，如Loro Piana（诺悠翩雅）、Colombo（哥伦布）和Brunello Cucinell（布鲁内洛·库奇内利），均以品质为核心，追求质量、品位与艺术价值的高度统一，为行业树立标杆。从品牌的长期战略看，国际顶奢羊绒品牌将可持续发展理念贯穿始终，通过保护生物多样性、节约自然资源和开展环保项目等方式，与消费者建立深度情感连接，使其成为品牌的忠实拥趸。

为实现高质量发展，中国羊绒行业领军品牌鄂尔多斯紧跟创新、协调、绿色、开放、共享的新发展理念时代大潮，在品牌建设上成果斐然。然而，中国羊绒行业也面临诸多困境，整体处在寻求发展突破的关键期。在产品维度上，老牌羊绒企业存在"单"与"灰"的困境，款式、颜色、季节单一，市场容量被侵占且创新性不足。在消费者维度上，则面临消费群体老龄化和品牌印象固化问题，年轻群体关注度待提升。在传播手段上，"重公关轻营销"问题突出，品牌文化塑造能力较弱。

目前，中国老牌羊绒企业需要吸取国际顶奢羊绒品牌和国内领军羊绒品牌的发展经验，针对自身问题寻求解决之策。在拥抱互联网思维的同时，还应在新发展理念的指导下，打造自身新质生产力，探索创新、绿色、可持续的品牌升级之道。同时，应拓宽视野，积极开拓海外市场，以实现中国羊绒行业在稳健存量基础上寻求增量，提升国际竞争力，推动行业的高质量发展。

第二十七章　中国羊绒行业高质量发展研究报告

中国羊绒行业自20世纪60年代起，从最初的粗纹式生产发展到如今的规模化集约式生产，走出了一条具有中国特色的发展道路，其沿着两条路径逐步发展壮大：一条是从代加工到创建自主品牌的探索之路，一条是从以出口为主到内外需双向发力的转型之路。如今，在高质量发展理念的指引下，我国羊绒行业呈现出两条路径融合发展的趋势，并围绕"创新、技术、绿色、品牌"四大关键词谋求转变升级。然而，在这一转型过程中，中国羊绒品牌也暴露出在产品、消费者、传播手段与品牌文化等方面的问题和困境，亟须通过品牌文化系统升级、产品与品牌理念升级、品牌传播多元化与品牌发展绿色化等策略助力品牌实现平稳转型升级。

一、中国羊绒行业发展的两条路径

（一）从代加工到创建自主品牌

羊绒行业从代加工到创建自主品牌的探索恰好是中国制造向中国品牌转型的一个缩影。在行业发展初期，国内众多羊绒服装企业凭借丰富的劳动力资源与相对廉价的生产成本，承接了大量来自国际市场的代加工订单。在这个阶段，中国的企业主要扮演着"幕后生产者"的角色，按照国外品牌的要求和标准进行生产。在这一模式下，中国企业虽然积累了一定的生产技术与工艺经验，但利润微薄且缺乏品牌自主性，使得产品的附加值受限。

随着时间的推移以及国内市场环境的逐步成熟，一些具有前瞻性眼光的企业开始意识到品牌建设的重要性。它们加大在设计研发、市场营销等方面的投入，努力打造具有本土特色与国际竞争力的自主品牌。1965年注册的"雪莲"商标是新中国成立之后的第一个羊绒行业的自主品牌，该品牌的出现标志着中国羊绒行业开始从最初的模仿借鉴到后来的自主创新，从默默无闻到在国内外市场崭露头角。

（二）从以出口为主到内外需双向发力

20世纪60年代，中国劳动力资源的优势使得中国成为世界工厂，中国羊绒服装因质优价廉在国际市场上逐渐受到青睐，作为国际大牌的代加工厂，出口自然成为行业发展的重要驱动力。大量的羊绒服装产品远销欧美、日韩等发达国家和地区。然而，过度依赖出口也使行业面临着诸多风险，如国际市场波动、贸易壁垒等。于是，企业开始将目光转向国内庞大的消费市场，经历了从以出口为主到内外需双向发力的转型轨迹。

随着国内经济的快速发展、居民消费水平的提高以及消费观念的转变，国内对于高品质羊绒服装的需求日益增长。企业积极调整战略，在巩固出口市场份额的同时，大力开拓国内市场，通过优化产品结构、拓展销售渠道、提升品牌知名度等措施，满足国内消费者多样化的需求，实现了内外需市场的协同发展，使行业发展更具稳定性与可持续性。

二、中国羊绒行业面临的发展困局

党的十九大报告首次提出了高质量发展的概念，这成为指导中国企业转型升级的方向，羊绒行业亦不例外。然而，中国羊绒行业的转型升级之路面临着四个维度的困境，阻碍着羊绒行业的进一步发展。

（一）产品维度："单"与"灰"困局制约中国羊绒行业发展

"单"与"灰"的困局是中国羊绒行业发展面临的挑战之一。第一，"单"的困局主要集中在产品维度，体现为款式单一、颜色单一、季节单一。首先，在羊绒行业中，存在大量"基础款""打底衫"，各羊绒品牌的产品与定位基本一致，不仅减少了消费者的多样化选择，也使得品牌间的竞争过于依赖价格战而非价值创造。其次，羊绒产品在外观上的颜色也较为单一匮乏，多为黑、白、灰、红四大经典颜色，在设计上的突破较少，不利于品牌出圈并树立核心竞争优势。最后，羊绒品类的季节限制性也比较大，多集中于秋冬季节。因此，如何推动羊绒行业朝着"羊绒+""羊绒全品类"的方向发展拓宽，实现"羊绒四季化穿着"也是整个羊绒行业亟待解决的问题。

第二，"灰"的困局主要集中于市场容量被侵占与创新性不足上。其一，我国虽是全球最大的羊绒生产国与羊绒产品出口国，但在整个羊绒产业链中仍更多地处于上游位置，闻名于世界的顶级羊绒品牌还未曾出现中国羊绒品牌的身影。除行业领军者鄂尔多斯占全球羊绒制品行业近30%的市场份额外，其他国产羊绒品牌市场占有率普遍较低。其二，我国当前的羊绒制品创新性不足，缺乏与我国独特优秀传统文化元素及世界优秀设计元素的碰撞融合，应以此来实现国产羊绒制品的"羊绒+时尚""羊绒+文化""羊绒+艺术"转型，更好地满足新时代用户对羊绒制品的需求与期待。

（二）消费者维度：消费群体老龄化与消费者品牌印象固化成为挑战

当前，我国羊绒行业面临消费群体老龄化的困境。受定价、款式、品质等影响，羊绒衫作为服装行业中的"奢侈品"，其核心消费群体较为稳定与固化，拥趸者多为高净值人群，而该消费群体的年龄往往偏大。同时，羊绒制品在年轻消费群体中并没有形成消费习惯，进而使得消费群体的范围变动依然不大。

而中国羊绒行业之所以面临消费群体老龄化困境，究其原因是消费者对羊绒品牌与制品的固有印象仍停留于舒适、温暖、有质感但略微土气且父母辈爱穿上。这种社会刻板印象和羊绒产品形成了符号性的勾连，进一步造成了消费者之间的代际区隔。

（三）传播手段维度："重公关轻营销"，传播手段需升级

目前，中国的几大羊绒品牌虽然也开始利用小红书、抖音等社交媒体

进行内容投放，以期提高消费者的关注度和购买意愿，但效果并不理想。在文创联名和产品联名的尝试上也还是趋于常规化，缺乏活泼感与话题度，联名产品也并未在网络上激起太多的热度和声量。

在传播手段上，我国传统羊绒品牌面临的主要问题是"重公关轻营销"，传播手段亟须进行多元化升级。我国传统羊绒品牌目前的营销方式依然以公关为主，也形成了"传统主流媒体+自有媒体+合作媒体"的公关渠道矩阵，而在该类渠道之上，品牌传达的大多为企业和品牌举办的一些活动的公关稿。重视公关活动的策略为中国羊绒行业培育了一批忠诚的消费者，使得存量市场较为活跃。但是单纯依赖公关的传播策略限制了品牌传播的广度，不利于品牌破圈和寻找到潜在的目标消费人群。因此，如何在新时代高质量发展的背景下更好地运用社媒营销、联名营销、KOL营销等手段来赋能国产羊绒品牌的传播是重中之重。

（四）品牌文化维度：价值观引领与品牌文化塑造能力需加强

在新消费时代，打造一个质优、独特且具有较高附加价值的好品牌越发重要。若将品牌看作一棵树，那么品牌文化就是树根，是品牌生存与发展的基本，指导并影响着品牌活动的方方面面。Loro Plana所坚持的"安静的奢侈"与Colombo所秉持的"人文、绿色与匠心"成为流淌于品牌内的最好注解，以品牌文化之力塑造目标用户的品牌认同与归属。

而相比于Loro Plana、Colombo等国外顶奢羊绒品牌，国产老字号羊绒品牌缺乏强大的价值观与文化引领塑造力，在品牌文化与价值观的塑造上缺乏旗帜鲜明的方向与持之以恒的坚持，尚未起到生活方式引领或者典型代表的作用，而这恰恰是一个强势品牌所必须具备的能力。

三、羊绒行业品牌升级策略

中国羊绒品牌如何破局，又如何升级？中国羊绒品牌普遍从品牌文化、产品理念、多元传播方式和绿色发展模式四个维度发力，破除系统性困局，

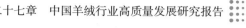

实现突破与创新。

（一）品牌文化系统升级

1. 满足新需求，与时俱进推进品牌文化建设，提升附加价值

巨量算数《2023抖音趋势赛道风向标丨服饰专刊》报告中提到，消费者对羊绒产品的核心情感需求为享受、高级感、经典奢华、刚柔并济与海纳百川。[①]在这种较为普遍的消费需求期待之下，国产羊绒品牌需要与时俱进地推进自身品牌文化的建设，从注重产品品质向代表甚至引领一种生活方式转变，通过外部的品牌叙事与内部的企业文化建设来实现品牌文化意涵的深度构建，以此来提升品牌所具备的附加价值，实现更广阔的溢价空间。

2. 追溯独特文化特征，形成独特价值观，提升国际影响力

我国具备中华上下五千年历史文化的独特优势与占地广阔的本土地域文化特色。国产羊绒品牌可以尝试追溯品牌诞生地独特的历史文化特色与地域文化特征，并与自身的羊绒品牌找到契合点，以此来形成区别于竞争对手的独特价值观与品牌文化，以一方水土养一方品牌。与此同时，在当下国际化水平不断提高的时代，中国羊绒品牌的高质量发展离不开行业协会的力量。早在2021年中国纺织工业联合会发布的《纺织行业"十四五"发展纲要》中就提出"要形成一批对全球时尚发展具有引领力、创造力和贡献力的知名品牌，共同构建全球时尚文化高地"[②]，以行业协会之力来赋能国货羊绒品牌提升国际影响力。

（二）产品与品牌理念双维升级

1. 以产品理念升级为抓手，提升品牌时尚感

国产羊绒品牌的理念升级可以以产品理念升级为抓手，逐步推动品牌理念升级。首先，在产品理念升级层面，为突破"单"与"灰"的困局，可

① 2023抖音趋势赛道风向标丨服饰专刊［EB/OL］.（2023-08-01）［2024-08-30］. https://business.sohu.com/a/707937043_121094725.

② 《纺织行业"十四五"发展纲要》正式发布［EB/OL］.（2021-06-18）［2024-08-30］. http://news.ctei.cn/bwzq/202106/t20210618_4152444.htm.

引入非羊绒的天然纤维与高科技技术，对羊绒衫的材质进行更新升级，以更好地解决消费者的痛点与需求，如研发出防静电山羊绒衫、羊绒毛巾绣软绣、雪莲NFC羊绒衫等新型高科技羊绒制品。[①]

其次，国产羊绒品牌还可以通过起用明星设计师来提升品牌时尚感，并和中国流行色协会、故宫博物院、敦煌市博物馆等机构合作，将流行色彩与中国传统文化元素及IP应用于羊绒服饰设计中，让国产羊绒制品逐步摆脱传统以保暖为核心的功能性服饰定位，成为一种年轻化的、适合都市精英穿着的时装。

2. 讲好品牌故事，实现品牌理念升维

在品牌理念升级层面，为突破消费者对国产羊绒品牌的固有刻板印象困局，可从品牌故事塑造切入，自内而外重塑品牌形象，在品牌故事中融入自身所倡导的价值观与品牌发展历史脉络，通过讲述故事潜移默化地将品牌理念植入目标用户头脑，实现品牌理念升维。如雪莲就积极地以中华优秀传统文化赋能自身的品牌与产品，在2021年雪莲"温暖的陪伴"大秀中，以一支"送给妈妈的礼物"先导片点燃秀场，将中华民族传承百年的孝道文化融入雪莲羊绒制品之中，通过"爱"与"孝"的生动演绎将"温暖"的陪伴纳入更为宏大的品牌语境与文化背景之中，丰富品牌与产品的文化内涵。

（三）品牌传播多元化："内容＋渠道"突围，抢占消费者心智

1. 主动做好内容，构建用户关系，引领品牌共创

国产羊绒品牌实现品牌传播升级需要更加系统的传播策略，采取内容、渠道"两手抓"。一方面，改变以往"酒香不怕巷子深"的被动传播理念，主动做好内容。当前许多国货羊绒品牌已经开始利用事件营销、IP营销、娱乐营销、体验营销等多元的传播方式，主动与消费者沟通。如米皇善于

---

① 纪振宇. 深度丨最温暖的羊绒在雪莲，60年市场洗礼她交出满分答卷布［EB/OL］.（2024-12-05）［2025-01-02］. https://t.cj.sina.com.cn/articles/view/5953933175/162e1cf77027017c3g.

制造话题，通过天价羊绒衫艺术品公益拍卖、联手明星设计师、亮相城市时装周等事件以话题破圈，成功引起消费者的好奇，将话题的讨论度转化为产品销量。

另一方面，2024年广告主营销趋势调查发现，与KOL合作成为品牌的惯用动作。在注重KOL的同时，伴随用户对KOC的信任度上升，羊绒品牌要充分发挥好KOL+KOC的双重能量，通过社交传播实现消费者心智转化。除此之外，羊绒品牌应结合自身行业特点，深化私域运营，激发私域流量，进而增进联系，构建品牌与用户的紧密关系。例如，皮皮狗构建了微信客户群、抖音粉丝群、天猫会员社群等，以期增强与用户间的关联程度，私域社群除了发挥基本的功能，也加强了用户的一对一定制与咨询服务，征集用户对品牌的意见，使用户参与到品牌共创之中，形成良性的双向作用关系。

2. 线上线下联动，树立平台思维，赋能销售转化

从营销渠道的角度出发，搭建立体化销售渠道，实现线上线下联动，成为羊绒品牌渠道升级的新战略。这就要求羊绒品牌在巩固原有线下商超渠道模式的同时，积极进行渠道扩容，建立核心城市旗舰店、品牌专卖店、精品专卖区、团购、礼品等多重消费渠道。如米皇采取"名师·名模·名店"的模式，定期邀请商场专家、渠道经销商、行业专家和新闻媒体共同参与店铺活动，进一步推进渠道发展建设。在布局线上销售矩阵时，要树立起"平台思维"，通过入驻天猫、京东、唯品会等多家货架电商平台，提升产品销售的覆盖面积。此外，品牌应组建社交电商品牌账号矩阵，采取"品牌自播+线上商城"模式，赋能销售转化。

（四）品牌发展绿色化：注重可持续发展，优化供应链

1. 从产品研发和销售全链路着手开启可持续发展战略

在"双碳"政策的推动下，ESG相关的话题在中国语境中持续升温，中国企业对于ESG理念越发重视。服装行业是公认的高污染行业，因而在绿色

发展方面备受关注。羊绒品牌应该将环保理念融入产品设计、生产和销售的全链路，关注生态环保的相关议题，坚持绿色、可持续的发展战略。如珍贝主打"无染色"系列产品，倡导在产品生产过程中节约染料、水电能。

2. 构建一体化绿色生产链

绿色发展并非一家企业单打独斗所能实现，需要行业通力合作，构建一体化绿色生产链。通过着力提高原材料利用率，对废水、废气、噪声等实时监测，积极推进循环再生。同时，在销售方面，通过大数据分析实现以销定产，采用柔性生产链供应体系，降低营销成本的同时，减少资源浪费。而立足消费者角度，要推广节能、环保、绿色、健康的消费理念，如珍贝在直营门店开展旧羊绒产品回收，为消费者提供免费回收的途径，构建从生产、销售到回收的全绿色链路。

3. 对标国际标准，全行业全链路推动 ESG 发展

羊绒资源的优劣直接影响到羊绒行业兴衰，因此相关品牌对可持续发展的关注尤为迫切。这种关注不仅体现在对动物福利的重视，还涉及草原生态保护、产业链利益分配、产品追溯体系等多个方面。随着全球对可持续时尚的呼声日益高涨，羊绒品牌开始更加积极地与国内外环保认证标准对标，朝着国际标准发展，全行业全链路推动 ESG 发展。如鄂尔多斯通过数字化手段，实现了从牧场管理到产品销售的全链路可追溯。在国际标准方面，鄂尔多斯主导制定的《纺织品 分梳山羊绒品质标识规范》（ISO 5162:2023），为全球羊绒行业提供了重要的参考依据，推动了全球羊绒行业的均衡发展。

四、中国羊绒行业未来趋势及发展建议

（一）加强用户精细化运营，沉淀优质品牌资产

羊绒品牌应当加强私域流量的精细化管理，一方面，基于羊绒产品价格高、品牌效应显著的特征，应当持续、主动地提供个性化服务和体验来

提高社群活跃度和用户黏性。当前许多羊绒品牌努力搭建私域社群，如皮皮狗创建了微信群、社交与货架电商粉丝群等，但品牌社群用户数量少且活跃度低，未能发挥好社群的效能。因此，要提高服务水平，让品牌日常化，定期在社群中开展抽奖、组织线下活动、提供一对一服务等，让品牌成为消费者的可靠朋友。

另一方面，进入数据驱动时代，品牌应借助数字化智能工具分析用户需求，及时响应客户期待，实施更为精准的营销策略，使用算法推荐和场景匹配技术，以更好地理解用户偏好并提供定制化体验。如优衣库在全国近600家门店推出实体店铺结合AR虚拟数字体验的"数字体验馆"，配备"数字搭配师""智能导购员"等智能消费工具，将商品内容场景与实景有机结合，实现全场景数字化的快捷便利服务，在洞察用户需求的基础上为用户提供购买指导，极大地提升了用户体验，为品牌积累了用户资产。

（二）拥抱互联网思维，促进与消费者的双向互动

1.转变营销观念，紧跟万物互联的时代趋势

国内的羊绒品牌因其卓越的产品质量和悠久的历史积淀，已经在市场上积累了相对稳定的忠实客户群体，而且也有一些品牌在利用新媒体平台进行品牌营销方面进行了积极的探索。例如，米皇可以说是积极拥抱互联网的代表，不但在小红书投放大量腰部、尾部KOL以及KOC进行产品"种草"宣传，提升了品牌知名度，积极拓展线上客群，维护线上口碑，并且将流量引至电商平台，提升了线上销量。然而，大多数品牌依然依赖传统的单向信息传播模式，明显落后于时代。在互联网快速发展的今天，羊绒品牌需要转变固有的营销观念，以开放包容的心态，积极融入互联网时代的沟通方式。

2.运用互联网思维，撬动社交平台，树立差异化品牌形象

具体而言，一方面，品牌可以加强在抖音、小红书等新兴的兴趣电商

平台和内容社区的投入，运用互联网思维来讲述品牌背后的故事，树立差异化形象。如小红书拥有约70%的女性用户群体，而且用户对于时尚具有高敏感度，让其成为时装品牌"种草"的天堂。另一方面，加强与消费者的沟通与互动，让用户参与到品牌传播当中，提高品牌知名度，增强品牌传播势能。如儿童服饰品牌Balabala（巴拉巴拉）在2024年抖音商城超级品牌日发布互动话题，引导用户参与互动，实现裂变式传播。

（三）深入发展ESG，发挥长期主义效应

在当今社会，ESG已经成为衡量企业可持续发展能力的重要指标。作为典型的资源密集型行业，羊绒行业普遍面临着较高的环境污染风险。因此，要想实现羊绒行业的长期、长效发展，羊绒企业应全面深入发展ESG，从环境、社会、公司治理三个维度共同发力，挖掘品牌传播的长期效果。

在环境维度，构建集设计、生产、传播与销售等环节的全链路环保管理体系，从多维度贯彻可持续发展理念，将绿色发展融入品牌血液。在社会维度，加强内外部管理，维护员工、客户的利益，积极开展公益活动，反哺社会。如皮皮狗通过传授牧民科学合理的牧羊方式，保护珍贵的自然资源，担当助力牧民改善生活的社会责任，秉持着共享的价值理念，形成互相守护的良性循环。在公司治理维度，严守商业道德，打造风清气正的发展环境，塑造健康积极的内部企业文化。

ESG包含的议题十分广泛，且部分议题难以与企业收益直接相关，需要长时间的贯彻才能看到成效。羊绒企业不应将ESG作为"蹭热点"的营销噱头，要真正将其纳入企业战略之中，以推进企业的长期稳健发展。

（四）开拓海外市场，寻找发展新机遇

2024年广告主营销趋势调查发现，海外市场成为部分广告主的战略级方向，广告主积极进行营销渠道与平台建设，"造船出海"占比已过半数。对于国产羊绒品牌而言，海外市场不仅是拓展业务的第二增长曲线，更是打造竞争优势的关键环节。

1. 把握发展机遇，积极开发海外市场

依托国内丰富的优质原料资源和相对较低的生产成本优势，羊绒品牌应当积极寻求海外市场的开发，把握住全球化带来的发展机遇，构建品牌独特优势。如鄂尔多斯通过参与国际时装周、举办展会以及尝试电商等渠道，将品牌推介到全球各地。

2. 深入洞察海外目标市场需求，推进本土化进程

全球各区域经济、文化、气候、着装习惯等有所不同，羊绒企业在选择出海目的地、细分品类以及出海方式时需要结合各地区消费特点进行评估，深入了解目标市场的文化偏好、消费能力和市场趋势，推进本土化进程，建立本地化的生产、销售与服务体系，让国产羊绒品牌在国际上打响声量。

3. 从产品到品牌再到渠道，全面推进国际化，赢得海外市场

为了实现从分销渠道国际化到品牌本地化，再到品牌全球化，羊绒品牌在建设海外市场过程中，需要从单纯的产品销售过渡到全面的品牌建设，不仅要提供优质的产品，还要通过增强品牌认知度、提升品牌形象和建立品牌忠诚度，来赢得国际消费者的信任和支持。

结　语

2024年以来，我国毛纺织行业面临着外部不利影响增多、国内有效需求不足、新旧生产能力转换要求日益迫切的多重压力。羊绒行业推进自身的创新与绿色发展，保持常态化生产与增长，行业展现出强大的韧性和潜力，整体运行质量保持平稳。

面对传统羊绒产品市场乏力的困境，羊绒行业要积极推进品牌升级，在品牌文化与理念、产品、传播以及可持续发展等方面发力。在稳健发展存量的同时，羊绒行业应在海外市场、技术创新、ESG、互联网与用户运营等方面积极谋求新的增量，为羊绒行业的高质量发展注入新的活力。

第二十八章　新时代鄂尔多斯品牌发展研究报告

鄂尔多斯作为中国羊绒行业的领军品牌，在推动行业技术创新、品牌建设和市场拓展等方面发挥了重要作用，其市场表现和品牌战略对整个行业具有重要的示范和引领作用。鄂尔多斯品牌的成功不仅代表了中国羊绒产业的发展方向，同时也为其他品牌提供了宝贵的经验和启示。研究鄂尔多斯的品牌传播策略，有助于深入了解中国羊绒产业的发展现状和未来趋势，对于羊绒品牌乃至整个中国纺织服装产业都具有重要的意义。

据统计，2024年全球羊绒服装市场规模已达到24.6亿美元，并预计在接下来的几年内以6.2%的复合年增长率继续增长[①]。这一增长趋势反映了人们生活质量提升后对高品质羊绒产品需求的增加。羊绒以其柔软、保暖、舒适的特性，成为冬季时尚保暖的不二选择，这为羊绒市场的发展提供了新的机遇。

在我国推动高质量发展的时代背景下，创新、协调、绿色、开放、共享的新发展理念已然成为经济社会的指导思想，对各个行业都产生了深远影响。鄂尔多斯作为国产老牌羊绒品牌，紧跟新发展理念的时代大潮，全方位进行品牌升级，促使品牌在新时代的市场竞争中不断探索和发展。

---

① 羊绒服装行业发展概况：2024年全球市场规模为24.6亿美元［EB/OL］.（2024-07-01）［2024-08-30］. https://www.globalmarketmonitor.com.cn/market_news/2920323.html.

一、优化品牌策略，布局差异化品牌矩阵

（一）从单品牌策略到多品牌家族

2023年6月15日，世界品牌实验室发布了《中国500最具价值品牌》榜单，鄂尔多斯蝉联纺织服装行业榜单榜首，以品牌价值1565.69亿元位列品牌价值总榜第51名[①]，鄂尔多斯差异化的品牌布局卓有成效。

1980年，鄂尔多斯前任总裁王林祥创立鄂尔多斯羊绒衫厂。早年间，鄂尔多斯曾引领国产羊绒服装消费新风潮，"鄂尔多斯，温暖全世界"更是成为中国广告史上广为人知的经典广告语之一。而在2008年之后，面临羊绒服装消费的局限，鄂尔多斯又以羊绒为核心展开了"无边界"、开放性的探索，开始有意识地划分产品线，向全线服装拓展，打造竞争优势。

2016年至今是鄂尔多斯品牌的"焕新期"。2016年9月，鄂尔多斯品牌拆分为鄂尔多斯1980和ERDOS两个独立品牌。为了顺应新时期服装市场环境的变化和消费者需求的细分，鄂尔多斯展开了更为彻底的品牌焕新大动作，由单品牌转为多品牌，布局品牌矩阵，最终形成了由1436、ERDOS、鄂尔多斯1980、BLUE ERDOS、erdos KIDS组成的品牌家族。然而，这一举措的背后并非多产品线的并列，而是基于差异化定位建立的立体矩阵（图28-1）。

---

① 参考世界品牌大会官网：https://www.worldbrandlab.com/brandmeeting1/2024china500/。

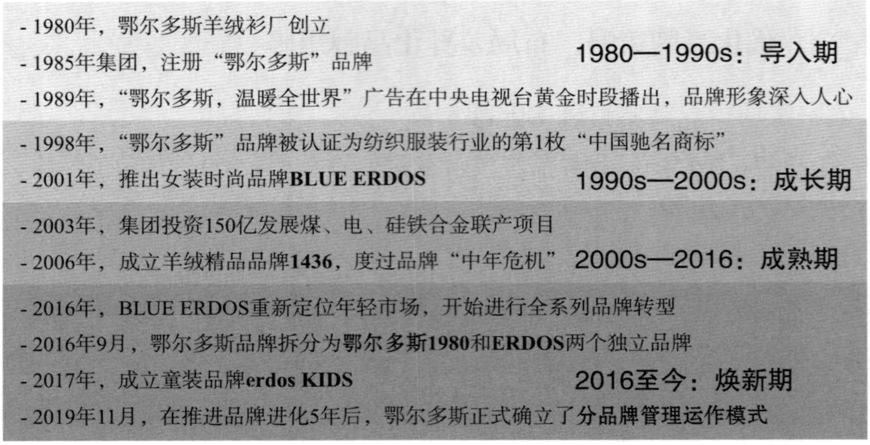

图 28-1　鄂尔多斯品牌生命周期

（二）五大品牌差异化定位，构成多品牌矩阵

羊绒因其产量少、获取难等，一直有"软黄金"之称，羊绒制品受到原材料的限制，其价位也一直居高不下。因此，一直以来，羊绒服饰的消费群体主要集中在有一定消费能力的、收入较高的、对产品质量要求较高的群体。而随着经济的发展、消费观念的变迁，年轻人逐渐成为羊绒制品的主要消费者。从羊绒最大的终端消费品羊绒衫的消费情况来看，消费群体主要年龄段为20—29岁和30—39岁，其中30—39岁的消费者占比为32%，20—29岁的消费者占比为45%，中青年群体是羊绒服装消费的主力军。[①]

鄂尔多斯旗下五大品牌，凭借着精细化的品牌定位，构建起了各司其职式的多品牌矩阵，覆盖了绝大部分的中国羊绒主力消费群体。

1. 1436

1436品牌定位为"品冠世界的羊绒品牌"，是面向高端消费客群的羊绒奢侈品品牌，代表着鄂尔多斯顶级的品质，产品设计注重品质与工艺的完

---

① 预见 2022：《2022 年中国羊绒产业全景图谱》（附市场供需情况、竞争格局、发展前景等）［EB/OL］.（2022-04-10）［2024-08-10］. https://baijiahao.baidu.com/s?id=1729704738465357517&wfr=spider&for=pc.

美结合，强调细节和质感，款式较为经典、优雅。

2. ERODS

ERODS品牌是以羊绒为核心的时装品牌，核心消费群体主要是经济独立、注重品质和时尚的中产人群，属于鄂尔多斯品牌家族中的轻奢羊绒时装品牌，品牌设计风格为"现代、时尚、精致"。

3. 鄂尔多斯1980

鄂尔多斯1980负责传承鄂尔多斯多年来的品牌形象与设计风格，品牌定位为"经典、优雅、内敛"，是经典专业的羊绒品牌，主要面向成熟品质型人群，产品设计注重传承性，产品以经典、舒适为主，强调专业性和品质传承。

4. BLUE ERDOS

BLUE ERDOS的品牌定位是旨在为年轻一代创造独立而纯粹的羊绒生活方式，并集卓越品质与高性价比于一体的简约羊绒服装品牌，目标客户主要为25—35岁的都市女性，产品设计更加年轻、个性、简约，注重质感和时尚感的结合。

5. erdos KIDS

erdos KIDS的品牌定位是具有童趣而温暖的高品质四季羊绒童装品牌，致力于为国内一、二级城市及中国经济百强县的孩子们带来高品质的穿着体验，属于中高端童装品牌。

（三）找准品牌定位，持续深耕细作

1. 高品质的产品定位

鄂尔多斯之所以能够占据中国羊绒市场40%的份额，在国内外市场中占据一席之地，其精准的品牌定位和持续的市场深耕是关键因素。

鄂尔多斯始终坚持高品质的产品定位。羊绒的优越性能被用于高端服饰制作，成为一种社会身份的象征。鄂尔多斯深谙此道，通过把控产业链源头，推广科学养殖，从源头上确保羊绒原料的高品质，在生产过程中更是精益求精，不断提升产品质量和工艺水平。例如，鄂尔多斯羊绒集团针织一厂引入了全成型设备，这些设备可以实现一线成衣，无缝编织，全成型技术编织的产品穿着舒适度也是普通产品无法比拟的，在真正意义上实现了"天衣无缝"，使其产品在全球市场中形成了独特的竞争优势。

2. 针对细分人群，构建独特品牌形象

鄂尔多斯在市场细分上同样下足了功夫。通过布局多品牌矩阵，最终形成了品牌家族，实现了品牌定位的多元化和差异化。1436定位为稀缺高奢品牌，瞄准高薪人群；ERDOS定位为轻奢品质，面向中产阶层；鄂尔多斯1980定位为优雅经典，吸纳成熟客群；BLUE ERDOS定位为简约时尚，偏向都市女性；erdos KIDS则定位为中高端儿童服饰品牌。这种清晰且多元的品牌定位，使得鄂尔多斯能够更精准地满足不同用户的需求，并在消费者心中建立起独特的品牌形象。

鄂尔多斯的成功表明，在品牌建设和市场拓展中，精准的品牌定位和持续的市场深耕是关键。只有不断追求卓越，创新产品和服务，企业才能在竞争激烈的市场中占据一席之地，实现可持续发展。

（四）关注市场需求，提升消费者体验

1. 产品升级，拓展个性化定制服务

在产品升级层面，鄂尔多斯旗下各品牌积极开拓个性化定制服务。针对具有不同体型和喜好的消费者，精准提供定制尺寸、款式以及颜色等多样化服务，极大地增强了消费者的参与感与满意度。其中，ERDOS以时尚为引领方向，持续推陈出新。在与品牌代言人刘雯合作推出的联名系列中，部分产品采用跳跃亮色进行设计，在大胆创新的同时又牢牢把握品牌调性，为消费者带来了更为丰富的时尚选择。

2. 升级改造线下门店，丰富消费者体验

在服务体验方面，随着消费者对服务体验要求的不断提高，鄂尔多斯旗下各品牌积极对线下门店进行升级改造。通过采用更具现代感的店铺设计和陈列方式，全力打造更加舒适、时尚的购物环境。例如，鄂尔多斯1980的部分门店采用开放式布局，有效增加了展示空间和互动区域，从而显著提升了门店的视觉效果和购物体验。与此同时，各品牌还大力加强门店销售人员的培训，不断提高服务水平和专业素养，以便为消费者提供更加专业的产品咨询和搭配建议，进而助力消费者选择到适合自己的产品。

对于品牌来说，满足市场需求始终是至关重要的议题。借助市场调研、数据分析等有效手段，精准地把握市场动态走向，不断优化产品与服务，提升消费者体验是品牌方日常最普遍应用的策略。鄂尔多斯在精准把握消费者需求变化、购物偏好以及时尚趋势方面值得更多品牌借鉴。

二、布局智慧零售，探索数字化转型

（一）拓展线上渠道，发力电商平台，注重增长运营

2020年，鄂尔多斯羊绒集团与360亿方云签约，开始搭建内容中台、会员中台、数据中台、培训中台，为鄂尔多斯导购数字化提供了高效的工具，也提升了数字零售的运营效率。服务于年轻化转型、数字化转型的宗旨，鄂尔多斯羊绒集团搭建数据中心，布局智慧零售。在新冠疫情期间，许多线下实体店铺遭受冲击，销售额大幅下滑，甚至不少店铺关停。而鄂尔多斯羊绒集团通过线上店铺的扩张、建立线上会员体系等方式，实现云上转型，顺利度过行业寒冬，并且呈现出稳步增长的态势。

鄂尔多斯作为一个已经有着40多年历史的老牌企业，在数字化转型方面迈出了坚实的步伐，为国产羊绒品牌提供了宝贵的启示。目前，鄂尔多斯五大品牌都已经积极拓展线上销售渠道，通过与各大电商平台合作开设官方旗舰店，扩大了销售范围和客户群体。比如ERDOS在淘宝、京东等平台的旗舰店，为消费者提供了便捷的购物方式。同时，不断优化电商平台的运营，在网站设计、页面布局、购物流程等方面进行改进，提升用户体验，使消费者能够更方便地购买产品。

（二）"导购+企业微信+微盟商户助手"的组合闭环

在利用数字化手段进行用户挖掘、用户转化之后，鄂尔多斯羊绒集团同样重视借助数字赋能进行用户维护。私域流量已经是各大品牌激烈争夺的资源，鄂尔多斯羊绒集团通过企业微信、视频号、小程序等品牌服务号不断拉近与消费者的距离，完成对消费者的导购服务、售后服务等，增强消费者对品牌的依赖，提升消费者的黏性。

（三）打破传播惯性，积极实践在线营销

除了电商平台，鄂尔多斯还充分利用社交媒体、时尚杂志线上平台、短视频等新媒体工具进行品牌宣传和推广。通过发布产品信息、时尚穿搭指南、品牌故事等内容，提升品牌的知名度和美誉度。同时，积极参与直播带货等新兴营销模式，展示产品特点和优势，吸引消费者购买。

鄂尔多斯1980与抖音头部达人"小小莎"合作进行专场溯源直播，从源头牧场到研发中心、生产车间以及羊绒成品，全方位展示羊绒品类创新力。该活动爆发系数达100%，不仅展示了品牌的优质产品和创新能力，还通过达人的影响力和直播的形式，增强了与消费者的互动和沟通，提高了消费者对品牌的信任度和认可度。

鄂尔多斯在数字化转型方面的成功实践，为国产羊绒品牌树立了良好的榜样。其他羊绒品牌也应该紧跟时代潮流，积极拥抱数字化转型，利用新媒体工具进行品牌宣传和推广，提升品牌影响力和市场竞争力。

三、专注可持续发展，做负责任的羊绒品牌

可持续生产模式是鄂尔多斯的核心竞争力之一。鄂尔多斯是全球羊绒产业可持续创新发展的领头企业，也是全球唯一一家拥有羊绒全产业链的企业。作为羊绒行业规模最大的全产业链企业，引领全球羊绒产业走向更加可持续的未来是鄂尔多斯的责任与使命。2024年5月13日，《财富》杂志"2024年《财富》中国ESG影响力榜"揭晓，鄂尔多斯凭借在改善环境、支

持社区等方面实践与成果获得认可，登上榜单①。

（一）可持续发展行动纲领《ERDOS WAY 鄂尔多斯之道》

鄂尔多斯一直高度重视可持续发展，关注生态环境保护，并重视产业链上下游的持续发展以及支持社区繁荣。鄂尔多斯一直在沙漠的治理、草原的保护、羊种的保育等方面持续投入，集团现任总裁王臻强调，"长远发展是我们企业始终坚持的理念"。从 2017 年开始，鄂尔多斯把可持续发展上升为集团战略，不管从草原，还是到整个设计加工链条，包括牧区文化的建设，可持续的方法和目标都做得很细致。2018 年，鄂尔多斯以联合国"可持续发展目标"（SDGs）为指引，制定并发布 ERDOS WAY，为行业可持续发展提供风向标，推动行业的积极变革。在可持续发展行动纲领《ERDOS WAY 鄂尔多斯之道》的指导下，在全产业链各个环节推广和践行"负责任羊绒"理念，即在减少碳足迹、可持续、动物福利理念的原则下生产羊绒。

（二）生产侧

2022 年 9 月 29 日，"鄂尔多斯·源牧场"落成揭幕，牧场设立 4 个学研协同国家级科研实验室，对绒山羊的科学育种和饲养管理、草原生态展开研究，通过科学研究找寻低碳、可持续的生态养殖方法，以实现草畜平衡，旨在从羊绒产业链的源头探索一条保护并提升阿尔巴斯羊绒品质同时保护自然生态的绒山羊养殖之路②。

（三）产业链

在产业链中间环节，鄂尔多斯致力于绿色生产，加快低碳转型进程。以创新引领生产加工环节节能降耗，持续投入对绿色生产技术、工艺的研究，降低工业生产对环境的影响，加快绿色、低碳生产进程。通过加大对染色、针织等新技术、新工艺的开发和研究，同时不断优化生产流程

① 2024 年《财富》中国 ESG 影响力榜［EB/OL］.（2024-05-13）［2024-08-30］. https://www.fortunechina.com/esg/.

② 鄂尔多斯久久为功时时应变用可持续"温暖"全世界［EB/OL］.（2024-01-09）［2024-08-30］. https://m.yicai.com/epaper/pc/202401/09/node_A04.html.

及工厂能耗管理，双效合一，减污降耗，以减少生产加工环节对环境的影响。

（四）产品侧

鄂尔多斯利用新的技术和工艺开发出可持续产品——"善SHÀN系列"，在时尚、舒适之余为消费者提供可持续产品选择，表达尊重自然、保护生态、循环相生的品牌理念。"善SHÀN系列"类型包括再生羊绒、牦牛绒、无染色羊绒、植物染羊绒、清水洗羊绒、全成型针织衫、可追溯羊绒及自清洁羊绒针织衫。五大品牌矩阵也推出相关产品，并通过多元化、多渠道传播推广，携手消费者一起助力可持续发展。

（五）消费端

在消费者沟通环节，鄂尔多斯通过打造可持续消费体验，传递可持续理念，引领时尚可持续风潮。在售后环节，分布在中心城市的专业羊绒养护中心向消费者提供清洗、织补等多项专业服务，以延长产品使用寿命，引导消费者理性消费，减少因闲置浪费带来的环境影响。在零售门店建造与经营中，注意绿色、可回收材料的使用，并设置门店陈列道具、灯具回收再利用的规范与流程，在自身节能减碳的同时，为消费者到店营造沉浸式的可持续体验。

鄂尔多斯在可持续发展方面一直走在行业前列，旗下五大品牌也一直秉承可持续发展的理念，部署产品和传播策略。作为国产羊绒企业的表率，鄂尔多斯在未来仍需继续坚持可持续发展，拓展资源优势，兼顾传承与创新，开启羊绒产业高质量发展的新纪元。

四、推进共同富裕，践行社会责任

（一）产业链优势赋能牧区经济发展

在追求企业绿色低碳可持续发展过程中，鄂尔多斯始终坚持以自身产业链优势赋能牧区可持续发展，不断完善牧企连接机制，致力于帮牧民增收和助力牧区经济发展。2022年，集团设立1亿元"鄂尔多斯牧区帮扶与乡村振兴专项资金"，用于支持牧区乡村素质教育、产业人才培养、社区产业链设计和培育等项目，致力于共同富裕。

（二）以牧场为平台支持社区发展，开展共建项目

"鄂尔多斯·源牧场"建成后，集团以牧场为平台支持社区发展，打造共富社区，一方面，免费向牧民推广更科学的绒山羊繁殖和饲养方法，推广动物福利理念，携手牧民在绿色、低碳、可持续前提下生产高品质羊绒；另一方面，草原牧区积极推行"统养共富""户繁企育"等联农带农模式，建立优质优价羊绒收储体系，直接收购合作牧场羊绒原料，减少中间环节，向牧民发放补贴，有效提高农牧民收入水平，缓解草原生态压力，全市从事绒山羊产业紧密型农企利益联结比例达到80%以上①。同时，通过设施共享改善生产环境及生产工具，开展种公羊免费配种服务，从源头纯化阿尔巴斯绒山羊血统，助力生产高品质羊绒，提升生产效率与质量。"鄂尔多斯·源牧场"社区共建项目帮助牧户紧跟时代背景，与产业共同繁荣发展，携手保护草原，促进产业和区域经济整体进步以及行业绿色、可持续发展。

（三）坚持公益活动，关注青少年发展

在社会公益方面，鄂尔多斯关注青少年全面发展。2023年，鄂尔多斯光彩事业基金会和内蒙古鄂尔多斯资源股份有限公司温暖基金联合发起"炽爱出击"公益体育项目，ERDOS男装代言人马龙出任温暖助力官。通过邀请中国乒坛运动员、国家级教练员及世界冠军等走进鄂尔多斯市地区的中小学，定期举办体育公益训练营、开展友谊公开赛，以运动推广带动素质教育，让青少年感受体育竞技精神，促进青少年全面发展，以实际行动让"鄂尔多斯，温暖全世界"的理念落地生根。

鄂尔多斯作为国产羊绒行业的领军企业，一直将践行企业社会责任视

---

① 鄂尔多斯市"135"模式 解锁草原畜牧业转型发展"密码"［EB/OL］．（2024-08-26）［2024-08-30］．https://new.qq.com/rain/a/20240826A03YI800．

为重要使命，不仅在保护生态环境、合理利用资源等方面做出了努力，也在扶贫惠牧、捐资助教、扶贫济困等社会建设方面不遗余力。

五、未来展望及发展建议

（一）全产业链+优质羊绒是鄂尔多斯的核心竞争力

鄂尔多斯是目前我国最大的羊绒制品生产企业，也是羊绒行业唯一一家营收超百亿的企业。无论是从营收水平、行业集中度，还是从门店数量、销量等各个不同的角度来看，鄂尔多斯都处于行业龙头地位。鄂尔多斯的羊绒制品销往全球27个国家及地区。集团羊绒制品的年产销能力在1000万件以上，占中国的40%和世界的30%。①

时尚化和多品牌战略在当前的品牌升级热潮中并不算特别，但是与不少稀释了品牌核心价值的多品牌战略失败案例不同，鄂尔多斯是少数能够通过多品牌布局和共振增强核心竞争力的服饰企业，其核心竞争力正是"羊绒"。在2016年9月启动品牌战略转型时，鄂尔多斯已经打出了"羊绒帝国"这一概念。鄂尔多斯羊绒集团与其他服饰集团最大的区别，在于覆盖从草场、羊种、收绒到零售终端的全产业链，特别是品牌在生产端的深耕以及与原材料的紧密联系。

（二）强化"国货"定位，深耕全球市场

随着国际各大奢侈羊绒品牌崛起并受到中国消费者热捧，除了羊绒市场被炒热所带来的红利效应，鄂尔多斯的中国品牌身份以及国货身份定位也一度被关注。如在2018年秋季新品发布时，鄂尔多斯将秀场选在了北京的太庙。而太庙是极富代表性的传统文化建筑，并且在太庙举办大秀的品牌更是寥寥无几。这次秋冬大秀既体现了鄂尔多斯羊绒集团的国货身份定位，也体现了其在羊绒行业中举足轻重的地位。

---

① 鄂尔多斯：让中国羊绒温暖全世界［EB/OL］.（2020-08-09）［2024-08-05］. https://www.farmer.com.cn/2020/08/09/wap_99857801.html.

作为一个老牌国货企业，鄂尔多斯羊绒集团以"立民族志气，创世界名牌"为使命，有自身的"大国制造"的企业风范和社会责任感。企业秉持"鄂尔多斯，温暖全世界"的理念，通过40多年的努力已经成功从"功能性羊绒服装品牌"升级成为差异化定位的全品类、四季化的多个服装品牌，并持续打造具有国际竞争力的羊绒服装品牌矩阵。1989年，鄂尔多斯就在央视频道黄金时段投放了广告。借助彼时央视频道强大的传播力，"鄂尔多斯，温暖全世界"这一朴实而负有宏大愿景的广告语响彻祖国的神州大地。20世纪90年代，鄂尔多斯羊绒集团成为行业老大，打败称霸羊绒行业150年的英国道森父子（羊毛）公司。王臻曾表示："让全世界知道最好的羊绒在中国，最好的羊绒品牌是鄂尔多斯，让鄂尔多斯温暖全世界，这是鄂尔多斯羊绒集团的梦想，也是鄂尔多斯品牌的发展目标。"如今，"鄂尔多斯，温暖全世界"已经不停留在物理意义上的"温暖"，而成为文化符号，代表一个品牌的温度和情感价值，后者成为品牌在全球市场进行沟通时能够快速被理解的共情基础。

（三）进行"鄂尔多斯"品牌和知识产权保护，讲好品牌故事

尽管"鄂尔多斯"开创了以城市为品牌命名的先河，但时至今日，鄂尔多斯市的知名度已经呈现出超过鄂尔多斯羊绒集团的态势，在搜索引擎中输入"鄂尔多斯"时搜到的结果也多为鄂尔多斯市而非鄂尔多斯羊绒集团，因而对于"鄂尔多斯"的品牌保护应当受到鄂尔多斯市和鄂尔多斯羊绒集团的共同重视，不断为城市品牌和企业品牌赋能。

作为拥有40余年历史的国货品牌，鄂尔多斯其实具有较为深厚的品牌底蕴，但其品牌故事的讲述却略显贫瘠，难以引发消费者的共鸣，未能与消费者形成紧密的情感连接。以1436为例，1436不仅仅是鄂尔多斯产品高规格的代表，其中也包含着孕育于我国内蒙古高原的民族故事和民族情怀，饱含着生产高品质、放心穿羊绒产品的民族自豪感，但1436的民族品牌却鲜少被提及，在一定程度上造成资源的浪费。

与此同时，鄂尔多斯在子品牌定位、促销手段、年轻化进程、时尚款式、与年轻群体的关系连接等方面依然大有提升空间。在集团未来年轻化、时尚化、数字化转型中，亟待形成五大子品牌规模化效应、搭建消费者交流平台，增强品牌忠诚度，作为国货之典范引领羊绒行业不断开拓进取。

（四）品牌传播的持续优化策略

鄂尔多斯羊绒集团自2016年开始进行品牌拆分，直至2019年五大品牌矩阵才完全形成，而彼时的新冠疫情在一定程度上影响了其品牌推广和线下营销活动的开展。因此，鄂尔多斯的多品牌策略需要进一步强化消费者对于新品牌的认知。

在产品设计维度，可以选择与品牌理念契合的明星代言人、设计师。在保持品牌理念定位不变的前提下，通过跨界合作来拓展设计边界，为消费者提供更具创意的选择。借助明星产品与代言活动，鄂尔多斯可以进一步将线下推广和线上营销联动起来，集中传递品牌理念，打造品牌影响力。而在数字化传播维度，鄂尔多斯需要加大与不同领域的达人、博主的合作力度，不能仅局限于时尚领域，还可以拓展到生活方式、文化艺术等领域，以更丰富的视角展示品牌魅力，实现用户群体的破圈与融合。同时，在服务维度，鄂尔多斯需要持续优化线上销售渠道，提升在线服务的水平。不断探索新的电商平台合作机会，从而让鄂尔多斯的优质羊绒产品走向更广阔的全球市场。

结 语

2017年，党的十九大首次提出，"中国特色社会主义进入了新时代"。我国经济进入关键转型期，从高速增长阶段迈向高质量发展阶段，呈现出发展方式转变、经济结构优化以及增长动能转换的诸多内涵特征，在此发展背景之下，中国羊绒市场呈现出快速发展且竞争激烈的态势。

作为中国的老牌羊绒企业，鄂尔多斯秉持着敢于突破、勇于创新的精神，在品牌建设与传播过程中，通过融合新发展理念以及有效的传播策略，成功地在市场中占据了重要地位。其精准的品牌定位、对可持续发展的执着追求以及对数字化转型和消费者需求的敏锐把握，在国产羊绒品牌中独树一帜。

在未来发展中，鄂尔多斯应不断优化品牌建设和传播策略，以在激烈的市场竞争中保持引领作用，和众多国货品牌一道共同推动中国羊绒产业的高质量发展。同时，鄂尔多斯也要继续保持领军企业的责任感，推动行业的进步和社会的发展，为实现共同富裕和绿色低碳的未来贡献力量。

第二十九章 全球顶奢羊绒品牌传播策略研究报告

在当前地缘局势紧张与全球经济剧烈动荡的复杂背景下，2023年全球奢侈品市场却依然保持着非凡的稳定性，销售额突破1.5万亿欧元，创下历史新高[①]。羊绒行业作为奢侈品市场中的重要一环，因其稀缺性和舒适性占据了不可替代的位置。在众多国际羊绒品牌中，Loro Piana、Colombo 和 Brunello Cucinelli 被称为世界羊绒"三巨头"，代表着羊绒行业顶尖的水平。

纵观三大品牌的发展历程，可以发现它们的成功不仅仅建立在高品质的产品基础上，更为关键的是，它们通过品牌文化叙事与消费者建立了深厚的情感连接，在消费者心中形成了对品牌的积极且持久的记忆结构，而这恰恰是国内羊绒品牌在品牌建设中亟须强化的内核。本报告从品牌文化和品牌传播的视角出发，深入探讨三大顶奢羊绒品牌构建与传递奢侈品价值的内在逻辑和实践路径，并在此基础上，为中国羊绒品牌的未来发展提供策略性建议。

一、品牌文化——成就顶奢羊绒品牌的基因密码

品牌文化与情感共鸣是消费者购买奢侈品牌的重要原因。一个成功的奢侈品牌必然能够让消费者感受到其背后所蕴含的文化内涵与独特价值观，而这正是消费者愿意高价购买的原因所在。作为国际顶奢羊绒品牌，Loro Piana、Colombo 和 Brunello Cucinelli 有着相似的文化内核，具体表现为对至

---

① 贝恩公司：2023 年度全球奢侈品市场研究报告pdf［EB/OL］.（2024-03-17）［2024-08-30］. https://m.sohu.com/a/764803197_121644338/?pvid=000115_3w_a.

臻品质的追求、去符号化的"静奢风"设计和可持续发展的理念。

（一）追求至臻品质

极致的产品品质是顶级羊绒品牌的立身之本。Loro Piana一直致力于挑选世界上最优等的原材料，并与精湛的意大利手工技艺相结合，从而达成质量与艺术的完美融合。每一件产品均彰显其手工精细、追求卓越的制作艺术，确保产品的品质和独特性。从原料层面看，Colombo选用骆马绒、小山羊绒、西伯利亚北山羊绒、原驼绒等珍稀动物纤维，同时不断开发创新面料，创造了水波纹面料、泽姆科技面料等，重新定义了羊绒面料的可能性。Brunello Cucinelli则坚持选用来自我国内蒙古自治区和蒙古国的山羊绒，仅选用山羊腹部和喉部最宝贵的绒毛，确保产品的柔软度和保暖性。

三大品牌对每一个细节都给予高度关注，从精心挑选原材料到严格把控制作工艺，皆秉持严谨态度与专业精神，实现了产品在品质与艺术价值上的高度统一。这种对品质的极致追求不仅体现了品牌的匠心精神，为消费者带来了无与伦比的使用体验与审美享受，还为整个羊绒行业树立了品质标杆，推动行业不断向更高水平发展。

（二）去符号化的"静奢风"设计

与其他追求高辨识度的奢侈品牌不同，三大羊绒品牌并不追求张扬的设计和夸张的Logo展示，而是通过顶级的天然材质、去符号化的设计和舒适的穿着体验打造独特的"静奢风"羊毛品牌。"静奢风"不仅代表了简约低调的时尚风格，更体现了一种内敛优雅的品质生活态度。当下，部分消费者对于奢侈品的需求已经超越了单纯的外在炫耀和对于品牌商标象征意义的追求，转而追求一种更为内在、精致且不露痕迹的奢华，将低调奢华融入生活的方方面面。三大羊绒品牌一以贯之的"静奢风"正顺应了这一消费需求升级的趋势。

作为顶奢羊绒品牌，Loro Piana、Colombo和Brunello Cucinelli的消费群体主要分为两类。其一，是各年龄段的"老钱"群体。以Loro Piana为例，摩纳哥王妃夏琳、丹麦王储妃玛丽、安吉丽娜·朱莉、贝克汉姆等知名人物都对其青睐有加，将其视为内敛品位和尊贵地位的象征。其二，随着社交媒体的发展，曾经遥不可及的顶奢品牌在年轻的"新贵"阶层中也逐渐褪去神秘面纱。"新贵"和"老钱"一样，有着在财富和品位上都经过长期且可持续的积淀的共同特点，但是他们在审美品位上却不像"老钱"那么传统，能够与时俱进、不断拥抱新的变化，在审美上保持年轻。对于这些年轻群体而言，以"静奢风"为特点的三大品牌既满足了他们对独特时尚的追求，又符合他们对低调奢华的向往。

总体而言，三大奢侈品羊绒品牌的消费者是一群富有且深谙时尚精髓、关注产品本身而非品牌标识的低调鉴赏家。因此，低调的"静奢风"设计更加满足了这类目标消费者的需求，成为品牌的核心竞争力所在。

（三）可持续发展的理念

在羊绒这一高度依赖天然原料的行业中，可持续发展是至关重要的议题。Loro Piana、Colombo和Brunello Cucinelli在追求卓越品质的同时，均展现出了对可持续发展的坚定承诺。

Loro Piana不断落实长期保护计划，关注相关生物种群及其栖息地的保护。在2008年，品牌与秘鲁政府合作成立骆马保护区，在剪掉骆马的毛后，将其放回自然栖息地，以确保在保护生物多样性的前提下，获取高品质的原材料。Colombo在面料加工洗涤工艺中采用与依云小镇同源的水源，在洗涤、染色等环节设置节水和净水系统，以节约自然资源和减少水源污染，体现了品牌对环境保护的深刻理解。Brunello Cucinelli则在其诞生地意大利的索罗梅奥（Solomeo）小镇进行了一系列环保和文化项目，致力于保护现存的事物，恢复被时间遗忘的回忆。

作为品牌文化的重要组成部分，可持续发展理念吸引了同样热爱自然的广大消费者。他们的消费行为不仅是为了获得高品质的产品，更是对一种理想生活理念和状态的追求，进而会将品牌视为自己的一部分，形成对于品牌的忠诚。这种与消费者的深度情感连接为三大羊绒品牌提供了宝贵的品牌资产，使其能够在不断变化的市场环境中保持稳定的发展态势。

二、三大品牌传播策略的共性

如果说品牌建设是一个向内扎根的过程，那么品牌传播就是品牌与广大消费者对话的过程。品牌传播策略的作用就是将这些文化基因特质转化为珍贵的品牌价值，为品牌赋能。

（一）产品即传播，品质与技术并重建立品牌强势竞争力

首先，三大顶奢羊绒品牌通过建立自有供应链，保障了产品的精细化品质。正所谓"产品是皮，营销是毛"。三大羊绒品牌得以经久不衰的关键，就在于其对产品品质的精细把控。在面料的选择上，Loro Piana采用的骆马毛、美丽诺羊毛（国王的礼物）、莲花纤维、小山羊绒等都十分精致和稀有，其中骆马毛更是来源于濒危物种；Colombo以贵族纤维为核心，打造富有贵族纤维基因的奢侈品；Brunello Cucinelli则以其高端羊绒和天然染料为特色，取之于自然，亦回馈于自然。三大品牌都积极参与建立自然保护区，保护生态系统。

得益于对原材料的开发与保护，三大品牌不需要向其他工厂或基地采买，而是通过自建工厂的方式进行生产。这种自有供应链的模式，一方面，从源头确保了产品的高品质，保证面料的各项指标符合品牌的高标准要求，另一方面也确保了原材料的稳定供应，避免因外部供应商的不稳定因素而影响产品的生产进度和质量。在羊毛市场波动和供应链不稳定的情况下，三大品牌都能够凭借自有供应链的优势，保证产品持续的、高品质的供应，满足消费者的需求。

其次，技术为产品赋能，提供了长期的动力。技术创新在奢侈品行业中扮演着至关重要的角色，尤其在羊绒领域，技术赋能已成为推动品牌长

期发展的核心动力。Loro Piana、Colombo 和 Brunello Cucinelli 三大顶奢羊绒品牌通过不断的技术研发和创新，成功地将传统工艺与现代科技相结合，为产品赋予了新的生命力。Loro Piana 的 Storm System 面料处理技术通过在纤维表面形成一道隐形屏障，实现了防尘、防污、防风的效果，显著提升了产品的实用性和舒适度；Colombo 则在 2024 年春夏系列中采用了特殊的 Cashmere 4.0 面料，使衣物保留了珍稀纤维的肌理质感，同时，在夏日穿着也依然凉爽清透；Brunello Cucinelli 更是创新技术的先行者，其开发的山羊绒染色技术彻底革新了传统市场以米色和灰色为主要色调的局面，为羊绒市场带来了前所未有的创新设计的可能性。

通过自有技术的研发，三大羊绒品牌成功地将自然之美与先进科技完美融合。不仅满足了消费者对奢侈品品质的严格要求，也迎合了他们对环保与自然的追求。这种融合为品牌发展注入了持久动力，使三大羊绒品牌在激烈的奢侈品市场竞争中始终保持独特的竞争优势，从而确保了品牌的长期发展和市场领导地位。

（二）营销手段多样化，推动品牌价值与市场的多维提升

首先，通过借力明星，增加品牌影响力。三大羊绒品牌通常不举办高曝光的品牌宣发活动，而是通过发布广告片、开办发布会和快闪店，以及在新品宣传活动中邀请明星参与，来增强新品上市的话题性和热度，从而为品牌赢得更广泛的影响力。

在国内，三大羊绒品牌采取的明星策略具有一定的相似性：所选明星既要与品牌的调性高度契合，能够展现出品牌所秉持的优雅、内敛、高品质的特质，又需在年轻群体中具有广泛的影响力，能够引领年轻一代的时尚潮流。例如：Loro Piana 在中国的 2024 年秋冬新品推广中，选择了娜然、李沁、奚梦瑶等明星作为推广大使。这些明星不仅与品牌的高端定位相得益彰，还通过广泛的社交媒体影响力将品牌理念传递给年轻消费者；Colombo 则邀请了孙千、卢昱晓、乔欣等明星进行产品试穿，通过她们的时

尚演绎，将品牌优雅而不失活力的独特魅力传递给更广泛的受众；Brunello Cucinelli则通过与体育明星潘展乐、宁泽涛、张之臻的合作，巧妙地利用了奥运营销的余热，打破传统羊绒品牌给人的严肃印象，展示了品牌的活力和现代感，吸引了更多元化的消费群体。

奢侈品牌借助明星推广，并非为了直接的市场转化，而是以一种长期主义的视角向潜在消费群体传达品牌的理念和梦想，进而逐步建立起品牌与消费者之间的情感连接。三大羊绒品牌通过在微博、小红书等社交平台发布明星上身图，精准地传达了品牌信息。当粉丝们看到自己喜爱的明星身着品牌的新品时，会产生强烈的认同感和向往之情，在粉丝群体中形成口碑传播，进一步扩大品牌的影响力，提升品牌形象。

其次，讲述品牌故事成为当前品牌传播的重要组成部分。品牌故事作为品牌文化的重要载体，是连接品牌与消费者的纽带，能够帮助消费者更加深入地了解品牌的历史传承、独特文化以及核心价值观，进而增强消费者对品牌的认同感和忠诚度。

Loro Piana主要通过官网介绍和拍摄电影纪录片的方式向消费者传达其对自然的崇尚、对品质的追求和对可持续发展的承诺。其纪录片《羊绒：秘境之源》展现了蒙古国和中国内蒙古自治区传统山羊养殖户的故事，以及他们与自然环境的和谐共生关系；Colombo通过其官方网站和品牌故事视频，展示创始人的艺术梦想和对羊绒工艺的创新，以及家族对自然和动物的尊重；Brunello Cucinelli通过官方网站和媒体采访，分享在意大利索罗梅奥小镇的总部和生产基地的故事，以及品牌对当地社区和文化的贡献，这些都强化了品牌的人文关怀和社会责任感。

通过讲述品牌故事，三大羊绒品牌能够以更加人文化的角度向消费者展现其面料的珍稀度、制作工艺流程上的复杂性和品牌发展的可持续性，从而在消费者心中树立起独特而卓越的品牌形象，为品牌的长期发展注入了持久动力。

（三）线上线下全渠道扩展，打造品牌体验的多维触点

一方面，三大品牌继续保持了传统的线下传播策略，坚持门店全球化铺设，维持与消费者的互动触点。在全球化的零售环境中，线下门店的铺设是奢侈品牌，尤其是强调舒适性和适穿性的羊绒品牌用以增强品牌体验和提升客户忠诚度的重要策略。

近年来，Loro Piana 和 Brunello Cucinelli 两大品牌在此领域的表现尤为突出。自 Loro Piana 被 LVMH 集团收购以来，其在全球市场的扩张步伐显著加快，而中国更是成为该品牌重点发力的关键地域。在中国现有的 40 家线下门店中，近三分之一是在 2021—2024 年间新开设的。门店布局也从传统的一线城市如北京、上海、香港、澳门、台北、杭州等，逐渐向郑州、青岛、三亚等二线城市延伸，进一步扩大了品牌的市场覆盖范围。Brunello Cucinelli 同样展现出强劲的扩张势头，目前在中国开设了 42 家线下门店，并且也呈现出向二线城市延伸的趋势，在沈阳、长春、海口等城市均有布局。

"服务"是奢侈品牌价值的重要来源，也是品牌与消费者直接接触的场景。在数字化技术的赋能下，Loro Piana 和 Brunello Cucinelli 的定制服务也更加智能化、精准化。以 Loro Piana 北京 SKP 男装精品店为例，私人定制空间和 3D 身体扫描仪的引入，为消费者带来了全新的奢侈体验。

另一方面，三大品牌在线上媒体矩阵中稳定发力，提升了消费者的品牌认知度。在数字化时代，社交媒体成为吸引消费者注意力的关键渠道。三大品牌都搭建了较为完善的线上媒体矩阵，在官网、微信、微博、小红书等多个平台进行了比较全面的布局，各平台分工明确、各司其职。

以 Loro Piana 为例，官网作为品牌展示的核心阵地，支持全球多地区的购买配送服务，同时详细地展示了品牌及产品信息，起到基础宣传作用。微信公众号则为消费者提供便捷的购买跳转及丰富的品牌服务内容。每月推送的图文形式宣传涵盖不同主题，从新品发布到季节主题，从活动事件到穿搭分享，实现了一定规模的阅读量。微博账号则保持日更频率，其中

与明星相关的内容有较好的数据反馈。小红书账号则分主题发布产品信息，以图片或视频配以简介的形式进行品牌宣传。多平台协同发力，提升了消费者对品牌的认知度。

然而，三大品牌虽在各社交平台开设了官方账号，但并未充分挖掘这些平台所蕴含的巨大潜力。对于平台的应用，仅停留在发布品牌及产品的基本信息，例如模特上身图、品牌广告片等，缺乏与消费者之间的良性互动，并且各个平台的数据表现都不尽如人意。

三、三大品牌传播策略的独特性

面对奢侈品市场变革与新兴技术冲击，三大品牌在各自独特的领域内也展现出了个性化的传播特征。Loro Piana 在营销领域采取了创新性的跨界合作策略；Colombo 在增长策略上坚持"优雅增长"的模式；Brunello Cucinelli 则在技术革新方面表现出了对前沿科技的前瞻性，积极拥抱人工智能技术。

（一）营销的创新——Loro Piana 的跨界联名合作

年轻化是当今奢侈品市场不可回避的话题。奢侈品牌与新锐艺术家、潮流品牌的跨界联名已然成为吸纳年轻消费群体的重要手段之一。

在这一方面，Loro Piana 近年来进行了大胆的跨界合作，在2021年和2022年与日本潮流艺术家藤原浩两度合作，推出全新的胶囊系列，将街头服饰风格与 Loro Piana 的顶级面料和经典优雅的风格相结合，打破了 Loro Piana 此前不突出 Logo 的惯例。2024年，Loro Piana 又与 New Balance 携手推出了联名990v6鞋款、与 ESTNATION 合作重新诠释经典的 Dickies 874 工装裤。

通过这些跨界合作，Loro Piana 向年轻的消费群体展现了品牌的创新与活力，也彰显了 Loro Piana 的品牌底气。一件看似普通的单品，却需要昂贵的价格买入，这本身就是一场品牌与消费者的默契游戏。Loro Piana 敢于在跨界合作中坚持高价位，体现了其对自身品质和价值的自信，也进一步巩固了其顶奢品牌的定位。

与 Loro Piana 相对"激进"的年轻化尝试不同，Colombo 和 Brunello Cucinelli 保持了一贯的"高端感"，对于跨界合作持谨慎态度，以确保品牌形象的纯粹性。但与此同时，两大品牌也通过举办时尚活动、艺术展览等方式，与高端消费者建立情感连接，提升品牌的文化内涵和艺术价值。在保持高端定位的同时，不断探索适合自己的发展路径，以应对市场的变化和年轻消费者的需求。

（二）渠道的精细化——Colombo 的"优雅增长"

与 Loro Piana 和 Brunello Cucinelli 相比，Colombo 的门店铺设速度极为克制。截至 2024 年 10 月，Colombo 在中国只有 10 家线下门店。在门店选址方面，Colombo 也有极高的要求：必须在一线城市的高级商城，如北京 SKP、上海久光百货、深圳罗湖万象城等。Colombo 这种谨慎的门店铺设策略，体现了其对品牌定位和价值的深刻理解与坚守。通过严格控制门店数量和精心选择门店位置，Colombo 成功营造出独一无二的稀缺感和高端感，以满足消费者对于独特性和高品质的追求。

这种"优雅增长"的策略并非保守的表现，而是一种对品牌价值的精心呵护。这一模式确保了每一家门店都能成为品牌形象的完美展示窗口，为消费者提供了极致的购物体验和高品质的产品服务，有利于在长期发展中建立起稳定的客户群体和品牌忠诚度。

（三）技术的革新——Brunello Cucinelli 的 AI 技术应用

在时尚行业中，科技与创新的融合正在重塑行业的未来。AI 技术作为最具变革力的科技之一，正逐渐渗透到时尚设计、生产、营销和消费体验的各个环节。在三大羊绒品牌中，Brunello Cucinelli 紧跟科技发展步伐，展示了对这一趋势的深入理解和前瞻性。

2024 年 7 月，Brunello Cucinelli 推出了一个基于创新的 Solomei AI 平台

的全新AI项目BrunelloCucinelli的AI互动网站。该网站突破了传统网站的设计理念，摒弃了传统的页面和菜单结构，转而采用一种更为动态和互动的用户体验模式。网站内容的智能生成允许信息在用户界面自由流动和组合，用户可通过聊天栏直接提出问题，获取品牌相关信息。这种交互方式不仅便捷，而且更符合现代消费者的使用习惯。

此外，结合了AI技术的Brunello CucinelliAI网站能够深入分析用户的浏览、选择和购买行为，获取精准数据，洞察用户兴趣和消费习惯。通过实时数据分析与反馈，品牌不仅能进行精准的市场细分和定位，还能制定个性化营销策略，从而实现更有效的用户互动。未来，Brunello Cucinelli还计划推出结合AI技术的电子商务功能，继续利用先进技术探索人机交互的无限可能。

四、三大品牌对中国羊绒品牌长期发展的启示和建议

随着经济全球化的深入推进和消费者需求的不断变化，中国羊绒品牌面临着诸多挑战与机遇。如何在激烈的市场竞争中脱颖而出，打造具有国际影响力的中国特色羊绒品牌，成为中国羊绒品牌的重要课题。三大羊绒品牌的成功经验为中国羊绒品牌的长期发展提供了宝贵的启示。

（一）挖掘本土文化元素，打造中国特色品牌

三大品牌皆起源于意大利，透过品牌的发展历程，意大利文化中对于时尚与艺术的追求、对简约优雅生活方式的倡导清晰可见。与之相比，中国的羊绒品牌对于中华文化的本土化表达有所欠缺，这在一定程度上致使中国品牌在国际市场上陷入"品牌无声"的困境。事实上，中国拥有悠久的历史和丰富的文化遗产，蕴含着独一无二的艺术审美价值。深入挖掘中国文化元素，并将其融入羊绒品牌的建设中，是打造中国特色羊绒品牌的关键路径。

从艺术表现来看，中国品牌可以从传统绘画、书法、刺绣等艺术形式

中汲取色彩搭配、图案设计以及纹理质感等方面的灵感。例如，借鉴中国山水画中的淡雅色调，将其运用到羊绒产品的色彩体系中，打造具有中式色彩美学特质的羊绒产品。此外，历史故事和神话传说亦是取之不尽的设计素材。例如，以丝绸之路为背景，打造兼具历史厚重感和现代设计感的羊绒服饰系列，彰显品牌对于中华历史文化的创新性解读。另外，中国的地域文化特色也为羊绒品牌提供了广阔的创作空间。不同地区的民族文化、风俗习惯和自然景观都可以成为品牌设计的灵感来源。

（二）讲述品牌故事，打造品牌"人设"

重视品牌故事的讲述与传播，精心打造品牌独特的"人设"，是实现品牌差异化竞争、提升品牌价值与影响力的重要举措。

品牌故事是品牌的灵魂与核心，一个引人入胜的品牌故事能够引发强烈共鸣，使消费者与品牌建立起深厚的情感连接。中国羊绒品牌可以深入挖掘自身的起源、传承和发展，讲述品牌创立者的初心，以及在品牌成长过程中面临的挑战与获得的成就，让消费者在生动真诚的故事中感受到品牌的坚持，从而对品牌产生更深层次的敬佩之情，甚至将品牌视为信仰。

打造品牌"人设"则是赋予品牌以鲜明的个性特征。就如同一个人具有独特的性格、气质和价值观一样，品牌也应该有自己明确的个性。例如，Loro Piana就如同一位低调的贵族，不刻意炫耀，但举手投足间尽显高贵品质。Brunello Cucinelli则在设计上更具时尚感和创新性，是羊绒时尚界的弄潮儿。Colombo虽知名度不及前两位，但却默默为顶级品牌提供优质的面料，恰似一位技艺高超的工匠。中国羊绒品牌也可以借鉴三大品牌"立人设"的思路，从传统文化、地域特色、工艺传承等多个方面入手，挖掘品牌的独特价值，塑造出具有中国特色的品牌"人设"。比如，以传统工艺为特色，打造传承工艺、坚守品质的"匠人"人设；结合地域文化，展现独特的民族风情，打造具有浓郁地域特色的"文化使者"人设；抑或是以创新设计和环保理念为核心，打造时尚环保的"先锋"人设。

（三）拥抱前沿技术，拓展虚拟空间

随着VR、AI技术的广泛应用，"虚拟世界"已然不是一个新的概念。众多奢侈品牌不再仅满足于现实世界的市场争夺，而是转而谋求在虚拟空间中探寻新的增长机遇。Brunello Cucinelli的AI互动网站就是一个良好典范。

与之相比，国内羊绒品牌对虚拟数字技术的应用则相对保守，这也在一定程度上限制了转型升级的步伐。事实上，国内羊绒品牌可以进行一些实验性的探索。例如，在官网和微信小程序设计以自然探险为主题的游戏，在美丽的草原、森林等场景中寻找珍稀的羊毛或羊绒原材料，让玩家在游戏过程中了解品牌对原材料的严苛挑选过程；或建立品牌专属的虚拟社交空间，将品牌的鞋服配饰虚拟化，顾客可以使用虚拟服装和配饰来装扮自己的虚拟形象，在趣味体验中感受品牌的时尚与高端品质。

（四）培养本地人才，坚持以人为本

人才是品牌发展的基石。以Brunello Cucinelli为例，其在品牌发源小镇索罗梅奥开设了手工艺学校，专门培养公司所需的各种手工艺人才，Brunello Cucinelli本人也会去学校和学生上课。这所手工艺学校为Brunello Cucinelli输送了源源不断的高水平人才，确保了品牌工艺的传承与创新。中国羊绒品牌也应注重本地人才的培养，发掘和培养更多兼备中华文化底蕴和全球视野的专业人才，为品牌的长远发展提供人才保障。

此外，Brunello Cucinelli"有人文主义关怀"的工作制度也值得中国羊绒品牌学习，其提倡有尊严地赚钱，尊重每一位员工，从不让员工加班。中国羊绒品牌可以从建立人性化的管理制度、提供丰富的员工培训和发展机会、关注员工的身心健康等方面入手，打造具有人文关怀的工作环境，吸引和留住优秀人才。

结　语

作为国际顶奢羊绒品牌，Loro Piana、Colombo和Brunello Cucinelli通过

品牌文化与消费者建立了深厚的情感连接，同时借助多样化的品牌传播手段，树立起国际顶尖的品牌地位。在面对日益错综复杂的奢侈品市场以及不断升级的消费需求时，三大品牌也积极应对，基于对品牌长期发展的审慎考量，采取了各不相同的发展策略。对于中国羊绒品牌而言，应借鉴三大品牌的成功经验，深入挖掘中华传统文化，讲述品牌故事，打造品牌"人设"，坚持技术创新与人才培养，从而不断提升国产品牌的竞争力和影响力，在国际市场上展现中国羊绒品牌的独特魅力。

图书在版编目（CIP）数据

中国品牌传播发展报告. 2024–2025 / 杜国清等著.
北京：中国国际广播出版社，2025.6. --ISBN 978-7
-5078-5810-5

Ⅰ. F273.2

中国国家版本馆CIP数据核字第2025PQ2206号

中国品牌传播发展报告（2024—2025）

著　　者	杜国清　陈　怡　曹若星　杨新雨　等
责任编辑	王立华
校　　对	张　娜
版式设计	邢秀娟
封面设计	赵冰波

出版发行	中国国际广播出版社有限公司 ［010–89508207（传真）］
社　　址	北京市丰台区榴乡路88号石榴中心1号楼2001
	邮编：100079
印　　刷	北京启航东方印刷有限公司

开　　本	710×1000　1/16
字　　数	380千字
印　　张	26
版　　次	2025 年 6 月 北京第一版
印　　次	2025 年 6 月 第一次印刷
定　　价	98.00 元